파생상품 프로그래밍

정다래 · 김영록 · 황형석 · 유민현 · 김준석 지음

KM 경문사

머리말

현재도 그렇지만 미래에도 금융산업은 중요한 국가 산업이 될것이다. 첨단 금융지식을 습득해 금융시대를 준비해야 한다. 우리나라는 지난 1997년 국가부도 위기를 맞아 국제 통화기금(IMF)에 구제 금융을 신청하였다. 사상 처음 맞는 경제 파산위기에서 벗어나기 위해 처절한 구조 조정의 아픔을 겪어야만 했던 한국경제는 이제 새로운 도약의 전환점에 서 있다. IMF와 똑같은 위기는 재발하지 않았지만 과도한 가계부채, 자산 거품, 국제 금융 불안과 같은 새로운 위험 요소들은 아직도 상존하고 있다.

이 책에서는 여러 가지 파생금융상품 중에서 옵션의 기본적인 가격결정모델과 모델의 수치해석을 다룬다. 초보자들에게 옵션거래의 핵심사항들을 간단명료하게 해설하고 MATLAB 코드와 C++코드를 제시하였다. 이 책이 스톡옵션의 가격결정을 위한 수치해석 기법을 공부하는 사람들의 입문서로서 도움이 되었으면 한다. 본 저서의 중점은 제 8장, 9장의 유한 차분법 그리고 몬테카를 시뮬레이션등 수치해석이나 내용의 완전성을 유지하기 위해 다른 주제들도 함께 담았다. 부족한 내용들은 서점에 나와 있는 다른 참고 도서를 참조하면 될 것이라 사료된다. 이 책이 파생상품 모델링에 대한 수치해석에 관심 있는 독자들에게 조그마한 보탬이라도 될 수 있기를 바란다.

이 책의 곳곳에 부족한 부분이 많이 남아 있으리라 생각된다. 또한 원고초안을 작성할 때 참고한 문헌들의 문장들이 그대로 있는 경우도 있을 거라 생각되어진다. 지적해주시면 다음 개정호에는 수정을 할 예정이다. 이러한 과정이 계산 금융(computational finance)분야에 있어서 체계적인 수치해석 교재를 만들어가는 과정이라 생각해 주시면 감사 하겠습니다.

김준석 (cfdkim@korea.ac.kr)

차 례

CHAPTER 1

서론

본 저서는 다음과 같이 구성되어 있다.

제 2장은 금융을 처음 공부하는 독자들을 위해 파생금융상품 중의 하나인 KOSPI200 지수 옵션에 대해서 다루었다.

제 3장은 MATLAB을 잘 모르는 독자들을 위해 MATLAB의 기본 사용법과 본 저서의 MATLAB 코드를 이해하기 위해서 필수적으로 알아야 하는 명령어들의 설명이 있다.

제 4장은 C++을 잘 모르는 독자들을 위해 C++컴파일러의 기본 사용법과 C++ 언어의 기본적인 개념들과 본 저서의 C++ 프로그래밍을 이해하기 위해서 필수적인 언어들의 설명이 있다.

제 5장에는 확률미분방정식을 소개하며 확률미분방정식을 풀기 위한 Itô 적분과 Itô 공식에 대하여 설명이 있다.

제 6장은 옵션가격을 결정 하는 방정식인 Black-Scholes 편미분 방정식을 유도하며 열방정식의 해석해로부터 Black-Scholes 방정식의 해석해를 유도한다.

제 7장은 변동성 추정하는 방법으로 역사적 변동성에 대해서 소개하고, 내재 변동성을 이분법과 뉴튼방법을 사용하여 수치적으로 구하는 방법에 대해서 다루었다. 또한, 변동성 스마일에 대해서 설명이 있다.

제 8장은 유한 차분법에 대해서 다루었다. 열방정식과 Black-Scholes 방정식의 명시적, 함축적, 그리고 크랭크-니콜슨 방법을 소개했다. 또한 Greek의 유한차분해를 구하여 해석해와 비교했다.

제 9장은 몬테칼로 시뮬레이션에 대해서 다루었다. 촐레스키 분해를 이용하여 상관관계를 갖는 두 개의 난수를 생성하는 방법을 소개했다. 몬테칼로 시뮬레이션을 빠르게 수렴시키기 위한 방법들을 소개하였다.

CHAPTER 2

파생금융상품 (Derivatives)

파생금융상품(Derivatives)은 그 가치가 다른 자산의 가치에 의해 결정되는 자산으로 정의할 수 있다 [1]. 대표적 파생금융상품으로는 선물, 옵션, 스왑 등이 있으며, 이 책에서는 이러한 상품 중 옵션에 대하여 다루기로 한다. 옵션(Option)이란 특정 자산을 미리 정해진 가격(행사가격(Strike price))으로 미래의 일정한 시기(만기)에 또는 일정한 기간 내에 매수 또는 매도할 권리가 내재된 계약을 일컫는다. 이 때 특정자산을 매수할 (살 수 있는) 권리를 콜옵션(Call option)이라고 한다. 그럼 이제 옵션의 만기결제구조(Payoff)에 대해서 알아보자. KOSPI200지수 콜옵션을 예로 들어 이해해 보도록 하자. 행사가격이 250지수이고 1계약을 채결한 상태에서 만약 만기일에 KOSPI200지수가 251지수로 마감을 했다면

1계약 × 50만원 × max(251지수(행사가격)-250지수(만기 KOSPI200 지수), 0)

즉, 50만원 만큼의 이득을 얻게 되고, 249지수로 마감을 했다면,

1계약 × 50만원 × max(249지수(행사가격)-250지수(만기 KOSPI200 지수), 0)

즉, 0원 만큼의 이득을 얻게 될 것이다. 이렇게 만기 KOSPI200지수를 연속적으로 두고 KOSPI200지수 콜옵션의 만기결제구조($c(T)$)를 구해보면,

$$c(T) = \max(S(T) - K, 0) \times 50\text{만원}$$

이된다. 여기서 $S(T)$는 KOSPI200지수의 만기시의 지수를 나타내고, K는 행사가격을 말한다.

2.1 옵션매입자와 옵션발행자

옵션매입자(option buyer)는 옵션발행자(option seller)에게 일정한 프리미엄(Premium)을 지급하고 권리를 매입한 사람을 말한다. 옵션매입자는 옵션권리의 취득에 의해 옵션 매도자에게 정해진 기간에 옵션계약의 내용에 대한 이행을 청구할 수 있으며, 반대로 자신에게 불리한 경우 권리의 행사를 포기할 수 있다.

반면에 옵션발행자는 옵션매입자에게 권리를 양도하고 일정한 프리미엄을 받는다. 그에 대한 의무로 만기에 옵션매입자가 미리 정해진 조건에 자산을 매입하고자 하는 경우(콜옵션)나 매도하고자 하는 경우(풋옵션), 거래의 상대방이 되어야 할 의무가 발생한다.

2.2 만기일

옵션매입자가 옵션의 권리를 행사할 수 있는 마지막 날을 만기일(Maturity)이라 한다. 우리나라 주가 지수 옵션시장의 만기일은 만기 월의 두 번째 목요일이다. 여기서 주의해야 할 것은 둘째 주 목요일이 아니라 두 번째 목요일이라는 점이다. 만일 두 번째 목요일이 휴장일인 경우에는 순차적으로 앞당기게 된다. 옵션의 결제가 이루어지는 달은 선물거래와 마찬가지로 3, 6, 9, 12월 중 두 개와 현시점에서 가장 가까운 두 개의 달을 합쳐 모두 4개의 결제월이 있다.

예를 들어 현재시점이 2015년 3월 11일(두 번째 수요일)인 경우 2015년 6월 만기와 2015년 9월 만기, 그리고 현재시점에서 가장 가까운 달인 2015년 3월과 4월 만기의 네 종목이 거래된다. 하루 뒤인 2015년 3월 12일(두 번째 목요일)의 거래 종료 후 2015년 3월 만기의 옵션거래는 없어지며 다음날인 3월 13일부터는 2015년 4월, 5월, 6월 그리고 새로이 2015년 9월 만기의 옵션이 상장되어 거래된다. 또한 만기일이 가장 가까운 상품을 근월물이라 하고 그 다음이 만기인 순으로 차월물, 차차월물 이라고 한다.

2.3 옵션의 상태

유러피언 콜옵션의 경우 만기일에 기초자산의 시장가격이 행사가격보다 낮은 경우 옵션은 옵션매입자는 옵션권리의 취득에 의해 옵션 매도자에게 정해진 기간에 옵션계약의 내용에 대한 이행을 청구할 수도 있으며, 반대로 자신에게 불리한 경우 옵션계약을 포기할 수 있다. 가치를 지니지 못하게 되므로 옵션은 행사되지 않고 소멸되고 만다. 이와 같이 옵션의 권리를 행사하는 것이 이득이 되지 않는 상태를 외가격(out-of-the-money; OTM) 상태라 하고 이 때의 옵션을 **외가격옵션**(OTM option)이라 부른다. 옵션의 행사가격이 기초자산의 시장가격과 동일하여 옵션을 행사하거나 행사하지 않는 경우가 무의미한 경우를 등가격상태라 하며 이러한 옵션을 **등가격옵션**(at-the-money option; ATM option)이라 한다. 한편, 시장에서 기초자산의 가격상황이 옵션을 행사하는 것이 유리한 경우, 예를 들어 콜옵션의 경우에는 기초자산의 시장가격이 행사가격보다 높은 상태를 내가격상태라 하며 이러한 옵션을 **내가격옵션**(in-the-money option; ITM option)이라 한다.

2.4 우리나라 옵션시장의 구조와 운영

우리나라의 옵션시장은 1997년 7월 7일에 KOSPI 200지수를 대상으로 하는 주가지수 옵션거래가 시작되었다. 여기서 **KOSPI 200**지수(Korea Stock Price Index 200: 한국주가지수 200)란, 우리나라 주가지수 선물시장의 거래 상품으로서, 주식시장의 시세를 반영할 수 있도록 200 종목을 선정하고 시가총액 가중식으로 1990년 1월 3일의 시가총액을 100으로 기준하여 지수를 산정한 것이다.

$$\text{KOSPI 200} = \frac{\text{대표종목 200개의 비교시점의 시가총액}}{\text{대표종목 200개의 기준시점의 시가총액}} \times 100.$$

종목 선정은 시장 대표성, 유동성, 업종대표성을 감안하여 투명성과 안정성에 초점을 맞추어 제조업, 전기 · 가스업, 건설업, 유통· 서비스업, 통신업, 금융 서비스업 등 6개 산업 군으로 구성되어 있다.

2.5 거래제도 개요

2.5.1 거래소

우리나라의 KOSPI 200 옵션은 한국증권선물거래소[1](Korea exchange)에서 거래된다. 증권선물거래소는 거래대상이 되는 주가지수의 선정, 거래의 기준과 방법에 대한 규칙의 제정, 회원 등 시장참여자의 감독과 규제, 관련 정보의 공시, 회원의 자격심사 및 감리, 결제업무 등을 담당한다.

1) http://www.krx.co.kr/index.html

현재 우리나라에서는 증권선물거래소 내에 옵션거래에 관한 결제기구를 두고 있다. 거래소에서 옵션거래를 하는 회원으로 등록된 증권회사가 거래소 결제기구에 대해 결제이행의무를 지게 된다. 물론, 모든 옵션거래의 결제이행은 거래를 행한 고객들의 부담이며, 그 거래를 대행한 증권회사에 대하여 결제이행의무를 지게 된다.

2.5.2 호가단위

1계약의 크기는 지수 1포인트당 50만원이며 호가가격 변동폭은 옵션가격이 3포인트 이상일 경우는 0.05포인트, 즉 25,000원이고 3포인트 미만일 경우는 5,000원, 즉 0.01 포인트이다. 옵션거래는 가격제한폭이 없지만 시장안정을 위해서 호가가격이 전일의 대상자산 가격대비 ±15%를 벗어나는 경우 거래소에서 호가접수를 거부하는 호가한도 가격제도를 두고 있다.

2.5.3 거래시간

우리나라 주가지수 옵션거래는 주식시장의 개장 시간인 9시에 거래를 시작하며 주식시장 종료시점보다 15분 늦은 3시 15분에 거래가 종료된다. 이는 확정된 주가 지수에 따라 옵션 포지션을 조정할 수 있도록 하기 위함이다. 그러나 결제일에는 주식시장보다 10분 일찍 2시 50분에 거래를 종료하도록 되어 있다. 이러한 이유는 주식시장이 종료되기 전까지의 10분간 거래가격의 왜곡가능성을 배재하기 위해서이다. 근월물의 결제일의 옵션은 2시 50분에 매매가 종료되지만 다음월물의 거래는 계속 지속되며 공휴일의 경우는 거래가 되지 않는다.

2.5.4 거래량

매수호가란 주식을 살 때 부르는 가격이라 하고 매도호가란 주식을 팔때 부르는 가격을 매도호가라고 한다. 이 매수호가와 매도호가가 일치하면 거래가 체결된다. A가 10계약 매수주문을 내고 동일한 금액으로 B가 30계약 매도주문을 내게 되면, 주문이 일치된 10계약이 이루어지는데 이 때 거래가 체결된 10계약이 거래량이 된다.

2.6 매매제도

2.6.1 옵션의 생성과 행사가(Strike price)

3, 6, 9, 12월이 만기인 옵션은 상장되어 폐지될 때까지 거래기간이 6개월이고 1, 2, 4, 5, 7, 8, 10, 11월이 만기인 옵션은 거래기간이 3개월이다.

1, 2, 4, 5, 7, 8, 10, 11월이 만기인 옵션이 상장될 때는 당일 KOSPI200 지수에 가장 근접한 2.5의 배수를 기준으로 하여 첫날에는 위, 아래로 각각 6개씩 총 13개의 옵션을 2.5포인트를 간격으로 두고 상장시킨다. 단, 3, 6, 9, 12월이 만기인 옵션은 5포인트 간격으로 당일 KOSPI200지수에대하여 5의 배수에 가장 근접한 행사가를 기준으로 첫날에는 위, 아래로 3개씩 총 7개가 상장된다. 그러나 이 3, 6, 9, 12월물의 만기가 3개월(즉 3월물이라면 1, 2, 3월물이 연속으로 있게 되는 시기)남게 된다면 행사가 간격이 2.5 포인트로 조정되어 사이 사이 비어있는 행사가의 옵션이 생성된다. 거래가 시작되어 KOSPI200지수가 크게 변동이 된다면 새로운 행사가의 옵션이 위의 조건을 따라서 추가로 상장이 된다. 하지만 이미 거래가 되어 미결제약정으로 남아 있는 행사가의 옵션은 남아있게 된다. 따라서 거래되는 옵션의 행사가의 수는 늘어난다.

2.6.2 호가방법

호가방법은 회원인 증권회사가 각 지점의 주문내용을 증권사의 전산시스템을 이용하여 거래소 옵션거래시스템에 전달하거나 증권회사의 영업장소에 설치된 호가입력단말기에 직접 입력하는 방법을 사용한다. 호가의 내용에는 지정가 또는 시장가주문인지를 표시하는 주문유형과 매수 혹은 매도의 구분, 가격, 수량, 위탁매매 혹은 자기매매의 구분, 고객계좌번호, 투자자구분 등이 기록된다.

2.6.3 매매방식

우리나라의 옵션시장은 전산시스템에 의한 개별경쟁매매방식을 채택하고 있다. 매매방식에는 가격우선, 시간우선, 수량우선의 원칙이 적용된다. 가격우선의 원칙의 경우는 보통 옵션시장에서 가격이 유리한 것을 먼저 체결시키는 방법이다. 시간우선의 법칙은 말그대로 먼저 주문을 한 순서대로 시간순서대로 처리하는 원칙을 말한다. 수량우선의 원칙은 동일한 가격의 여러 주문이 존재할 때, 수량이 많은 것부터 처리하는 것을 원칙으로 하는 것이다.

2.6.4 매매거래 중단

증권선물거래소는 옵션거래 전산시스템에 장애가 발생하여 10분 이상 매매거래가 불가능하거나, KOSPI200 구성종목의 절반 이상이 거래가 이루어지지 않는 경우에 옵션의 매매거래를 일시 중단할 수 있다. 또한 선물시장에서 일시적인 매매거래의 중단이 일어나는 경우 옵션시장도 거래를 중단하도록 되어 있다.

선물이나 현물의 가격이 이상급등, 또는 급락할 경우 금융시장의 안정성이 크게 흔들린다. 이때에는 사이드카나 서킷브레이커를 발동하여 선물, 옵션이나 주식의 거래를 일시 중단시켜 금융시장을 안정시키는 제도를 두고 있다.

사이드카(Sidecar)는 프로그램 매매호가 관리제도의 일종으로, 주가지수선물시장에서 선물 가격이 급등락할 경우 선물시장의 충격이 현물 시장에 파급되는 것을 완화시키기 위하여 일시적으로 프로그램매매의 호가효력을 중단시키는 것이다. 선물의 거래중지와 동시에 옵션의 거래도 중지된다.

우리나라에서 사이드카의 발동요건은 KOSPI200선물시장의 경우, 전날의 거래량이 가장 많았던 종목의 선물가격이 기준가격(전일종가) 대비 5% 이상 상승하거나 하락한 상태가 1분간 지속될 때 발동된다. 사이드카가 발동되면 주식시장의 프로그램 매매호가가 5분간 효력이 정지된다. 그러나 직접 하는 거래는 제한하지 않는다. 5분 후에는 정상거래가 되며, 사이드카는 하루에 한 번만 쓸 수 있다. 또 주식시장 매매거래 종료 40분 전 이후, 즉 오후 2시 20분 이후에는 발동되지 않는다.

서킷브레이커(Circuit Breaker)는 종합주가지수가 직전 매매거래일보다 10% 이상 하락하여 1분간 지속되는 경우에 주식시장의 모든 매매거래를 중단시키며 옵션의 거래도 중지되는 제도를 가리킨다. 서킷 브레이커가 발동되면 20분 동안 시장 내 호가접수와 채권시장을 제외한 현물시장과 연계된 선물·옵션시장도 호가접수 및 매매거래를 중단한다. 서킷 브레이커가 발동된 후 20분이 지나면 매매거래를 재개되는데 이 때 시작가격은 재개시점부터 10분 동안 호가를 접수하여 단일가로 매매를 체결하여 거래가 다시 시작된다. 사이드카와 마찬가지로 하루에 1회만 발동할 수 있고, 장 종료 40분전 이후에는 발동하지 않는다.

2.7 결제 및 수탁제도

2.7.1 기본예탁금

투자자는 KOSPI200 선물.옵션 계좌를 개설한 후 최초의 매매주문을 하기 전에 기본예탁금을 등급별로 1등급은 500만원, 2등급은 1500만원, 3등급은 3000만원 이상을 예탁하여야 한다.

2.7.2 매매거래의 주문

투자자는 주문표를 직접 작성하거나 전화, 컴퓨터 등을 사용하여 파생상품계좌를 개설한 회원에 주문을 제출함으로써 매매거래의 주문을 할 수 있다.

2.7.3 위탁증거금

KOSPI200 옵션 시장의 증거금 제도는 결제불이행의 사태를 미연에 방지하기 위한 것이다. 신규위탁증거금은 옵션매수시 위탁금액 전액을 현금으로 내야하고 옵션의 매도시에는

I. (기초자산가격이 위탁증거금율의 2배만큼 상승 또는 하락시 옵션이론가격－옵션전일종가)×30%

II. 최대옵션이론가격－옵션전일종가

III. 옵션계약당 최소증거금 (1계약＝50만원)

이 세가지 가격을 산출하여

$$\text{매도수량} \times \max(\text{I,II,III}) \times \text{승수}$$

가 신규위탁증거금이 된다.

2.7.4 옵션거래대금의 결제

옵션을 거래하는 경우 거래가 발생한 다음날 결제를 하게 된다. 결제대금은 투자자가 증권회사에 개설한 옵션거래계좌를 통해 자동적으로 이루어진다. 권리행사 만기까지 전매나 환매되지 않은 미결제약정은 행사가치가 있는 옵션의 경우 권리가 행사되고, 옵션의 매도자는 옵션의 매수자에게 미결제 잔고 수량 × 권리행사가격과 만기일 KOSPI200의 차이 × 50만원)을 지불하게 된다.

또한 매매종료 후 위탁증거금에서 손실을 차감한 금액이 옵션의 미결제약정에 대한 유지증거금에 미달하는 경우 그 차액을 다음날 12시까지 증권회사에 추가로 납부해야 한다. 만약 기한까지 납부하지 않을 경우 증권회사는 임의로 반대매매를 하거나 예탁된 대용증권을 매각할 수 있다.

2.7.5 미결제약정 수량의 관리

미결제약정(Open interest)이란 옵션거래가 성립된 이후 만기일까지 반대매매, 권리행사, 또는 최종결제 등으로 청산되지 않은 약정을 말한다. 매수 미결제 약정을 보유하고 있는 것을 "매수 포지션(Long Position)을 취하고 있다." 라고 말하고 매도 미결제 약정을 보유하고 있는 것을 "매도 포지션(Short Position)을 취하고 있다." 라고 말한다. 이러한 포지션을 가지고 옵션의 여러 가지 옵션 투자전략을 구성할 수가 있다.

2.7.6 위탁수수료

증권회사는 투자자의 위탁주문에 대한 매매거래가 성립하거나 최종결제 또는 권리행사에 의한 결제가 발생한 때 투자자로부터 증권회사가 정한 위탁수수료를 징수한다.

구입한 옵션을 만기일까지 보유하지 않고, 도중에 반대 매매하여 손익을 확정짓는 것이 중간 정산입니다.

2.8 실제 데이터 찾아보기

이 책에서 주로 쓰일 KOSPI200 지수와 CD 금리, KOSPI200 지수를 기초자산으로 한 옵션들을 수치를 실제로 찾아보도록 하자. 그림2.1는 KRX 한국거래소 > 지수> 국내지수> 종합시세에서 발췌한 것으로, 각종 항목들의 지수를 볼 수 있다. 이제,

지수명	현재가	전일비	등락률 (%)	시가 지수	고가 지수	저가 지수	거래 종목수	상승
(유)증권	1,484.58	▼ [illegible]	-0.63	1,491.31	1,491.71	1,478.2	34	1
(유)보험	17,362.21	▼ [illegible]	-0.04	17,354.59	17,447.08	17,206.46	15	
(유)서비스업	1,059.53	▼ 4.20	-0.39	1,056.56	1,061.79	1,051.04	143	6
(유)제조업	4,135.7	▲ [illegible]	1.22	4,087.01	4,135.8	4,086.05	508	23
(유)코스피 200	257.26	▲ [illegible]	0.85	254.83	257.49	254.76	198	9
(유)코스피 100	1,944.35	▲ [illegible]	0.93	1,924.23	1,945.86	1,923.89	100	5
(유)코스피 50	1,676.54	▲ [illegible]	1.04	1,656.48	1,677.7	1,656.2	50	2
(유)배당지수	3,232.29	▲ 12.72	0.40	3,223.65	3,236.56	3,201.35	50	1
(유)코스피 200 건설/기계	388.02	▲ [illegible]	0.02	388.85	389.52	385.12	12	
(유)코스피 200 조선/운송	468.11	▼ 3.52	-0.75	472.61	472.93	464.48	12	
(유)코스피 200 철강/소재	870.11	▲ 1.77	0.20	865.5	870.11	861.47	17	1

그림 2.1 2014년 3월 27일 KOSPI200지수

KOSPI200 지수에 관련된 그림 2.1을 보면서 각각의 용어들의 의미를 정리해보자.

- 현재가 (257.26) : 현재 KOSPI200 지수
- 전일비 (▲ 2.18) : 전일 종가에 비교한 값으로 (현재가 - 전일종가)
- 전일지수는 257.26 - 2.18 = 255.08
- 등락률 (0.85%) : 전일 종가를 기준으로 오르고 내린 정도로

$$\frac{\text{전일비}}{\text{전일종가}} \times 100\% = \frac{2.18}{255.08} \times 100\% = 0.85\%$$

그림 2.2는 KRX 한국거래소> 파생상품> 옵션> 종합시세에서 발췌한 것으로, KOSPI200 지수를 기초자산으로 한 옵션가를 볼수 있다.

종합시세

파생 옵션 코스피200

종목: 파생 옵션 코스피200 / 출력구분: CALL

(2014/03/27 오후 7:57:20 20분 지연 정보) (단위 : 계약)

종목	현재가	대비	시가	고가	저가	거래량
코스피200 C 201404 230.0	26.50	▲ 1.10	25.40	26.70	25.25	21
코스피200 C 201404 232.5	24.45	▲ 1.50	22.90	24.45	22.90	19
코스피200 C 201404 235.0	21.75	▲ 1.20	20.45	21.75	20.45	14
코스피200 C 201404 237.5	19.15	▲ 1.20	17.95	19.15	17.95	18
코스피200 C 201404 240.0	17.15	▲ 1.60	15.50	17.15	15.50	32
코스피200 C 201404 242.5	14.80	▲ 1.65	13.05	14.80	13.05	73
코스피200 C 201404 245.0	11.75	▲ 1.00	10.65	12.40	10.65	203
코스피200 C 201404 247.5	9.50	▲ 1.10	8.35	10.00	8.30	285
코스피200 C 201404 250.0	7.20	▲ 0.95	6.10	7.75	6.00	1,910
코스피200 C 201404 252.5	5.10	▲ 0.75	4.25	5.70	4.10	7,781
코스피200 C 201404 255.0	3.40	▲ 0.65	2.66	3.85	2.54	38,425
코스피200 C 201404 257.5	2.05	▲ 0.50	1.49	2.43	1.40	116,734

그림 2.2 기초자산이 KOSPI200인 옵션의 2014년 3월 27일 시세표

- 행사가격 (257.5) : 현재의 지수 가격과 가장 가까운 행사가가 큰 글씨로 그림 중간에 표시 되어 있다. 이 가격은 옵션매입자가 만기일에 권리를 행사할 때 적용되는 가격이다. 행사가격(257.5)에 대한 콜옵션 현재가는 2.05이다. 예를 들어, A가 3계약 매수주문을 내고 같은 금액으로 B가 5계약 매도주문을 내게 되면, 주문이 일치된 3계약이 거래로 이루어지고 체결된 3계약만큼 거래량이 된다.

그림 2.3는 KRX한국거래소 > 파생상품 > 옵션 > 내재변동성추이에서 발췌한 것으로 KOSPI200 지수의 변동성을 볼 수 있다.

내재변동성추이

KOSPI 200 옵션

조회기간: 20140226 ~ 20140326

(2014/03/27 오후 9:26:46) (단위 : %)

일자	콜평균내재변동성	풋평균내재변동성	대표변동성	역사적변동성(90일)
2014/03/26	11.70	12.30	11.90	12.70
2014/03/25	12.00	12.70	12.40	12.90
2014/03/24	10.80	13.60	12.00	13.00
2014/03/21	11.20	13.00	11.90	12.90
2014/03/20	12.00	14.40	13.50	13.00
2014/03/19	12.20	13.50	12.90	12.90
2014/03/18	11.30	14.30	12.50	12.90
2014/03/17	12.50	15.10	13.50	12.80
2014/03/14	12.80	15.40	14.20	12.90
2014/03/13	13.30	13.00	13.20	12.90
2014/03/12	13.40	17.90	15.90	13.10
2014/03/11	9.90	17.40	13.00	12.90
2014/03/10	11.80	18.40	15.00	12.90

그림 2.3 KOSPI200 지수의 2014년 3월 27일 변동성

그림 2.4는 한국금융연구원> 통계정보> 금융시장주요지표에서 발췌한 것으로 CD금리를 볼 수 있다. CD금리는 은행이 단기의 자금 조달을 위해 발행하는 무기명

그림 2.4 2014년 3월 27일 CD금리

정기예금증서로 만기는 30일 이상의 3개월, 6개월 만기가 일반적이다. 고시된 CD 금리는 시장금리 연동대출은 물론 은행 본·지점 간 자금이전이나 금리 스와프(IRS) 거래의 기준으로 활용돼 은행 여·수신금리, 또는 파생상품거래에서 기준이 되는 금리로 이용된다. 이 책에서는 주로 무위험 이자율로 사용될 것이다.

2.9 참고 온라인 사이트

매일경제 http://www.mk.co.kr

한국증권 선물거래소 http://krx.co.kr

야후금융 http://kr.finance.yahoo.com

한국투자증권 http://www.truefriend.com

삼성증권 http://www.samsungfn.com

이트레이드증권 http://www.etrade.co.kr

고려대학교 금융공학협동과정 http://kufinance.cafe24.com/redgra/main.html

카이스트 금융전문대학원 http://kgsf.kaist.ac.kr

연세대 금융공학연구실 http://financialeng.mireene.com/fel/index.htm

아주대 금융공학 http://fe.ajou.ac.kr/

CHAPTER 3

MATLAB 기초

MATLAB(`www.mathworks.com`)은 미국의 Math Works에서 만들어진 프로그램으로, 1984년도에 소개된 이후로 오늘날 전 세계 50만 이상이 사용하고 있다. MATLAB은 MATrix+LABoratory로서 행렬을 기본으로 최적화되어진 프로그램으로 알고리즘 개발, 데이터 수치분석이나 시각화를 위한 컴퓨터 언어이다. C 언어에 비해 사용하기가 편리하다는 장점이 있으나 실행속도가 느리다는 단점을 안고 있다.

새로운 장외파생상품들의 출현으로 주로 공학계통에서 사용되던 MATLAB은 편리한 사용방법으로 최근 모델링을 위한 프로그래밍 언어로 인기를 얻고있다.

3.1 MATLAB 기초

3.1.1 MATLAB 자료입력

MATLAB

```
>> a = 1
a = 1
```

: a에 1 대입

MATLAB

```
>> b=[1 2 3]
b =
```

```
    1    2    3
```

: b는 1행3열 행렬 (1×3)

MATLAB

```
>> b=[1;2;3]
b =
     1
     2
     3
```

: b는 3행1열 행렬 (3×1)

MATLAB

```
>> c=b
c =
     1
     2
     3
```

: c는 b와 같은 행렬이 된다.

MATLAB

```
>> c=b'
c =
     1     2     3
```

: c는 b의 전치(transpose) 행렬이 된다.

MATLAB

```
>> a=1;b=2,c=3;
b =
     2
```

: $a=1$, $b=2$, $c=3$값이 대입되지만 세미콜론(;)이 붙은 a와 c는 화면에 출력 되지 않고 ;이 붙지 않은 b만 화면에 출력된다.

MATLAB

```
>> A=[1 2 3;4 5 6]
A =
     1     2     3
     4     5     6
```

: A는 2행 3열 행렬이 된다.

MATLAB

```
>> A'
ans =
     1     4
     2     5
     3     6
```

: A'는 A의 전치행렬이 된다.

MATLAB

```
>> A(1,3)
ans =
     3
```

: A의 1행 3열 원소값을 보여준다.

MATLAB

```
>> A(2,3)
ans =
     6
```

: A의 2행 3열 원소값을 보여준다.

MATLAB

```
>> ans
ans =
     6
```

: 마지막으로 계산된 ans값을 보여준다. ans는 마지막 값을 가지고 있다.

MATLAB

```
>> ans+6
ans =
    12
>> clear
```

: 마지막으로 계산된 ans값에 +6 연산을 한다. 이 후, `clear`하면 ans값은 사라진다.

MATLAB

```
>> b=[1 2 3];
>> b.^2
ans =
     1     4     9
```

: 행렬 b를 먼저 정의한 후(세미콜론(;)을 붙였으므로 출력은 되지 않는다.) b의 각 원소를 제곱을 한다. 행렬의 각 원소를 제곱하기 위해서는 .을 ^연산자 앞에 붙여야 한다.

MATLAB

```
>> a=[7 8 9];
>> a.*b
ans =
     7    16    27
```

: a행렬의 각 원소와 b행렬의 각 원소를 곱한다. 즉, $[1\times7\ \ 2\times8\ \ 3\times9]$을 실행하여, $[7\ \ 16\ \ 27]$의 결과를 얻게 된다.

MATLAB

```
>> a*b'
ans =
     50
```

: a행렬과 b행렬의 전치행렬의 원소를 각각 곱하여 더한다. 즉, a행렬과 b행렬의 내적(inner product)과 같다.

MATLAB

```
>> zeros(1,3)
ans =
     0     0     0
```

: 각 원소 값들이 0인 1행 3열 행렬을 만든다.

MATLAB

```
>> a=zeros(3,5)
a =
     0     0     0     0     0
     0     0     0     0     0
     0     0     0     0     0
```

: a는 각 원소 값들이 0인 3행 5열 행렬이 된다.

MATLAB

```
>> a=2, A = 3;
>> a
a =
     2
```

: MATLAB은 대소문자를 구분한다.

MATLAB

```
>> A=[1 2 3;4 5 6;7 8 9];
>> sum(A)
ans =
    12    15    18
```

: A행렬의 각 열의 원소들의 합.

MATLAB

```
>> sum(A')
ans =
     6    15    24
```

: A행렬의 각 행의 원소들의 합. 즉, A의 transpose행렬의 각 열의 원소들의 합.

MATLAB

```
>> sum(sum(A))
ans =
     45
```

: sum(A)의 각 원소들의 합.

MATLAB

```
>> b=[1 2 3];
>> sum(b)
ans =
     6
```

: b행렬의 각 원소들의 합.

MATLAB

```
>> A=[1 2;3 4]
A =
     1     2
     3     4
>> B=[5 6;7 8]
B =
     5     6
     7     8
```

: A행렬과 B행렬의 정의

MATLAB

```
>> A+B
ans =
      6       8
     10      12
```

: A 행렬과 B 행렬의 각 원소들의 합.

MATLAB

```
>> A-B
ans =
    -4     -4
    -4     -4
```

: A 행렬과 B 행렬의 각 원소들의 차.

MATLAB

```
>> ones(2,2)
ans =
     1      1
     1      1
```

: 원소의 값이 1인 2×2 행렬을 만든다.

MATLAB

```
>> A+2
ans =
     3      4
     5      6
```

: A 행렬의 각 원소에 2씩 더한 값.

MATLAB

```
>> A+2*ones(2,2)
ans =
     3      4
     5      6
```

: A+2연산 결과와 같다.

MATLAB

```
>> size(A)
ans =
```

```
    2     2
```

: size로 특정한 변수의 크기를 알 수 있다.

3.1.2 MATLAB 기본 연산

다음은 각각의 행렬에 대한 사칙연산이다. 연산자 앞에 . 이 붙게 되면 행렬의 같은 위치에 있는 각각의 원소끼리 연산을 수행하라는 의미이다. 원소끼리의 연산이므로 반드시 두 행렬의 크기는 정확하게 일치해야 한다. 이제 행렬의 일부나 전체를 불러오는 표현을 배워보자.

MATLAB

```
>> A = [1 1 1 1; 2 2 2 2; 3 3 3 3; 4 4 4 4]
A =
     1     1     1     1
     2     2     2     2
     3     3     3     3
     4     4     4     4
>> A(2, 1:4)
ans =
     2     2     2     2
>> A(2, 1:end)
ans =
     2     2     2     2
>> A(2,:)
ans =
     2     2     2     2
```

위의 MATLAB 코드에서 볼 수 있듯이 세 개의 표현은 모두 동일한 표현임을 알 수 있을 것이다. 모두 A 행렬의 2행의 1열부터 끝까지의 원소를 나열하라는 것으로, 여기서 사용된 end는 행렬의 크기의 끝을 나타내며, : 은 행렬에서 전체를 나타내는 표현이다.

MATLAB의 나머지 연산인 mod에 대하여 알아보자. 예를 들어,

$$10 = (-4) * (-3) - 2$$

의 계산을 MATLAB에서 mod을 사용하면, 다음의 결과를 출력하게 된다.

MATLAB

```
>> mod(10, -4)
ans =
    -2
```

3.1.3 MATLAB 기타명령어

1. 도움말(help) : 명령어의 기능을 알고자 할때 'help + 명령어'를 Command Window에 입력하면 해당 명령어의 기능을 알 수 있다.

MATLAB

```
>>help plot
   plot   Linear plot.
   plot(X,Y) plots vector Y versus vector X. ...
```

2. 명령어 나열(,) : 두 개 이상의 명령어를 한 줄에 표현하려면 콤마(,)를 이용하여 구분

3. 줄넘기기(. . .): 명령어가 너무 길어 다음 줄로 넘어가고 싶을 때 사용 (Command Window에서도 사용가능)

MATLAB

```
>> plot(x,y,'--rs','LineWidth',2,...
     'MarkerEdgeColor','k',...
     'MarkerSize',10)
```

4. 출력여부(;) : Command Window상에서 명령어를 실행하면 화면에 결과가 출력되지만, 세미콜론(;)을 입력하여 실행하면 출력되지 않고 workspace에만 저장된다.

MATLAB

```
>> a=1;b=2;c=3;
```

5. 주석(%) : 명령어의 앞에 %를 입력하면 주석으로 처리된다.

6. 화면정리(clc): clc 명령어를 입력하고 엔터를 치면 Command Window에 표시되었던 모든 내용들이 지워짐

7. 화면정리(clf) : clf 명령어를 입력하고 엔터를 치면 Figure에 나타난 모든 그림이 지워짐

8. 변수삭제(clear) : 변수 및 배열에 할당된 값들 모두 삭제. (whos로 확인 가능)

   • 모든 변수를 삭제 : `clear all`
   • 특정 변수만을 삭제 : `clear 특정변수`

9. 변수나열(`whos`) : 사용중인 모든 변수들의 size를 보여준다.

MATLAB

```
>> whos
 Name Size Bytes Class  Attributes
  a    1x3    24 double
  ans  1x3    24 double
  b    1x3    24 double
  c    1x1     8 double
  d    2x3    48 double
>> whos a
 Name Size Bytes Class  Attributes
  a    1x3    24 double
```

10. 실행종료(exit, quit) : MATLAB 종료

3.2 M-file 만들기

MATLAB을 이용하여 원하는 기능을 수행하는 방법은 크게 두 가지로 구분된다.

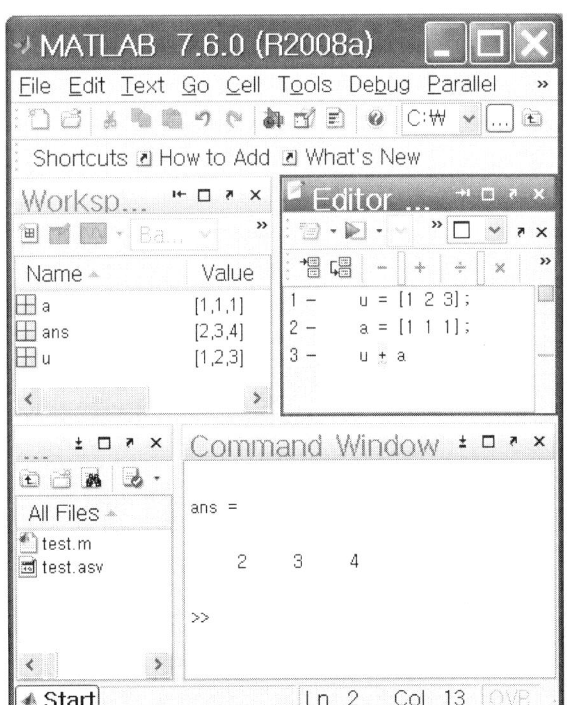

그림 3.1 MATLAB창

첫 번째는 Command Window에 직접 명령어를 입력하는 방법이고, 두 번째는 Script 파일을 이용하는 것이다.

MATLAB에서 사용하는 파일을 보통 M-file이라고 부르며 파일의 확장자는 .m으로 저장된다. 이러한 M-file은 스크립트에 있는 명령어들이 차례대로 Command Window에서 실행될 수 있도록 한다. 실제로 M-file을 만들어 보자.

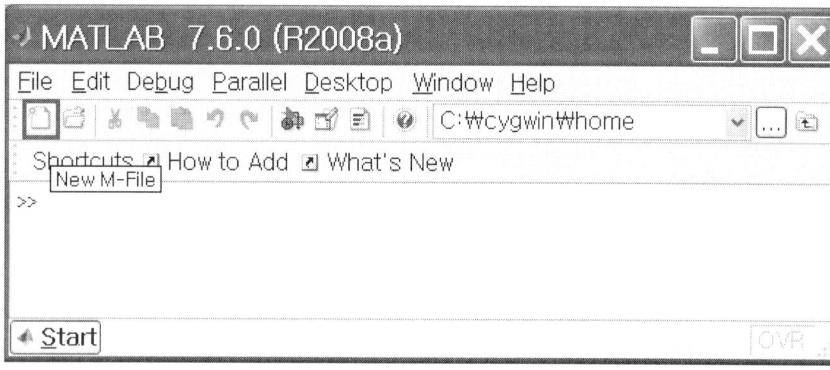

New M-file 버튼을 누르면 m-file이 만들어진다.

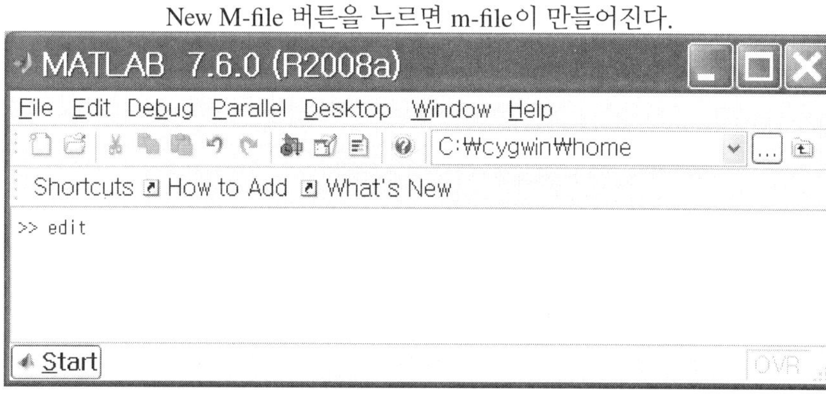

Command Window 에 edit이라고 쓰면 m-file이 생성된다.

메뉴에서 File → New → M-File을 클릭해도 좋다. 이제 만들어진 Editor에 원하는 명령어를 순서대로 쓰고, Save and Run을 하기 위해 단축키인 F5를 누르자.

MATLAB

```
>>a = 1;
   b = 2;
   c = a+b
```

위의 문장을 Editor에 적어 넣고, 단축키 F5를 누르자. 파일이름은 원하는 이름으로 쓰고 저장하면 원하는 결과를 얻을 수 있게 된다.

3.3 for ~ end 문

'for' 문은 'end' 문과 짝을 이루어 사용된다. 'for' 문과 같은 행에 있는 변수의 값을 초기값부터 증분의 크기만큼 누적시키면서 최종값에 도달된 때까지 'for' 문과 'end' 문 사이 문장의 명령을 수행한다. 증분이 '1' 인 경우에는 '증분 :' 을 생략해도 무방하다.

MATLAB

for 변수명**=**초기값 :(증분 :) 최종값
문장
end

예제 3.3.1 for ~ end 프로그램

```
for x=0:0.5:1
  a=2^x
end for k=5:-2:1
  b=k
end
```

[프로그램 실행결과]

MATLAB

```
a = 1 a = 1.4142 a = 2 b = 5 b = 3 b = 1
```

3.4 if ~ elseif ~ else ~ end 문

여러 가지 조건에 따라 각각 다른 명령을 실행하고자 할 때, 'if ~ elseif ~ else ~ end 문' 을 사용한다. 아래 보기처럼 조건 **1**이 참이면 문장 **1**이 수행되고, 조건 **1**이 거짓이고, 조건 **2**가 동시에 참이될때 문장 **2**가 수행된다. 만약 조건 **2**까지 거짓이 라면 loop를 빠져 나와서 문장 **3**이 수행된다.

MATLAB

if 조건 **1**
문장 **1**
elseif 조건 **2**

문장 **2**
else
문장 **3**
end

예제 3.4.1 if ~ else ~ end 문 프로그램

```
a=3; if a<1
    b=a+1
else
    c=a+2
end
```

[프로그램 실행결과]

MATLAB

```
c = 5
```

3.5 while ~ end 문

'while' 문은 'end' 문과 짝을 이루어 사용된다. 'while' 문과 같은 행에 있는 조건이 참이면 'while' 문과 'end' 문 사이에 있는 문장의 명령을 반복적으로 수행한다.

MATLAB

while 조건
문장
end

예제 3.5.1 while ~ end 문 프로그램

```
a=1; while a<4
    a=a+1
end
```

[프로그램 실행결과]

MATLAB

```
a =  2 a =  3 a =  4
```

3.6 linspace 문

'linspace'는 a와 b사이의 간격이 동일한 n개의 벡터를 만드는 데 사용한다. 다음과 같이 이용하며 이에 대한 예제를 살펴보자.

MATLAB

linspace(a,b,n)

linspace(시작점, 끝점, 점의 총수**)**

예제 3.6.1 linspace 문 프로그램

```
x = linspace(0,5,6), y = linspace(-1,1,5)
```

[프로그램 실행결과]

MATLAB

```
x =   0    1    2    3    4    5
y =  -1  -0.5   0   0.5   1
```

3.7 plot 문

실행결과를 2차원 그래프로 나타내고자 할 때 사용된다. 'plot' 문을 사용하기 위해서 2개의 변수가 필요하며 각 변수는 같은 크기의 1차원 배열(벡터)이어야 한다.

- `plot(X,Y)`
  x축은 X, y축은 Y를 값으로 갖는 2차원 그래프를 보여준다.

- `plot(Y)`
  x축의 값을 주지 않으면 default로 x축은 index값을, y축은 Y를 값으로 하는 2차원 그래프를 보여준다

- `plot(X,Y,S)`

  S는 선의 종류, 심볼(symbol) 또는 색을 나타낼 수 있는 옵션값이다.(자세한 내용은 표 3.7 참고.)

- `plot (X1,Y1,S1,X2,Y2,S2,X3,Y3,S3,...)`

  X,Y가 벡터나 배열일 때 여러 값들을 한 번에 같이 나타낼 수 있다.

- `hold`

  전에 그렸던 그림에 또 다른 그림을 겹쳐서 그리고 싶을때 hold 또는 hold on을 사용하고 해제하고 싶을 때 hold off를 사용한다.

- `xlabel('x축이름','fontsize',숫자,'rotation',각도), ylabel(), zlabel()`

  plot을 이용해서 그림을 그렸을때, 각 축의 이름을 지정할 수 있다. 또한 'fontsize'와 뒤에 쓸 숫자를 이용해서 각 축의 이름의 크기를 지정할 수 있고 'rotation'과 뒤에 각도를 이용해서 각 축의 이름을 시계반대 방향으로 회전 시킬 수 있다. 예를 들어서 ylabel('y','rotation',0)을 입력하면 y축의 이름이 y로 된다.

- `title('그림의 제목')`

  그림의 제목을 지정할 수 있다.

- `grid`

  그림에 격자를 그려 넣을 수 있다.

- `legend('첫번째 그래프의 이름','두번째 그래프의 이름',...)`

  그림 안에 박스를 만들어서 각 그래프가 무엇을 가리키는지 지정할 수 있다. 또한 legend 마지막에 1에서 4의 숫자를 써주면 각 숫자에 해당하는 사분면에 박스를 넣을수 있다.

- `set(gca)`

  set(gca)함수는 축을 조정해주는 함수이다. 예를들어서 set(gca,'YTick',벡터)를 써주면 y축에 각 벡터의 원소만 표시된다. 또한 set(gca,'fontsize',숫자)를 써주면 축들의 값들의 크기가 해당 숫자 크기로 보인다.

- `axis`

  axis를 이용하면 Figure에 나타내고자 하는 그림의 범위를 지정 할 수있다. 예를 들어서 axis([x축 최소값 x축 최대값 y축 최소값 y축 최대값])를 이용하면 Figure에 나타난 그림을 지정한 값으로 한정시켜준다. 또한 axis tight를 이용하면 가지고 있는 데이터의 범위만큼 그림을 한정시켜주고, axis image를 이용하면 각 축의 단위를 1:1비율로 맞춰준다.

색상		모양		라인	
b	Blue	.	Point	-	Solid
g	Green	o	Circle	:	Dotted
r	Red	x	x mark	-.	Dashdot
c	Cyan	+	Plus	–	Dashed
m	Magenta	*	Star	(none)	No line
y	Yellow	s	Square		
k	Black	d	Diamond		
w	white	v	Triangle(down)		
		^	Triangle(up)		

그림 3.2 Plot 명령어의 옵션

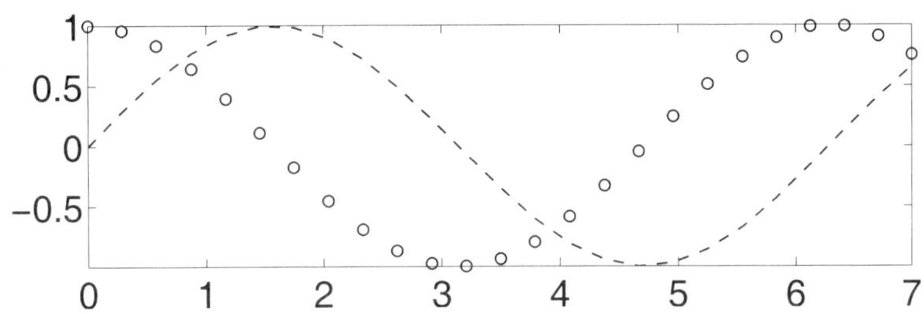

그림 3.3 plot문 옵션을 이용한 프로그램 실행결과

예를 들어, `plot(x,sin(x),'k--',x, cos(x),'ko')`를 실행하면, 다음 결과를 얻게 된다. 이는 y축의 값을 $\sin(x)$, $\cos(x)$로 하는 두 개의 그래프를 나타내며, 첫번째 $\sin(x)$는 검은 색의 점선으로, $\cos(x)$는 검은색 원으로 표현된다. (그림 3.3 참고)

예제 3.7.1 plot 문 프로그램

MATLAB

```
for i=1:21
    x(i)=0.1*(i-1);
    y(i)=x(i)^2;
end
plot(x,y); title('Graph of y=x^2');
xlabel('X'); ylabel('Y'); grid;
```

[프로그램 실행결과]

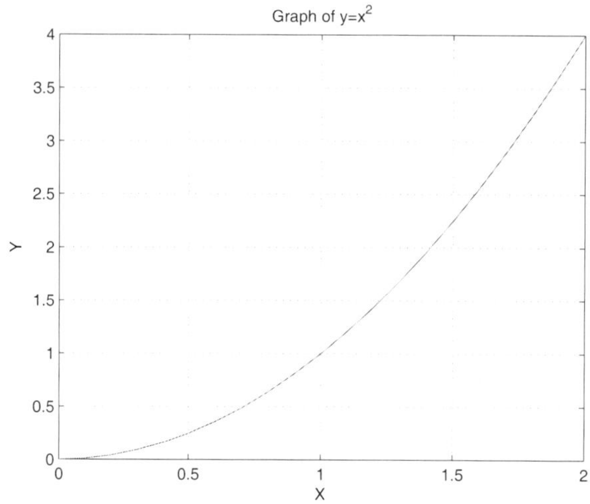

그림 3.4 plot문 프로그램 실행결과

3.8 MATLAB에서 함수 만들기

MATLAB에서 자주 쓰는 MATLAB 코드의 경우는 매번 코드를 작성할 때 계속해서 반복해서 쓰는 것 보다 함수로 만들어서 따로 저장하게 되면 필요할 때마다 계속해서 반복하여 사용할 수 있게 되어 MATLAB 코드를 작성할 때 보다 쉽게 작성할 수 있다. 그럼 함수를 쓰는 방법에 대해서 알아보도록 하자.

MATLAB

function 결과=함수이름(입력변수 **A,** 입력변수 **B,** ··· **)**
코드
end

예제 3.8.1 다음은 $x^2+4x+4=0$의 방정식의 해를 근의 공식을 이용하여 구하는 함수로 만든 MATLAB 코드이다.

MATLAB

```
function ans=sol_eq(a,b,c)
    x1= (-b+sqrt(b^2-4*a*c))/(2*a);
    x2= (-b-sqrt(b^2-4*a*c))/(2*a);
    ans=[x1 x2];
end
```

이제 MATLAB 명령어창에서 아래와 같이 입력을 하면 위의 방정식의 해가 -2, -2가 나옴을 알 수 있다.

MATLAB

```
>> sol_eq(1,4,4)
ans =     -2     -2
```

3.8 연습문제

이차함수 $y = 2x^2 + 4x - 5$의 꼭짓점의 좌표를 구하는 MATLAB 함수를 만들어 보아라.

3.9 MATLAB에서 제공하는 함수들

MATLAB에는 이미 만들어져서 제공해주는 유용한 여러 함수들이 있다. 이 책에서 주로 쓰이는 함수들을 소개하고자 한다.

3.9.1 분포에 관련된 함수

기본적으로, MATLAB의 **rand()** 명령어는 0과 1사이에서 균일분포(uniform distribution)를 따르는 무작위의 수를 생성한다. rand(N)은 N-by-N의 행렬로 이루어진 (0,1) 사이 무작위수를 생성한다. rand(M,N)은 M-by-N의 행렬로 이루어진 무작위의 수를 생성한다. **rand('seed', n)**함수는 seed값을 임의의 정수 n으로 설정한다. matlab에서 rand수를 정할때 정해진 순서가 있는데 seed별로 다른 값을 가진다. 프로그램 안에 rand('seed',n)을 정해주면 rand수가 n번째 seed로 돌아가 처음부터 무작위의 숫자를 순서대로 추출한다.

randn() 명령어는 표준정규분포(standard normal distribution)를 따르는 무작위의 숫자를 생성한다. randn(M,N)의 경우 M-by-N의 행렬로 이루어진 표준정규분포를 따르는 무작위 숫자를 생성한다. randn() 함수도 rand() 함수와 마찬가지로 MATLAB에서 randn수를 정할때 정해진 순서가 있는데 **randn('seed',n)**을 정해주면 임의의 정수 n으로 seed값으로 돌아가서 표준정규분포를 따르는 숫자를 생성한다. 정규분포의 PDF(probability distribution function)값을 알고 싶다면 **normpdf(X,μ,σ)**를 사용해서 정규분포의 평균이 μ이고 표준편차가 σ일때의 X에 해당하는 PDF값을 알려주고 또한 정규분포의 CDF(cumulative distribution function)을 계산하고 싶다면 **normcdf(X,μ,σ)**를 사용해서 정규분포의 평균이 μ이고 표준편차가 σ일때의 X에 해당하는 CMF값을 알려준다. **norminv(P,μ,σ)**를 사용하면 정규분포의 평균이 μ이고 표준편차가 σ일때의 P확률에 해당하는 X값을 알려준다.

3.9.2 hist() 함수

hist() 명령어는 히스토그램(Histogram)을 그리는 함수이다. 예를 들어서 hist(V)을 실행해주면 임의의 자연수인 M의 1-by-M 또는 M-by-1행렬인 벡터 V의 원소들을 벡터 V의 최대값 최소값을 10등분한 구간에 배열 함으로써 히스토그램을 그릴수 있다. 추가적으로 더 많이 나누고 싶을때는 hist(V, N)을 사용하면 벡터 V의 원소들의 양 끝값을 N등분한 히스토그램을 그릴 수 있다. 다음은 randn()함수를 이용하여 10000개의 표준정규분포를 따르는 무작위수를 생성하여 그 값들에 대해서 점을 찍고 무작위 수들을 30등분한 hist.m코드이다.

MATLAB

```
%% hist.m
clc;clf;clear;
randn('seed',1)
for i=1:10000
   S(i)=randn(1);
   hold on
end
hist(S,30)
```

다음은 Hist.m을 수행했을때 나오는 그림 3.5이다.

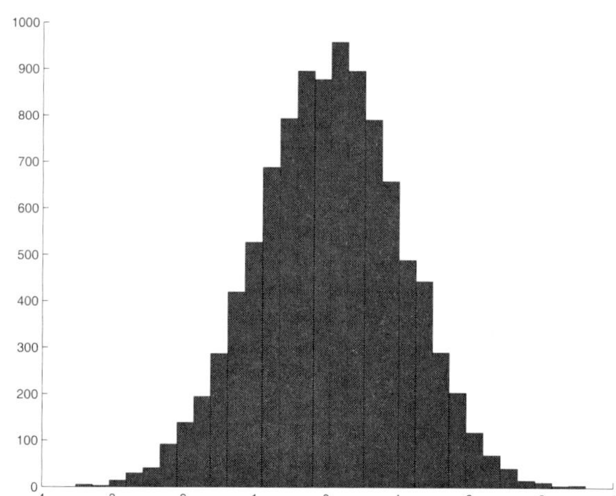

그림 3.5 Hist.m 사용결과

S_Motion.m코드는 앞의 내용들을 응용하여 기하브라운모션(Geometric Brownian Motion)모형을 이용한 무위험 이자율이 0.0265이고 변동성이 0.3이고 현재주가가 257.3이고 만기가 3개월인 주가의 움직임을 나타낸 MATLAB코드이다.

MATLAB

```
%% S_Motion.m
```

```
clear all; clc; clf;
r=0.0265;
sigma=0.3;
S(1)=257.3;
T=1/4;
dt=1/360;
N=T/dt;
for k=1:100
    for i=1:N
        S(i+1)=S(i)*exp((r-0.5*sigma^2)*dt...
            +sigma*sqrt(dt)*randn(1));
    end
plot(S, 'k-')
hold on
end
axis([0 N+1 150 410])
```

S_Motion.m을 수행했을때 나오는 그림3.6이다.

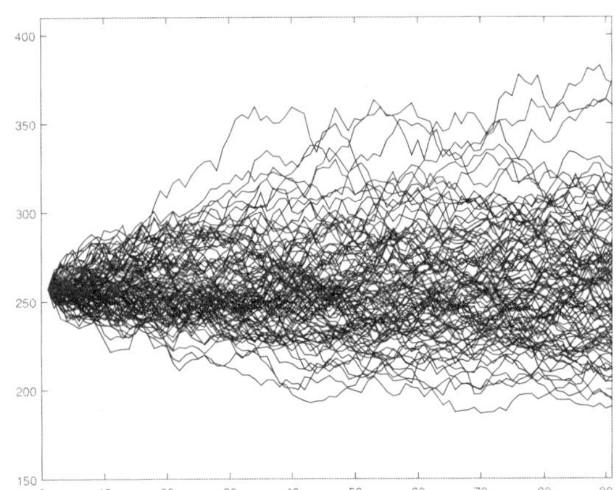

그림 3.6 S_Motion 사용결과

3.9.3 interp1() 함수

MATLAB에서는 외삽법과 내삽법을 쉽게 할 수 있는 **interp1()**함수가 내장되어있다. 외삽법과 내삽법은 시뮬레이션을 통해서 얻은 값들이 정작 알고자 하는 값이 아닐 때 사용된다. 내삽법은 알고자 한 값을 구하는 정의역이 시뮬레이션을 구하는 정의역 사이에 있을때 사용하고 외삽법은 알고자 하는 값의 정의역이 시뮬레이션을 구하는 정의역 밖에 있을때 사용한다.
sin함수를 예를 들어서 설명 해보겠다. 먼저 시뮬레이션을 정의역이 x가 0, $\frac{\pi}{10}$, $\frac{\pi}{10} \times 2$, $\cdots$, 2π 일때의 값을 구했다고 하자. 그 다음 정의역 사이에 있는 값인 a가 0.2, 3.5, 6 일때의 sin값을 알고 싶을 때는 내삽법을 이용해서 interp1(시뮬레이션 정의역, 시뮬레이션 정의역에 대한 값, 알고자하는 값의 정의역)을 입력하면 내삽법을 할 수 있다. 두법째로 외삽법을 하고자 하는경우는 interp1(시뮬레이션 정의역, 시뮬레이션 정의역에 대한 값, 알고자하는 값의 정의역, ' 외삽법을 하는 방법','extrap')를 입력하면 외삽법을 할 수 있다. interp.m는 내삽법과 pchip(shape-preserving piecewise cubic interpolation) 외삽법을 사용해서 sin함수의 값을 구한 MATLAB 코드이다.

MATLAB

```
% interp.m
clc;clear;clf;
x=0:pi/10:2*pi; y=sin(x);
hold on
a=[0.2 3.5 6]; b=interp1(x,y,a);
z=sin(a);
c=[-0.1 6.4]; d=interp1(x,y,c,'pchip','extrap');
plot(x,y,'bo',a,b,'r^',c,d,'ms')
legend('sin(x)','interpolation','extrapolation')
axis([-0.5 7 -1 1])
```

그림 3.7은 interp.m을 수행한 결과이다.

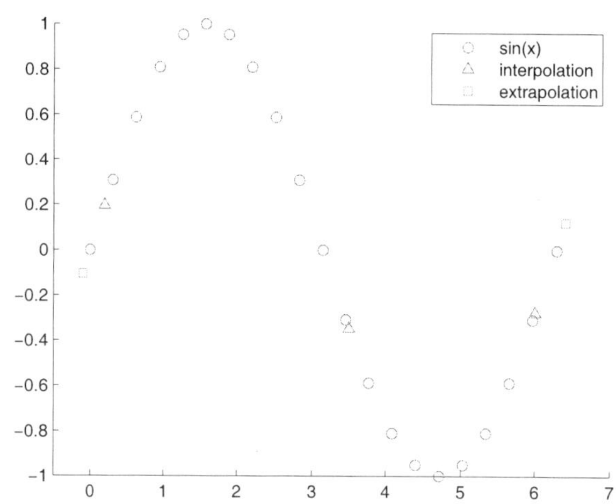

그림 3.7 보간법 사용 결과

3.9.4 반올림

이 책에서는 계산을 쉽게하기위해서 소수들을 정수로 바꾸는 코드들을 자주 사용한다. 이와 관련된 함수들을 소개하고자 한다. **round**(숫자)함수는 숫자를 소수 첫째자리에서 반올림해준다. **ceil**(숫자)함수는 숫자를 소수 첫째자리에서 올림해준다. **floor**(숫자) 함수는 숫자를 소수 첫째자리에서 내림해준다.

3.9.5 벡터에 관한 함수

본 교재에서는 벡터를 쓰는 계산이 많이 쓰인다. 이때 벡터를 다루는 함수들을 소개하고자 한다. 가장 많이 쓰이는 벡터에 값을 배당해주는 함수로써 **zeros(x,y)**함수와 **ones(x,y)**함수가 있다. 이 두 함수는 x × y 행렬을 만들어서 그 행렬의 원소들을 각각 0과 1로 채워준다. 주로 zeros(1,y), ones(x,1) 꼴로 써서 이 책에서 벡터형태로 많이 쓰인다. **length**(벡터)함수는 벡터의 원소의 갯수를 나타내준다. **diff**(벡터)함수는 벡터의 두번째 원소와 첫번째 원소의 차, 세번째 원소와 두번째 원소의 차,···, 마지막 원소와 마지막 전 원소의 차를 벡터로 나타낸다. **find**(조건)함수는 조건에 해당하는 벡터의 원소가 어디있는지 알려준다. 예를 들어서 A=[3 2 1]이라고 할때 find(A==3)을 수행해주면 1이라는 값을 얻을 수 있다. **char('문자', ... ,'문자')**함수는 문자들에대한 열 벡터를 만들수 있게해준다.

3.9.6 논리에 쓰이는 함수

If문 또는 while문을 쓰다보면 and, or, equal같은 논리에 필요한 용어들을 사용해야 되기도 한다. MATLAB에서는 Ture는 1 그리고 False는 0값을 가진다. && 기호는 and 와 같은 논리기호이고 || 는 or과 같은 논리기호이다. 또한 == 는 equal과 같은 논리기호이다. 이때 = 기호와 혼동하지 말아야한다. = 기호는 오른쪽 값을 왼쪽값에 배당한다는 의미이다. **any**(조건들) 함수를 수행하면 조건들 중 하나라도 성립한다면 Ture값 즉 1을 제공하는 함수이다. 만약 조건들이 모두 성립하지 않는다면 False의 의미로 0값을 제공한다. any와 비슷한 함수로써 all(조건들)함수가 있는데 all함수는 조건들이 모두 성립하면 1을 하나라도 성립하지 않는다면 0을 제공한다.

3.9.7 그 외 함수

tic, toc은 코드의 시작지점과 코드의 끝지점에 각각 배치하여 수행시키면 그 코드의 수행시간을 계산해준다. **disp**(변수)함수는 변수에 배열된 값을 Command Window에 볼 수 있도록 해준다. **datenum**(년도, 월, 일)함수는 0년 1월 1일을 1로 기준으로 하여 해당 날짜까지의 날짜 수를 계산해준다.

CHAPTER 4

C++ 기초

C++은 C로부터 확장된 언어로써 Bell Lab에서 Bjarne Stroustrup가 C 언어에 몇가지 특징을 추가하여 만들어 졌다. 가장 중요한 추가사항은 classes for object-oriented programming을 지원한다는 점이다. Object-oriented programming은 프로그램의 유지, 보수가 쉽다는 큰 장점을 가지고 있다. C++ 언어는 C 언어의 확장된 개념이므로 모든 C 언어의 기능을 지원한다.

1998년 미국 표준 협회(American National Standards Institute, ANSI)는 C++ 언어의 표준규격을 정립하며, 이로써 코드의 이동성을 향상 시켜주었다.(즉, 자신의 compiler를 통해 에러 없이 컴파일을 한 경우 어느 컴퓨터 어느 compiler를 통해서도 에러없이 컴파일이 가능하다.) 예를 들어 visual studio 에서 C++로 컴파일에 성공했다면 cygwin, Linux등 C++을 제공하는 모든 compiler에서 사용이 가능하다. 현재의 주요 compiler는 이런 ANSI의 규격을 지원하고 있다. 그렇지만 각각의 compiler는 compiler만의 특성을 지니고 있기 때문에 다른 compiler에서 컴파일을 하기 위해서는 compiler에 맞는 약간의 수정작업이 있어야 한다.

C++ 언어는 C 에 비해 유지, 보수가 편리하며 MATLAB에 비해 연산속도가 빠르고 메모리 할당에서 좀 더 안전하고 간단하게 할당할 수 있는 이점을 가지고 있다. 이 책의 모든 코드는 "C++"로 구현하고 compiler로는 "**Microsoft Visual Studio 2008**"을 사용하여 컴파일 하였다.

4.1 Microsoft Visual Studio 2008 시작하기

Microsoft Visual Studio 2008 (이하 VS2008)의 설치를 했다면 '윈도우 시작버튼'-'프로그램'-'Microsoft Visual Studio 2008'을 선택해서 'VS2008'를 시작한다.

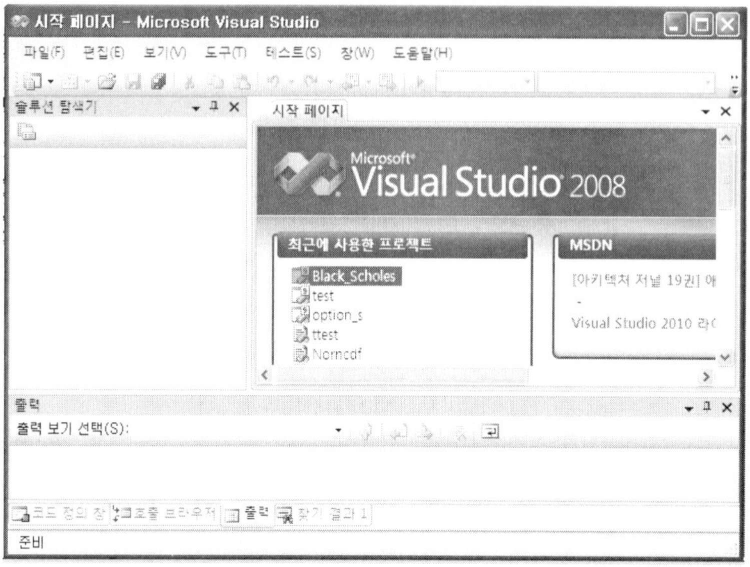

그림 4.1 Microsoft Visual Studio 2008 시작 페이지

4.1.1 Project의 생성

VS2008에서 C++ program을 만들기 위해서는 프로젝트를 생성해야 한다. 프로젝트는 파일의 모음이라고 볼 수 있는데 컴파일을 할 때 한 프로젝트 단위로 컴파일을 하게 된다. 다음은 프로젝트를 생성하는 과정이다.

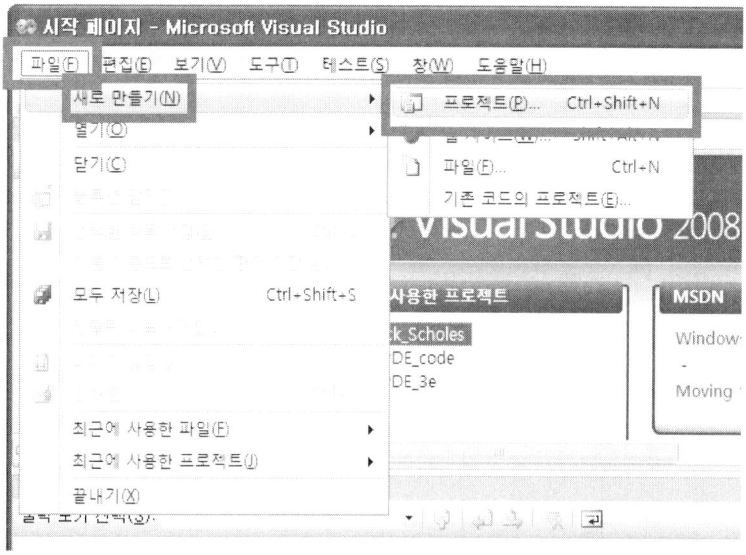

그림 4.2 *Step 1.* '파일(F)'-'새로만들기(N)'-'프로젝트(P)' (단축키 : Ctrl+Shift+N)

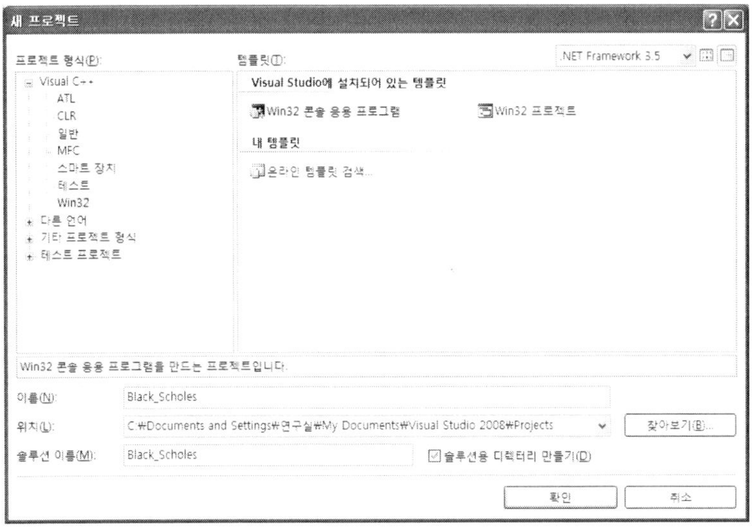

그림 4.3 *Step 2.* '프로젝트 형식 : win32'-'탬플릿 : win32콘솔응용프로그램'-'이름(N) 입력'-'확인'

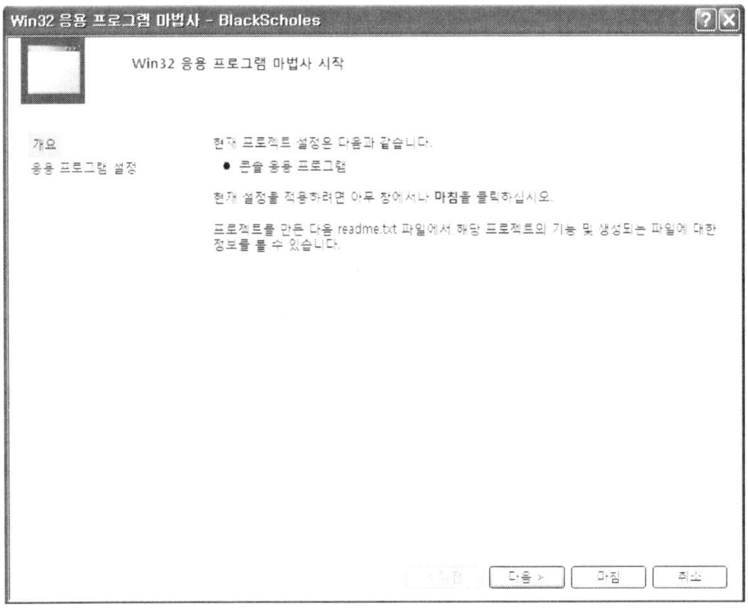

그림 4.4 *Step 3.* Win32 응용프로그램 마법사가 시작되면 '다음'을 클릭한다.

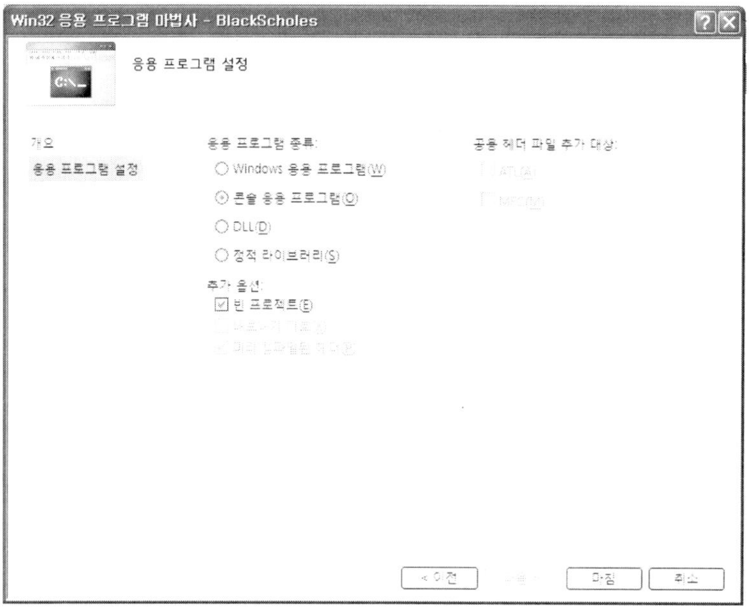

그림 4.5 *Step 4.* '응용프로그램 종류' 에서는 '콘솔응용프로그램' 을 선택하고 '추가옵션' 에서는 '빈 프로젝트' 를 선택후 '마침' 을 클릭한다.

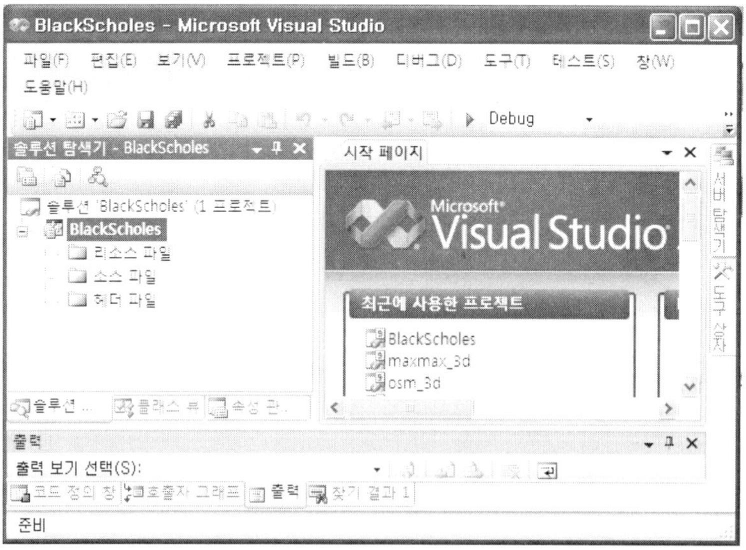

그림 4.6 *Step 5.* 프로젝트가 완성된 모습이다.

4.1.2 C++ 프로그램의 생성

프로젝트를 생성하였다면 이제 C++ 프로그램을 생성할 수 있다.
C++프로그램을 생성하는 방법은

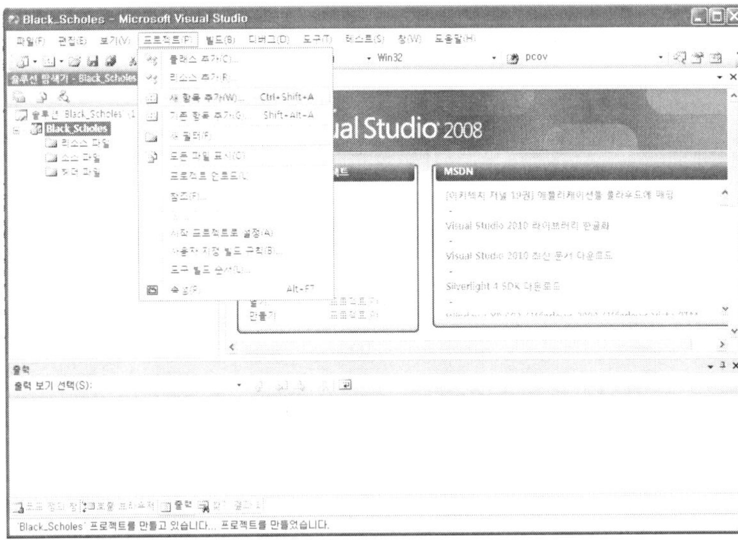

그림 4.7 1. 메뉴란의 '프로젝트'-'새 항목 추가' (단축키 : Ctrl+Shift+A).

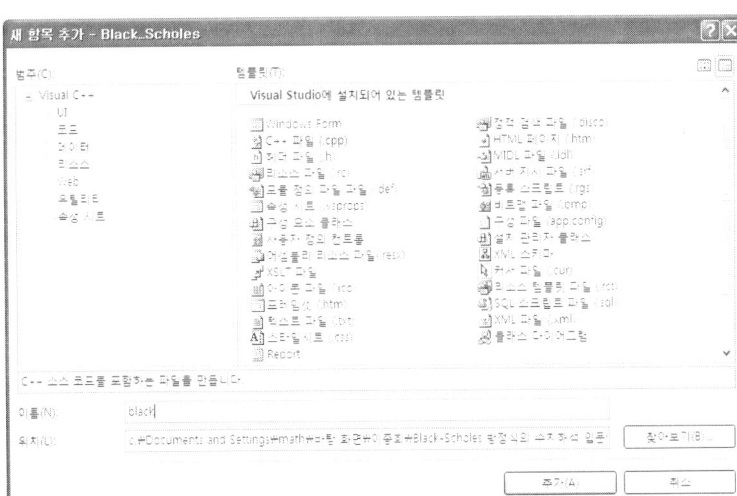

그림 4.8 2. 새 항목 추가 창이 뜨게 되면 '탬플릿' 에서 'C++파일(.cpp)' 을 선택하면 C++ 프로그램이 생성된다. 한글이름도 가능하지만 다른 compiler에서는 한글 파일 이름을 인식을 하지 못하는 경우가 있으므로 영어이름으로 해주는 것이 올바르다.

C++ 프로그램은 main함수에서 시작해서 main함수에서 끝이난다. 즉, main에서 순차적으로 코드를 실행하고 main함수가 끝이 나면 프로그램이 종료하게 된다.

이제 main함수에서 코드를 입력하여 보자. 다음은 "Hello World!!"를 출력하는 코드이다.

C++

```
#include<iostream>

int main()
{
    std::cout<<"Hello World!!"<<std::endl;
    return 0;
}
```

입력한 후의 모습은 그림 4.9 과 같다.

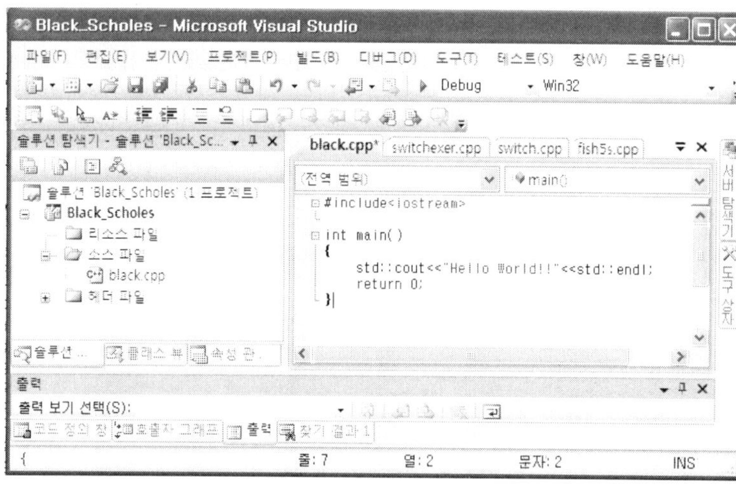

그림 4.9 C++ 코드 입력 3

4.1.3 C++ 프로그램의 컴파일

코드를 완성했으면 컴파일을 해본다. 컴파일이란 C++로 짠 코드를 기계어로 바꾸는 과정이다. 에러없이 컴파일이 성공했다면 '프로젝트명.obj' 파일이 생긴다. 컴파일 하는 방법은 '빌드'-'컴파일' (단축기 : Ctrl+F7) 그림 4.10 참고

상황에 따라서는 프로젝트에 포함된 파일중에서 컴파일에서 제외해야 하는 경우도 생긴다. 이 때는 솔루션 탐색기에서 컴파일을 제외시키려고하는 파일에 마우스 오른쪽 버튼을 클릭한 후 속성에 들어 가면 다음 그림 4.11에서 보이는 대로 컴파일 제외 설정을 한다.

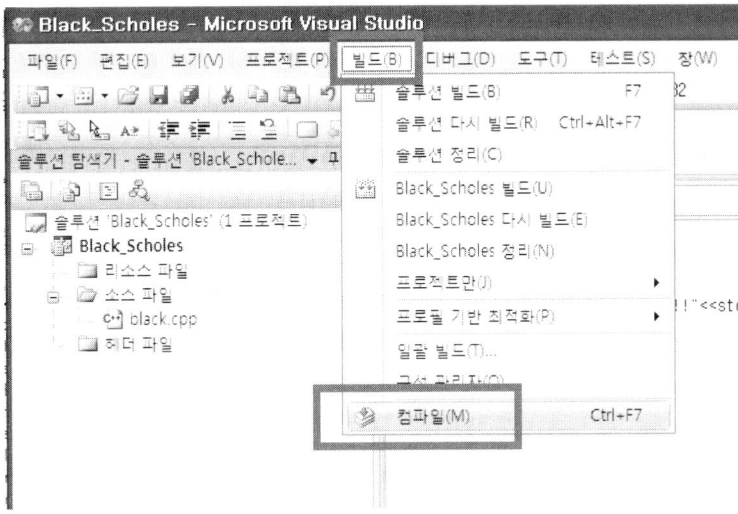

그림 4.10 컴파일

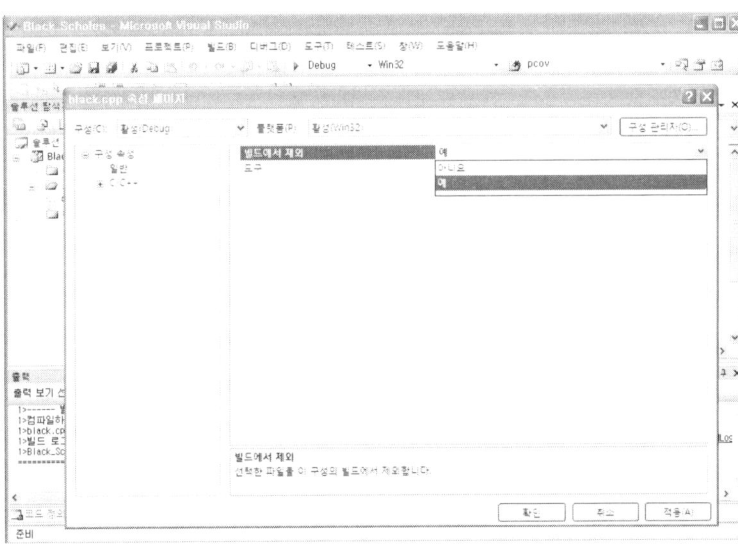

그림 4.11 컴파일 제외 설정

4.1.4 C++ 프로그램의 실행

프로그램의 실행하기 위해서는 '디버그'-'디버깅 하지 않고 시작' (단축키 : Ctrl+F5) 을 클릭한다. 에러없이 실행이 되면 '프로젝트명.exe' 파일이 생성된다. 그림 4.12 참고.

실행결과는 그림 4.13 참고.

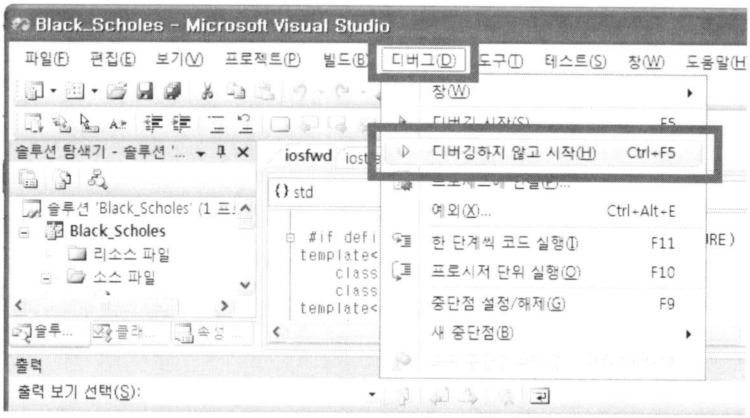

그림 4.12 프로그램 실행

그림 4.13 실행 결과

4.1.5 이 절의 내용 요약

이 절의 내용을 요약하면 다음과 같다. Microsoft Visual Studio를 사용하여 컴파일하고, 프로그램을 실행하는 과정을 정리해 보면,

Microsoft Visual Studio 실행

↓

프로젝트 만들기

1. 파일-새로만들기-프로젝트
2. win32-win32콘솔응용프로그램
3. 프로젝트 이름(N) 입력
4. 다음 클릭
5. 빈프로젝트 선택

↓

C++ 프로그램 생성하기

1. 프로젝트-새 항목 추가
2. C++파일(.cpp) 선택 후 이름(N) 입력 [주의. 파일명은 영어로만 작성]

↓

컴파일 하기

1. 빌드-컴파일

↓

프로그램 실행하기

1. 디버그-디버깅 하지 않고 시작

4.2 C++ 언어의 입문

4.2.1 주석처리

코드에 대해서 알기 전에 주석을 먼저 이해 하자. 프로그램 내에서 /* 로 시작해서 */로 끝나는 부분을 주석(comment)이라 한다. 주석은 프로그램이 디버깅 될 때 무시되는 부분이다. 이 부분에는 코드에 대한 설명을 기술하는 것으로 코드에 대한 이해를 돕는다. C++ 언어에서 주석을 사용하는 방법은 다음과 같다.

1) 여러줄에 걸쳐서 주석처리 되는 경우 : /* 주석내용 */

2) 한줄에만 주석처리 하는 경우 : //주석내용

다음 예를 보면서 이해하자.

C++

```
/* 여러줄에 걸친 주석처리
 * 이런저런 코드에 대한 설명을 하더라도
 * compiler는 이곳 내용을 무시 합니다.*/

//한줄 주석 처리 하기
```

4.2.2 입력과 출력

C++에서 입출력에 관련된 일을 하기 위해서 "iostream"파일을 포함(include) 해야 한다. 다음 입출력에 관한 예를 보자.

C++

```
#include<iostream>

int main()
```

```
{
    std::cout<<"Hello World!"<<std::endl;
    //Hello World! 을 출력
  char hello[100]; //문자형 변수 선언
  std::cout<<"출력하고 싶은 단어를 입력하세요."<<std::endl;
    std::cin>>hello;
    std::cout<<"당신이 출력하고 싶은 단어는 "<<hello<<
            "입니다."<<std::endl;
    return 0;
}
```

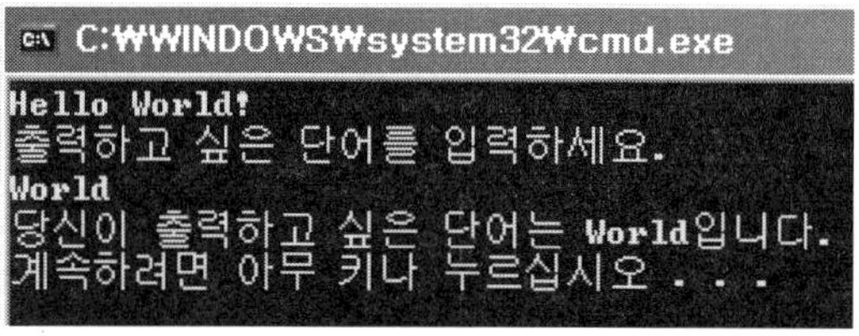

그림 4.14 Hello World 입출력 실행 결과

위 예를 보게 되면 생소한 것들이 보인다. std::cout 과 std::cin 그리고 std::endl 이 그것인데 이들은 std라는 namespace에 정의 되있는 클래스로써 입력과 출력 그리고 행변환을 의미한다.

- std::cout : 출력 클래스
- std::cin : 입력 클래스
- std::endl : 행변환 클래스

이때 매번 std::을 앞에 붙여주기가 너무 많아서 힘든경우 파일 앞부분에

C++

```
using namespace std;
```

라고 선언을 해주면 std::을 생략하고 사용할 수 있다.

파일을 통한 입출력을 위해서는 “fstream” 이라는 헤더파일을 include해야 한다. 다음은 파일에서의 출력에 관한 예이다. 파일을 불러오는 과정에서 주의해야 할 점이 있다. 파일을 불러오는 과정에서 불러오려는 파일이 존재 하지 않으면 파일을 생성하지만 만약 불러오려는 파일이 존재 한다면 그 파일의 정보는 삭제한 후 새롭게 쓰는 작업이 진행되기 때문에 주의해서 파일을 불러야 한다.

C++

```
#include<iostream>
#include<fstream>
using namespace std;
```

```
int main()
{
    ofstream output; // file로 output하기위한 클래스 선언
  //create a file
    output.open("scores.txt");

    //write
    output<<"yuna_kim"<<" "<<"math"<<" "<<95<<endl;
    output<<"taehee_kim"<<" "<<"english"<<" "<<100;

    output.close();

    cout<<"Done"<<endl;

    return 0;
}
```

여기서, scores.txt 파일은 cpp 파일과 같은 폴더에 생성된다.

다음은 파일에서 입력에 관한 예이다. 위의 파일을 통한 출력과 관계있는 코드이므로 파일을 통한 입력을 하기전에 파일을 통한 출력을 먼저 실행해야 한다. scores.txt 파일은 cpp 파일과 같은 폴더에 있을 때 입력할 수 있다.

C++

```
#include<iostream>
#include<fstream>
using namespace std;
int main()
{
ifstream input; //file 에서 data를 input하기␣위한␣클래스␣선언

//파일␣열기
input.open("scores.txt");
  //data 읽기
char Name[80];
  char subject[80];
  int score;
while(!input.eof())//파일의␣끝이␣아니면␣실행
{
       input>>Name>>subject>>score;
       cout<<Name<<" "<<subject<<" "<<score<<endl;
  }
  input.clear();
  input.close();//파일␣닫기

 cout<<"Done"<<endl;

    return 0;
}
```

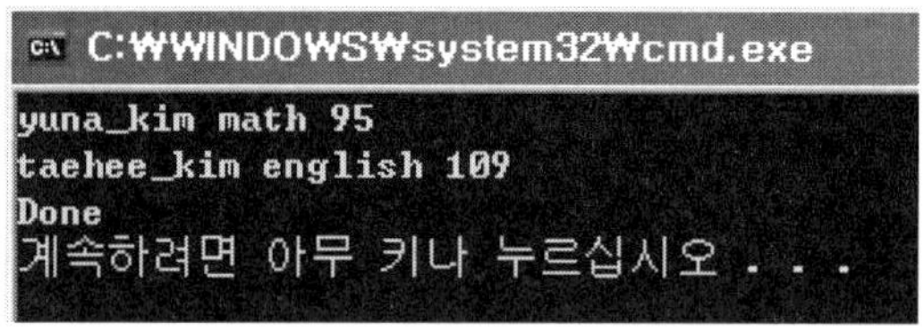

그림 4.15 파일을 통한 입력결과

이전 장에서는 데이터를 쓰거나 데이터를 읽기 위해서 'ofstream', 'ifstream' class를 이용하였다. 데이터를 쓰고 읽는 일을 동시에 처리 할 수 있는 경우에는 'fstream'을 써서 처리할 수 있다. 만약 'fstream'을 이용 할 경우 사용모드를 설정해야 한다. 파일 열기 모드에 대해서 알아 보자.

Mode	설명
ios::in	읽기를 위한 불러오기
ios::out	쓰기를 위한 불러오기
ios::app	출력하는 데이터가 파일의 끝에 입력
ios::ate	파일을 불러옴과 동시에 파일포인터를 파일 끝부분으로 이동
ios::truct	파일이 존재한다면 내용을 삭제

콘솔과 파일을 통한 input과 output을 배웠으니 이제 output 하는 포멧에 대해서 생각해 보자. 포멧을 지정하는 함수들은 **출력 포멧팅**(stream manipulator)이라고 하는데 다음 함수들을 사용하기 위해서는 "iomanip"라는 헤더 파일을 include 해야 한다.

Operator	Description
setw(width)	프린트창에서 값들 사이의 간격을 설정
setprecision(n)	표현되는 수의 개수 설정
fixed	정해진 개수만큼 소숫점아래 숫자 표현
showpoint	정해진 개수만큼 소숫점아래를 표현 하는데 숫자가 없을 경우 이후 숫자들은 0으로 표현
left	왼쪽 정렬
right	오른쪽 정렬

다음은 setw, setprecision, fixed, showpoint 사용의 예이다.

C++

```
#include <iostream>
```

```
#include <iomanip>
using namespace std;

int main()
{
cout<<setfill('*')<<setw(4)<<1<<endl;
cout<<setfill('*')<<setw(4)<<10<<endl;
cout<<setfill('*')<<setw(4)<<100<<endl;
cout<<setfill('*')<<setw(4)<<"ABC"<<endl;
cout<<setfill('*')<<setw(4)<<1.1<<endl;
cout<<setfill('*')<<setw(4)<<10.1<<endl;

cout<<setprecision(4)<<45.451235675<<endl;
cout<<fixed<<setprecision(4)<<45.451235675<<endl;


return 0;
}
```

그림 4.16 실행결과

4.2.3 변수와 상수

변수(variable)라고 하면 변하는 수라고 생각이 되는데 변수는 데이터를 저장할수 있는 메모리 공간에 붙여진 이름(혹은 메모리 공간 자체)을 의미한다. 선언하게 되는 변수에는 다양한 특징을 줄 수가 있는데 크게 정수형 변수와 실수형 변수로 나뉜다. 정수형 변수로는 char형, int형, long형이있고 실수형 변수는 float형, double형 변수가 있다.

자료형(data type)		할당되는 메모리 크기	데이터의 범위
정수형	char	1바이트	$-2^7 \sim 2^7 - 1$
	unsigned char	1바이트	$0 \sim 2^8 - 1$
	int	4바이트	$-2^{31} \sim 2^{31} - 1$
	unsigned int	4바이트	$0 \sim 2^{32} - 1$
	short	2바이트	$-2^{15} \sim 2^{15} - 1$
	unsigned short	2바이트	$0 \sim 2^{16} - 1$
	long	4바이트	$-2^{31} \sim 2^{31} - 1$
	unsigned long	4바이트	$0 \sim 2^{32} - 1$
실수형	float	4바이트	$3,4 \times 10^{-37} \sim 3.4 \times 10^{+38}$
	double	8바이트	$1.7 \times 10^{-307} \sim 1.7 \times 10^{+308}$
	long double	8바이트 혹은 그이상	차이를 많이 보임

변수형 앞에 unsigned 가 붙게 되면 음수부분이 없는 변수가 된다. 음수가 없어지는 만큼 양수로 지정할 수 있다.

자료형 변환(Type conversion)이란 프로그래밍시 중요한 개념이라고 할 수 있다. 필요에 맞는 올바른 자료형을 입력해야 할 때 적절한 형변환이 필요하기 때문이다. 형변환은 암묵적 형변환과 명시적 형변환으로 나눌 수 있다. 암묵적 형변환은 프로그램내에서 compiler가 자동적으로 변하는 형변환으로 가독성이 떨어지게 되고 오류를 범할 수 있다. 이에 반에 명시적 형변환은 자료형은 명확하게 해주기 때문에 형변환에 따른 계산 착오를 없앨 수 있다. 형변환이 일어나게 되면 자료의 값이 바뀌지 않는 경우와 자료의 값이 바뀌는 경우가 있다. 형변환시 자료의 값이 바뀌는 경우는 다음과 같다.

- 자료형 변환하는 경우 예상되는 변환이 있다. 예를 들면 실수형에서 정수형으로 변환시 소숫점 아래는 잘려나간다. 또 모든 타입에서 bool형으로 변환시 '0' 아닌 모든 수는 '1' 로변환한다.

- 큰 타입에서 작은 타입으로 형변환을 하게 될때 값의 일부가 잘려나가거나 예상할 수 없는 이상한 값으로 바뀌는 수가 있다.

자료형 변환 하는 방법에 대해서 알아보자. 예를 들어 int형 변수 integer를 double형 dou로 변환하는 법을 알아보자.

```
double dou=static_cast<double>(integer);
```

이를 간단히 쓰면 다음과 같다.

```
dou=(double)integer;
```

자료형 변환의 예상되는 변환의 예를 알아보자.

C++

```
#include<iostream>
#include<iomanip>
using namespace std;

int main()
{
    int i=66;
    double d=123456789.101112;
    char c='B';
    bool b=true;

    double ii=static_cast<double> (i);
    char iii=static_cast<char> (i);
    bool iiii=static_cast<bool> (i);

    cout<<"i is"<<setw(6)<<i<<endl;
    cout<<"i conversions to"<<" double :"<<setw(6)<<ii<<endl;
    cout<<"i conversions to"<<" char :"<<setw(6)<<iii<<endl;
    cout<<"i conversions to"<<" bool :"<<setw(6)<<iiii<<endl;

    int dd=static_cast<int> (d);
    char ddd=static_cast<char> (d);
    bool dddd=static_cast<bool> (d);

    cout<<"d is"<<setw(16)<<d<<endl;
    cout<<"d conversions to"<<" int :"<<setw(6)<<dd<<endl;
    cout<<"d conversions to"<<" char :"<<setw(6)<<ddd<<endl;
    cout<<"d conversions to"<<" bool :"<<setw(6)<<dddd<<endl;

    int cc=static_cast<int> (c);
    double ccc=static_cast<double> (c);
    bool cccc=static_cast<bool> (c);

    cout<<"c is"<<setw(6)<<c<<endl;
    cout<<"c conversions to"<<" int :"<<setw(6)<<cc<<endl;
    cout<<"c conversions to"<<" double :"<<setw(6)<<ccc<<endl;
    cout<<"c conversions to"<<" bool :"<<setw(6)<<cccc<<endl;

    int bb=static_cast<int> (b);
    double bbb=static_cast<double> (b);
    char bbbb=static_cast<char> (b);
```

```
    cout<<"b is"<<setw(6)<<b<<endl;
    cout<<"b conversions to"<<" int :"<<setw(12)<<bb<<endl;
    cout<<"b conversions to"<<" double :"<<setw(6)<<bbb<<endl;
    cout<<"b conversions to"<<" char :"<<setw(6)<<bbbb<<endl;

    return 0;
}
```

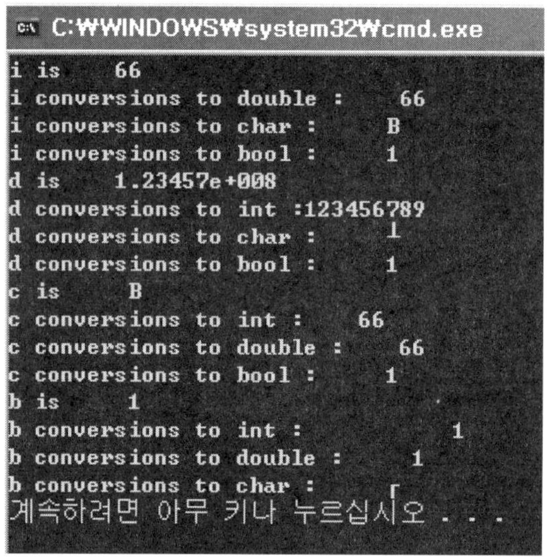

그림 4.17 실행결과

자료형 변환의 예상되지 않는 변환의 예를 알아보자.

C++

```
%#include<iostream>
%using namespace std;
%
%int main()
%{
%    int i=123456;
%    double d=123456789.10111213;
%
%    unsigned short us=static_cast<unsigned short>(i);
%    short s=static_cast<short>(i);
%    float f=static_cast<float>(d);
%    short d2f=static_cast<short>(d);
%
%    cout<<fixed;
%    cout<<"i is "<<i<<endl;
%    cout<<"i conversions to unsigned short is "<<us<<endl;
%    cout<<"i conversions to short is "<<s<<endl;
```

```
%     cout<<endl;
%     cout<<"d is "<<d<<endl;
%     cout<<"d conversions to float is "<<f<<endl;
%     cout<<"i conversions to short is "<<d2f<<endl;
%     return 0;
%}
%
#include<iostream>
using namespace std;

int main()
{
    int i=123456;
    double d=123456789.10111213;

    unsigned short us=static_cast<unsigned short>(i);
    short s=static_cast<short>(i);

    float f=static_cast<float>(d);
    short d2f=static_cast<short>(d);

    cout<<fixed;
    cout<<"i is "<<i<<endl;
    cout<<"i conversions to unsigned short is "<<us<<endl;
    cout<<"i conversions to short is "<<s<<endl;
    cout<<endl;
    cout<<"d is "<<d<<endl;
    cout<<"d conversions to float is "<<f<<endl;
    cout<<"i conversions to short is "<<d2f<<endl;

    return 0;
}
```

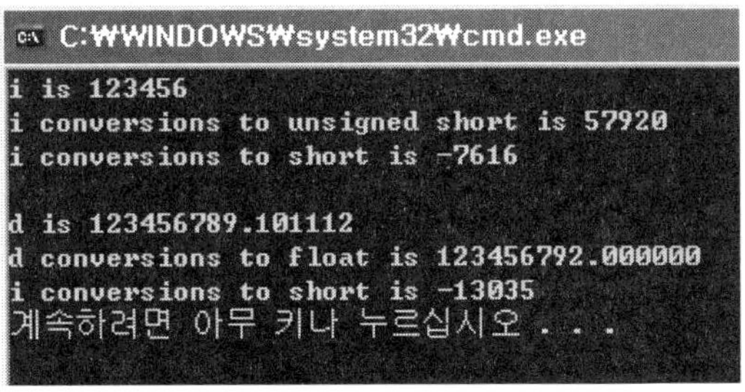

그림 4.18 실행결과

C 언어에서는 참(True)과 거짓(False)를 정수로 나타낸다. 거짓인 경우 '0', 참인 경우 '0이 아닌 정수' 로 표시 했었다. C++ 언어에서는 Boolean 형 변수가 새로이 생겼는데

이는 참과 거짓을 정수로 구분하는 것이 아니라 값이 'True'와 'False'인 변수이다. 하지만 실제의 저장되는 값에서는 변하지 않았다. 다시 말해 'True=1', 'False=0'의 값으로 저장된다. 이렇게 함으로써 코드의 가독성이 높아진다.

C++

```
#include<iostream>
using namespace std;

int main()
{
    bool a;
    bool b;
    a=true;
    b=false;
    cout<<"a="<<a<<endl;
    cout<<"b="<<b<<endl;
}
```

그림 4.19 실행결과

변수를 선언할 때 시기가 C언어에서는 중요했다. 프로시져상의 모든 변수는 최초 연산이 시작되기 전에 선언이 되있어야 활용이 가능했다. 하지만 C++언어에서는 변수의 선언시기가 중요하지 않게 되었다. 변수는 선언 할 변수가 연산에 활용되기 전에 선언하면 된다. 변수를 선언 하는 방법은 선언과 동시에 초기화 하는 방법과 선언후 변수를 초기화는 방법이 있다. 주의해야 할점은 변수를 초기화 하지 않을시 변수는 '쓰레기값'이 들어가게 된다는 것이다. 그렇기 때문에 변수를 선언시 당장 변수를 사용하지 않더라도 '0'으로 초기화를 해주는 것이 프로그램이 안정적으로 구성된다.

C++

```
int val1; //int 형 변수 val1의 선언
val1=10; //변수 선언후 초기화

int val2=20; //int형 변수 val2를 선언과 동시에 초기화
```

변수 선언시 동시 한줄에 선언하는 것 또한 가능하다. 이 때 선언되는 변수 이름과 이름 사이에는 ','(컴마)가 필요 하다.

C++

```
/* 여러줄에 걸친 주석처리
* 이런 저런 코드에 대한 설명을 하더라도
* compiler는 이곳 내용을 무시합니다.*/

//한줄 주석 처리하기
```

C언어에서 변수는 함수내에서 선언시 변수가 가장 먼저 선언되었지만 C++에서는 변수 선언시 위치는 중요하지 않다. 변수가 필요한 부분에서 편하게 변수를 선언할 수 있다. 그외에 주의 사항이다.

1) 변수 선언시 변수의 이름은 알파벳, 숫자, 언더바(_)로 구성한다.(특수문자는 안된다.)

2) 변수 선언시 알파벳의 대문자와 소문자는 구별된다.

3) 변수의 이름은 숫자로 시작할 수 없고 공백이 포함되서는 안된다.

4) 변수의 이름으로 키워드가 사용되서는 안된다.(키워드란 C++에서 사용되는 명령어와 같은 것이다. 예를 들면 int, return, main,for 등이 있다.)

심볼릭 상수는 변수처럼 이름을 갖는 상수(const) 이다. 이러한 심볼릭 상수를 만들기 위해서는 2가지 방법으로 선언이 가능하다. const 상수 선언과 매크로를 이용하는 방법이 있다. const 상수 선언 하는 방법에 대해서 알아보자. C++ 프로그램을 실행을 통해 변수들은 값의 변화가 생기게 되는데 이를 방지하는 const 상수는 생성될때의 값을 가지고 프로그램의 실행동안 const 변수의 변화를 가져오게 되면 에러를 일으킨다.(프로그램상에서 const 상수를 표현하기 위해서는 일반적으로 대문자로 이름을 짓는다.)

C++

```
#include<iostream>
using namespace std;

int main()
{
const double A=3.14;//const 상수 A선언
   cout<<A<<endl;
A++; //에러 메세지를 발생시킨다.
   return 0;
}
```

const를 포인터 선언시 사용하여 포인터를 상수화 할 수도 있다. 이 때 포인터를 상수화 한다는 것은 두가지를 의미 한다. 하나는 포인터 자체를 상수화 시킨다는 의미이고 또, 하나는 포인터가 가리키는 변수를 상수화 시킨다는 의미이다. 예제를 보면서 이해 하자. 먼저 포인터가 가리키는 값을 const 선언하는 경우이다.

C++

```
#include<iostream>
using namespace std;

int main()
{
//포인터가 가리키는 변수의 상수화
   int a=10;
       int b=20;
const int* p=&a;
       cout<<p<<endl; //포인터p 값
   cout<<*p<<endl; //포인터 p가 가리키는 값

   //*p=30; //error
      p=&b; //OK
      a=30; //OK
      cout<<p<<endl;

return 0;
}
```

다음은 포인터를 const 선언하는 경우이다.

C++

```
#include<iostream>
using namespace std;
int main()
{
     //포인터 자체가 상수화
  int a=10;
    int b=20;
    int* const p=&a;
    cout<<*p<<endl;
//   p=&b; //error 포인터를 바꾸는것은 에러
  *p=20; //OK 포인터가 가리키는 값을 변경은 가능
  cout<<*p<<endl;
    return 0;
}
```

많은 사람들이 const는 에러를 발생시킨다며 const가 선언된 프로그램을 const를 지워버리고 쓰는 경우가 많다. const 키워드는 원래 C언어에는 존재하지 않았지만 C++에서 생긴 개념이다. 하지만 C언어의 표준을 재정립 하면서 C언어에 다시 도입될 정도로 중요한 키워드이다. const는 프로그램의 안정성을 높인다. 어떤 변수가 한번 초기화되고 다시 다뀌지 않는다면 const로 선언하는 것이 올바르다. 그리고 함수에도 const 키워드를 붙일수가 있는데 클래스 변수를 함수내에서 변경하지 않을시 사용된다. 이 중요한 const를 잘 활용하자. 프로그램을 안정적으로 구성할수 있다.

4.2.4 기본적인 연산자

C++에서 제공하는 산술 연산자들을 알아 보자.

Operator	Name	example	Result
$+$	덧셈	$34 + 1$	35
$-$	뺄셈	$34 - 1$	33
$*$	곱셈	$2 * 3$	6
$/$	나눗셈	$1.0/2.0$	0.5
%	mod	10%3	1

C++에서 제공하는 약칭 연산자들을 알아 보자.

Operator	Name	example	Equvalent
$+=$	더하고 대입	$i+=8$	$i=i+8$
$-=$	빼고 대입	$i-=8$	$i=i-8$
$*=$	곱하고 대입	$i*=8$	$i=i*8$
$/=$	나누고 대입	$i/=8.0$	$i=i/8.0$
%	mod 이후 대입	$i\%=8$	$i=i\%8$

C++에서 제공하는 증가, 감소 연산자들을 알아 보자.

Operator	Name	Description
++var	전치증가연산자	연산이 되기전에 var의 값을 1증가 (선증가, 후연산)
var++	후치증가연산자	연산이 먼저되고 var의 값을 1증가 (선연산, 후증가)
−−var	전치감소연산자	연산이 되기전에 var의 값을 1감소 (선감소, 후연산)
var−−	후치감소연산자	연산이 먼저되고 var의 값을 1감소 (선연산, 후감소)

C++에서 제공하는 관계 연산자 들을 알아 보자. 이를 배우기 앞서 자료형 bool 에 대해 알아보자. C 언어에서는 참과 거짓을 나타내기 위해 정수를 사용하여 거짓은 0로 표현하고 참은 0이 아닌 수로 표현했다. (대표적으로는 1을 사용) 하지만 C++에서는 boolean이라는 자료형으로 true 와 false를 사용한다. 즉, 참은 true 이고 거짓은 false 이다.

Operator	Example	Result
$<$	$1 < 2$	true
$>$	$1 > 2$	false
$<=$	$1 <= 2$	true
$>=$	$1 >= 2$	false
$==$	$1 == 2$	false
$! =$	$1! = 2$	true

C++에서 제공하는 로직 연산자들을 알아 보자.

Operator	Name	Description
!	not	부정
&&	and	교집합
||	or	합집합

4.2.5 Array

어레이(array)란 동일한 타입의 자료형 여러개를 하나의 변수 이름으로 묶어 놓은 것을 의미한다. 예를 들어서 반 학생들의 성적을 입력하고 싶을 때 'math001', 'math002', 'math003',,, 이런식으로 변수를 선언해야 한다면 프로그램을 쓰는 사람은 아마도 없을 것이다. 우리는 다음과 같은 문제를 array이라는 개념을 이용하여 쉽게 다룰 것이다. array를 선언 하고 할당 하는 방법은 간단하다.

C++
```
자료형 array이름[array크기];
```

위 문법을 따라 array를 선언하게 되면 우리는 array 이름을 갖는 array크기의 갯수 만큼 자료형의 값을 입력할 수 있는 array를 메모리 할당 하게 된다. 만약 다음과 같은 선언을 한다면

C++
```
double math[10];
```

위와 같이 array선언을 하게 되면 array는 $0 \sim (10-1)$가 할당 된다. 따라서 math[0], math[1],$\cdots$, math[9]라는 double형을 입력할 수 있는 array를 갖게 되는 것이다. 이 때 주의할 점은 array의 크기 부분인데 이부분은 상수인 정수가 입력되어야 한다.

C++
```
int a=4;
double math[a];
```

위와 같은 코드는 오류를 일으키게 된다. 이유는 array의 크기 부분의 입력값의 자료형이 문제이다. int 가 아닌 const int 이어야 한다. 다음과 같은 수정이 필요하다.

C++

```
const int a=4;
double math[a];
```

C++

```
#include<iostream>
using namespace std;

int main()
{
    // dataType arrayName[index]   array 선언 구조
  double myList[3];
    myList[0]=0.0;
    myList[1]=1.0;
    myList[2]=2.0;
    cout<<"myList[2] is "<<myList[2]<<endl;
    /* myList라는 int형 3개 0,1,2 가
   * 들어간 array가 만들어 졌다*/

      /*array선언과 초기화를 동시에 해보자
   * 뒤따르는 선언도 같은 결과를 가져온다.*/
    double yourList[3]={0.0,1.0,2.0};
    cout<<"yourList[2] is "<<yourList[2]<<endl;

    //2차원 array는 다음과 같이 선언한다.
  double hisList[3][2]={{1,2},{2,3},{3,4}};
    cout<<"hisList[1][1] is "<<hisList[1][1]<<endl;

    return 0;
}
```

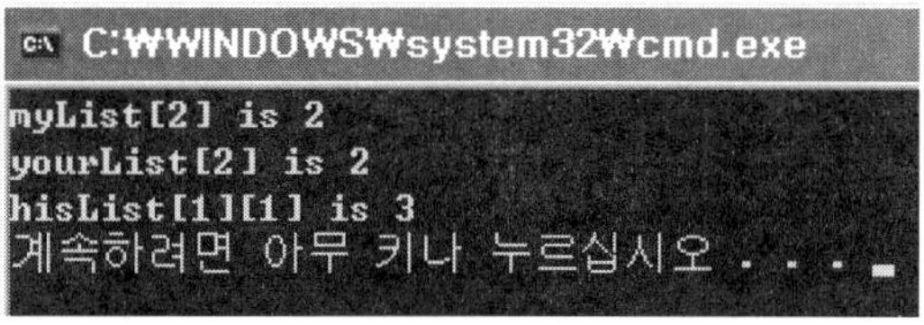

그림 4.20 array 실행 결과

4.2.6 반복문과 분기문(Loop and Select statements)

C++프로그램을 만들다 보면 프로그램 상에서 양갈래, 혹은 그 이상의 갈래로 나누어져 연산을 하는 경우나 똑같은 연산을 반복해서 해야 경우가 생기는데 이러한 경우 다음과

같은 명령어들을 사용한다.

똑같은 연산을 반복하는 것을 루프(Loop)라고 한다. 우리는 여기서 세가지 반복문을 다룰 것이다. 크게는 while Loop 과 for Loop으로 나눌수가 있는데 for Loop의 경우 다음과 같이 반복하는 횟수를 기준으로 반복하는 경우이다.

C++

```
for (초기값 ; loop 조건 ; 증가값)
//loop 조건이 True인 경우 실행, False인 경우 loop종료
{
    문장;
}
//일반적으로 for loop는 지정한 수만큼 실행할 경우 사용한다.
```

다음은 조건을 기준으로 반복되는 반복문이다. while Loop은 boolean 표현이 true인 경우 계속 반복되고 false 인 경우 Loop문이 끝난다. 반복문을 강제로 빠져나가기 위한 명령어는 브레이크(break)이다. 다음 예를 보면서 이해해 보자.

C++

```
#include <iostream>
using namespace std;
int main()
{
    int count=0;
    double tol=0.12;
    while ((double)1/count>tol)
        //1/count가 tol 보다 큰경우 반복, 그렇지 않은 경우 반복하지 않음
  {
        cout<<"count"<<" "<<count<<endl;
        count=count+1;
        if (count >100)
            break;
    }
    return 0;
}
```

그림 4.21 While 문 실행 결과

while 문과 비슷하게 do-while문이 있다. 이는 while문과 거의 비슷하다. while문과 다른점은 boolean 표현이 문장의 끝에 있어서 적어도 한번은 프로세스가 진행 되고 loop조건을 확인한 후 loop를 실행할지 결정을 하는 문장이다.

C++
```
#include<iostream>
using namespace std;

int main()
{
    int count=0;
    double tol=0.12;
    do
    {
        cout<<"count"<<" "<<count<<endl;
        count+=1;
    }
    while ((double)1/count>tol);
    return 0;
}
```

프로세스 중에서 선택적으로 프로세스를 진행해야 하는 경우가 생기는데 이를 다루는 문장이 분기문이다. 분기문(select statement)은 크게 두가지로 나누어서 생각할수 있는데 if문과 switch문이 그것이다. 먼저, if문에 대해서 알아 보자. if문에서는 else , else if 등의 부가적인 명령어가 있다. if 문의 문장 구조는 다음과 같다.

C++
```
if (boolean 표현)
{
    문장;
}
else if (boolean 표현)
{
    문장2;
}
else // 위 boolean 표현이 모두 false 일때
{
    문장3;
}
```

다음은 if 문의 예이다.

C++
```
#include<iostream>
using namespace std;

int main()
{
```

```
        int num;
        cout<<"9999이하의 숫자를 입력하세요"<<endl;
        cin>>num;
        if (num>=1000) //1000을 넘는 수를 입력했을때 실행
    {
            cout<<"네자리수 입니다."<<endl;
        }
        else if (num>=100) //1000을 넘지는 않지만 100을 넘을때 실행
    {
            cout<<"세자리수 입니다."<<endl;
        }
        else if (num>=10) //100을 넘지는 않지만 10을 넘을때 실행
    {
            cout<<"두자리수 입니다."<<endl;
        }
        else //위의 세가지 경우를 제외한 모든경우에 실행
    {
            cout<<"한자리수 입니다."<<endl;
        }
        return 0;
}
```

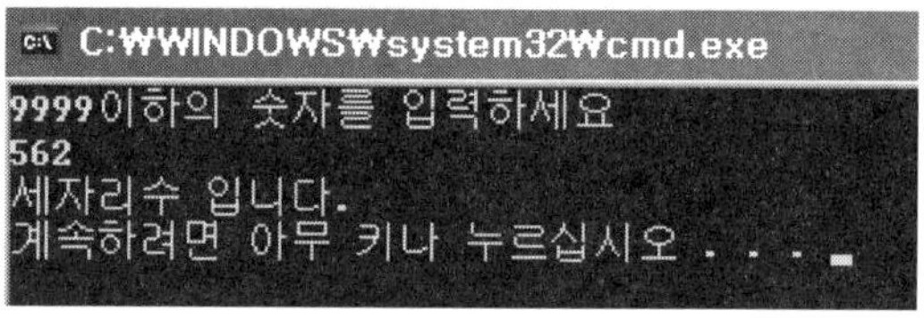

그림 4.22 if문의 실행 결과

switch 문은 사실 if 문으로 처리하는 것이 가능하다. 하지만 선택해야 하는 경우의 수가 많다면 true 또는 false로 경로를 선택하는 if문의 경우 프로그램을 쓰기도 힘이 들지만 직관적으로 읽어내기에도 불편이 따르게 마련이다. 또한 if문은 모든 조건문을 다 검사하기 때문에 경우의 수가 많을 때에는 비효율적일 수 있다. switch문은 선택하는 경우의 수만큼 case를 만들어 이러한 불편을 없앨수 있다. switch문의 문장 구조를 살펴 보자.

C++

```
switch (상태)
{
    case 상태1: 실행문1;
    break;
    case 상태2: 실행문2;
    break;
    case 상태3: 실행문3;
    break;
    //위의 상태1,2,3 의 경우에 해당하지 않을때 default를 사용한다
  //이는 if 문에서 else와 같은 역할이다.
  //default는 없어도 문제되지 않는다.
```

```
  default:
            실행문4;
}
```

4.2.7 함수

C++에서 가장 기본적인 단위는 함수이다. 함수라면 알다시피 인자를 함수에 대입하여 결과를 이끌어내는 형태를 함수라고 한다. C++ 언어에서는 다음과 같은 형식으로 함수를 선언, 정의 하게 된다.

반환형 함수이름 (변수형 인자){함수의 몸체}

함수의 선언, 정의하게 될때 만약 함수의 몸체 부분이 1줄만 존재한다면 중괄호는 생략가능하다. 간단하게 $f(x) = 2 + x$ 를 선언해 보자.

C++

```
int func (const int x) //정수형 변수 x을 인자로 갖는 func함수 선언
{
    int a;
    a=x+2; //x+2 연산
  return a; //결과값 반환
}
```

함수의 호출시 인자를 입력하는 방법에는 두가지 방법이 있는데 그것이 값에 의한 호출(call by value) 와 주소에 의한 호출(call by reference) 이다. call by value란 함수를 호출시 값을 복사하게 되어 다음코드에서 인자로 들어간 num1, num2의 값만을 각각 a,b로 복사하게 되어 함수내에서는 a,b값만 이용하여 프로세스가 진행 되기 때문에 num1과 num2에는 영향을 끼치지 않는다. 반면에 call by reference 란 함수를 호출시 변수의 주소를 전달하여 주소가 가리키는 변수의 조작을 함수내에서 가능하게 하는것이다. 말 그대로 입력하는 인자의 형태가 value의 형태가 아닌 참조(reference)의 형태이기 때문에 가능한 일이다. 다음의 예를 보면서 이해해보자.

C++

```
#include<iostream>
#include<cmath>
using namespace std;

void call_by_value(int a, int b);
//call by reference 의 경우 변수 선언시 '&'기호를 붙인다.
void call_by_reference(int &a, int &b);
int main()
{
    int num1=2, num2=3;
    call_by_value(num1, num2);
    //다음의 출력명령어를 통하여 a,b값의 변화를 확인한다.
  cout<<"num1 is"<<" "<<num1<<endl;
```

```
    cout<<"num2 is"<<" "<<num2<<endl;
    call_by_reference(num1,num2);
    //다음의 출력명령어를 통하여 a,b값의 변화를 확인한다.
  cout<<"num1 is"<<" "<<num1<<endl;
    cout<<"num2 is"<<" "<<num2<<endl;
    //출력결과를 확인하면 a,b값이 서로 바뀐것을 확인할 수 있다.
  return 0;
}
void call_by_value(int a, int b)
{
    int temp;
    temp=a;
    a=b;
    b=temp;
}
void call_by_reference(int &a, int &b)
{
    int temp;
    temp=a;
    a=b;
    b=temp;
}
```

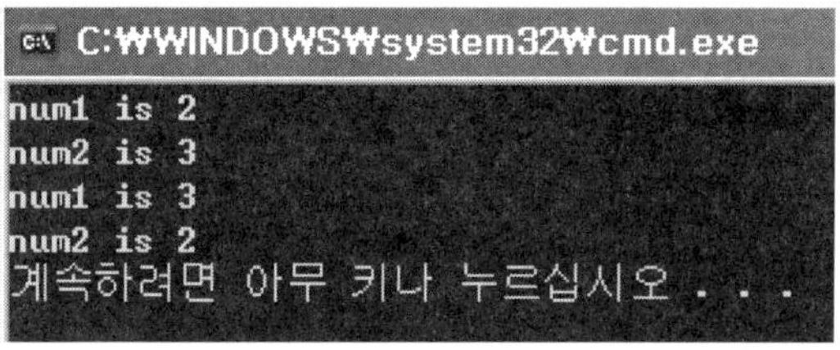

그림 4.23 call by value 와 call by reference 의 차이

다음은 switch문을 이용한 원금 100, 이자 0.05, 5년간 복리와 단리이자에서의 원리합계구하는 예제이다.

C++

```
#include<iostream>
#include<cmath>
using namespace std;
double interest(int A, double r,int nType, int n);
int main()
{
    int A=100, n=5;
    double r=0.05;
    double compound=interest(A, r, 0, n);
    cout<<"복리계산시 원리합계 :"<<compound<<endl;
    double simple=interest(A, r, 1, n);
    cout<<"단리계산시 원리합계 :"<<simple<<endl;
    return 0;
}
double interest(int A, double r, int nType, int n)
```

```
{
    double P;
    switch(nType)
    {
        case 0: P = A*pow(1+r,n);
        break;
        case 1: P = A*(1+n*r);
        break;
    }
    return P;
}
```

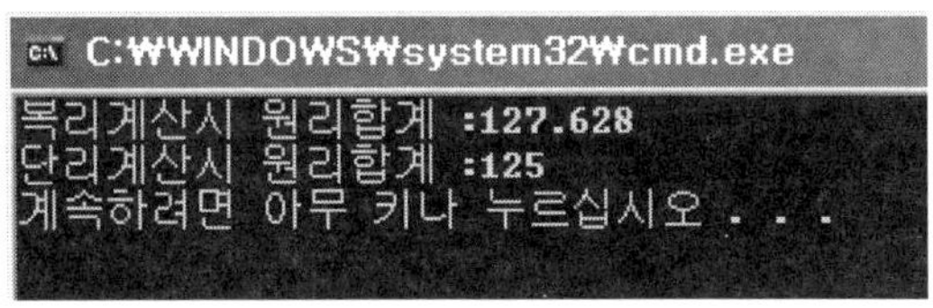

그림 4.24 if문의 실행 결과

함수의 오버로딩(overloading) 이란 같은 특징의 함수들을 하나의 이름으로 사용하는 것이다. C언어에서는 max라면 int형 변수를 두개 입력하고 그 중 큰 수를 출력하는 함수이다. 하지만 만약 두 double형변수의 maximum값을 찾으려면 어떻게 될까? 다른이름의 함수를 만들어 내는 수 밖엔 없었다. 하지만 C++에서는 해법이 있다. 그것이 함수의 Overloading 이다. 다시 말하면 이름은 같지만 인수들의 형태, 갯수만 바꾼다면 C++ 에서는 다른 함수처럼 쓸 수 있다. 다음 예를 통해 알아보자.

C++

```
#include<iostream>
using namespace std;

int max(int num1, int num2)
{
    int a;
    if(num1<num2)
        a=num2;
    else
        a=num1;
    return a;
}
double max(double num1, double num2)
{
    double a;
    if(num1<num2)
        a=num2;
    else
        a=num1;
    return a;
}
double max(double num1, double num2,double num3)
{
```

```
    double a;
    a=max(max(num1,num2),num3);
    return a;
}
```

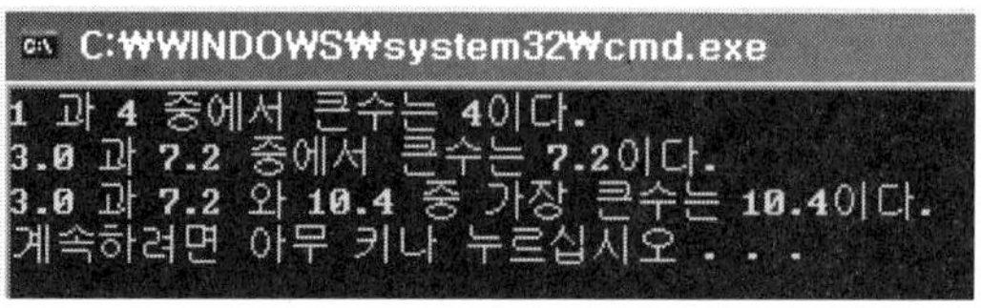

그림 4.25 함수의 overloading

함수의 Overloading 을 사용시 주의할 점은 함수는 인수의 개수나 인수의 자료형에는 Overloading을 하지만 반환형이 다르다고 Overloading 되지는 않는다. 이는 코드상에서 보면 알겠지만 함수를 선언 후 함수를 사용하게 되면 반환형은 따로 쓰지 않기 때문에 compiler는 어떤 함수를 호출하는지 애매하다고 판단하고 컴파일 에러를 발생시킨다.

디폴트(Default)란 기본적으로 선택되는 사항이라는 의미이다. 카메라를 예를 들면 사진을 찍을 때 플래쉬는 터뜨리는지 셔터속도는 얼마로 하는지 사진을 연속으로 몇장을 찍을지 선택하지 않더라도 카메라를 켜자마자 셔터를 누르면 사진이 찍히게 되어있다. 이러한 기본적으로 선택되어 있는 것을 Default라고 설명할 수 있다. 카메라에 기본적으로 선택되어 있는 값을 Default인자라고 할 수 있다. 다음의 예를 통해 알아보자.

C++

```
#include<iostream>
using namespace std;

int price(int num_shirts=1, int num_pants=1, int num_shoes=1)
//기본적으로 셔츠1벌, 바지1벌, 신발 1켤레를 사는것을 Default로 정의 했다.
{
    int shirts_price=10000;//셔츠 1벌의 가격
  int pants_price=1000; //바지 1벌의 가격
  int shoes_price=100; //신발 1켤레의 가격
  return num_shirts*shirts_price+num_pants*pants_price+
            num_shoes*shoes_price;
}

int main()
{
    int basic_shopping=price();//인자를 입력하지 않았으므로 Default 인자를 반영한다.
  cout<<"basic shopping price is "<<basic_shopping<<endl;
    int Consumption_shopping=price(5,5,3);
    //셔츠5벌, 바지5벌, 신발 3켤레 사는 경우의 값을 계산한다.
  //각각의 값을 입력함으로써 default 인자를 이용하지 않는다.
  cout<<"Consumption shopping price is "<<Consumption_shopping<<endl;
    int normal_shopping=price(5,5);
    //셔츠5벌, 바지5벌, 신발은 결정하지 않았다.
  cout<<"normal shopping price is "<<normal_shopping<<endl;
```

```
    //결과 셔츠5벌, 바지5벌에다가 신발은 default값인 1켤레 산 가격임을 알수있다.
  return 0;
}
```

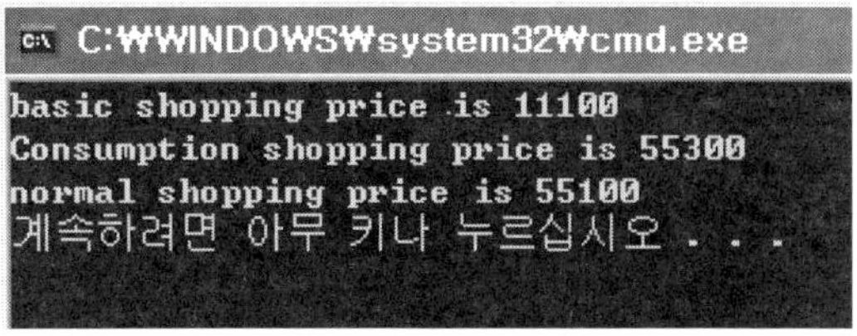

그림 4.26 함수의 default 선언과 사용

Default가 있는 함수의 헤더를 입력할 때 주의할 점이 있다. 헤더에만 Default 인자를 반영하고, 헤더와 중복되므로 함수에는 반영하지 않는다. 아래의 C++ 코드 4.2.7를 참고.

C++

```
#include<iostream>
using namespace std;

int price(int num_shirts=1, int num_pants=1, int num_shoes=1);
//헤더에만 Default 인자를 반영한다.

int main()
{
    int basic_shopping=price();//인자를 입력하지 않았으므로 Default 인자를 반영한다.
  cout<<"basic shopping price is "<<basic_shopping<<endl;
    int Consumption_shopping=price(5,5,3);
    //셔츠5벌, 바지5벌, 신발 3켤레 사는 경우의 값을 계산한다.
  //각각의 값을 입력함으로써 default 인자를 이용하지 않는다.
  cout<<"Consumption shopping price is "<<Consumption_shopping<<endl;
    int normal_shopping=price(5,5);
    //셔츠5벌, 바지5벌, 신발은 결정하지 않았다.
  cout<<"normal shopping price is "<<normal_shopping<<endl;
    //결과 셔츠5벌, 바지5벌에다가 신발은 default값인 1켤레 산 가격임을 알수있다.
  return 0;
}

int price(int num_shirts, int num_pants, int num_shoes)
//헤더에 셔츠1벌, 바지1벌, 신발 1켤레를 사는 것을 Default 인자를 반영했으므로
//함수에는 반영하지 않는다.
{
    int shirts_price=10000;//셔츠 1벌의 가격
```

```
    int pants_price=1000; //바지 1벌의 가격
    int shoes_price=100; //신발 1켤레의 가격
    return num_shirts*shirts_price+num_pants*pants_price+
             num_shoes*shoes_price;
}
```

4.2.8 Class

객체 지향형 프로그램(Object-oriented programming)은 객체(object)를 포함한 모든 프로그래밍을 의미하는 것으로 생각할 수 있다. 객체란 실생활에서 보게 되는 사람, 물건 등과 비슷한 의미 이다. 하나의 프로그램을 구성할때 여럿의 클래스들이 모여서 구성하게 되는데 이를 로봇에 비유하면 머리를 담당하는 로봇과 몸체를 담당하는 로봇, 그리고 팔, 다리를 담당하는 로봇들이 모여 하나의 완성된 형태의 로봇이 나오게 되는 데 이것과 흡사하다. C++ 에서는 이런 부분적인 로봇들이 클래스 객체 인것 이다. 이러한 객체들은 자기만의 이름, 상태, 수행능력을 가지고 있다. 추상화를 거쳐서 생성된 속성을 클래스 정의에서 멤버변수라 한다. 즉, 클래스내에서 속성을 정의하기 위해 선언하는 변수이다. 예를 들어 로봇팔에 대한 '제품번호', '제품이름' 등으로 생각할 수 있다. 수행능력이란 클래스가 가지고 있는 function을 의미한다. object의 특정한 행동을 처리하는 함수의 형태를 멤버함수라 한다. 로봇팔은 '움직인다', '공격하다' 등으로 생각할 수 있다. 이를 멤버 함수라 한다. 이렇게 객체 지향형 프로그램을 구성하게 되면 차후의 유지 및 보수에서 보다 적은 비용과 시간과 인력으로 해결할 수 있다. 절차 지향형의 프로그램의 경우 프로그램의 일부를 바꾸는 것은 사실 프로그램에 걸친 모든 부분을 수정해야하는 문제를 안게 되지만 객체지향의 경우는 마치 로봇에서 다리가 고장나면 다리만 떼어내서 수리하고 다시 결합시키면 작동하는 것처럼 프로그램에서 일부를 수정하는 것은 수정이 필요한 부분의 클래스만을 수정하면 된다. 프로그램에 전체적인 틀은 바꾸지 않아도 되고 클래스 별로 분업화가 가능하기 때문에 효율성과 유지, 보수에 비용이 적게 드는 셈인것이다.

클래스(class)는 크게 "class 이름", "data field", "method" 이 세가지로 구성되어 있다고 할 수 있다.

- class 이름 : class의 이름
- data field : object의 속석을 나타내는 field
- method : object의 behavior 를 표현(set of functions)

다음 예제를 보면서 클래스의 선언과 구성을 배워보자

C++

```
#include<iostream>
#include<cmath>

class Equilateral //class 선언
{
public:
    double m_edge; //data field
    Equilateral(){}; //생성자
  ~Equilateral(){}; //소멸자
  double area() //method
    {
        return m_edge*m_edge*sqrt(3.0)/4;
    }
};

int main()
{
    return 0;
}
```

어떤 프로그램에서건 하나의 파일에 모든 내용을 담지는 않는다. C++에서는 헤더 파일과 소스파일로 나누어서 프로그램을 생성하기 때문에 하나의 프로그램을 구성하는데 많은 파일이 많들어 진다. 이 많은 파일들이 하나의 프로젝트가 되어 컴파일시 하나의 프로젝트 단위로 컴파일되는 것이다. 일반적으로는 헤더파일에는 클래스의 선언, 소스파일에서는 멤버함수의 정의및 실행코드가 나누어져서 작성이 되는데 이 책은 초보자를 위하여 하나의 파일에 모든 내용을 실었다.

생성자(constructor)란 class 생성시 초기화절차를 실행하는 멤버함수 이다. 생성자는 자동적으로 class 생성시 호출되며 일반적으로 멤버변수를 초기화한다. 특징으로는 class 이름과 같고 반환값이 없으며 overloading이 가능하다. 그리고 반드시 public 이어야 한다. 생성자는 그 쓰임새로 인해 default 생성자, 인자가 있는 생성자, 복사 생성자로 나눌수 있다.

소멸자(destructor)란 class가 소멸될 때 호출 되는 함수 이다. 정적할당의 경우 class가 소멸할 때 자동적으로 해제가 되지만 동적할당은 그렇지 않기 때문에 보통 소멸자에서 동적할당한 멤버변수를 해제한다. 특징으로는 class이름 앞에 ‘ ’이 붙고 반환값이 없으며 overloading 불가능하다. 생성자와 마찬가지로 public 이어야 한다.

- default 생성자 : 인자가 생략된 생성자

- 인자가 있는 생성자 : 인자를 이용하여 초기화 하는 생성자

- 복사 생성자 : 인자가 class인 생성자, 인자class의 멤버 변수를 복사한다.

C++

```
#include<iostream>
#include<cmath>
using namespace std;

class Equilateral
{
public:
    double m_edge;
    Equilateral(){};//default 생성자
  Equilateral(double nedge)//인자가 있는 생성자
  {
        cout<<"인자가 있는 생성자가 실행 되었습니다."<<endl;
        m_edge=nedge;
    }
    Equilateral(const Equilateral &Eq)//복사 생성자
  {
        cout<<"복사 생성자가 실행 되었습니다."<<endl;
        m_edge=Eq.m_edge;
    }
    ~Equilateral(){}
    double area()
    {
        cout<<"equilateral's area is  "<<m_edge*m_edge*sqrt(3.0)/4<<endl;
        return m_edge*m_edge*sqrt(3.0)/4;
    }
};

int main()
{
    Equilateral Eq1(3);//인자가 있는 생성자가 실행 되었습니다.
  Equilateral Eq2(4);//인자가 있는 생성자가 실행 되었습니다.
  Equilateral Eq3(Eq1);//복사 생성자가 실행 되었습니다.
  Eq3.area();
    Eq3=Eq2;//복사 생성자가 실행되는 것이 아니라 object간의 복사가 됨
  Eq3.area();
    return 0;
}
```

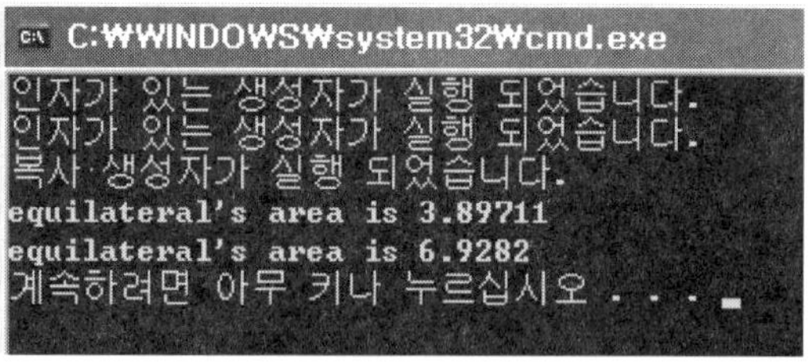

그림 4.27 constructor

접근 제어(access control)란 class의 어떤 멤버를 외부에 공개하고 어떤 멤버를 비공개 할지 지정하는 작업이다. 접근권한에 대해서 알아보자.

접근 제어 지시자	의미
public	클래스 내부와 외부에서 접근 허용
protected	상속관계에서 상속받은 클래스와 상속하는 클래스의 접근 허용
private	해당 클래스 내에서만 접근 허용

외부에서 private나 protected에 접근이 불가능 하지만 class 멤버함수를 이용하면 private나 protected에 접근이 가능하다. 정해진 사항은 없지만 많은 경우 Set, Get이라는 이름으로 많은 사람들이 사용한다. Set, Get은 정해진 함수라기 보다는 멤버함수를 통하여 외부에서 멤버변수로 접근하려고 하는 예이다. 다음 예를 통해 사용하여 보자.

C++

```
#include<iostream>
#include<cmath>
using namespace std;

class Equilateral
{
public:
    double m_edge;
    Equilateral(){};
    Equilateral(double nedge)
    {
        cout<<"인자가 있는 생성자가 실행 되었습니다."<<endl;
        m_edge=nedge;
    }

    Equilateral(const Equilateral &Eq)
    {
        cout<<"복사 생성자가 실행 되었습니다."<<endl;
        m_edge=Eq.m_edge;
    }
    double area()
    {
        return m_edge*m_edge*sqrt(3.0)/4;
    }
    void Set_edge(double nedge){m_edge=nedge;}
    double Get_edge(void){return m_edge;}
};

int main()
{
    Equilateral triangle;
    triangle.Set_edge(5);
    cout<<"정삼각형의 한변의 길이는 "<<triangle.Get_edge()<<endl;
    cout<<"정삼각형의 넓이는 "<<triangle.area();
    return 0;
}
```

상속(inheritance)이란 기존의 클래스를 다시 사용하는 방법이다. 부모클래스와

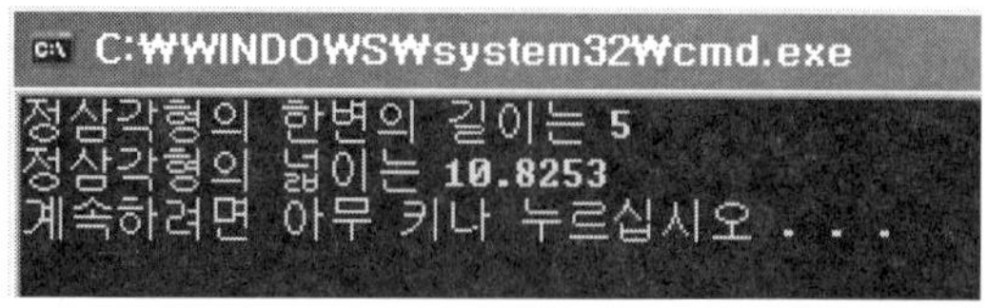

그림 4.28　멤버함수를 통한 접근

자식클래스의 관계를 지정하고 사용하는 방법에 대해서 배워보자.

C++

```
#include<iostream>
#include<cmath>
using namespace std;

class Shape //Shape 이라는 class 선언
{
public:
    Shape(){m_area=0.0;};
    ~Shape(){};
    void print(void);
    void Set_area(double narea){m_area=narea;}
    double Get_area(void){return m_area;}
protected:
    double m_area;
};
void Shape::print(void)
{
    cout<<"도형의 넓이는 "<<m_area<<endl;
}

class Equilateral :public Shape
        //Equilateral class는 Shape class 를 상속하고 있다.
{
public:
    double m_edge;
    Equilateral(){m_area=m_edge*m_edge*sqrt(3.0)/4;}
    /*m_area는 Equilateral class의 멤버변수가 아니지만
   * Shape class의 멤버변수 이므로 상속관계에서 print 함수를 가져다 사용할 수 있다.*/
    Equilateral(double nedge)
    {
        m_edge=nedge;
        m_area=m_edge*m_edge*sqrt(3.0)/4;
    }
    Equilateral(const Equilateral &Eq)
    {
        m_edge=Eq.m_edge;
    }
    void Set_edge(double nedge){m_edge=nedge;}
    double Get_edge(void){return m_edge;}
};

int main()
```

```
{
    Equilateral triangle(7);
    triangle.print();
    /*print 라는 함수는 Equilateral class의 멤버함수가 아니지만
   * Shape class의 멤버함수 이므로 상속관계에서 print 함수를 가져다 사용할 수 있다.*/
    return 0;
}
```

그림 4.29 상속 실행 결과

4.2.9 동적 메모리 할당, 할당(new), 해제(delete)

할당(new) 명령어는 C++이 제공하는 함수인 operator new()를 호출하여 지정된 사이즈만큼 메모리를 할당한다. 메모리 할당이 성공한 경우 데이터 형의 생성자를 호출한다.

```
int* pInt= new int[10]; -> int형 정수 10개를 동적 할당

Shape * pShape = new Shape; -> Shape형 Object 1개를 동적 할당
```

해제(Delete) 명령어는 C++이 제공하는 함수인 operator delete()함수를 호출하여 지정된 형의 소멸자를 호출한다. 위의 pInt, pShape를 메모리 해제를 할 경우 delete pShape; delete[] pInt; 해제를 할 때 delete, delete[]를 구분해서 해제를 해야 된다. pShape는 객체 하나를 해제를 해주는 것이기 때문에 delete pShape라도 하면 된다. 하지만 pInt와 같은 Array형식을 해제하기 위해서는 delete[]를 해주어야 한다. 그 이유는 만약 delete pInt를 하면 pInt[0]에 할당된 메모리란 해제를 하게 되고 나머지 9개의 메모리가 남게 되어 메모리 누수를 발생하게 된다. 그렇게 되면 알 수 없는 오류를 발생시킬 수 있고 많은 누수가 일어날 경우 프로그램이 느려지는 현상이 나타날 수 있다.. 동적 할당을 할 경우 compiler가 자동적으로 해제를 해주지 않기 때문에 반드시 명시적으로 해제를 해주어야 한다.

4.2.10 열거형(enum)

열거형은 상수를 정의를 하는데 사용을 한다. 어떤 변수가 가질 수 있는 특징이 일정 범위에로 정의로 정해져 있다면 ♯define으로 정의를 할 수 있겠지만 enum을 쓰는 것이 더 바람직하다. 이름을 명시를 해줄 때는 대문자를 쓰는 것이 일반적이다 열거형으로 나타내는 방법은

```
enum 변수이름 {이름1, 이름2, 이름3…}
```

열거형은 내부적으로 정수로 처리되며 기본적으로는 0부터 1씩 증가를 한다. 만약 값을 다르게 정의를 하고 싶다면 이름뒤에 '=' 를 붙이고 정의를 하면 된다. 예를 들어

```
enum enumMark { EAST , WEST,  SOUTH,  NORTH};        또는
enum enumMark { EAST =100, WEST,  SOUTH,  NORTH};
```

이와 같이 열거형을 쓰게 되면 기억하기 쉽고 소스의 가독성이 높아질 뿐만 아니라 에러발생률도 낮출 수 있다.

4.2.11 namespace

변수나 함수 클래스등을 정의할 때 특정영역 안에 하나의 이름으로 정의하는것이다. 동일한 변수나 함수가 있더라도 namespace가 다르게 만들면 코드의 혼동을 막고 가독성이 높아지게 된다.

C++

```
#include <iostream>
using namespace std;

namespace first
{
    int a;
};
using namespace first;
namespace second
{
    int b = 100;
};
namespace third
{
    double b = 3.14;
};
void main()
{
    a = 100;
    double d = second::b + third::b;
}
```

그림 4.30 namespace 활용방법

위에서 보는 소스와 같이 namespace에 있는 변수등을 사용하기 위해선

1. using namespce 지장한 이름 ;
2. 사용하고자 하는 부분에서 지정한 이름 ::namespace안에 사용하고자 하는 것

c++에서는 보통 using namespace std;를 하는데 그 이유는 표준라이브러리가 std라는 namespace에 묶어 놓았기 때문에 일반적으로 사용하는 c++함수나 변수, 클래스를 사용하기 위해선 using namespace std;를 해주어야 한다.

4.2.12 매크로

어떤 것을 치환되어 사용되는 이름을 말한다. 매크로 선언에는 세미클론(;)을 붙이지 않고 보통 대문자로 표기하는 것이 일반적이다. 크게 두가지로 사용될 수 있는데 첫번째로는 전처리기 지시자로 사용되는 것이다.

C++

```
#define 매크로 대체리스트 \\
#define PI 3.1415 \\
#define CINT const int \\
#define KOREA "KoreaUniv" \\
```

위에서 보는것과 같이 숫자라던지 문자열을 매크로로 대체할 수 있다. 두 번째로는 매크로를 함수처럼 사용하는 것이다.

C++

```
#define ADD(a,b) a+b \\
#define SQUARE(x) x*x
```

4.3 간단한 Standard Template Library

1980년대 초반에 C++이라는 언어가 개발된 후 8여년이 걸쳐서 개발된 C++ 표준 라이브러리(C++ Standard Library)에서 가장 핵심적인 부분인 STL은 단순히 표준화된 클래스 라이브러리가 아닌 모든 것이 Template으로 이루어져 있다. Template라는 것은 틀이라고 생각할 수 있는데, 어떤 자료형이든지 능동적으로 사용할 수 있다. 예를 들어 'vector'와 같은 경우 int형을 사용하려면

C++

```
vector<int>
```

float형은

C++

```
vector<float>
```

와 같이 정의해주면 된다.

4.3.1 vector

이전 절에서 array를 배웠었다. array는 크기를 할당할 때 정적으로 할당해야 한다는 한계가 있었다. 그래서 C++에서는 vector라는 class를 제공한다. vector의 사용법은 array의 그것과 같다. 하지만 동적으로 크기를 할당할 수 있다. vector을 선언 할 때는 "vector"이라는 헤더파일을 include해야 한다. vector를 선언하는 방법은 다음과 같다.

```
vector<자료형> 벡터이름(벡터크기);      //벡터의 정적할당
vector<자료형> 벡터이름;       //벡터의 동적할당
```

vector class의 자주 쓰이는 멤버함수

함수	반환형	설명
pushback(value)	void	vector에 value를 마지막 값으로 추가
popback()	void	vector의 마지막 값을 제거
size()	unsigned int	vector의 크기
at(index: 자료형)	자료형	vector의 index번째 원소를 반환
empty()	bool	vector이 비어있는 경우
clear()	void	vector의 내용을 제거 한다
swap(v1 : vector)	void	벡터의 내용을 바꾼다.

vector 선언과 할당은 다음과 같다.

C++

```
#include<iostream>
#include<vector>
using namespace std;

int main()
{
    //1차원 벡터 선언(정적 할당)은 다음과 같다.
  //vector<자료형> 벡터이름(벡터크기);
    vector<double> myList(3);
    /*myList 라는 double형을 3개 가지는 벡터가
  * 생성되었고 벡터의 원소는 모두 "0"으로 초기화
  * 된다. 자료를 넣는 방법은 array와 동일하다.*/
    myList[0]=0;
    myList[1]=1;
    myList[2]=2;

    //myList 출력
  for(unsigned int i=0; i<myList.size();i++)
        cout<<"myList["<<i<<"]"<<" is "<<myList[i]<<endl;
    cout<<endl;
```

```
    //1차원 벡터 선언(동적 할당)은 다음과 같다.
  //vector<자료형> 벡터이름;
  vector<double> yourList;
    /*yourList 라는 double형 변수를 갖는 벡터가 만들어
   * 졌지만 크기는 설정되지 않았다. 이때 원소는
   * push_back()함수를 사용한다.*/

    yourList.push_back(10);
    /*yourList 의 끝에 '10'을 대입, 현재는
   * yourList 에 원소가 없으므로 첫번째원소이다.*/
    yourList.push_back(11);
    yourList.push_back(12);
    //yourList 라는 벡터에 순서대로 10,11,12가 입력된다.
  //yourList 출력
  for(unsigned int i=0; i<yourList.size();i++)
        cout<<"yourList["<<i<<"]"<<" is "<<yourList[i]<<endl;
    cout<<endl;
    myList.swap(yourList);
    //myList 출력
  for(unsigned int i=0; i<myList.size();i++)
        cout<<"myList["<<i<<"]"<<" is "<<myList[i]<<endl;
    cout<<endl;
    //yourList 출력
  for(unsigned int i=0; i<yourList.size();i++)
        cout<<"yourList["<<i<<"]"<<" is "<<yourList[i]<<endl;
    cout<<endl;
    yourList.pop_back();//yourList의 마지막 원소를 제거한다.
  //yourList 출력
  for(unsigned int i=0; i<yourList.size();i++)
        cout<<"yourList["<<i<<"]"<<" is "<<yourList[i]<<endl;
    cout<<endl;
    //2차원 벡터 선언은 다음과 같다.
  vector<vector<double>> hisList(2,vector<double>(3));
    cout<<"hisList[0][1] is "<<hisList[0][1]<<endl;
    return 0;
}
```

4.3.2 cmath

C++ 언어에서 수학적인 함수가 정의 되어 있는 STL은 cmath이다. cmath를 include 하면 여러가지 수학적 함수들을 사용할 수 있다. 크게 세가지로 분류 하면 삼각함수, 지수, 로그함수, 그외 함수들로 나눌수 있는데 삼각함수 먼저 살펴 보자.

삼각 함수	설명
cos	코사인 함수
sin	사인 함수
tan	탄젠트 함수
acos	아크 코사인(arc cosine)
asin	아크 사인(arc sine)
atan	아크 탄젠트(arc tangent)

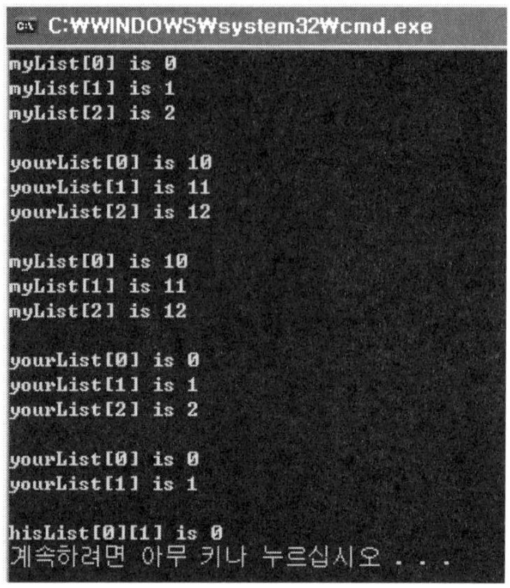

그림 4.31 vector 선언 실행 결과

다음은 지수, 로그 함수를 살펴 보자.

지수, 로그함수	설명
exp	밑을 오일러상수 'e'로 갖는 지수함수
log	자연로그 함수
log10	상용로그 함수
pow	지수 함수 이다. 문법은 다음과 같다. pow(a,x)이고 결과값은a^x 이다.
sqrt	squar root 함수

다음은 그외 함수들을 살펴보자.

함수	설명
ceil	올림 함수
fabs	실수의 절대값 함수
floor	내림함수

이외에도 다양한 STL들이 있지만 자세한 설명이나 사용법은 아래의 웹사이트 http://www.cplusplus.com/reference/를 참조하기 바랍니다.

CHAPTER 5

확률미분방정식 (Stochastic Differential Equation)

금융문제와 같이 시간과 연동된 변동성을 가진 수학적 모델링을 하기 위해서는 우리가 익히 알고 있는 편미분방정식으로 푸는 것이 훨씬 편하지만 편미분방정식을 유도하기가 쉽지 않다. 이 경우에는 확률미분방정식을 이용하여 모델링을 구현할 수 있는 데 이번 장에서는 확률미분방정식에 대하여 알아보고 그리고 그 확률미분방정식에 쓰이는 확률과정인 브라운 운동, Itô 적분과 Itô 공식에 대해서 알아보도록 하자.

5.1 이자율

이자란 자산의 소유자로부터 자산을 빌리는 댓가로 소유자에게 채무자가 지불하는 금액이다. 또한 원금에 대한 일정 기간 동안 받는 이자의 비율을 이자율이라고 한다.

5.1.1 단리법

단리 이자(simple interest)란 원금에 대해서만 투자안에 제시된 이자율과 기간을 곱해서 이자를 계산하는 방법이다. 아래는 단기법으로 계산했을때 I는 원금을 투자함으로써 투자기간 동안 받는 총 이자, P는 투자된 원금, r은 1년 동안 투자했을때 십진법으로 쓰인 이자율 $(3\% = 0.03)$, t는 돈을 돌려받기까지 년 단위로 투자된 기간 $(6달 = 0.5년)$ 일때 이자를 표현한 수식이다.

$$I = Prt \tag{5.1}$$

예를 들어서 단리 이자로 1000만원을 3%의 이자율로 3년동안 빌린다고 하면 $I = 1000$만원$\times 0.03 \times 3 =$ 총 90만원을 이자로 지불해야한다. 단리법으로 한 투자자가 연 r의 이자율로 원금 P만큼 투자할 수 있는 투자안에 t년만큼 투자를 한다면 원금 P의 미래가치 A는

$$A = P(1 + rt) \tag{5.2}$$

가 된다.

5.1.2 복리법

만약 1년씩 투자된 원금뿐만아니라 투자로 인해 얻게되는 이자에 또다시 이자를 주는 투자안이 있다면 2년째 이자는 1년째 이자와 원금을 더한 1년째 미래가치에 또 다시 이자를 구하는 방식으로 구해진다. 따라서 이 투자안의 미래가치는 1년씩 지남에 따라서

$$P,\ P(1+r),\ P(1+r)^2,\ \cdots,\ P(1+r)^t \quad (t\text{는 년 단위인 투자기간}) \tag{5.3}$$

가 된다. 이렇게 산출하는 이자를 복리 이자(compound interest)이라고 한다.

5.1.3 연속 복리법

만약 6개월씩 복리법으로 이자를 주는 투자안이 있다면 처음 6개월째 투자안의 미래가치는 원래 년 단위인 이자율 r을 반으로 나눠서 단리법으로 이자를 구해준다. 1년째 미래가치는 복리법과 같이 6개월동안 얻은 이자와 원금을 더한 금액에 이자를 구하는 방식으로 구한다. 결국 그 투자안의 미래가치는 6개월씩 지남에 따라서

$$P,\ P\left(1+\frac{r}{2}\right),\ P\left(1+\frac{r}{2}\right)^2,\ \cdots,\ P\left(1+\frac{r}{2}\right)^{2t} \quad (t\text{는 년 단위인 투자기간}) \tag{5.4}$$

와 같이 된다. 6개월씩 복리법으로 이자를 주는 투자안은 이렇게 원래 년 단위인 이자율 r에 반을 하고 단리 법으로 6개월 후의 가치를 구한다음 6개월 뒤의 가치에 이자를 구하는 방식으로 미래가치를 구한다. 이렇게 1년의 2분의 1, 1년의 3분의 1, 4분의 1, $\cdots$, n분의 1로 이자를 주는 투자안에 대해서는

$$P,\ P\left(1+\frac{r}{n}\right),\ \cdots,\ P\left(1+\frac{r}{n}\right)^{nt} \tag{5.5}$$

이렇게 구할 수 있다. 이때, $n \to \infty$라면

$$A = \lim_{n\to\infty} P\left(1+\frac{r}{n}\right)^{nt} = \lim_{n\to\infty} P\left(1+\frac{r}{n}\right)^{\frac{n}{r}rt} = Pe^{rt} \tag{5.6}$$

이렇게 연속적으로 복리법으로 산출하는 이자를 연속복리 이자(continuous compounding interest)이라고 한다. 연속복리법의 경우 그 미래가치 A는 P, r, t에의해 결정되는데 P, r은 결정된 상수이므로 A는 t에 대한 함수로 나타낼 수 있다.

$$A(t) = Pe^{rt} \tag{5.7}$$

위 식에 의해서 다음 절에서 소개될 미분방정식을 만들 수 있다.

$$\frac{dA}{dt} = rPe^{rt} = rA, \ A(0) = P \tag{5.8}$$

5.2 확률미분방정식의 소개

확률미분방정식은 주가 모형과 같은 변동성이 심하는 모델의 문제를 풀고자 할 때 쓰이는 방정식인데 주가 모형을 예로 들어보도록 하자. 흔히 주가 모형은 크게 2가지가 있는 데, 안전한 투자를 하는 Safe investment와 위험요소를 포함하고 있는 투자인 risky investment로 나뉜다. Safe investment는 보통 은행이나 채권 같은 일정한 이율을 가진 모델을 말하며 은행 적금을 예로 들면 t 시점의 가치를 $B(t)$, 연이율 r인 적금의 변화율은

$$\frac{dB}{dt} = rB, \quad B(0) = B_0$$

으로 미분방정식을 만들 수 있다. 여기서 아래와 같은 해를 구할 수 있다.

$$B(t) = B_0 e^{rt}$$

2번째 risky investment의 경우는 주가나 환율과 같은 변동성이 심한 문제를 모델화 시키고자 할 때 쓰이게 된다. 주가 모형을 예로 들면 t 시점의 주가를 $S(t)$라 하면 주가 $S(t)$는 시간에 따라 불규칙적으로 움직이기 때문에 그에 따른 새로운 함수 $a(t)$를 놓고 아래 식(5.9)을 도입할 수가 있다.

$$\frac{dS}{dt} = a(t)S(t), \quad a(t) = r(t) + \text{``}\mathbf{noise}\text{''}$$

위 식을 정리하게 되면 아래와 같은 식을 유도할 수가 있다.

$$dS(t) = rS(t)dt + \sigma S(t)dW(t) \tag{5.9}$$

여기서 $\sigma S(t)dW(t)$을 **noise** 부분이라 말하고 **noise** 부분을 들어간 미분방정식을 확률미분방정식(Stochastic Differential Equation)이라고 한다. 확률미분방정식에서 $rS(t)dt$를 'drift' 부분이라 하고 **noise** 부분인 $\sigma S(t)dW(t)$를 'diffusion' 부분이라 한다. 방정식을 풀기 위해서는 이 **noise** 부분을 풀어야 하는데 이 부분은 브라운 운동이라고 하는 확률과정을 이용하게 된다. 그렇기 때문에 확률미분방정식의 기초가 되는 브라운 운동에 대해서 알아볼 것이다. 그 전에 브라운 운동에 기반이 되는 기본적인 확률론에 대해서 알아보도록 하자.

5.3 확률미분방정식에서 필요한 확률론

확률론에서 분포함수는 두 가지로 나누어 지는데 이산확률변수를 가질 경우 확률분포함수를 확률질량함수(Probability Mass Function, PMF)라고 하고, 연속확률변수를 가지는 확률분포함수를 확률밀도함수(Probability Density Function, PDF)라 한다. 우리는 여러 확률밀도함수가 있지만 금융에서 쓰이는 확률밀도함수는 정규분포를 위주로 쓰이기 때문에 정규분포에 대해서 알아보고자 한다. 여기서 평균이 μ, 표준편차가 σ인 정규분포(Normal Distribution) 를 따르는 확률변수 $X \sim N(\mu, \sigma^2)$의 확률밀도함수 $f(x)$는 다음과 같다.

정리 5.3.1

만일 $X \sim N(\mu, \sigma^2)$일 때, 평균, 분산, 표준편차는 다음과 같다.

$$\begin{aligned} E[X] &= m = \int_{-\infty}^{\infty} xf(x)dx = \int_{-\infty}^{\infty} \frac{1}{\sqrt{2\pi}\sigma} xe^{-\frac{(x-\mu)^2}{2\sigma^2}} dx, \\ Var[X] &= \int_{-\infty}^{\infty} (x-m)^2 f(x)dx = \int_{-\infty}^{\infty} \frac{1}{\sqrt{2\pi}\sigma} (x-m)^2 e^{-\frac{(x-\mu)^2}{2\sigma^2}} dx, \\ \sigma[x] &= \sqrt{Var[X]}. \end{aligned}$$

특히, 서로 다른 평균과 표준변차를 가지는 정규분포를 따르는 확률변수의 경우 비교하기가 쉽지가 않기 때문에 이런 경우에는 동일한 평균과 표준편차를 따르게 만들 필요가 있다. 이러한 과정을 표준화 과정이라고 하고 표준화 과정은 다음 식(5.10)에 의해서 정규분포를 따르는 확률변수 X를 평균 $\mu = 0$이고 표준편차 $\sigma = 1$인 정규분포를 따르는 확률변수 Z로 고칠 수가 있다.

$$Z = \frac{X - m}{\sigma} \tag{5.10}$$

이 Z가 따르는 정규분포를 표준정규분포(Standard Normal Distribution이라고 하고 간단히 $Z \sim N(0, 1)$로 나타낸다. 아래는 표준정규분포의 확률밀도함수는 다음과 같다.

$$f(x) = \frac{1}{\sqrt{2\pi}} e^{-\frac{x^2}{2}}$$

정리 5.3.2

만일 $X \sim N(\mu, \sigma^2)$이면, 다음 식들이 성립한다.

$$E[X] = \mu,$$

$$\begin{aligned} Var[X] &= \sigma^2, \\ M_X(t) &= \exp\left(\mu t + \frac{\sigma^2}{2}t^2\right). \end{aligned}$$

증명 다음 식을 정의하자.

$$M_X(t) = \int_{-\infty}^{\infty} \frac{1}{\sqrt{2\pi}\sigma} \exp\left(tx - \frac{(x-\mu)^2}{2\sigma^2}\right) dx.$$

이 식에서 exp(·) 함수의 지수 항은 다음 식을 만족한다.

$$tx - \frac{(x-\mu)^2}{2\sigma^2} = -\frac{1}{2\sigma^2}\left(x - (\sigma^2 t + \mu)\right)^2 + \mu t + \frac{\sigma^2}{2}t^2.$$

여기서 $y = x - (\sigma^2 t + \mu)$ 라고 하자. 그러면, 다음 식을 만족한다.

$$\int_{-\infty}^{\infty} \frac{1}{\sqrt{2\pi}\sigma} \exp\left[-\frac{\{x-(\sigma^2 t+\mu)\}^2}{2\sigma^2}\right] dx = \int_{-\infty}^{\infty} \frac{1}{\sqrt{2\pi}\sigma} \exp\left(-\frac{y^2}{2\sigma^2}\right) dy.$$

이제 I 를 다음과 같이 정의하자.

$$I = \int_{-\infty}^{\infty} \frac{1}{\sqrt{2\pi}\sigma} \exp\left(-\frac{y^2}{2\sigma^2}\right) dy.$$

따라서,

$$\begin{aligned} I^2 &= I \cdot I = \int_{-\infty}^{\infty} \frac{1}{\sqrt{2\pi}\sigma} \exp\left(-\frac{x^2}{2\sigma^2}\right) dx \int_{-\infty}^{\infty} \frac{1}{\sqrt{2\pi}\sigma} \exp\left(-\frac{y^2}{2\sigma^2}\right) dy \\ &= \int_{-\infty}^{\infty}\int_{-\infty}^{\infty} \frac{1}{2\pi\sigma^2} \exp\left(-\frac{x^2+y^2}{2\sigma^2}\right) dxdy. \end{aligned}$$

극좌표로 변형시키기 위하여, $x = r\cos\theta,\ y = r\sin\theta$ 라고 두자. 그러면,

$$\begin{aligned} I^2 &= \int_0^{2\pi}\int_0^{\infty} \frac{1}{2\pi\sigma^2} \exp\left(-\frac{r^2}{2\sigma^2}\right) r dr d\theta \\ &= \int_0^{2\pi} \left[-\frac{1}{2\pi}\exp\left(-\frac{r^2}{2\sigma^2}\right)\right]_0^{\infty} d\theta = \int_0^{2\pi} \frac{1}{2\pi} d\theta = \left[\frac{1}{2\pi}\theta\right]_0^{2\pi} = 1. \end{aligned}$$

I 가 양수이므로, $I = 1$ 이다. 다음 식이 성립한다.

$$\int_{-\infty}^{\infty} \frac{1}{\sqrt{2\pi}\sigma} \exp\left(-\frac{(x-(\sigma^2 t+\mu))^2}{2\sigma^2}\right) dx = 1.$$

따라서, 다음 식이 성립한다.

$$M_X(t) = \exp\left(\mu t + \frac{\sigma^2}{2}t^2\right).$$

이 식을 미분하면, 다음 식들이 성립함을 알 수 있다.

$$\frac{dM_X(t)}{dt} = (\mu + \sigma^2 t)\exp\left(\mu t + \frac{\sigma^2}{2}t^2\right),$$

$$\frac{d^2M_X(t)}{dt^2} = \sigma^2\exp\left(\mu t + \frac{\sigma^2}{2}t^2\right) + (\mu + \sigma^2 t)^2\exp\left(\mu t + \frac{\sigma^2}{2}t^2\right).$$

따라서, 다음 식들이 성립한다.

$$\begin{aligned} E[X] &= M_X{}'(0) = \mu, \\ E[X^2] &= M_X^{(2)}(0) = \sigma^2 + \mu^2, \\ Var[X] &= E[X^2] - \{E[X]\}^2 = \sigma^2 + \mu^2 - \mu^2 = \sigma^2. \end{aligned}$$

■

정리 5.3.3

X가 확률밀도함수 $f(x)$를 갖는 연속확률변수이면, 임의의 실수값 함수 g에 대해 다음이 성립된다.

$$E[g(X)] = \int_{-\infty}^{\infty} g(x)f(x)dx$$

정리 5.3.4 (정규분포의 성질)

X가 정규분포 $N(\mu,\ \sigma^2)$을 따를 때, $aX+b$는 정규분포 $N(a\mu+b,\ a^2\sigma^2)$을 따른다. 즉,

$$\begin{aligned} E[aX+b] &= aE[X]+b, \\ Var[aX+b] &= a^2Var[X], \\ \sigma[aX+b] &= |a|\sigma[X]. \end{aligned}$$

증명

$$\begin{aligned} E[aX+b] &= \int_{-\infty}^{\infty}(ax+b)f(x)dx = a\int_{-\infty}^{\infty}xf(x)dx + b\int_{-\infty}^{\infty}f(x)dx \\ &= a\mathcal{E}[X]+b, \\ Var[aX+b] &= E[(aX+b)^2] - E[aX+b]^2 \\ &= E[a^2X^2 + 2abX + b^2] - (aE[X]+b)^2 \\ &= a^2E[X^2] + 2abE[X] + b^2 - (aE[X]+b)^2 \\ &= a^2(E[X^2] - E[X]^2) = a^2\sigma^2. \end{aligned}$$

■

정리 5.3.5 (공분산 (**Covariance**) 의 성질)

두 확률변수 X 와 Y 의 공분산은 다음과 같이 정의된다.

$$\begin{aligned} Cov[X,Y] &= E[XY] - E[X]E[Y], \\ Cov[X,Y] &= Cov[Y,X], \\ Cov[X,X] &= Var[X], \\ Cov[aX,Y] &= aCov[Y,X], \\ Cov[X_1+X_2,Y] &= Cov[X_1,Y] + Cov[X_2,Y]. \end{aligned}$$

증명

$$\begin{aligned} Cov[X,Y] &= E[(X-E[X])(Y-E[Y])] \\ &= E[XY - E[Y]X - E[X]Y + E[X]E[Y]] \\ &= E[XY] - E[Y]E[X] - E[X]E[Y] + E[X]E[Y] \\ &= E[XY] - E[X]E[Y], \end{aligned}$$

여기서, 독립인 확률변수들의 공분산은 0 임을 알 수 있다.

$$\begin{aligned} Cov[X_1+X_2,Y] &= E[(X_1+X_2)Y] - E[X_1+X_2]E[Y] \\ &= E[X_1Y + X_2Y] - (E[X_1] + E[X_2])E[Y] \\ &= E[X_1Y] + E[X_2Y] - E[X_1]E[Y] - E[X_2]E[Y] \\ &= Cov[X_1,Y] + Cov[X_2,Y]. \end{aligned}$$

■

정의 5.3.6 (상관계수 (Correlation) 의 정의)

$$Corr[\phi_1^*,\phi_2^*] = \frac{Cov[\phi_1^*,\phi_2^*]}{\sqrt{Var[\phi_1^*]}\sqrt{Var[\phi_2^*]}} = \rho.$$

몬테칼로시뮬레이션 쳅터에서 몬테칼로 시뮬레이션으로 파생상품의 가치를 계산할 때, 파생상품이 두 가지 기초자산을 가질 경우 난수를 생성해야 할 때 두 자산간의 상관관계가 적용이되야한다. 다음은 확률미분방정식은 확률과정 (Stochastic Process) 를 따르므로 몇 가지 확률과정의 용어에 대하여 알아보도록 하자.

정리 5.3.7 **(Filtration)**

확률과정 X_t에 대하여 확률변수들의 집합을 $\{X_t : t \in [0, \infty)\}$라 할 때, **Filtration** $\{F_t : t \in [0, \infty)\}$는 σ-algebra들의 집합이라고 하자. 그러면 다음이 성립한다.

$$s \leq t \Rightarrow F_s \subset F_t.$$

(σ-algebra는 해석학 책을 참고바람)

여기서 언급하는 Filtration은 쉽게 설명하면 과거부터 현재까지 보유하고 있는 정보의 량이라고 생각하면 쉽게 이해를 할 수가 있다. 다음은 금융에서 가장 중요한 성질 중에 하나인 Martingale 성질에 대한 설명이다.

정리 5.3.8 **(Martingale 성질 (Martingale Property))**

임의의 양수 h에 대하여 만약 $E[X(t+h) - X(t) \mid F(t)] = 0$, 즉, $E[X(t+h) \mid F(t)] = X(t)$를 만족하면 $X(t)$는 Martingale 성질을 갖는다고 한다. ($F(t)$는 t 시점까지의 정보의 양)

5.4 브라운운동 (Brownian Motion)

브라운 운동(Brownian Motion)은 1827년 생물학자 브라운의 아이디어로써 액체에 걸쳐있는 꽃가루 입자의 불규칙적인 운동을 관찰하여 만든 이론이다. 이후 1905년 아이슈타인이 입자들의 밀도함수를 계산하였다. 그렇기 때문에 금융문제와 같이 시간과

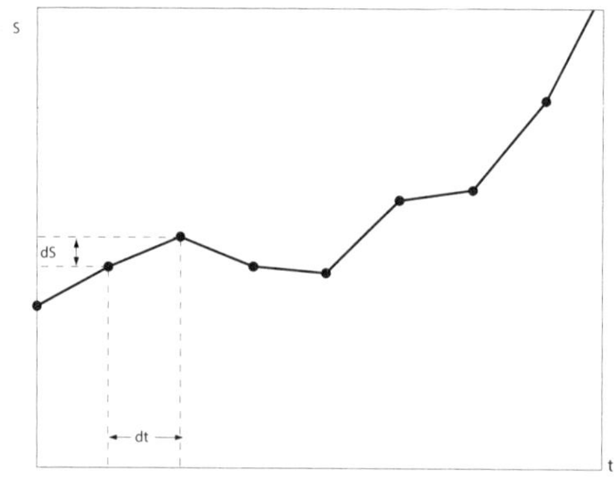

그림 5.1 Random walk

연동된 변동에 대한 수학적 모델은 대개 브라운 운동과 같은 확률과정을 이용하게 된다.

또한 1920년대에 미국의 수학자 Norbert Wiener가 Random Walk(그림 5.1)를 이용하여 브라운 운동을 체계적으로 수학적 이론을 도입하였기에 브라운 운동을 위너과정(Wiener Process)이라고도 한다. 금융시장에서 기초자산의 가격경로는 위너과정을 따른다고 가정하는 경우가 많다. 이 절에서는 위너과정에 대해 자세히 알아보기로 한다. 다음은 브라운 운동의 일반적인 정의이다.

정의 5.4.1 (브라운 운동(Brownian Motion))

다음 조건들을 만족하는 확률과정 $\{W(t)|t \geq 0\}$을 브라운 운동이라고 부른다.

- $W(0) = 0$, 임의의 시간 t에 대하여 $W(t)$는 연속함수이다.
- 임의의 $0 \leq t_1 < t_2 < t_3 < \cdots$ 에 대해서 $\triangle W_n \equiv W(t_{n+1}) - W(t_n)$ 독립이다. ($\triangle W_n$를 increment라고 말한다.)
- $\triangle W_n$는 평균이 0이고 분산이 $\triangle t_n$인 정규분포를 따른다. 즉, $\triangle W_n \sim N(0, \triangle t_n)$

확률밀도함수 f가 평균 0 분산 1의 표준정규분포 $N(0,1)$을 따른다면 dW는 정규분포 $N(0, dt)$를 따르므로 $dW = \sqrt{dt} f$로 표현된다. $W(t)$는 미분가능이 아니므로 dW을 정의할 수는 없지만 $dt \to 0$으로 했을 때

$$dW = \sqrt{dt}$$

로 된다. 브라운 운동이 중요한 것은 확률론 관점에서 중요한 성질 중 하나인 Martingale 성질을 만족하기 때문이다.

정리 5.4.2

$W(t)$가 브라운 운동이면 $W(t)$는 Martingale이다.

증명 임의의 시간 $s(s < t)$에 대하여

$$\begin{aligned} E[W(t) \mid F(s)] &= E[W(t) - W(s) \mid F(s)] + E[W(s) \mid F(s)], \\ &= E[W(t) - W(s)] + W(s) = W(s). \end{aligned}$$

■

그러면 이번에는 브라운 운동을 MATLAB에서 구현해 보도록 하자. 브라운 운동의 정의에 의하여 다음과 같은 식을 만들 수 있다.

$$W(0) = 0, \quad W(n+1) = W(n) + \triangle W(n) \tag{5.11}$$

여기서 $\triangle W(n)$은 평균이 0이고 분산이 $\triangle t$인 정규분포를 따르는 난수이다. 아래는 브라운 운동을 시뮬레이션 하는 알고리즘이다.

정리 5.4.3 (브라운 운동 시뮬레이션 알고리즘)

$$
\begin{aligned}
&\textbf{For} \quad n = 0, 1, 2, \cdots \\
&\qquad t_{n+1} = t_n + \triangle t \\
&\textbf{Pick} \quad Z \sim N(0,1) \\
&\qquad W_{n+1} = W_n + \sqrt{\triangle t} Z \\
&\textbf{End}
\end{aligned}
$$

다음은 브라운 운동을 MATLAB 코드로 나타낸 것이다. 다음 그림 5.2는 브라운 운동을 그래프로 나타낸 것이다.

MATLAB

```
%%BM.m
clear all; clc; n=1000; T=1; dt=T/n;
w=zeros(n+1,1); w(1)=0;
t=linspace(0,1,n+1); randn('state',100);
for i=1:n
    w(i+1)=w(i)+sqrt(dt)*randn();
end
figure(1), set (gca,'fontsize',15), plot(t, w,'k')
title('Brownian Path'), xlabel('T'), ylabel('Z','rotation',0)
axis tight
```

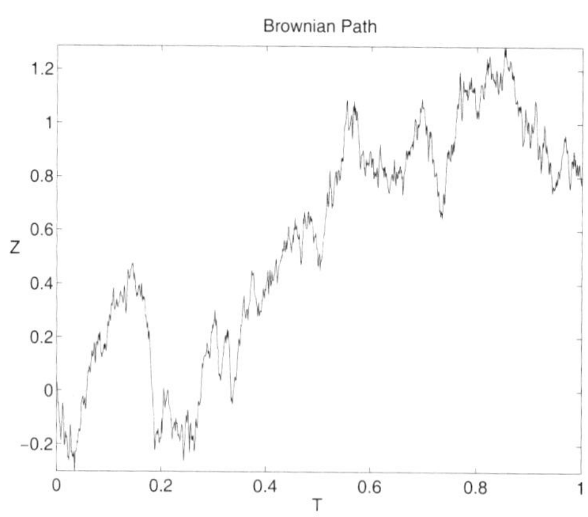

그림 5.2 브라운 운동

일반적인 브라운 운동은 아래의 식 (5.12)과 같은 확률미분방정식을 따른다.

$$S(t) = \mu dt + \sigma W(t) \tag{5.12}$$

하지만, 그림 5.2와 같이 브라운 운동의 경로가 불규칙적인 값을 가지기 때문에 음수의 값이 나올 수가 있다. 하지만 이와 같은 브라운 운동은 주가 경로에 적용하기 어렵다. 이러한 단점을 극복하기 위해 도입된 것이 기하 브라운 운동(Geometric Brownian Motion)이다. 기하 브라운 운동은 아래 식 (5.14)과 같은 확률미분방정식을 따른다.

$$S(t) = S(0)\exp(\mu t + \sigma W(t)) \tag{5.13}$$

$$\log \frac{S(t)}{S(0)} = \mu t + \sigma W(t) \tag{5.14}$$

로그를 취함에 따라 주가 가격은 음수가 나오지 않는다는 가정하에 모델링을 할 수 있게 된다. 기하 브라운 운동의 특징은 로그를 취한 $\log \frac{S(t)}{S(0)}$ 가 정규분포를 따르기 때문에 기하 브라운 운동의 분포는 대수 정규 분포(Log-normal distribution)을 따른다고 말할 수 있다. 아래 그림 5.3은 기하 브라운 운동의 경로을 나타낸 것이다.

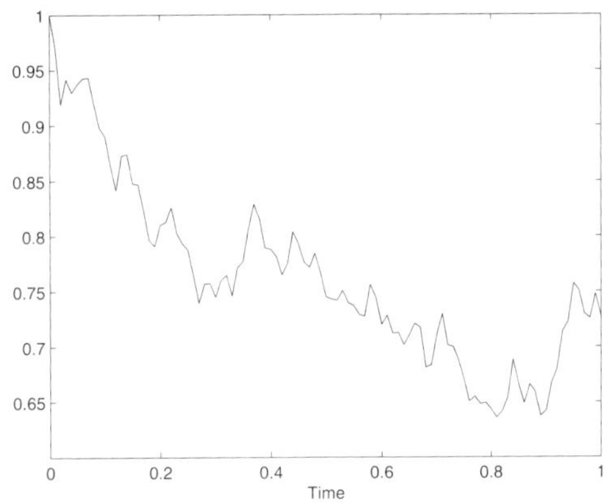

그림 5.3 기하 브라운 운동

이러한 브라운 운동을 여러 개의 시뮬레이션으로 나타내고 그것을 산술평균을 구하는 방법을 바로 몬테칼로(Monte–Carlo) 방법이라고 한다. 몬테칼로 방법에 대한 내용은 9장에서 자세히 설명하고자 한다.

5.5 Itô 적분(Itô Integral)

이번 절에서는 확률미분방정식을 계산하기 위해서 쓰이는 Itô 적분에 관하여 공부하고자 한다. Itô 적분 역시 적분의 한 방법이기 때문에 먼저 일반적으로 알고 있는 적분에 대해 먼저 알아보고 Itô 적분을 설명하고자 한다.

5.5.1 일반적인 적분(Classical Integral)

우리가 고등학교 과정에서 배우는 적분은 일반적으로 많이 쓰이고 있는 리만 적분 (Riemamn Integral) 이다. 이 적분의 값을 계산하기 위하여 구분구적법을 이용하여 정적분의 값을 구하게 된다. 정적분 $\int_0^T f(t)\,dt$ 를 구하기 위한 구분구적법의 3가지 아이디어에 대해서 설명하고자 한다.

Forward Euler 방법(Forward Euler Discretization)

전방 오일러 이산법(Forward Euler Discretization)은 그림(5.4)에서 알 수 있듯이 정적분의 구간을 직사각형으로 쪼갤 때, 왼쪽 값의 함숫값을 높이로 이용하여 구하는 방법이다. 식으로 나타나면 아래와 같이 나타낼 수 있다.

$$\int_0^T f(t)\,dt \approx \sum_{n=0}^{N-1} f(t_n)(t_{n+1}-t_n) = \sum_{n=0}^{N-1} f(t_n)\triangle t_n.$$

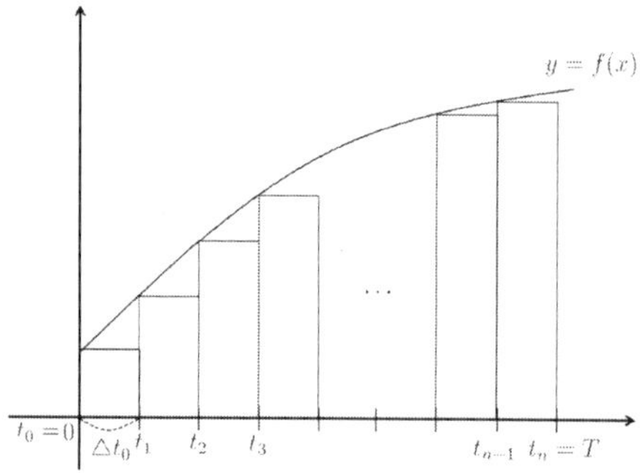

그림 5.4 Forward Euler 방법

Backward Euler 방법(Backward Euler Discretization)

후방 오일러 이산법(Backward Euler Discretization)은 그림(5.5)에서와 같이 Forward Euler Method와 다르게 직사각형의 높이를 왼쪽이 아닌 오른쪽 함숫값을 이용한 것이다. 아래 식은 Backward Euler Method의 식을 나타낸 것이다.

$$\int_0^T f(t)\,dt \approx \sum_{n=0}^{N-1} f(t_{n+1})(t_{n+1}-t_n) = \sum_{n=0}^{N-1} f(t_{n+1})\triangle t_n$$

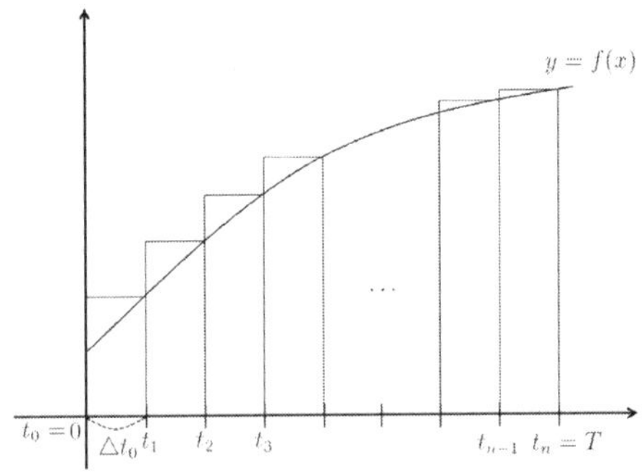

그림 5.5 Backward Euler 방법

사다리꼴 방법 **(Trapezoid Discretization)**

사다리꼴 이산법(Trapezoid Discretization)은 위의 두 가지 방법보다 훨씬 효율적인 방법이다. 그림 (5.6)를 참고하면 직사각형으로 근사시키는 것보다 사다리꼴로 만들어 근사시키는 방법으로 보다 적은 오차가 나오게 할 수가 있다. 아래 식은 사다리꼴 방법으로 적분값을 근사시키는 식을 나타낸 것이다.

$$\int_0^T f(t)\,dt \approx \sum_{n=0}^{N-1} \frac{f(t_n) + f(t_{n+1})}{2}(t_{n+1} - t_n) = \sum_{n=0}^{N-1} \frac{f(t_n) + f(t_{n+1})}{2} \triangle t_n$$

위의 방법 모두 n이 무한대로의 극한을 취하게 되면 모두 같은 값에 수렴하게 된다.

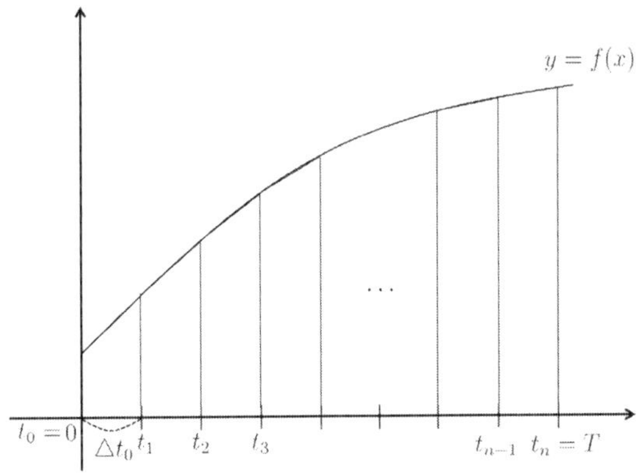

그림 5.6 사다리꼴 방법

다음은 일반적인 적분이 가지는 성질들에 대하여 알아보도록 하자.

정리 5.5.1 (미적분학의 기본 정리 1)

함수 $f(x)$가 구간 $[a, b]$에서 연속이고, 함수 $F(x) = \int_a^x f(t)\,dt$도 구간 $[a, b]$에서 연속이고 미분가능할 때, $F(x)$의 미분하면 $f(x)$이다.

$$F'(x) = \frac{d}{dx}\int_a^x f(t)\,dt = f(x)$$

정리 5.5.2 (미적분학의 기본 정리 2)

함수 $f(x)$가 구간 $[a, b]$의 모든 점에서 연속이고, 함수 $F(x)$가 구간 $[a, b]$에서 원시함수이면 다음이 성립한다.

$$\int_a^b f(x)\,dx = F(b) - F(a)$$

정리 5.5.3 (정적분의 성질)

(1) $\int_a^a f(x)\,dx = 0$

(2) $a < b$일 때, $\int_b^a f(x)\,dx = -\int_a^b f(x)\,dx$

(3) $\int_a^b kf(x)\,dx = k\int_a^b f(x)\,dx$

(4) $\int_a^b \{f(x) \pm g(x)\}\,dx = \int_a^b f(x)\,dx \pm \int_a^b g(x)\,dx$

(5) $a < c < b$일 때, $\int_a^b f(x)\,dx = \int_a^c f(x)\,dx + \int_c^b f(x)\,dx$

5.5.2 Itô 적분(Itô Integral)

이번에는 확률미분방정식을 풀기 위해서 가장 중요한 내용인 이토 적분(Itô Integral)에 대해서 알아보도록 하자. 확률과정을 따르는 적분의 식은 아래 (5.15)와 같이 나타낼 수 있다. 여기서 $W(t)$는 브라운 운동이다.

$$\int_0^T W(t)\,dW(t) \tag{5.15}$$

이제 적분을 구하기 위해서 앞에 리만적분에서 이용한 것처럼 3가지의 이산과정을 이용하여 Itô 적분에 대하여 정의하고자 한다.

확률과정을 가진 적분의 이산화과정

첫 번째로 Forward Euler 방법을 적용을 시켜보도록 하자. Forward Euler 방법은 앞에서 언급한 것 처럼 높이를 왼쪽 값에 맞춰서 구하는 과정이다. 그럼 식으로 나타내어보자.

$$\sum_{n=0}^{N-1} W(t_n)(W(t_{n+1}) - W(t_n)) = \sum_{n=0}^{N-1} W(t_n)\triangle W_n \tag{5.16}$$

확률변수이기 때문에 대푯값을 이용하여 기댓값을 계산하면

$$E\left[\sum_{n=0}^{N-1} W(t_n)\triangle W_n\right] = \sum_{n=0}^{N-1} E[W(t_n)\triangle W_n]$$

여기서 브라운 운동의 정의에 의하여 $W(t_n)$과 $W(\triangle t_n)$이 독립이므로

$$\sum_{n=0}^{N-1} E[W(t_n)\triangle W_n] = \sum_{n=0}^{N-1} E[W(t_n)]E[\triangle W_n]$$

브라운 운동 3번째 성질인 $\triangle W_n$의 기댓값, 즉 평균 0이므로

$$E\left[\sum_{n=0}^{N-1} W(t_n)\triangle W_n\right] = 0$$

두 번째로 Backward Euler 방법을 적용하면 아래와 같은 식으로 나타낼 수 있다.

$$\sum_{n=0}^{N-1} W(t_{n+1})(W(t_{n+1}) - W(t_n)) = \sum_{n=0}^{N-1} W(t_n)\triangle W_n \tag{5.17}$$

이 방법 또한 대푯값을 이용하고 위에서 $\sum_{n=0}^{N-1} E[W(t_n)\triangle W_n] = 0$을 사용하여 기댓값을 계산하면

$$E\left[\sum_{n=0}^{N-1} W(t_{n+1})\triangle W_n\right] = \sum_{n=0}^{N-1} E[W(t_{n+1})\triangle W_n] - \sum_{n=0}^{N-1} E[W(t_n)\triangle W_n]$$

여기서 브라운 운동의 정의에 의하여 $W(t_{n+1})$과 $W(\triangle t_n)$이 독립이므로

$$\begin{aligned}\sum_{n=0}^{N-1} E[W(t_{n+1})\triangle W_n] - \sum_{n=0}^{N-1} E[W(t_n)\triangle W_n] &= \sum_{n=0}^{N-1} E[(W(t_{n+1}) - W(t_n))\triangle W_n] \\ &= \sum_{n=0}^{N-1} E[\{\triangle W_n\}^2]\end{aligned}$$

가 되어 브라운 운동의 분산이 되게 되고 브라운 운동 세 번째 성질에 의해 $E[\{\triangle W_n\}^2] = \triangle t_n$이 된다.

$$E\left[\sum_{n=0}^{N-1} W(t_{n+1})\triangle W_n\right] = \sum_{n=0}^{N-1} E[\{\triangle W_n\}^2] = \sum_{n=0}^{N-1} \triangle t_n = T \neq 0$$

마지막으로 사다리꼴 방법을 이용하여 나타내면 아래와 같이 나타낼 수 있다.

$$\sum_{n=0}^{N-1} \frac{W(t_n) + W(t_{n+1})}{2} \triangle W_n \tag{5.18}$$

마찬가지로 기댓값을 계산하면

$$\sum_{n=0}^{N-1} E\left[\frac{W(t_n) + W(t_{n+1})}{2} \triangle W_n\right] = \sum_{n=0}^{N-1} E\left[\frac{2W(t_n) + W(t_{n+1}) - W(t_n)}{2} \triangle W_n\right].$$

그러면 $W(t_n)$과 $W(\triangle t_n)$ 그리고 $W(t_{n+1})$과 $W(\triangle t_n)$은 각각 독립이므로 아래와 같이 나타나게 된다.

$$\begin{aligned}
&\sum_{n=0}^{N-1} E\left[\frac{2W(t_n) + W(t_{n+1}) - W(t_n)}{2} \triangle W_n\right] \\
&= \sum_{n=0}^{N-1} E[W(t_n)\triangle W_n] + \sum_{n=0}^{N-1} E\left[\frac{\{\triangle W_n\}^2}{2}\right] \\
&= \frac{T}{2} \neq 0
\end{aligned}$$

그러면 여기서 알 수 있는 것은 리만적분에서 3가지 방법의 극한을 구하면 같은 값으로 수렴하는 것에 비해 확률과정을 포함하는 적분에서는 3가지 방법이 다른 값으로 수렴하는 것을 알 수 있다. 우리가 쓰는 Itô 적분은 바로 Forward Euler 방법의 극한을 이용하는 적분이고 확률 미적분학에서 쓰이는 Stratonovich 적분은 바로 사다리꼴 방법의 극한을 이용하는 적분이다. 그러므로 앞으로 Itô 적분에 대한 증명은 Forward Euler 방법을 이용하여 증명을 할 것이다.

이토 적분을 정의하여 보자. 초기값을 $X(0) = X_0$를 가지는 확률미분방정식은 다음과 같이 나타낼 수 있다.

$$dX(t) = a(X(t))dt + b(X(t))dW(t)$$

이 미분방정식을 적분꼴로 바꾸게 되면 아래 식과 같이 나타낼 수 있다.

$$X(t) = X(0) + \int_0^t a(X(s))\, ds + \int_0^t b(X(s))\, dW(s)$$

로 나타낼 수 있다. 여기서 $\int_0^t a(X(s))\, ds$는 일반적으로 쓰는 적분을 이용하여 구할 수 있으나, $\int_0^t b(X(s))\, dW(s)$는 확률과정이 들어가 있기 때문에 Itô 적분을 이용하여 구하여야 한다. 이 Itô 적분 $\int_0^t b(X(s))\, dW(s)$을 구하기 위하여 Forward Euler 방법인 아래 식(5.19)

$$\sum_{n=0}^{N-1} b(X(n))\triangle dW(n) \tag{5.19}$$

을 이용하여 구할 것이다. 이 과정을 이용하기 위해서는 잘 정의(Well-defined) 되어 있는지 확인하여야 하나 내용이 많이 어려우므로 생략하고자 한다.

다음 정의는 Itô 적분을 풀기 위해서 쓰는 중요한 정의이다. 왜냐하면 이 정의는 Itô 적분의 값을 구할 때 쓰이기 때문이다. Itô 공식을 이용하여 Itô 적분을 쉽게 구할 수 있지만, 다음 정의를 이용하면 적분의 정의를 이용하여 적분값을 구할 수 있게 된다.

정의 5.5.4 (Mean-Square Convergence)

임의의 n 에 대하여 $E[{X_n}^2] < \infty$ 이고 $E[X^2] < \infty$ 일 때, 아래와 같은 식이 성립하면 X_n 는 Mean-square 수렴한다고 한다.

$$\lim_{n\to\infty} E[|X_n - X|^2] = 0 \tag{5.20}$$

여기서 $X_n \equiv \sum_{n=0}^{N-1} f(t_n, W(t_n))\triangle W_n$, $X \equiv \int_0^T f(t, W(t))\, dW(t)$ 이다.

예제 5.5.5 다음 아래의 식이 성립함을 증명하여라.

$$\lim_{\triangle t\to 0} \sum_{n=0}^{N-1} {W_n}^2 = T$$

풀이 식 (5.20)을 이용하여 아래가 성립함을 보이면 된다.

$$\lim_{\triangle t\to 0} E\left[\left|\sum_{n=0}^{N-1} {W_n}^2 - T\right|^2\right] = 0$$

$$\begin{aligned} & E\left[\left|\sum_{n=0}^{N-1} {W_n}^2 - T\right|^2\right] \\ &= E\left[\sum_{k=0}^{N-1}\sum_{n=0}^{N-1}(\triangle {W_n}^2 - \triangle t_n)(\triangle {W_k}^2 - \triangle t_k)\right] \\ &= E\left[\sum_{n=0}^{N-1}(\triangle W_n^2 - \triangle t_n)^2\right] + 2E\left[\sum_{k>n}(\triangle W_n^2 - \triangle t_n)(\triangle W_k^2 - \triangle t_k)\right] \end{aligned}$$

여기서 $E[\triangle W_k^2 - \triangle t_k] = E[\triangle W_k^2] - \triangle t_k = \triangle t_k - \triangle t_k = 0$ 이므로

$$\begin{aligned} E\left[\left|\sum_{n=0}^{N-1} W_n^2 - T\right|^2\right] &= E\left[\sum_{n=0}^{N-1}\left(\triangle W_n^4 - 2\triangle W_n^2\triangle t_n + \triangle t_n^2\right)\right] \\ &= \sum_{n=0}^{N-1}\{E\left[\triangle W_n^4\right] - 2\triangle t_n E\left[\triangle W_n^2\right] + \triangle t^2\} \end{aligned}$$

또한, $E\left[\triangle W_n^4\right] = 3\triangle t_n^2$, $E\left[\triangle W_k^2\right] = \triangle t_n$ 이므로 (제 5절의 예제 4, 5에서 확인 가능)

$$E\left[\left|\sum_{n=0}^{N-1} W_n^2 - T\right|^2\right] = 2\sum_{n=0}^{N-1} \triangle t_n^2 \le 2T\triangle t_{\max} \longrightarrow 0$$

■

예제 5.5.6 다음 아래의 식이 성립함을 증명하여라.

$$\int_0^T x(t)\,dx = \frac{x(T)^2}{2}.$$

다음은 Itô 적분에 대한 정의이다.

정의 5.5.7 (Itô 적분(Itô Integral))

$E\left[\int_a^b f^2(t,W)\,dt\right] < \infty$ 인 $f(t,W)$에 대하여 다음을 Itô 적분이라고 한다.

$$\int_a^b f(t,W)\,dW = \lim_{N\to\infty}\sum_{n=0}^{N-1} f(t_n, W(t_n))\triangle W_n$$

다음은 Itô 적분에서 쓰이는 Itô 적분의 성질들이다.

정리 5.5.8 **(Itô 적분의 성질)**

함수 $f(s,W)$, $g(s,W)$: $[0,T]\times\omega \to R$이고 Itô 적분가능할 때 다음 성질이 성립한다.

(1) $\int_0^T (C_1 f(s,W) + C_2 f(s,W))dW(s)$

$= C_1\int_0^T f(s,W)dW(s) + C_2\int_0^T g(s,W)dW(s)$

(2) $E\left[\int_0^T f(s,W)\,dW(s)\right] = 0$

(3) $E\left[\left(\int_0^T f(s,W)\,dW(s)\right)\left(\int_0^T g(s,W)\,dW(s)\right)\right]$

$= \int_0^T E[f(s,W)\cdot g(s,W)]\,dW(s)$

위의 성질을 증명하기 위해서는 Mean-square Convergence를 이용하여 증명하면 된다. 증명과정이 좀 복잡한 편이므로 간단하게 스케치만 해보도록 하자.

증명 (1) 성질 증명
오일러 근사과정에 의하여 아래와 같이 나타내어보자.

$$
\begin{aligned}
A_{\triangle t} &\equiv \sum_{n=0}^{N-1} (C_1 f_n + C_2 g_n) \triangle W_n, \\
B_{\triangle t} &\equiv \sum_{n=0}^{N-1} (C_1 f_n) \triangle W_n, \\
C_{\triangle t} &\equiv \sum_{n=0}^{N-1} (C_2 g_n) \triangle W_n
\end{aligned}
$$

그러면 Mean-square convergence에 의하여 다음이 $\triangle t_{\max}$가 0에 가까워짐에 따라 $\|A-(B+C)\|_{L^2}$가 0이 됨을 밝히면 된다.

$$
\begin{aligned}
\|A-(B+C)\|_{L^2} &= \|(A - A_{\triangle t} + A_{\triangle t} - (B - B_{\triangle t} + B_{\triangle t} + C - C_{\triangle t} + C_{\triangle t})\| \\
&\leq \|A - A_{\triangle t}\|_{L^2} + \|A_{\triangle t} - (B_{\triangle t} + C_{\triangle t})\|_{L^2} + \|B - B_{\triangle t}\|_{L^2} \\
&\quad + \|C - C_{\triangle t}\|_{L^2}
\end{aligned}
$$

Mean-square convergence에 의하여

$$
\begin{aligned}
\|A - A_{\triangle t}\|_{L^2} &\to 0, \\
\|B - B_{\triangle t}\|_{L^2} &\to 0, \\
\|C - C_{\triangle t}\|_{L^2} &\to 0
\end{aligned}
$$

이므로

$$
\|A-(B+C)\|_{L^2} \leq \|A_{\triangle t} - (B_{\triangle t} + C_{\triangle t})\|_{L^2}.
$$

으로 나타낼 수 있으며 이것 또한 Mean-square convergence에 의하여 $\triangle t_{\max}$가 0으로 가까이 감에 따라 0으로 수렴하게 된다. ■

5.5 연습문제

위의 정리 5.5.8 Itô 적분의 성질 중 (2), (3)을 증명하여라.
(Hint: (2)을 증명하기 위해서 $I \equiv \int_0^T f(s,W)\,dW(s)$, $I_{\triangle t} \equiv \sum_{n=0}^{N-1} f_n \triangle W_n$, (3)을 증명하기 위해 각각을 A, B, C로 바꾸어서 증명한다.)

5.6 Ito의 보조정리 (Ito Lemma)

확률미분방정식을 아래와 같이 나타낸다고 하자.

$$dS = a(t, S)dt + b(t, S)dW.$$

일반화된 위너과정의 상수 a와 b를 S와 t에 대한 함수 $a(t, S), b(t, S)$로 일반화한 것을 Itô 과정(Itô process)이라고 하며, 따라서, 이 시계열 $S(t)$의 움직임을 Itô 과정이라 할 수 있다. Itô 과정을 이용하면 Itô 의 보조정리(Itô lemma) 혹은 Itô 공식(Itô formula)를 이끌 수 있다.

> **보조정리 5.6.1** (**Itô**의 보조정리(**Itô** 공식))
>
> S가 확률미분방정식
>
> $$dS = a(t, S)dt + b(t, S)dW$$
>
> 으로 나타낼 때, S와 t의 함수 $f(t, S)$는
>
> $$df = \left(\frac{\partial V}{\partial t} + \frac{\partial V}{\partial S}a(t, S) + \frac{1}{2}\frac{\partial^2 V}{\partial S^2}b^2(t, S)\right)dt + \frac{\partial V}{\partial S}b(t, S)dW$$
>
> 를 따른다.

증명 함수 V의 변화량 dV는 2변수 함수의 테일러 전개를 이용하면

$$\begin{aligned} dV &= V(S + dS, t + dt) - V(S, t) \\ &= \frac{\partial V}{\partial S}dS + \frac{\partial V}{\partial t}dt + \frac{1}{2}\frac{\partial^2 V}{\partial S^2}(dS)^2 + \frac{\partial^2 V}{\partial S \partial t}dSdt + \frac{1}{2}\frac{\partial^2 V}{\partial t^2}(dt)^2 + \cdots \end{aligned}$$

로 나타난다. S가 Itô과정을 따르므로, dS에

$$dS = a(t, S)dt + b(t, S)dW$$

를 대입하면

$$\begin{aligned} dV &= \frac{\partial V}{\partial S}\left(a(t, S)dt + b(t, S)dW\right) + \frac{\partial V}{\partial t}dt + \frac{1}{2}\frac{\partial^2 V}{\partial S^2}\left(a(t, S)dt + b(t, S)dW\right)^2 \\ &\quad + \frac{\partial^2 V}{\partial S \partial t}\left(a(t, S)dt + b(t, S)dW\right)dt + \frac{1}{2}\frac{\partial^2 V}{\partial t^2}(dt)^2 + \cdots \\ &= \frac{\partial V}{\partial S}a(t, S)dt + \frac{\partial V}{\partial S}b(t, S)dW + \frac{\partial V}{\partial t}dt + \frac{1}{2}\frac{\partial^2 V}{\partial S^2}a^2(t, S)(dt)^2 \\ &\quad + \frac{1}{2}\frac{\partial^2 V}{\partial S^2}b^2(t, S)(dW)^2 + \frac{\partial^2 V}{\partial S^2}a(t, S)b(t, S)dtdW + \frac{\partial^2 V}{\partial S \partial t}a(t, S)(dt)^2 \\ &\quad + \frac{\partial^2 V}{\partial S \partial t}b(t, S)dtdW + \frac{1}{2}\frac{\partial^2 V}{\partial t^2}(dt)^2 + \cdots \end{aligned} \tag{5.21}$$

로 된다. $dt \to 0$일 때의 관계식 $dW = \sqrt{dt}$를 사용하면 $(dt)^2$과 $dtdW$와 같이 1차보다 큰 항은 급속히 0에 가까워지므로 이들 항이 포함된 식들을 무시할 수 있다. $(dW)^2$ 의 항은 dt가 된다. 따라서 위 식(5.21)은 다음과 같이 Itô 공식으로 나타낼 수 있다.

$$dV = \left(\frac{\partial V}{\partial S} a(t,S) + \frac{\partial V}{\partial t} + \frac{1}{2}\frac{\partial^2 V}{\partial S^2} b^2(t,S) \right) dt + \frac{\partial V}{\partial S} b(t,S) dW. \tag{5.22}$$

■

Itô 공식을 외우는 것은 쉽지가 않지만 약간의 규칙만 숙지한다면 쉽게 외울 수 있다. 다음은 수학적인 접근법은 아니지만 Itô 공식을 보다 쉽게 외울 수 있는 방법이다.

기초정리 5.6.2 **(Itô 공식 쉽게 외우는 방법)**

X가 확률과정

$$dX = a(t,X)dt + b(t,X)dW$$

을 만족할 때, 함수 g에 대하여 X에 관한 2차 테일러 전개한 후

$$dg = \frac{\partial g}{\partial t} dt + \frac{\partial g}{\partial X} dX + \frac{1}{2}\frac{\partial^2 g}{\partial X^2} (dX)^2$$

에서 $dtdt = dtdW = dWdt = 0$, $dWdW = dt$로 놓고 정리하면 된다.

다음 예제들을 통해서 Itô의 보조정리를 적용하는 방법을 알아보도록 하자.

예제 5.6.3 다음이 성립함을 Itô 공식을 이용하여 증명하여라.

$$\int_0^T W(t)\,dW(t) = \frac{1}{2}(W(T))^2 - \frac{1}{2}T.$$

풀이 확률과정 $dX(t)$와 함수 $f(t,x)$를 다음과 같이 나타내어 보자.

$$dX = dW(t), f(t,x) = x^2$$

그런 다음 함수 $f(t,x)$를 x에 관한 2차 테일러 전개를 하면 다음과 같이 나타낼 수 있다.

$$df(t,x) = 0 \cdot dt + 2xdX + \frac{1}{2} 2(dX)^2$$

다음 $dX = dW(t)$를 대입하면 $dW(t)dW(t) = dt$에 의해

$$d(W(t)^2) = 2W(t)dW(t) + dt$$

로 나타내어진다. 여기서 0부터 T까지 적분을 하게 되면

$$\int_0^T d(W(t)^2) = \int_0^T 2W(t)dW(t) + \int_0^T dt.$$

$$\therefore \int_0^T W(t)\,dW(t) = \frac{1}{2}(W(T))^2 - \frac{1}{2}T.$$

예제 5.6.4 확률과정 X가 아래와 같은 조건을 만족할 때, $X(t)$를 구하여라.

$$dX(t) = -Xdt + dW(t), \quad X(0) = 1.$$

풀이 함수 $f(t,x) = e^t X$라고 하자. 이제 함수 $f(t,x)$를 x에 관한 2차 테일러 전개를 하면 다음과 같이 나타낼 수 있다.

$$df(t,x) = e^t X dt + e^t dX + \frac{1}{2} \cdot 0(dX)^2.$$

여기에 $dX(t) = -Xdt + dW(t)$를 대입하면

$$d(e^t X) = e^t X dt + e^t(-Xdt + dW(t)) = e^t dW(t).$$

이제 0부터 t까지 적분을 하게 되면

$$\int_0^t d(e^t X) = \int_0^t e^\tau dW(\tau),$$

$$e^t X(t) - e^0 X(0) = \int_0^t e^\tau dW(\tau),$$

$$\therefore X(t) = e^{-t} + e^{-t}\int_0^t e^\tau dW(\tau).$$

이제는 금융과 관련된 주가 가격에 관련된 문제를 풀어보도록 하자. 일반적으로 t 시점에서의 주가를 $S(t)$라 할 때, 기하 브라운 운동(Geometric Brownian motion)이라 불리우는 확률미분방정식은 아래 식 (5.23)와 같이 나타낼 수 있다.

$$dS(t) = rS(t)dt + \sigma S(t)dW(t), \quad S(0) = S(t). \tag{5.23}$$

여기서 r은 무위험 이자율을 나타내고 σ는 변동성을 나타낸다. 그럼 다음 예제에서 위의 확률미분방정식을 Itô 공식에 의하여 풀어볼 것이다.

예제 5.6.5 $S(t)$를 t시점에서의 주가라고 하고 확률미분방정식이 다음과 같이 주어졌다고 할 때, $S(t)$를 구하여라.

$$dS(t) = rS(t)dt + \sigma S(t)dW(t), S(0) : \text{현재주가}.$$

풀이 (풀이 (a))

함수 $f(t,S)=\log S$ 라 하자. 이제 S 에 대한 2차 테일러 전개를 하면 다음과 같은 식을 구할 수 있다.

$$df(t,s)=0dt+\frac{1}{S}dS+\frac{1}{2}(-\frac{1}{S^2})(dS)^2.$$

여기에 $dS(t)=rS(t)dt+\sigma S(t)dW(t)$ 를 대입하면

$$\begin{aligned}
d(\log S) &= \frac{1}{S}(rSdt+\sigma SdW(t))+\frac{1}{2}\left(-\frac{1}{S^2}\right)(rSdt+\sigma SdW(t))^2\\
&= rdt+\sigma SdW(t)+\frac{1}{2}\left(-\frac{1}{S^2}\right)(\sigma^2S^2dt)\\
&= rdt+\sigma dW(t)-\frac{1}{2}\sigma^2dt=\left(r-\frac{1}{2}\sigma^2\right)dt+\sigma dW(t).
\end{aligned}$$

이제 0에서 t 까지 적분을 하면

$$\begin{aligned}
\int_0^t d(\log S) &= \int_0^t (r-\frac{1}{2}\sigma^2)\,dt+\int_0^t \sigma\,dW(t)\\
\log S(t)-\log S(0) &= (r-\frac{1}{2}\sigma^2)t+\sigma W(t)\\
\log\frac{S(t)}{S(0)} &= (r-\frac{1}{2}\sigma^2)t+\sigma W(t)\\
\frac{S(t)}{S(0)} &= \exp((r-\frac{1}{2}\sigma^2)t+\sigma W(t))\\
S(t) &= S(0)\exp((r-\frac{1}{2}\sigma^2)t+\sigma W(t))
\end{aligned}$$

(풀이 (b))

$t=L\Delta t$ 인 구간 $[0,\ t]$ 를 고려하고 있다고 가정하자. $S(0)=S_0$ 이고 주어진 식에서 $\Delta S(t)$ 는 t시간동안의 주가의 변화이므로 다음과 같이 쓸수있다.

$$S(\Delta t)-S(0)=rS(0)\Delta t+\sigma S(0)(W(\Delta t)-W(0)).$$

$W(\Delta t)\sim N(0,\Delta t)$, $W(0)=0$ 이고 좌변의 $S(0)$ 를 우변으로 이동시키면,

$$S(\Delta t)=S(0)\{1+r\Delta t+\sigma\sqrt{\Delta t}\phi_0\},\ \phi_0\in N(0,1)$$

t 를 L 개 만큼 분할해서 $\Delta t=t/L$ 로 정의하면 위의 식은 Δt 만큼의 시간 간격 사이에 자산의 가격이 $1+r\Delta t+\sigma\sqrt{\Delta t}\phi_i$ 만큼씩 곱해진다는 것이므로

$$\begin{aligned}
&S(\Delta t)=S(0)\times(1+r\Delta t+\sigma\sqrt{\Delta t}\phi_0),\\
&S(2\Delta t)=S(\Delta t)\times(1+r\Delta t+\sigma\sqrt{\Delta t}\phi_1)=S(0)\times(1+r\Delta t+\sigma\sqrt{\Delta t}\phi_1)^2,\\
&S(3\Delta t)=S(2\Delta t)\times(1+r\Delta t+\sigma\sqrt{\Delta t}\phi_2)=S(0)\times(1+r\Delta t+\sigma\sqrt{\Delta t}\phi_2)^3,\\
&\qquad\vdots
\end{aligned}$$

$$S(L\times\Delta t)=S(t)=S(0)\prod_{i=0}^{L-1}(1+r\Delta t+\sigma\sqrt{\Delta t}\phi_{L-1}).$$
$$\phi_i\in N(0,1),\ i=0,1,2\cdots,L-1.$$

양변을 $S(0)$로 나누고, ln을 취하면 다음의 식을 얻는다.

$$\ln\left(\frac{S(t)}{S(0)}\right)=\sum_{i=0}^{L-1}\ln(1+r\Delta t+\sigma\sqrt{\Delta t}\phi_i)$$

$\ln(1+x)$의 테일러 전개를 해주면 $\ln(x+1)=0+x-\frac{1}{2}x^2+\frac{1}{3}x^3+\cdots$ 인데 $\Delta t\to 0$ 일때를 생각해야 하므로 $\Delta t^{\frac{3}{2}}$ 이상의 차수는 0으로 보고 위의 식에 대입하면 다음과 같다. (사실 ϕ_i는 실수가 아니고 확률 변수이다. 그러나 $E(\phi_i^2)$가 특정한 값을 가지므로 증명이 가능해진다.)

$$\ln\left(\frac{S(t)}{S(0)}\right)\approx\sum_{i=0}^{L-1}\left(r\Delta t+\sigma\sqrt{\Delta t}\phi_i-\frac{\sigma^2}{2}\Delta t\phi_i^2\right).$$

$r\Delta t+\sigma\sqrt{\Delta t}\phi_i-\frac{\sigma^2}{2}\Delta t\phi_i^2$, $(i=0,1,2,\ \cdots,L-1)$ 항들의 평균과 분산을 계산해주면 (각 항들은 $E(\cdot)$의 경우 나눠줄수 있고 $Var(\cdot)$의 경우에도 각 항들이 i.i.d이므로 나눠주는 것이 가능하다. 또한 $\Delta t^{\frac{3}{2}}$ 이상의 항들은 무시한다.)

$$\begin{aligned}E(r\Delta t+\sigma\sqrt{\Delta t}\phi_i-\frac{\sigma^2}{2}\Delta t\phi_i^2) &= E(r\Delta t)+E(\sigma\sqrt{\Delta t}\phi_i)-E(\frac{\sigma^2}{2}\Delta t\phi_i^2)\\ &= r\Delta t+\sigma\sqrt{\Delta t}E(\phi_i)-\frac{\sigma^2}{2}\Delta tE(\phi_i^2)\\ &= r\Delta t-\frac{\sigma^2}{2}\Delta t,\end{aligned}$$

여기서 $E(\phi_i)=0,\ E(\phi_i^2)=1$이 사용되었다.

$$Var(r\Delta t+\sigma\sqrt{\Delta t}\phi_i-\frac{\sigma^2}{2}\Delta t\phi_i^2)=Var(\sigma\sqrt{\Delta t}\phi_i-\frac{\sigma^2}{2}\Delta t\phi_i^2),\ (r\Delta t \text{ 는 상수})$$
$$=Var(\sigma\sqrt{\Delta t}\phi_i)+Var(\frac{\sigma^2}{2}\Delta t\phi_i^2)-2Cov(\sigma\sqrt{\Delta t}\phi_i,\frac{\sigma^2}{2}\Delta t\phi_i^2),$$
$$=\sigma^2\Delta t+\frac{\sigma^4}{2}\Delta t^2-\sigma^4\Delta t^{\frac{3}{2}}=\sigma^2\Delta t,$$

여기서 $Var(\phi_i)=1,\ Var(\phi_{i^2})=2,\ Cov(\phi_i,\ \phi_i^2)=1$이 이용되었다. 중심 극한 정리로 부터 $\ln(S(t)/S(0))$는 평균이 $L(r\Delta t-\sigma^2\Delta t/2)=(r-\sigma^2/2)t$, 분산이 $\sigma^2L\times\Delta t=\sigma^2t$인 정규분포와 비슷한 분포를 띈다. 따라서 근사적으로 아래식과 같이 된다.

$$\ln\left(\frac{S(t)}{S(0)}\right)\sim N[(r-\sigma^2/2)t,\ \sigma^2t]$$

이를 기초로 이산모형의 극한으로서 t시점에서의 자산 가격의 연속 모형은 다음과 같이 된다.

$$\begin{aligned}\ln\left(\frac{S(t)}{S(0)}\right) &= (r-\sigma^2/2)t+\sigma\sqrt{t}\phi,\\ S(t) &= S(0)\times\exp\{(r-\sigma^2/2)t+\sigma\sqrt{t}\phi\}.\ (\phi\in N(0,1))\end{aligned}$$

■

예제 5.6.6 다음을 Itô 공식을 이용하여 구하여라.

$$E[W^2(t)]=t.$$

풀이 식 $W^2(t)$을 Itô 공식을 적용을 하면

$$d[W^2(t)]=0\cdot dt+2W(t)dW(t)+\frac{1}{2}\cdot 2\cdot(dW(t))^2=2W(t)dW+dt$$

이제 위의 식을 0에서 t까지 적분을 하면

$$W^2(t)-W^2(0)=2\int_0^t W(s)\,dW(s)+\int_0^t 1\,ds \tag{5.24}$$

이제 위 식(5.24)에 기댓값을 취하면 브라운 운동 $W(s)$의 기댓값은 0이므로

$$E[W^2(t)]=E[t]=t.$$

■

예제 5.6.7 다음을 Itô 공식을 이용하여 구하여라.

$$E[W^4(t)]=3t^2.$$

풀이 식 $W^4(t)$을 Itô 공식을 적용을 하면

$$\begin{aligned}d[W^4(t)] &= 0\cdot dt+4W^3(t)dW(t)+\frac{1}{2}\cdot 4\cdot 3W^2(t)(dW(t))^2\\ &= 4W^3(t)dW(t)+6W^2(t)dt.\end{aligned}$$

이제 위의 식을 0에서 t까지 적분을 하면

$$W^4(t)-W^4(0)=4\int_0^t W^3(s)\,dW(s)+\int_0^t 6W^2(s)\,ds. \tag{5.25}$$

이제 위 식 (5.25)에 기댓값을 취하면

$$E[W^4(t)]=E[3t^2]=3t^2.$$

이제, 예제 5.6.5에서 구한 $S(t)$에 관한 df는 다음과 같이 나타낼 수 있다.

$$df = \left(r - \frac{\sigma^2}{2}\right)dt + \sigma dW = \left(r - \frac{\sigma^2}{2}\right)dt + \sigma\sqrt{dt}\phi.$$

를 얻게 된다. 이 식은 상수 계수를 갖는 확률미분방정식이고, df는 정규분포를 만족한다. $t = ndt$ 라 하자. 그러면,

$$\begin{aligned} df_1 &= \left(r - \frac{\sigma^2}{2}\right)dt + \sigma\sqrt{dt}\phi_1, \\ df_2 &= \left(r - \frac{\sigma^2}{2}\right)dt + \sigma\sqrt{dt}\phi_2, \\ &\vdots \\ df_n &= \left(r - \frac{\sigma^2}{2}\right)dt + \sigma\sqrt{dt}\phi_n, \end{aligned}$$

위 식들의 양변을 다 더하면,

$$f = f_0 + \left(r - \frac{\sigma^2}{2}\right)t + \sigma\sqrt{t}\phi, \tag{5.26}$$

여기서, $\phi_1 + \phi_2 + \cdots + \phi_n = \sqrt{n}\phi$ 관계를 사용하였다. $f(S,t)$의 확률밀도함수(PDF)는 $-\infty < f < \infty$에 대해

$$\frac{1}{\sigma\sqrt{2\pi t}}e^{-\frac{(f-f_0-(r-\frac{\sigma^2}{2})t)^2}{2\sigma^2 t}}.$$

이다. ■

이처럼 확률변수 S에 $f = \log S$ 를 취한 결과가 정규분포를 따를때, S를 대수정규분포(log-normal distribution)를 따른다고 한다. 자세한 내용은 변동성 추정의 역사적 변동성 부분에서 소개하고자 한다. 확률미분방정식의 사람이 직접 풀 수 있는 경우는 극히 소수이기 때문에 이런 경우에는 컴퓨터를 이용하여 수치적으로 구해야 한다. 수치적인 방법에는 오일러 마루야마 방법(Euler-Maruyama Method)와 민스테인 방법(Minstein Method)와 같은 방법 등이 있으나 이 책의 범위를 벗어나므로 언급은 피하고자 한다. 자세한 내용은 참고문서[1]를 확인하기 바란다.

1) 논문 : An algorithmic introduction to numerical simulation of stochastic differential equations (Higham)

CHAPTER 6

옵션가격이론

옵션 가격을 구하기 2가지 방법에 대해서 알아보자. 1번째는 확률미분방정식을 이용하여 확률론적 측면으로 구하는 방법과 Black-Scholes 편미분방정식을 이용하여 편미분방정식을 이용하여 구하는 방법이 있다. 확률론적 측면에서 구하는 가장 대표적인 방법은 몬테갈로(Monte-Carlo) 시뮬레이션인데 9장에서 자세히 소개할 것이다. 이번 장에서는 편미분방정식의 관점에서 설명하고자 한다. 그럼 Black-Scholes 편미분방정식을 유도하는 하는 방법에는 2가지 방법이 있다. 1번째는 옵션 가격을 구하기 위해서 경제학적 측면 구하는 방법과 확률미분방정식에서 Feymann-Kac 정리를 이용하여 편미분방정식을 구하는 방법이 있다.

6.1 Black-Scholes 편미분방정식

Black-Scholes 편미분 방정식(partial differential equation : PDE) [2]은 미국의 Fisher Black 교수와 Myron Scholes 교수에 의해 개발된 옵션 가격 결정 모형으로서 옵션 이론가격을 산출할 때 일부 수정된 모델이 현재 널리 이용되고 있다. 이 모델을 이용하면 기초자산가격(S), 행사가격(E), 잔존기간(T), 무위험이자율(r), 기초자산가격의 변동성(σ)의 값들로 콜옵션과 풋옵션의 이론가격을 직접 계산할 수 있다.

Fisher Black과 Myron Scholes는 확률미적분학을 사용하여 유러피언 옵션에 대한 공정가격을 결정하기 위한 편미분 방정식을 유도했다. 이러한 Black-Scholes 이론은 기본적으로 주식(위험자산)과 채권(무위험자산)으로 이뤄진 포트폴리오의 만기 가치가 '주식시장이 어떤 상황을 거치더라도' 정확히 옵션의 만기 payoff와 일치하도록 하는 트레이딩 전략을 구체적으로 제시하여 준다. 1970년 Black-Scholes 공식의 개발과 함께

1973년 개설된 시카고 옵션거래시장은 세계의 옵션시장을 크게 발전시키는 역사적 계기가 되었다.

옵션 이론가격를 구하기 위해서는 다음의 다섯 가지 변수를 반드시 알아야 한다.

(1) 기초자산 가격, S

(2) 행사가격, E

(3) 이자율, r

(4) 잔존기간, T

(5) 변동성, σ

위의 다섯 가지 변수를 정확히 알면, 블랙-숄즈(Black-Scholes) 모델이나 이항나무(Binomial tree) 모형 등의 옵션가격 결정 모델을 이용하여 옵션 이론가격을 쉽게 구할 수 있다. 옵션 이론가격을 구하는 공식은 위의 다섯 가지 변수로 구성된 함수이다.

Black-Scholes는 계산을 쉽게 하기 위해서 다음과 같은 몇 가지 가정을 했다.

- 잔존기간 동안 가격의 변동성과 무위험 이자율은 변하지 않는다.
- 거래비용과 세금은 일체 고려하지 않으며, 배당은 없는 것으로 본다.
- 기준물의 거래는 연속적으로 일어난다.

기초자산가격 S가 이또과정

$$dS = \mu S dt + \sigma S dX \tag{6.1}$$

를 따른다고 하자. 그렇다면, 이또렘마에서 기초자산가격 S와 시간 t에 의존하는 파생금융상품의 가격 $V(S,t)$의 미분 dV는 식 (5.22)에 의해

$$dV = \left(\frac{\partial V}{\partial S}\mu S + \frac{\partial V}{\partial t} + \frac{1}{2}\frac{\partial^2 V}{\partial S^2}\sigma^2 S^2 \right) dt + \frac{\partial V}{\partial S}\sigma S dX \tag{6.2}$$

를 따름을 알 수 있다. 여기서 가격 $V(S,t)$의 파생증권을 1단위 사고 기초자산가격 S의 $\frac{\partial V}{\partial S}$ 단위를 파는 다음의 포트폴리오를 만들어보자. 이 포트폴리오의 가치Π는

$$\Pi = V(S,t) - \frac{\partial V}{\partial S} S$$

로 된다. 따라서 dt 시간동안 포트폴리오의 변화량은

$$d\Pi = dV - \frac{\partial V}{\partial S} dS \tag{6.3}$$

이다. 여기서, $\frac{\partial V}{\partial S}$는 상수로 간주한다. 이 식의 dV와 dS에 각각 이또 의 보조정리 (6.2)와 이또 과정 (6.1)를 대입하면

$$
\begin{aligned}
d\Pi &= dV - \frac{\partial V}{\partial S}dS \\
&= \left(\frac{\partial V}{\partial S}\mu S + \frac{\partial V}{\partial t} + \frac{1}{2}\frac{\partial^2 V}{\partial S^2}\sigma^2 S^2\right)dt - \frac{\partial V}{\partial S}\sigma S dX \quad - \frac{\partial V}{\partial S}(\mu S dt + \sigma S dX) \\
&= \left(\frac{\partial V}{\partial t} + \frac{1}{2}\frac{\partial^2 V}{\partial S^2}\sigma^2 S^2\right)dt.
\end{aligned}
\tag{6.4}
$$

한편, 무위험 이자율을 r로 하면 dt 시간동안 포트폴리오의 변화량은

$$
d\Pi = r\left(V(S,t) - \frac{\partial V}{\partial S}S\right)dt \tag{6.5}
$$

가 성립되는 셈이다. 따라서, 두식 (6.4)과 (6.5)로 부터 Black–Scholes 미분방정식을 도출하게 된다.

정리 6.1.1 **(Black-Scholes 미분방정식)**

$$
\frac{\partial V(S,t)}{\partial t} = rV(S,t) - rS\frac{\partial V(S,t)}{\partial S} - \frac{\sigma^2 S^2}{2}\frac{\partial^2 V(S,t)}{\partial S^2}. \tag{6.6}
$$

여기에 옵션의 만기시점에서 지불되는 지불금액함수를 경계조건으로 하면 다음의 식 (6.7)을 만족하며, 그림 6.1을 따르게 된다.

$$
V(S,T) = \begin{cases} S - E & \text{if } S \geq E, \\ 0 & \text{if } S < E. \end{cases} \tag{6.7}
$$

식 (6.6)은 식 (6.7)의 만기조건을 가지는 Black–Scholes의 편미분 방정식이다.

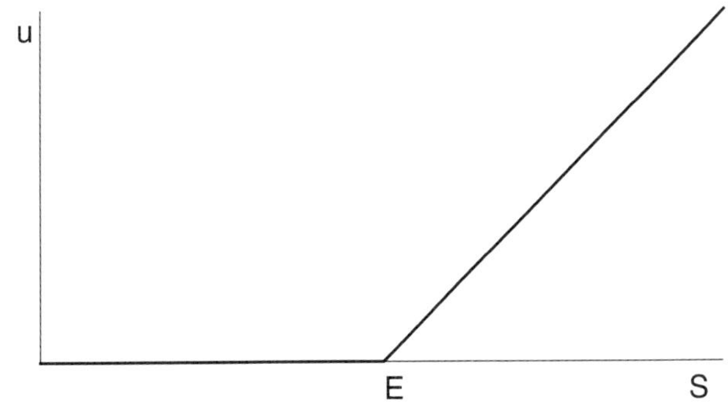

그림 6.1 옵션의 만기시 지불금액함수

6.1.1 Black-Scholes 편미분 방정식의 공식

이 절에서는 Black-Scholes 편미분 방정식의 해를 구한다.[1] 다음과 같은 형태의 상미분 방정식을 생각해 보자.

$$g(y)\frac{dy}{dx} = f(x). \tag{6.8}$$

위 식의 양변에 x에 관해서 적분을 수행하면 다음을 얻는다.

$$\int g(y)\frac{dy}{dx}dx = \int g(y)dy = \int f(x)dx + c. \tag{6.9}$$

이렇게 해서 상미분 방정식의 해를 구하는 방법을 변수분리법 (method of separating variables)이라 한다. 다음과 같은 예제 문제를 생각해보자.

$$\begin{aligned}
&y\frac{dy}{dx} + 3x = 0,\ y(0) = 10,\\
&\int y\frac{dy}{dx}dx = \int ydy = \int -3xdx + c,\\
&\frac{1}{2}y^2 = -\frac{3}{2}x^2 + c.
\end{aligned}$$

주어진 초기조건 $y(0) = 10$을 적용하면,

$$y^2 = -3x^2 + 100. \tag{6.10}$$

다음은 Fourier Transform에 대해서 알아보자.

$$f(x) = \frac{1}{\sqrt{2\pi}}\int_{-\infty}^{\infty}\left[\frac{1}{\sqrt{2\pi}}\int_{-\infty}^{\infty} f(v)e^{-iwv}dv\right]e^{iwx}dw. \tag{6.11}$$

여기서 괄호 안에 있는 w에 대한 함수를 $\hat{f}(w)$라 하고 함수 f의 Fourier Transform 이라고 한다.

$$\hat{f}(w) = \frac{1}{\sqrt{2\pi}}\int_{-\infty}^{\infty} f(v)e^{-iwv}dv. \tag{6.12}$$

$$f(x) = \frac{1}{\sqrt{2\pi}}\int_{-\infty}^{\infty} \hat{f}(w)e^{iwx}dw. \tag{6.13}$$

다음과 같은 예제 문제를 생각해보자.

예제 6.1.2 함수 $f(x)$ 가 다음과 같이 주어졌을때 f의 Fourier Transform을 구하시오.

$$f(x) = 1 \text{ if } |x| < 1 \text{ and } f(x) = 0 \text{ otherwise.} \tag{6.14}$$

---

1) 이 절에서 더 자세한 내용은 금융증권을 위한 블랙숄즈의 편미분 방정식(김완세 옮김)의 책을 참고하길 바란다.

풀이 식 (6.12)을 이용하여 적분하면, 다음 결과를 얻을 수 있다.

$$\hat{f}(w) = \frac{1}{\sqrt{2\pi}} \int_{-1}^{1} e^{-iwx} dx = \frac{1}{\sqrt{2\pi}} \cdot \left. \frac{e^{-iwx}}{-iw} \right|_{-1}^{1} = \frac{1}{-iw\sqrt{2\pi}} (e^{-iw} - e^{iw}).$$

$e^{iw} = \cos w + i \sin w$, $e^{-iw} = \cos w - i \sin w$ 의 성질을 이용하면,

$$e^{iw} - e^{-iw} = 2i \sin w.$$

을 만족하므로, 위의 식에 이를 대입하여 정리하면 다음의 해를 얻게 된다.

$$\hat{f}(w) = \sqrt{\frac{\pi}{2}} \frac{\sin w}{w}.$$

예제 6.1.3 다음 함수 $f(x)$의 Fourier 변환 $\mathcal{F}(e^{-ax})$을 구하시오. (단, $a > 0$이다.)

$$f(x) = e^{-ax} \text{ if } x > 0 \text{ and } f(x) = 0 \text{ if } x < 0. \tag{6.15}$$

풀이 식 (6.12)의 정의에 따라 적분하여 정리하면,

$$\mathcal{F}(e^{-ax}) = \frac{1}{\sqrt{2\pi}} \int_{0}^{\infty} e^{-ax} e^{-iwx} dx = \frac{1}{\sqrt{2\pi}} \left. \frac{e^{-(a+iw)x}}{-(a+iw)} \right|_{x=0}^{\infty} = \frac{1}{\sqrt{2\pi}(a+iw)}.$$

우선 방정식을 열 방정식(heat equation) 형태로 전환하고 해를 구한 후 다시 치환을 통해서 원래 방정식인 Black-Scholes 편미분방정식의 해를 구한다. Black-Scholes 편미분방정식 (6.6)에 대해서 두 개의 변수 x와 τ를 도입하자

보조정리 6.1.4 **(1번째 변수변환)**

$$x = \log \frac{S}{E} + \left(r - \frac{\sigma^2}{2} \right) (T - t) \tag{6.16}$$

$$\tau = T - t \tag{6.17}$$

2개의 변수 x와 τ를 사용하여, $V(S,t)$를 다음과 같이 표현하자.

$$V(S,t) = e^{-r\tau} u(x,\tau),$$

여기서 함수 $V(S,t)$를 이와 같이 표현하면 블랙 숄즈의 편미분방정식을 매우 간단한 편미분방정식으로 고쳐 쓸 수 있게 된다. $V_S(S,t)$, $V_{SS}(S,t)$, $V_t(S,t)$를 각각 계산하여 보자. 연쇄법칙(chain rule)을 사용하여

$$V_S(S,t) = V_x(S,t)x_S + V_\tau(S,t)\tau_S = \frac{\partial}{\partial x} \left(e^{-r\tau} u(x,\tau) \right) x_S = e^{-r\tau} u_x(x,\tau) S^{-1}.$$

$$
\begin{aligned}
V_{SS}(S,t) &= \frac{\partial}{\partial S}\left(e^{-r\tau}u_x(x,\tau)S^{-1}\right) = e^{-r\tau}\left(u_{Sx}(x,\tau)S^{-1} - u_x(x,\tau)S^{-2}\right) \\
&= \frac{e^{-r\tau}}{S^2}\left(u_{Sx}(x,\tau)S - u_x(x,\tau)\right) \\
&= \frac{e^{-r\tau}}{S^2}\left(\left[u_{xx}(x,\tau)x_S + u_{\tau x}(x,\tau)\tau_S\right]S - u_x(x,\tau)\right) \\
&= \frac{e^{-r\tau}}{S^2}\left(u_{xx}(x,\tau) - u_x(x,\tau)\right).
\end{aligned}
$$

$$
\begin{aligned}
V_t(S,t) &= V_x(S,t)x_t + V_\tau(S,t)\tau_t = \frac{\partial}{\partial x}\left(e^{-r\tau}u(x,\tau)\right)x_t - \frac{\partial}{\partial \tau}\left(e^{-r\tau}u(x,\tau)\right) \\
&= e^{-r\tau}u_x(x,\tau)\frac{\partial}{\partial t}\left(\log\frac{S}{E} + (r - \frac{\sigma^2}{2})(T-t)\right) - \frac{\partial}{\partial \tau}\left(e^{-r\tau}u(x,\tau)\right) \\
&= e^{-r\tau}u_x(x,\tau)(\frac{\sigma^2}{2} - r) - \left(-re^{-r\tau}u(x,\tau) + e^{-r\tau}u_\tau(x,\tau)\right) \\
&= e^{-r\tau}\left((\frac{\sigma^2}{2} - r)u_x(x,\tau) + ru(x,\tau) - u_\tau(x,\tau)\right).
\end{aligned}
$$

위 계산결과를 Black-Scholes 편미분방정식 (6.6) 에 대입해보면, 다음과 같이 열방정식 형태로 나타낼 수 있다.

$$
u_\tau(x,\tau) = \frac{\sigma^2}{2}u_{xx}(x,\tau). \tag{6.18}
$$

여기서, $x = \log\frac{S}{E} + (r - \frac{\sigma^2}{2})(T-t)$ 에 $t = T$ 를 대입하면, $x = \log\frac{S}{E}$ 그러므로 $S = Ee^x$ 이 된다. 따라서, 경계조건 (6.7) 에 $t = T$ 를 대입하면

$$
u(x,0) = \begin{cases} V(Ee^x, T) = E(e^x - 1) & \text{if } x \geq 0 \\ V(Ee^x, T) = 0 & \text{if } x < 0 \end{cases} \tag{6.19}
$$

로 변한다. 이제 Fourier 변환을 사용하여 식(6.18)을 풀고자 한다. 열방정식 형태인 식(6.18)를 만족하는 함수 $u(x,\tau)$의 변수 x에 대한 Fourier 변환은 다음과 같다.

$$
\widehat{u}(\lambda,\tau) = \frac{1}{\sqrt{2\pi}}\int_{-\infty}^{\infty} u(x,\tau)e^{-i\lambda x}dx. \tag{6.20}
$$

또한, 이계편도함수 u_{xx}의 Fourier 변환은 부분적분을 두 번 반복 적용하면 다음과 같다.

$$
\frac{1}{\sqrt{2\pi}}\int_{-\infty}^{\infty} u_{xx}(x,\tau)e^{-i\lambda x}dx = (i\lambda)^2\widehat{u}(\lambda,\tau) = -\lambda^2\widehat{u}(\lambda,\tau). \tag{6.21}
$$

식 (6.20)로부터 다음 식이 성립함을 알 수 있다.

$$
\begin{aligned}
\frac{\partial\widehat{u}(\lambda,\tau)}{\partial\tau} &= \frac{1}{\sqrt{2\pi}}\int_{-\infty}^{\infty} u_\tau(x,\tau)e^{-i\lambda x}dx = \frac{\sigma^2}{2}\frac{1}{\sqrt{2\pi}}\int_{-\infty}^{\infty} u_{xx}(x,\tau)e^{-i\lambda x}dx \\
&= -\frac{\sigma^2\lambda^2}{2}\widehat{u}(\lambda,\tau).
\end{aligned} \tag{6.22}
$$

식 (6.22)로부터 다음 식이 성립한다.

$$\frac{\partial \widehat{u}(\lambda,\tau)}{\partial \tau} + \frac{\sigma^2\lambda^2}{2}\widehat{u}(\lambda,\tau) = 0. \tag{6.23}$$

식 (6.23)은 $\widehat{u}(\lambda,\tau)$의 τ에 관한 상미분 방정식이다. 식 (6.23)은 분리가능 방정식이라고도 하며, 이는 다음과 같이 나타낼 수 있다.

$$\frac{1}{\widehat{u}(\lambda,\tau)}\partial\widehat{u}(\lambda,\tau) + \frac{\sigma^2\lambda^2}{2}\partial\tau = 0.$$

c를 임의의 상수라 하고, 이제 위 식을 적분하면 다음의 식을 얻게 된다.

$$\begin{aligned}\int \frac{1}{\widehat{u}(\lambda,\tau)}\partial\widehat{u}(\lambda,\tau) + \int \frac{\sigma^2\lambda^2}{2}\partial\tau &= 0,\\ \ln\widehat{u}(\lambda,\tau) + \frac{\sigma^2\lambda^2}{2}\tau &= c,\\ \widehat{u}(\lambda,\tau) &= e^{-\frac{\sigma^2\lambda^2}{2}\tau+c}.\end{aligned}$$

적분상수 c의 계산을 위해 초기조건을 적용해보자. 먼저, 초기조건 $u(x,0)=g(x)$을 $\widehat{u}$의 초기조건으로 바꿀 수 있다.

$$\widehat{u}(\lambda,0) = \widehat{g}(\lambda) = \frac{1}{\sqrt{2\pi}}\int_{-\infty}^{\infty} g(x)e^{-i\lambda x}\,dx. \tag{6.24}$$

초기조건 (6.24)를 만족하는 상미분 방정식 (6.23)의 해가 다음과 같음을 쉽게 알 수 있다.

$$\widehat{u}(\lambda,\tau) = \widehat{g}(\lambda)e^{-\frac{\sigma^2\lambda^2\tau}{2}}. \tag{6.25}$$

식 (6.25)에 역 Fourier 변환을 적용해서 $u(x,\tau)$의 해를 구할 수 있다.

$$\begin{aligned}u(x,\tau) &= \frac{1}{\sqrt{2\pi}}\int_{-\infty}^{\infty}\widehat{u}(\lambda,\tau)e^{i\lambda x}\,d\lambda = \frac{1}{\sqrt{2\pi}}\int_{-\infty}^{\infty}\widehat{g}(\lambda)e^{i\lambda x-\frac{\sigma^2\lambda^2\tau}{2}}\,d\lambda\\ &= \frac{1}{\sqrt{2\pi}}\int_{-\infty}^{\infty}\left[\frac{1}{\sqrt{2\pi}}\int_{-\infty}^{\infty}g(y)e^{-i\lambda y}\,dy\right]e^{i\lambda x-\frac{\sigma^2\lambda^2\tau}{2}}\,d\lambda\\ &= \frac{1}{2\pi}\int_{-\infty}^{\infty}g(y)\left[\int_{-\infty}^{\infty}e^{-i\lambda(x-y)-\frac{\sigma^2\lambda^2\tau}{2}}\,d\lambda\right]dy. \end{aligned}\tag{6.26}$$

여기서 첫 번째 등호는 역 Fourier 변환에 의해서 두 번째 등호는 식 (6.25)에 의해서 성립한다. 식 (6.26)의 우변의 적분을 계산하기 위해서 다음 변수를 정의하자.

$$\begin{aligned}I(\alpha) &= \int_{-\infty}^{\infty}e^{-\frac{\sigma^2\lambda^2\tau}{2}}e^{-i\lambda\alpha}\,d\lambda = \int_{-\infty}^{\infty}e^{-\frac{\sigma^2\lambda^2\tau}{2}}\left(\cos(\alpha\lambda) - i\sin(\alpha\lambda)\right)\,d\lambda\\ &= \int_{-\infty}^{\infty}e^{-\frac{\sigma^2\lambda^2\tau}{2}}\cos(\alpha\lambda)\,d\lambda = 2\int_{0}^{\infty}e^{-\frac{\sigma^2\lambda^2\tau}{2}}\cos(\lambda\alpha)\,d\lambda.\end{aligned}\tag{6.27}$$

기함수와 우함수의 성질을 이용하여 위의 식 (6.27)으로 정리할 수 있다. 이제 다음 식들이 성립함을 쉽게 알 수 있다.

$$\frac{dI(\alpha)}{d\alpha} = -2\int_{0}^{\infty}\lambda e^{-\frac{\sigma^2\lambda^2\tau}{2}}\sin(\lambda\alpha)\,d\lambda$$

$$= \left[\sin(\lambda\alpha)\frac{2e^{-\frac{\sigma^2\lambda^2\tau}{2}}}{\sigma^2\tau}\right]_0^\infty - \frac{2\alpha}{\sigma^2\tau}\int_0^\infty e^{-\frac{\sigma^2\lambda^2\tau}{2}}\cos(\lambda\alpha)\,d\lambda. \tag{6.28}$$

식 (6.27)과 식 (6.28)에 의해서 다음 식이 성립한다.

$$\frac{dI(\alpha)}{d\alpha} = -\frac{\alpha}{\sigma^2\tau}I(\alpha). \tag{6.29}$$

상미분 방정식 (6.29)의 해는 다음과 같다.

$$I(\alpha) = I(0)\exp\left(-\frac{\alpha^2}{2\sigma^2\tau}\right). \tag{6.30}$$

또한 다음 식이 성립함을 알 수 있다.

$$I(0) = 2\int_0^\infty e^{-\frac{\sigma^2\lambda^2\tau}{2}}\,d\lambda = \sqrt{\frac{2\pi}{\sigma^2\tau}}. \tag{6.31}$$

식 (6.30)과 식 (6.31)에 의해서 다음 식이 성립한다.

$$I(\alpha) = \sqrt{\frac{2\pi}{\sigma^2\tau}}\exp\left(-\frac{\alpha^2}{2\sigma^2\tau}\right). \tag{6.32}$$

식 (6.26), 식 (6.27)와 식 (6.32)에 의해서 다음 식이 성립한다.

$$\begin{aligned} u(x,\tau) &= \frac{1}{2\pi}\int_{-\infty}^\infty g(y)I(x-y)\,dy \\ &= \int_{-\infty}^\infty g(y)\frac{1}{\sqrt{2\pi\sigma^2\tau}}\exp\left(-\frac{(x-y)^2}{2\sigma^2\tau}\right)dy. \end{aligned} \tag{6.33}$$

여기서 다음의 두 번째 변수변환을 하자.

보조정리 6.1.5 **(2번째 변수변환)**

$$v = \frac{y-x}{\sigma\sqrt{\tau}} \to y = x + \sigma\sqrt{\tau}v \tag{6.34}$$

이 때 경계조건은 다음과 같이 쓸 수 있다.

$$g(y) = g(x+\sigma\sqrt{\tau}v) = \begin{cases} E(e^{x+\sigma\sqrt{\tau}v}-1) & \text{if } v \geq \frac{-x}{\sigma\sqrt{\tau}}, \\ 0 & \text{else.} \end{cases}$$

2번째 변수변환을 하게 되면,

$$u(x,\tau) = \frac{1}{\sqrt{2\pi}}\int_{-\infty}^\infty g(y)e^{-\frac{v^2}{2}}\,dv.$$

$g(y)$ 의 경계조건에 따라 $v < -\frac{x}{\sigma\sqrt{\tau}}$ 인 부분의 적분 값들은 모두 0의 값을 갖게 되므로, $v \geq \frac{-x}{\sigma\sqrt{\tau}}$ 의 부분의 적분 값만 생각하면 된다. $g(y)$ 의 경계조건에 주목하면,

$$\begin{aligned} u(x,\tau) &= \frac{1}{\sqrt{2\pi}}\int_{-\frac{x}{\sigma\sqrt{\tau}}}^{+\infty} g(y)e^{-\frac{v^2}{2}}dv = \frac{1}{\sqrt{2\pi}}\int_{-\frac{x}{\sigma\sqrt{\tau}}}^{+\infty}(Ee^{x+\sigma\sqrt{\tau}v}-E)e^{-\frac{v^2}{2}}dv \\ &= \frac{1}{\sqrt{2\pi}}\int_{-\frac{x}{\sigma\sqrt{\tau}}}^{+\infty} Ee^{x+\sigma\sqrt{\tau}v}e^{-\frac{v^2}{2}}dv - \frac{1}{\sqrt{2\pi}}\int_{-\frac{x}{\sigma\sqrt{\tau}}}^{+\infty} Ee^{-\frac{v^2}{2}}dv. \end{aligned} \tag{6.35}$$

첫 번째 변수변환 (6.17)에 의해 식 (6.35)의 첫 번째 항은 다음을 만족한다.

$$\begin{aligned} u(x,\tau) &= \frac{1}{\sqrt{2\pi}}\int_{-\frac{x}{\sigma\sqrt{\tau}}}^{+\infty} Se^{r\tau-\frac{\sigma^2}{2}\tau}e^{\sigma\sqrt{\tau}v}e^{-\frac{v^2}{2}}dv - \frac{1}{\sqrt{2\pi}}\int_{-\frac{x}{\sigma\sqrt{\tau}}}^{+\infty} Ee^{-\frac{v^2}{2}}dv \\ &= \frac{Se^{r\tau}}{\sqrt{2\pi}}\int_{-\frac{x}{\sigma\sqrt{\tau}}}^{+\infty} e^{-\frac{1}{2}(v-\sigma\sqrt{\tau})^2}dv - \frac{1}{\sqrt{2\pi}}\int_{-\frac{x}{\sigma\sqrt{\tau}}}^{+\infty} Ee^{-\frac{v^2}{2}}dv. \end{aligned} \tag{6.36}$$

여기서 $z = v - \sigma\sqrt{\tau}$ 로 변수변환을 하게 되면,

$$\begin{aligned} u(x,\tau) &= Se^{r\tau}\frac{1}{\sqrt{2\pi}}\int_{-\frac{x}{\sigma\sqrt{\tau}}-\sigma\sqrt{\tau}}^{+\infty} e^{-\frac{z^2}{2}}dz - \frac{1}{\sqrt{2\pi}}\int_{-\frac{x}{\sigma\sqrt{\tau}}}^{+\infty} Ee^{-\frac{v^2}{2}}dv \\ &= Se^{r\tau}N\left(\frac{x}{\sigma\sqrt{\tau}}+\sigma\sqrt{\tau}\right) - EN\left(\frac{x}{\sigma\sqrt{\tau}}\right), \end{aligned} \tag{6.37}$$

여기서 $N(x)$ 는 누적표준정규분포함수 (the cumulative standard normal distribution function)를 뜻하며 다음 식을 만족한다.

$$N(x) = \frac{1}{\sqrt{2\pi}}\int_{-\infty}^{x} e^{-\frac{z^2}{2}}dz.$$

이제 마지막으로, Black-Scholes 편미분방정식의 해에 대입하면,

$$V(S,t) = e^{-r\tau}u(x,\tau) = SN\left(\frac{x}{\sigma\sqrt{\tau}}+\sigma\sqrt{\tau}\right) - Ee^{-r\tau}N\left(\frac{x}{\sigma\sqrt{\tau}}\right).$$

정리 6.1.6 **(Black-Scholes 편미분방정식의 공식)**

$$\begin{aligned} V(S,t) &= SN\left(\frac{x}{\sigma\sqrt{\tau}}+\sigma\sqrt{\tau}\right) - Ee^{-r\tau}N\left(\frac{x}{\sigma\sqrt{\tau}}\right), \\ x &= \log\frac{S}{E} + (r-\frac{\sigma^2}{2})(T-t), \\ \tau &= T-t. \end{aligned}$$

다음의 예제를 풀어보자.

예제 6.1.7 다음 유러피언 (European) 콜옵션의 가격을 구하는 MATLAB 코드를 작성하시오.

현재의 주가지수 S = 240 포인트

권리행사가격 E =250 포인트

옵션의 기간 = 2개월

주가변동 σ=38%

무위험이자율 r=6%

풀이 MATLAB 코드

MATLAB

```
% eurocall.m
S=240; E=250; T=2/12; sigma=0.38; r=0.06;
d1 = (log(S/E) + (r+ 0.5*sigma^2)*T)/(sigma*sqrt(T));
d2 = d1 -(sigma*sqrt(T));
CallPrice = S * normcdf(d1) - E * exp(-r * T)*normcdf(d2)
```

위의 MATLAB 코드 `eurocall.m`을 실행하면 다음의 결과를 얻는다.

MATLAB

```
>> eurocall
CallPrice =11.6105
```

풀이 C++ 코드

C++

```
#include<iostream>
#include<math.h>
using namespace std;
#define PI 4.0*atan(1.0)
double normcdf(double X)
{
    double L, K, value;
    double const a1 = 0.31938153, a2 = -0.356563782, a3 = 1.781477937,
            a4 = -1.821255978, a5 = 1.330274429;
    L = fabs(X);
    K = 1.0/(1.0+0.2316419*L);
    value = 1.0-1.0/sqrt(2.0*PI)*exp(-0.5*L*L)*
            (a1*K+a2*K*K+a3*pow(K,3)+a4*pow(K,4)+a5*pow(K,5));
    if (X<0){
        value=1.0-value;
    }
    return value;
}
class eurocall
{
public:
```

```
    enum enumEC{E=1, T, SIGMA, R, S};
    eurocall(double nS, double nE, double nT, double nSigma, double nR)
    {m_nS=nS; m_nE=nE; m_nT=nT; m_nSigma=nSigma; m_nR=nR;}
    template <typename V>
            void SetData(V nData, int nType);
    double GetEData(void) { return m_nE; }
    double GetTData(void) { return m_nT; }
    double GetSigmaData(void) { return m_nSigma; }
    double GetRData(void) { return m_nR; }
    double GetSData(void) { return m_nS; }
    void ViewData(eurocall &obj);
    double GetOptionPrice(double nS, double nE, double nT, double nSigma,
                                        double nR);
private:
    double m_nE, m_nT, m_nSigma, m_nR, m_nS;
};
template <typename V>   void eurocall::SetData(V nData, int nType)
{
    switch(nType)
    {
        case E: m_nE=nData; break;
        case T: m_nT=nData; break;
        case SIGMA: m_nSigma=nData; break;
        case R: m_nR=nData; break;
        case S: m_nS=nData; break;
        default: cout<<"Check!!"<<endl; break;
    }
}
double eurocall::GetOptionPrice(double nS, double nE, double nT, double nSigma,
                                                double nR)
{
    double d1,d2,CP;
    d1=(log(nS / nE) + (nR + 0.5 * pow(nSigma, 2)) * nT)/(nSigma * sqrt(nT));
    d2=d1 - (nSigma * sqrt(nT));
    CP=nS * normcdf(d1) - nE * exp(-nR * nT) * normcdf(d2);
    return CP;
}
void eurocall::ViewData(eurocall &obj)
{
    cout <<"S : " << obj.GetSData() <<endl;
    cout <<"E : " << obj.GetEData() <<endl;
    cout <<"T : " << obj.GetTData() <<endl;
    cout <<"Sigma : " << obj.GetSigmaData() <<endl;
    cout <<"R : " << obj.GetRData() <<endl;
}
int main()
{
    eurocall euro(240,250,2.0/12,0.38,0.06);
    double callPrice = euro.GetOptionPrice(euro.GetSData(), euro.GetEData(),
                    euro.GetTData(), euro.GetSigmaData(), euro.GetRData());
    euro.ViewData(euro);
    cout << "Call Price : " << callPrice << endl;
    cout << "*****************" << endl;
    euro.SetData(300, eurocall::S);
    euro.SetData(0.1, eurocall::R);
    callPrice = euro.GetOptionPrice(euro.GetSData(), euro.GetEData(),
```

```
                    euro.GetTData(), euro.GetSigmaData(), euro.GetRData());
    euro.ViewData(euro);
    cout << "Call Price : " << callPrice << endl;
    return 0;
}
```

위의 C++ 코드 eurocall.cpp을 실행하면 다음의 결과를 얻는다.

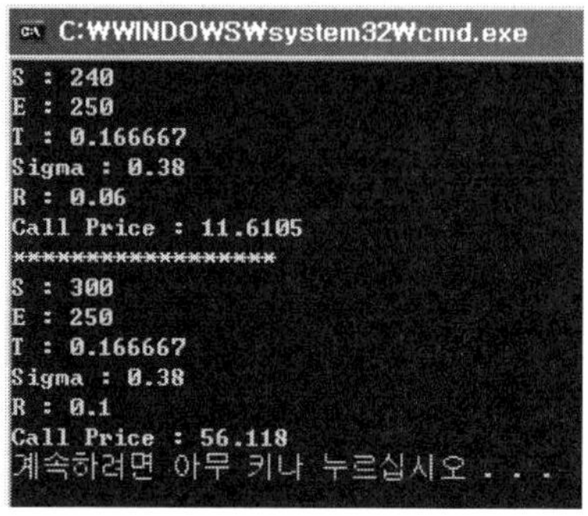

그림 6.2 vector 선언 실행 결과

6.1.2 옵션가격의 성질

위에서 언급하였지만 옵션가격은 다섯 가지의 변수에 대한 함수이다. 이 절에서는 이 변수들이 각각 옵션가격에 어떠한 영향을 미치는지 확인해보도록 하자.

위의 예제를 이용하여 기초자산가격(underlying asset;S) 이외의 다른 네 개의 변수는 동일한 값을 가지고 있다고 가정할 때, 옵션가격은 S에 대하여 증가함수가 된다. 다시 말하면 기초자산의 가격이 증가할수록 옵션가격은 증가하게 된다. option_s.m는 기초자산가격에 따른 옵션가격을 구하는 MATLAB 코드이다.

MATLAB

```
% option_s.m
clear; clf; S=linspace(0,400,50); E=250; sigma=0.38; r=0.06; T=2/12;
d1 = (log(S/E) + (r+ 0.5*sigma^2)*T)/(sigma*sqrt(T));
d2 = d1 -(sigma*sqrt(T));
CP = S.* normcdf(d1) - E * exp(-r * T)*normcdf(d2);
plot(S, CP,'k*-')
xlabel('S','fontsize',20), ylabel('V','fontsize',20,'rotation',0)
set(gca,'fontsize',20)
```

우측 그림은 위 코드에 의한 결과로 얻어진 그림 6.3에서 좌측 그림을 확대한 것이다.

option_s.cpp는 기초자산가격에 따른 옵션가격을 구하는 C++ 코드이다.

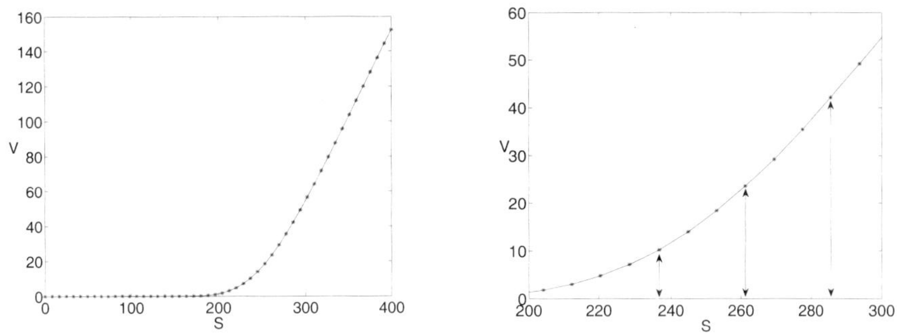

그림 6.3 기초자산가격(S)에 따른 옵션가격의 변화

C++

```
//  option_s.cpp
#include<iostream>
#include<cmath>
#include<vector>
#include<fstream>
#include<iomanip>
using namespace std;
#define PI 4.0*atan(1.0)
double normcdf(double X)
{
    double L, K, value;
    double const a1 = 0.31938153, a2 = -0.356563782, a3 = 1.781477937,
            a4 = -1.821255978, a5 = 1.330274429;
    L = fabs(X);
    K = 1.0/(1.0+0.2316419*L);
    value = 1.0-1.0/sqrt(2.0*PI)*exp(-0.5*L*L)*
            (a1*K+a2*K*K+a3*pow(K,3)+a4*pow(K,4)+a5*pow(K,5));
    if (X<0){
        value=1.0-value;
    }
    return value;
}
vector<double> linspace(double START, double  END, int STEP)
{ vector<double> d;
    double h = (END - START)/(STEP-1.0);
    for (int i=0; i<STEP; i++) d.push_back(START+h*i);
    return d;}
class option_s
{public:
  option_s(double nS, double nE, double nT, double nSigma, double nR, int nSTEP)
  { m_S=nS; m_E=nE; m_T=nT; m_Sigma=nSigma; m_R=nR; m_STEP=nSTEP;}
  void GetOptionPrice(int nType);
  void WriteData(vector<double> X,vector<double> CP, int nType);
private:
    int m_STEP;
    double m_Sigma,m_T,m_R,m_E,m_S;
};
void option_s::WriteData(vector<double> X,vector<double> CP,int nType)
{ ofstream output;
```

```
    output.open("option_s_S_Data.dat");
    output<<fixed<<setprecision(6);
    for (unsigned int i=0;i<X.size();i++){output<<setw(12)<<showpoint<<X[i];}
    output.close();
    output.open("option_s_CP_Data.dat",nType);
    for (unsigned int i=0;i<CP.size();i++)
    {output<<setw(12)<<showpoint<<CP[i];}
    output<<endl;
    output.close();}
void option_s::GetOptionPrice(int nType)
{ vector<double> X = linspace(0.0, m_S, m_STEP),d1(X.size()), d2(X.size()),
                                                       CP(X.size());
    for (unsigned int i=0; i<X.size(); i++) {
      d1[i]=(log(X[i]/m_E)+(m_R+0.5*pow(m_Sigma,2.0))*m_T)/(m_Sigma*sqrt(m_T));
      d2[i]=d1[i]-m_Sigma*sqrt(m_T);
      CP[i]=X[i]*normcdf(d1[i])-m_E*exp(-m_R*m_T)*normcdf(d2[i]);}
    WriteData(X,CP,nType);}
int main()
{
    option_s s1(400,250,2.0/12,0.38,0.06,50);
    s1.GetOptionPrice(ios::out);
}
```

option_s_S_Data.dat와 option _s_CP_Data.dat 두 개의 파일이 option_s.cpp의 결과로 컴파일한 프로젝트가 있는 폴더 안에 생성된다. 지금의 파일들은 데이터 파일의 형태이므로 눈으로 확인 하는 것이 쉽지 않다. 지금의 데이터 파일을 MATLAB을 통하여 그래프로 표현할수 있는 m-파일을 제시 한다. 이하 책에 쓰여진 C++코드가 데이터 파일을 생성하는 경우 그에 따르는 파일은 데이터 파일을 plot하는 m-파일이다.

MATLAB

```
% option_sc.m
clear all; clc; clf;
S=linspace(0,400,50); E=250; sigma=0.38; r=0.06; T=2/12;
d1=(log(S/E)+(r+0.5*sigma^2)*T)/(sigma*sqrt(T));
d2=d1-(sigma*sqrt(T));
CP=S.*normcdf(d1)-E*exp(-r*T)*normcdf(d2);
plot(S, CP,'k*-')
xlabel('S','fontsize',20);
ylabel('V','fontsize',20,'rotation',0);
set(gca,'fontsize',20)
```

option_sc.m에 의한 결과로 그림 6.3을 얻는다.

행사가격(strike price;E)에 따라 옵션가치의 변화를 다음의 그림 6.4를 통해 확인해 보자. 먼저, option_ex.m는 행사가격에 따른 옵션가격을 구하는 MATLAB 코드이다.

MATLAB

```
% option_ex.m
clear all; clc; clf; S = linspace(0,400,50); T = 2/12;
sigma = 0.38; r = 0.06; E = [200 250 300];
for i = 1:3
    d1 = (log(S/E(i)) + (r+ 0.5*sigma^2)*T)/(sigma*sqrt(T));
    d2 = d1 -(sigma*sqrt(T));
    CP(:,i) = S.* normcdf(d1) - E(i)*exp(-r*T)*normcdf(d2);
end
plot(S,CP(:,1),'k*-',S, CP(:,2),'ko-',S,CP(:,3),'k^-')
legend('E = 200','E = 250','E = 300',2)
xlabel('S','fontsize',20), ylabel('V','fontsize',20,'rotation',0)
set(gca,'fontsize',20)
```

위의 코드를 실행시켜보면 다음의 결과를 얻을 수 있다. 행사가격을 제외한 모든 변수

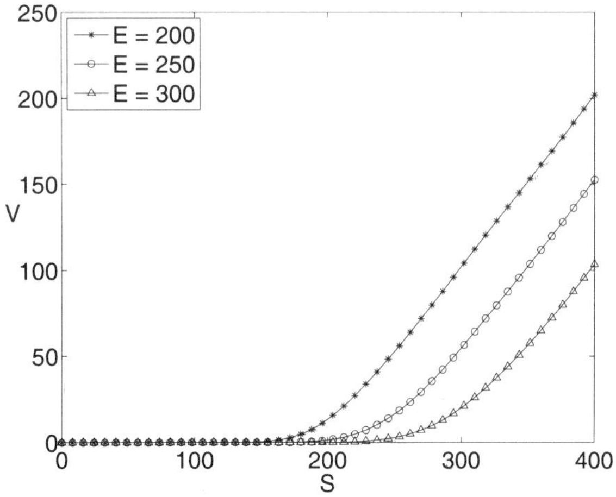

그림 6.4 행사가격(E)에 따른 옵션가격의 변화

들을 고정하였을 경우 E가 증가할수록 옵션가격은 감소하게 된다.

아래에 있는 option_ex.cpp는 행사가격에 따른 옵션가격을 구하는 C++ 코드이다.

C++

```
//  option_ex.cpp
#include<iostream>
#include<cmath>
#include<vector>
#include<fstream>
#include<iomanip>
using namespace std;
#define PI 4.0*atan(1.0)
double normcdf(double X)
```

```
{
    double L, K, value;
    double const a1 = 0.31938153, a2 = -0.356563782, a3 = 1.781477937,
            a4 = -1.821255978, a5 = 1.330274429;
    L = fabs(X);
    K = 1.0/(1.0+0.2316419*L);
    value = 1.0-1.0/sqrt(2.0*PI)*exp(-0.5*L*L)*
            (a1*K+a2*K*K+a3*pow(K,3)+a4*pow(K,4)+a5*pow(K,5));
    if (X<0){
        value=1.0-value;
    }
    return value;
}
vector<double> linspace(double START, double  END, int STEP)
{ vector<double> d;
    double h = (END - START)/(STEP-1.0);
    for (int i=0; i<STEP; i++) d.push_back(START+h*i);
    return d;}
class option_ex
{public:
     option_ex(double nS, double nE, double nT, double nSigma, double nR,
               int nSTEP)
     {m_S=nS; m_E=nE; m_T=nT; m_Sigma=nSigma; m_R=nR; m_STEP=nSTEP;}
     void GetOptionPrice(int nType);
     void WriteData(vector<double> X,vector<double> CP,int nType);
private:
    int m_STEP;
    double m_Sigma,m_T,m_R,m_E,m_S;
};
void option_ex::WriteData(vector<double> X,vector<double> CP,int nType)
{ ofstream output;
    output.open("option_ex_S_Data.dat");
    output<<fixed<<setprecision(6);
    for (unsigned int i=0;i<X.size();i++){output<<setw(12)<<showpoint<<X[i];}
    output.close();
    output.open("option_ex_CP_Data.dat",nType);
    for (unsigned int i=0;i<CP.size();i++)
    {output<<setw(12)<<showpoint<<CP[i];}
    output<<endl;
    output.close();}
void option_ex::GetOptionPrice(int nType)
{ vector<double> X = linspace(0.0, m_S, m_STEP),d1(X.size()), d2(X.size()),
                                                CP(X.size());
    for (unsigned int i=0; i<X.size(); i++) {
     d1[i]=(log(X[i]/m_E)+(m_R+0.5*pow(m_Sigma,2.0))*m_T)/(m_Sigma*sqrt(m_T));
     d2[i]=d1[i]-m_Sigma*sqrt(m_T);
     CP[i]=X[i]*normcdf(d1[i])-m_E*exp(-m_R*m_T)*normcdf(d2[i]);}
    WriteData(X,CP,nType);}

int main()
{ option_ex ex1(400.0,200.0,2.0/12,0.38,0.06,50);
    option_ex ex2(400.0,250.0,2.0/12,0.38,0.06,50);
    option_ex ex3(400.0,300.0,2.0/12,0.38,0.06,50);
    ex1.GetOptionPrice(ios::out);
    ex2.GetOptionPrice(ios::app);
    ex3.GetOptionPrice(ios::app);}
```

다음은 생성된 데이터 파일을 읽는 m-파일이다.

MATLAB

```
% option_ex.m
clear all; clc; clf; S = linspace(0,400,50); T = 2/12;
sigma = 0.38; r = 0.06; E = [200 250 300];
for i = 1:3
    d1 = (log(S/E(i)) + (r+ 0.5*sigma^2)*T)/(sigma*sqrt(T));
    d2 = d1 -(sigma*sqrt(T));
    CP(:,i) = S.* normcdf(d1) - E(i)*exp(-r*T)*normcdf(d2);
end
plot(S,CP(:,1),'k*-',S, CP(:,2),'ko-',S,CP(:,3),'k^-')
legend('E = 200','E = 250','E = 300',2)
xlabel('S','fontsize',20); ylabel('V','fontsize',20,'rotation',0)
set(gca,'fontsize',20)
```

위의 코드를 실행시켜보면 그림 6.4와 같은 결과를 얻을 수 있다.

그림 6.5에서 볼 수 있듯이 옵션가격은 이자율(interest rate; r)에 대한 증가함수로서 r이 증가할수록 옵션가격도 증가하게 된다. `option_r.m`는 이자율에 따른 옵션가격을 구하는 MATLAB 코드로서 그림 6.5을 얻을 수 있다.

MATLAB

```
% option_r.m
clear; clf; S = linspace(0,400,50); E = 250; T = 2/12;
sigma = 0.38; r = [0.00 0.20 0.40];
for i = 1:3
    d1 = (log(S/E) + (r(i)+ 0.5*sigma^2)*T)/(sigma*sqrt(T));
    d2 = d1 -(sigma*sqrt(T));
    CP(:,i) = S.* normcdf(d1) - E * exp(-r(i) * T)*normcdf(d2);
end
plot(S,CP(:,1),'k*-',S, CP(:,2),'ko-',S,CP(:,3),'k^-')
legend('r = 0.00','r = 0.20','r = 0.40',2)
xlabel('S','fontsize',20), ylabel('V','fontsize',20,'rotation',0)
set(gca,'fontsize',20)
```

`option_r.cpp`는 이자율에 따른 옵션가격을 구하는 C++ 코드이다.

C++

```
//  option_r.cpp
#include<iostream>
#include<cmath>
#include<vector>
#include<fstream>
#include<iomanip>
```

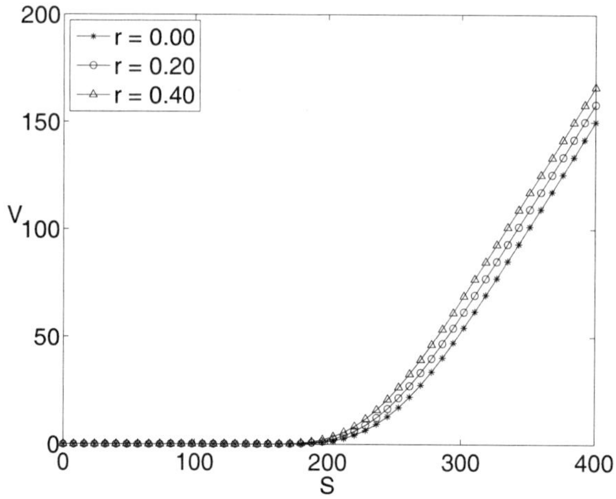

그림 6.5 이자율(r)에 따른 옵션가격의 변화

```
using namespace std;
#define PI 4.0*atan(1.0)
double normcdf(double X)
{
    double L, K, value;
    double const a1 = 0.31938153, a2 = -0.356563782, a3 = 1.781477937,
            a4 = -1.821255978, a5 = 1.330274429;
    L = fabs(X);
    K = 1.0/(1.0+0.2316419*L);
    value = 1.0-1.0/sqrt(2.0*PI)*exp(-0.5*L*L)*
            (a1*K+a2*K*K+a3*pow(K,3)+a4*pow(K,4)+a5*pow(K,5));
    if (X<0){
        value=1.0-value;
    }
    return value;
}
vector<double> linspace(double START, double  END, int STEP)
{ vector<double> d;
    double h = (END - START)/(STEP-1.0);
    for (int i=0; i<STEP; i++) d.push_back(START+h*i);
    return d;}
class option_r
{public:
      option_r(double nS, double nE, double nT, double nSigma, double nR,
            int nSTEP)
     {m_S=nS; m_E=nE; m_T=nT; m_Sigma=nSigma; m_R=nR; m_STEP=nSTEP;}
     void GetOptionPrice(int nType);
     void WriteData(vector<double> X,vector<double> CP,int nType);
private:
    int m_STEP;
    double m_Sigma,m_T,m_R,m_E,m_S;
};
void option_r::WriteData(vector<double> X,vector<double> CP,int nType)
{ ofstream output;
    output.open("option_r_S_Data.dat");
    output<<fixed<<setprecision(6);
```

```
    for (unsigned int i=0;i<X.size();i++){output<<setw(12)<<showpoint<<X[i];}
    output.close();
    output.open("option_r_CP_Data.dat",nType);
    for (unsigned int i=0;i<CP.size();i++)
    {output<<setw(12)<<showpoint<<CP[i];}
    output<<endl;
    output.close();}
void option_r::GetOptionPrice(int nType)
{ vector<double> X = linspace(0.0, m_S, m_STEP),d1(X.size()), d2(X.size()),
                                            CP(X.size());
    for (unsigned int i=0; i<X.size(); i++) {
       d1[i]=(log(X[i]/m_E)+(m_R+0.5*pow(m_Sigma,2.0))*m_T)/(m_Sigma*sqrt(m_T));
       d2[i]=d1[i]-m_Sigma*sqrt(m_T);
       CP[i]=X[i]*normcdf(d1[i])-m_E*exp(-m_R*m_T)*normcdf(d2[i]);}
    WriteData(X,CP,nType);}
int main()
{ option_r r1(400.0,250.0,2.0/12,0.38,0.0,50);
    option_r r2(400.0,250.0,2.0/12,0.38,0.2,50);
    option_r r3(400.0,250.0,2.0/12,0.38,0.4,50);
    r1.GetOptionPrice(ios::out);
    r2.GetOptionPrice(ios::app);
    r3.GetOptionPrice(ios::app);
}
```

다음은 생성된 데이터 파일을 읽는 m-파일이다.

MATLAB

```
% option_r.m
clear all; clc; clf;
S = linspace(0,400,50); E=250; T = 2/12; sigma = 0.38;
r = [0.00 0.20 0.40];
for i = 1:3
    d1 = (log(S/E) + (r(i)+ 0.5*sigma^2)*T)/(sigma*sqrt(T));
    d2 = d1 -(sigma*sqrt(T));
    CP(:,i) = S.* normcdf(d1) - E * exp(-r(i) * T)*normcdf(d2);
end
plot(S,CP(:,1),'k*-',S, CP(:,2),'ko-',S,CP(:,3),'k^-')
legend('r = 0.00','r = 0.20','r = 0.40',2)
xlabel('S','fontsize',20); ylabel('V','fontsize',20,'rotation',0)
set(gca,'fontsize',20)
```

option_T.m는 잔존기간(maturity;τ)에 따라 옵션가격을 구하는 MATLAB 코드로서 실행하면 그림 6.6를 얻게 된다. 그림에서 확인할 수 있듯이 잔존기간이 증가할수록 옵션가격도 증가한다.

MATLAB

```
% option_T.m
clear; clf; S = linspace(0,400,50); E = 250; sigma = 0.38;
```

```
r = 0.06; T = [1/12 5/12 10/12];
for i = 1:3
    d1 = (log(S/E) + (r+ 0.5*sigma^2)*T(i))/(sigma*sqrt(T(i)));
    d2 = d1 -(sigma*sqrt(T(i)));
    CP(:,i) = S.* normcdf(d1) - E * exp(-r * T(i))*normcdf(d2);
end
plot(S,CP(:,1),'k*-',S, CP(:,2),'ko-',S,CP(:,3),'k^-')
legend('T = 1/12','T = 5/12','T = 10/12',2)
xlabel('S','fontsize',20), ylabel('V','fontsize',20,'rotation',0)
set(gca,'fontsize',20)
```

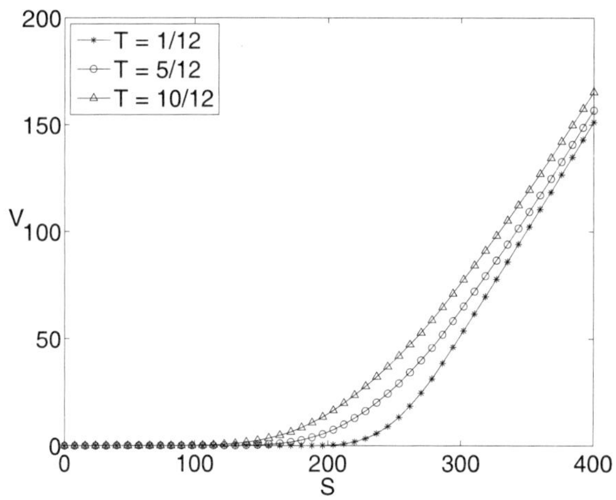

그림 6.6 잔존기간(τ)에 따른 옵션가격의 변화

option_T.cpp는 잔존기간에 따라 옵션가격을 구하는 C++ 코드로서 실행하면 그림 6.6를 얻게 된다.

C++

```
// option_T.cpp
#include<iostream>
#include<cmath>
#include<vector>
#include<fstream>
#include<iomanip>
using namespace std;
#define PI 4.0*atan(1.0)
double normcdf(double X)
{
   double L, K, value;
   double const a1 = 0.31938153, a2 = -0.356563782, a3 = 1.781477937,
          a4 = -1.821255978, a5 = 1.330274429;
   L = fabs(X);
   K = 1.0/(1.0+0.2316419*L);
   value = 1.0-1.0/sqrt(2.0*PI)*exp(-0.5*L*L)*
```

```
            (a1*K+a2*K*K+a3*pow(K,3)+a4*pow(K,4)+a5*pow(K,5));
    if (X<0){
        value=1.0-value;
     }
    return value;
}
vector<double> linspace(double START, double  END, int STEP)
{  vector<double> d;
   double h = (END - START)/(STEP-1.0);
   for (int i=0; i<STEP; i++) d.push_back(START+h*i);
   return d;}
class option_t
{public:
  option_t(double nS, double nE, double nT, double nSigma, double nR, int nSTEP)
  {m_S=nS; m_E=nE; m_T=nT; m_Sigma=nSigma; m_R=nR; m_STEP=nSTEP;}
  void GetOptionPrice(int nType);
  void WriteData(vector<double> X,vector<double> CP,int nType);
private:
  int m_STEP;
  double m_Sigma,m_T,m_R,m_E,m_S;
};
void option_t::WriteData(vector<double> X,vector<double> CP,int nType)
{ ofstream output;
  output.open("option_t_S_Data.dat");
  output<<fixed<<setprecision(6);
  for (unsigned int i=0;i<X.size();i++){output<<setw(12)<<showpoint<<X[i];}
  output.close();
  output.open("option_t_CP_Data.dat",nType);
  for (unsigned int i=0;i<CP.size();i++)
  {output<<setw(12)<<showpoint<<CP[i];}
  output<<endl;
  output.close();}
void option_t::GetOptionPrice(int nType)
{  vector<double> X = linspace(0.0, m_S, m_STEP),d1(X.size()), d2(X.size()),
                                              CP(X.size());
  for (unsigned int i=0; i<X.size(); i++) {
      d1[i]=(log(X[i]/m_E)+(m_R+0.5*pow(m_Sigma,2.0))*m_T)/(m_Sigma*sqrt(m_T));
      d2[i]=d1[i]-m_Sigma*sqrt(m_T);
      CP[i]=X[i]*normcdf(d1[i])-m_E*exp(-m_R*m_T)*normcdf(d2[i]);}
  WriteData(X,CP,nType);}
int main()
{   option_t t1(400.0,250.0,2.0/12,0.38,0.06,50);
    option_t t2(400.0,250.0,6.0/12,0.38,0.06,50);
    option_t t3(400.0,250.0,12.0/12,0.38,0.06,50);
    t1.GetOptionPrice(ios::out);
    t2.GetOptionPrice(ios::app);
    t3.GetOptionPrice(ios::app);
}
```

다음은 생성된 데이터 파일을 읽는 m-파일이다.

MATLAB

```
% option_T.m
clear; clf; S = linspace(0,400,50); E = 250; sigma = 0.38;
```

```
r = 0.06; T = [1/12 5/12 10/12];
for i = 1:3
    d1 = (log(S/E) + (r+ 0.5*sigma^2)*T(i))/(sigma*sqrt(T(i)));
    d2 = d1 -(sigma*sqrt(T(i)));
    CP(:,i) = S.* normcdf(d1) - E * exp(-r * T(i))*normcdf(d2);
end
plot(S,CP(:,1),'k*-',S, CP(:,2),'ko-',S,CP(:,3),'k^-')
legend('T = 1/12','T = 5/12','T = 10/12',2)
xlabel('S','fontsize',20), ylabel('V','fontsize',20,'rotation',0)
set(gca,'fontsize',20)
```

옵션 가격은 변동성(sigma;σ)에 대한 증가함수이다. 이를 확인하기 위해 MATLAB 코드`option_sig.m`을 실행해보자.

MATLAB

```
% option_sig.m
clear; clf; S = linspace(0,400,50); E = 250; r = 0.06;
t = 2/12; sigma = [0.10 0.38 0.70];
for i = 1:3
    d1 = (log(S/E) + (r+ 0.5*sigma(i)^2)*t)/(sigma(i)*sqrt(t));
    d2 = d1 -(sigma(i)*sqrt(t));
    CP(:,i) = S.* normcdf(d1) - E * exp(-r * t)*normcdf(d2);
end
plot(S,CP(:,1),'k*-',S, CP(:,2),'ko-',S,CP(:,3),'k^-')
legend('\sigma = 0.10','\sigma = 0.38','\sigma = 0.70',2)
xlabel('S','fontsize',20), ylabel('V','fontsize',20,'rotation',0)
set(gca,'fontsize',20)
```

위의 MATLAB 코드에 따른 결과는 그림 6.7에서 확인할 수 있다.

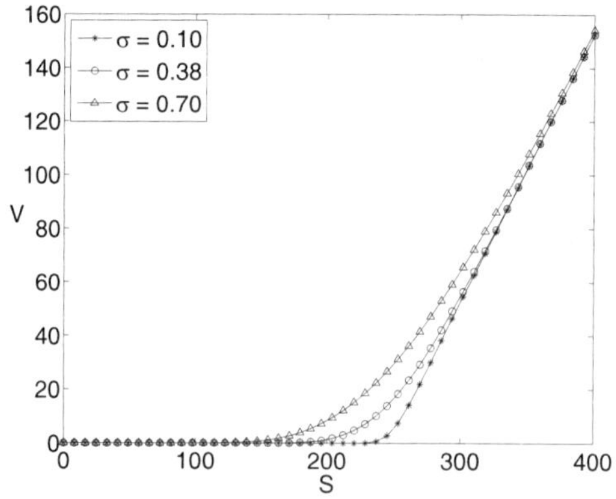

그림 6.7 변동성(σ)에 따른 옵션가격의 변화

위의 내용을 표로 정리하면 아래에 있는 표 6.1과 같이 나타낼 수 있다.

	기초자산	행사가	이자율	변동성	잔존기간
콜옵션	증가	감소	증가	증가	증가

표 6.1 조건에 따른 옵션 가격의 변화

C++ 코드 option_sig.cpp을 실행해보자.

C++

```
// option_sig.cpp
#include<iostream>
#include<cmath>
#include<vector>
#include<fstream>
#include<iomanip>
using namespace std;
#define PI 4.0*atan(1.0)
double normcdf(double X)
{
    double L, K, value;
    double const a1 = 0.31938153, a2 = -0.356563782, a3 = 1.781477937,
            a4 = -1.821255978, a5 = 1.330274429;
    L = fabs(X);
    K = 1.0/(1.0+0.2316419*L);
    value = 1.0-1.0/sqrt(2.0*PI)*exp(-0.5*L*L)*
            (a1*K+a2*K*K+a3*pow(K,3)+a4*pow(K,4)+a5*pow(K,5));
    if (X<0){
        value=1.0-value;
    }
    return value;
}
vector<double> linspace(double START, double  END, int STEP)
{ vector<double> d;
    double h = (END - START)/(STEP-1.0);
    for (int i=0; i<STEP; i++) d.push_back(START+h*i);
    return d;}
class option_sig
{public:
 option_sig(double nS, double nE, double nT, double nSigma, double nR, int nSTEP)
 {m_S=nS; m_E=nE; m_T=nT; m_Sigma=nSigma; m_R=nR; m_STEP=nSTEP;}
 void GetOptionPrice(int nType);
 void WriteData(vector<double> X,vector<double> CP,int nType);
private:
 int m_STEP;
 double m_Sigma,m_T,m_R,m_E,m_S;
};
void option_sig::WriteData(vector<double> X,vector<double> CP,int nType)
{ofstream output;
 output.open("option_sig_S_Data.dat");
 output<<fixed<<setprecision(6);
 for (unsigned int i=0;i<X.size();i++){output<<setw(12)<<showpoint<<X[i];}
 output.close();
 output.open("option_sig_CP_Data.dat",nType);
 for (unsigned int i=0;i<CP.size();i++)
```

```
 {output<<setw(12)<<showpoint<<CP[i];}
 output<<endl;
 output.close();}
void option_sig::GetOptionPrice(int nType)
{vector<double> X = linspace(0.0, m_S, m_STEP),d1(X.size()), d2(X.size()),
                                       CP(X.size());
 for (unsigned int i=0; i<X.size(); i++) {
  d1[i]=(log(X[i]/m_E)+(m_R+0.5*pow(m_Sigma,2.0))*m_T)/(m_Sigma*sqrt(m_T));
  d2[i]=d1[i]-m_Sigma*sqrt(m_T);
  CP[i]=X[i]*normcdf(d1[i])-m_E*exp(-m_R*m_T)*normcdf(d2[i]);}
 WriteData(X,CP,nType);}
int main()
{option_sig sig1(400.0,250.0,2.0/12,0.1,0.06,50);
 option_sig sig2(400.0,250.0,2.0/12,0.38,0.06,50);
 option_sig sig3(400.0,250.0,2.0/12,0.7,0.06,50);
 sig1.GetOptionPrice(ios::out);
 sig2.GetOptionPrice(ios::app);
 sig3.GetOptionPrice(ios::app);
}
```

다음은 생성된 데이터 파일을 읽는 m-파일, 결과는 그림 6.7에서 확인한다.

MATLAB

```
%option_sig.m
clear all; clc; clf;
S = linspace(0,400,50); E=250; r=0.06; t = 2/12;
sigma = [0.10 0.38 0.70];
for i = 1:3
    d1 = (log(S/E) + (r+ 0.5*sigma(i)^2)*t)/(sigma(i)*sqrt(t));
    d2 = d1 -(sigma(i)*sqrt(t));
    CP(:,i) = S.* normcdf(d1) - E * exp(-r * t)*normcdf(d2);
end
plot(S,CP(:,1),'k*-',S, CP(:,2),'ko-',S,CP(:,3),'k^-')
legend('\sigma = 0.10','\sigma = 0.38','\sigma = 0.70',2)
xlabel('S','fontsize',20); ylabel('V','fontsize',20,'rotation',0)
set(gca,'fontsize',20)
```

6.1.3 포아송 과정 (Poisson process)

함수가 $\lim_{h\to 0} f(h)/h = 0$ 이라면 함수 $f = O(h)$로 표기한다. $N(t)$를 구간 $[0,t]$에서 발생한 사건의 수라고 하자. 확률변수들의 모임 $N(t), t \geq 0$이 다음 사실을 만족한다면 발생률이 $\lambda > 0$인 포아송 과정이라고 한다.

정의 6.1.8 다음 5가지 조건을 만족하는 확률과정을 포아송 과정 (Poisson process)이라고 한다.

i) $N(0) = 0$

ii) 겹치지 않는 시간의 구간들에서 발생한 사건의 수는 독립이다.
iii) 주어진 구간에서 발생한 사건의 수의 분포는 오직 그 구간의 길이에만 종속하여 그것의 위치에는 영향을 받지 않는다.
iv) $P\{N(h) = 1\} = \lambda h + O(h)$
v) $P\{N(h) \geq 2\} = O(h)$

위 조건들의 의미하는 바를 말하자면 다음과 같다. 조건 1)은 포아송 과정이 시간 0에서 시작된다는 것을 의미한다. 조건 2)는 t시간까지 발생한 사건의 수 $N(t)$와 t에서 조금더 흐른 시간 s시간중간에 발생한 사건의 수 $N(t+s) - N(t)$는 서로 독립이라는 독립증분(independent increment)를 의미한다. 조건 3)은 $N(t+s) - N(t)$의 확률분포는 모든 t에대하여 동일하다는 정상증분(stationary) 가정을 의미한다. 조건 4)는 h 시간 동안 1번 사건이 발생할 확률이 h에 비례해서 커지는데 이때 발생하는 오차도 h에 비례해서 커지게 된다는 것을 의미하고 마지막으로 조건 5)에서는 짧은 시간안에 사건이 2번이상 일어날 확률은 거의 없다는 것을 의미한다.

정리 6.1.9

발생률이 λ인 포아송 과정에 대해, 다음이 성립한다.

$$P\{N(t) = 0\} = e^{-\lambda t}$$

증명 함수 f가 $f(t) = P\{N(t) = 0\}$이라고 했을때, 다음과 같은 $f(t)$에 대한 미분방정식을 유도할 수 있다.

$$\begin{aligned} f(t+h) &= P\{N(t+h)\} = P\{N(t) = 0 \cap N(t+h) - N(t) = 0\} \\ &= P\{N(t) = 0\}P\{N(t+h) - N(t) = 0\} \qquad (\text{정의}6.1.8\ \text{ii})) \\ &= P\{N(t) = 0\}(1 - \lambda h + O(h)) \end{aligned}$$

따라서

$$\begin{aligned} \frac{f(t+h) - f(t)}{h} &= \frac{P\{N(t+h) = 0\} - P\{N(t) = 0\}}{h} \\ &= \frac{P\{N(t) = 0\}(1 - \lambda h + O(h)) - P\{N(t) = 0\}}{h} \\ &= \frac{P\{N(t) = 0\}(-\lambda h + O(h))}{h} = -\lambda P\{N(t) = 0\} \end{aligned}$$

이다. 이 식에서 $h \to 0$으로 하면,

$$f'(t) = -\lambda f(t)$$

가 되서

$$\frac{f'(t)}{f(t)} = -\lambda$$

가 된다. 이를 적분하면

$$\log f(t) = -\lambda t + c$$

가 되므로

$$f(t) = Ae^{-\lambda t}$$

가 됨을 알수있다. 이때 $f(0) = P\{N(0) = 0\} = 1$ 이므로, $A = 1$ 이다. 따라서

$$f(t) = e^{-\lambda t}$$

가 된다. ■

정리 6.1.10

T_i 를 i 번째 사건이 $i-1$ 번째 사건 이후로 발생하는데 걸린시간이라고 하자. 그렇다면 수열 $\{T_n \,|\, n = 1, 2, \ldots\}$ 을 도착간격 시간열(sequence of interarrival times)이라고 한다. 이때 $T_1, T_2, \cdots$ 은 독립이며 평균이 $1/\lambda$ 인 지수확률 변수이다.

증명 사건 $\{T_1 > t\}$ 가 발생할 필요충분조건은 구간 $[0, t]$ 에서 포아송과정의 사건이 발생하지 않는 것이다. 그러므로

$$P\{T_1 > t\} = P\{N(t) = 0\} = e^{-\lambda t} \qquad \text{(정리6.1.9참조)}$$

이다. 따라서 T_1 은 평균이 $1/\lambda$ 인 지수분포를 따른다. 한편

$$P\{T_2 > t\} = E[P\{T_2 > t | T_1\}]$$

이고, 포아송 과정의 독립증분과 정상증분에 관한 가정으로부터

$$\begin{aligned} P\{T_2 > t \,|\, T_1 = s\} &= P\{\text{no event in } (s, s+t] \,|\, T_1 = s\} \\ &= \frac{P\{\text{no event in } (s, s+t] \cap T_1 = s\}}{P\{T_1 = s\}} \\ &= \frac{P\{\text{no event in } (s, s+t]\}P\{T_1 = s\}}{P\{T_1 = s\}} \\ &= P\{\text{no event in } (s, s+t]\} = e^{-\lambda t}. \end{aligned}$$

따라서 T_2 역시 평균이 $1/\lambda$ 인 지수확률변수이고 T_1, T_2 는 서로 독립임을 알 수 있다. 같은 방법을 $T_3, T_4, \cdots$ 에대해서 반복하면 마찬가지로 $T_3, T_4, \cdots$ 도 평균이 $1/\lambda$ 인 지수확률변수이고 서로 독립임을 알 수 있다. ■

정리 6.1.11

발생률이 λ인 포아송 과정에 대해, 다음이 성립된다.

$$P\{N(t)=n\}=\frac{e^{-\lambda t}(\lambda t)^n}{n!}.$$

증명 n번째 사건의 발생시간 S_n으로, n번째 사건이 발생할 때까지의 대기시간 (waiting time)이라고도 한다. 즉,

$$S_n=\sum_{i=1}^{n}T_i, \qquad n\geq 1$$

임을 알 수 있고, 이는 모수가 n과 λ인 감마분포를 따른다. 즉, S_n의 확률분포함수는

$$\lambda e^{-\lambda x}\frac{(\lambda x)^{n-1}}{(n-1)!} \qquad x\geq 0$$

이다. 이제 $N(t)$가 평균이 λt인 포아송 분포임을 증명해 보자.

$$\begin{aligned}
P\{N(t)=n\} &= P\{N(t)\geq n\}-P\{N(t)\geq n+1\}\\
&= P\{S_n\leq t\}-P\{S_{n+1}\leq t\}\\
&= \int_0^t \lambda e^{\lambda x}\frac{(\lambda x)^{n-1}}{(n-1)!}\,dx-\int_0^t \lambda e^{\lambda x}\frac{(\lambda x)^{n}}{n!}\,dx\\
&= e^{\lambda x}\frac{(\lambda x)^{n}}{n!}+\int_0^t \lambda e^{\lambda x}\frac{(\lambda x)^{n}}{n!}\,dx-\int_0^t \lambda e^{\lambda x}\frac{(\lambda x)^{n}}{n!}\,dx\\
&= \int_0^t \lambda e^{\lambda x}\frac{(\lambda x)^{n}}{n!}\,dx.
\end{aligned}$$

■

CHAPTER 7

변동성 추정

변동성(volatility)은 옵션의 만기까지의 기초자산가격 변화율의 분포의 표준편차라고 정의할 수 있다. 기조자산이 일정기간동안 어느정도 움직이는지를 나타내는 수치로 과거정보를 바탕으로 일정기간 동안의 기초자산가격 변화율의 표준편차를 역사적 변동성(Historical Volatility)이라하고, 옵션의 시장가격에 내재된 변동성을 내재변동성(Implied Volatility)이라고 정의한다.

7.1 역사적 변동성(Historical Volatility)

역사적 변동성(Historical Volatility)은 변동성을 예측하기 위한 방법 중에 하나로 과거의 데이타를 분석하여 미래의 변동성을 예측하는 방법이다. 특히 여기서 역사적 변동성이라 하는 것은 과거 일정한 간격으로 관측된 자료의 기대수익률의 표준편차를 말한다. 그럼 이제 자세히 알아보도록 하자.

기초자산가격 S는 Itô 과정

$$dS(t) = \mu S(t)dt + \sigma S(t)dW(t), \quad S(0) = S_0$$

를 따른다고 하자. 여기에 Itô공식을 함수 $f(t, S(t)) = \log S(t)$에 적용을 시키면 아래와 같은 식을 유도할 수 있다.

$$df(t, S(t)) = \left(\mu - \frac{1}{2}\sigma^2\right) dt + \sigma dW(t).$$

이제 $f(t, S(t)) = \log S(t)$이므로 위의 식에 대입을 하면

$$d(\log S(t)) = \left(\mu - \frac{1}{2}\sigma^2\right) dt + \sigma dW(t).$$

다음으로 시간 0에서 t까지 적분을 하면

$$\log(S(t)) - \log(S(0)) = \left(\mu - \frac{1}{2}\sigma^2\right) t + \sigma W(t).$$

그럼 여기서 평균과 분산을 각각 구해보면

$$E[\log S(t)] = E[\log S(0)] + \left(\mu - \frac{1}{2}\sigma^2\right) t + E[\sigma W(t)].$$

$E[\sigma W(t)]$은 브라운 운동에 의하여 0이 되고 $(\mu - \frac{1}{2}\sigma^2)t$은 상수이므로

$$\begin{aligned} \therefore E[\log S(t)] &= \log S(0) + \left(\mu - \frac{1}{2}\sigma^2\right) t, \\ Var[\log S(t)] &= Var\left[\log S(0) + \left(\mu - \frac{1}{2}\sigma^2\right) t + \sigma W(t)\right], \\ \sigma^2 Var[W(t)] &= \sigma^2 t. \end{aligned}$$

그러므로 기초자산가격은 대수정규분포(Log-normal distribution)을 따른다고 할 수 있다.

$$\therefore \log S(t) \sim N\left(\log S(0) + \left(\mu - \frac{1}{2}\sigma^2\right) t, \sigma^2 t\right).$$

이제 역사적 변동성을 구하는 방법에 대해서 알아보도록 하자. 역사적 변동성을 구하는 방법으로는 일정한 간격으로 관측된 기초자산가격을 이용하여 각각의 기대수익률을 계산을 한 다음에 그것의 표준편차를 구하는 방법으로 계산을 한다.
첫 번째로 기대수익률을 계산을 해보도록 하자. 기대수익률은 현재 주가($S(t)$)부터 이전 주가($S(t-1)$)까지의 비율을 자연로그로 취한 값을 얘기를 한다.

$$R(t) = \log\left(\frac{S(t)}{S(t-1)}\right).$$

두 번째로는 지금까지 관측한 기대 수익률의 평균을 구한다.

$$R(m) = \frac{\sum_n R(t)}{n}.$$

그 다음으로는 기대수익률의 표준편차를 구한다.

$$Std = \sqrt{\frac{\sum (R(t) - R(m))^2}{n-1}}.$$

우리가 구한 기대수익률의 평균과 표준편차는 기초자산가격의 평균과 표준편차와 같아야 하므로

$$R(m) = \frac{\sum_n R(t)}{n} \approx \log S(0) + (\mu - \frac{1}{2}\sigma^2)\triangle t.$$

$$Std^2 = \frac{\sum (R(t) - R(m))^2}{n-1} \approx \sigma^2 \triangle t.$$

그러므로 우리가 구하고 싶은 역사적 변동성 σ는

$$\sigma = \frac{Std}{\sqrt{\triangle t}}.$$

예제 7.1.1 아래 주어진 표를 이용하여 역사적 변동성을 구해보는 MATLAB 코드를 작성해보자.

주간	주말종가	주간	주말종가
1	230	7	253
2	241	8	237
3	238	9	239
4	227	10	240
5	243	11	253
6	244		

풀이

MATLAB

```
%% historical_volatility.m
clear; clc;
S=[969 989 995 957 915 880 858 859 848 836 845];
N=length(S); sum=0; M=1;
for i=1:N-1
    R(i)=log(S(i)/S(i+1));
    sum=sum+R(i);
end
R_mean=sum/(N-1); sum=0;
for i=1:N-1
    Rt(i)=(R(i)-R_mean)^2;
    sum=sum+Rt(i);
end
STD=sqrt(sum/(N-2))*100, HV=STD*sqrt(round(365/M))
```

위의 MATLAB 코드를 실행하면 출력결과는 아래와 같다.

MATLAB

```
STD = 4.3175
HV = 82.4861
```

여기서 STD는 기대수익률의 표준편차를 구한 것이고, HV는 역사적 변동성을 구한 것이다.

7.2 내재 변동성 (Implied Volatility)

Black–Scholes 옵션가격결정모형에서 산출된 이론가격이 시장가격과 같아지도록 하는 변동성을 내재변동성이라 한다. 이러한 내재변동성은 실제 시장에서 거래하는 사람들이 느끼는 체감 변동성이라고 할 수 있다. 옵션의 이론가는 기초자산가격, 행사가격, 잔존기간, 변동성, 이자율로 결정되어지는데 이중 변동성을 변수로 놓고 역산하여 계산한 값이 내재변동성이다. 이러한 내재변동성은 일반적으로 수치해석적 방법을 적용하여 계산한다. 이 절에서는 콜옵션의 내재변동성을 이분법과 뉴튼 랩슨법을 이용하여 구해보기로 하자.

7.2.1 이분법 (Bisection Method)

이분법 (Bisection Method) 은 정해진 구간에서 연속인 함수 $f(x) = 0$ 의 해를 구하는 수치해석방법이다. 연속인 함수인 경우에는 항상 사용할 수 있기 때문에 내재변동성을 추정할 때 많이 쓰인다. 이분법은 그림 7.1 과 같이 중간값 정리를 이용하여 방정식의 해를 구하는 방법이다.

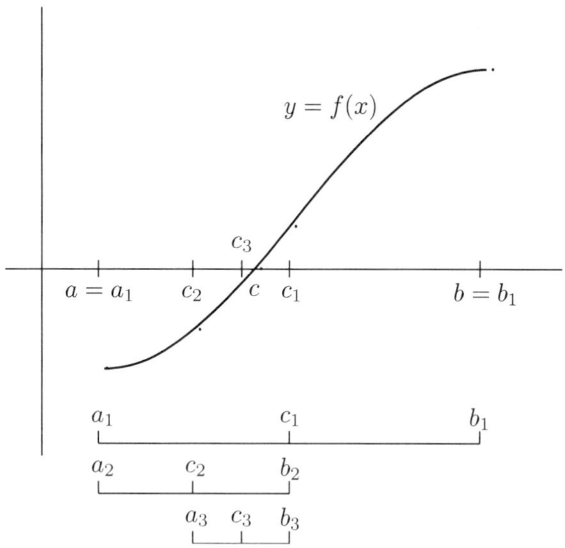

그림 7.1 이분법 해 찾기

이제 변동성을 추정하는 방법에 대해 알아보자. 방정식 $f(x) = \text{BScall}(x) - \text{Market}$ 의 해가 변동성 σ 이므로 이분법을 이용해서 구해보자. 기초자산가격 $S = 100$, 행사가격 $E = 100$, 이자율 $r = 0.05$, 만기시간은 $T = 1.0$, 그리고 옵션의 시장가격 $\text{Market} = 20$ 으로 가정하고 변동성의 구간을 $[0.0001, 5]$ 라고 가정하자. 여기서 $vol_a = 0.0001$ 와

$vol_b = 5$이므로 중간값 $vol_{mid} = \frac{(vol_a + vol_b)}{2}$이다. 아래는 이분법을 이용하여 내재변동성을 구하는 순서이다.

- $vol_{mid} = \frac{(vol_a + vol_b)}{2}$
- $f(vol_a) \cdot f(vol_{mid}) \leq 0$
  조건이 성립하면 $vol_a = vol_a$, $vol_b = vol_{mid}$,
  조건이 성립하지 않으면 $vol_a = vol_{mid}$, $vol_b = vol_b$.

위의 과정을 오차한계치 $1.0e-6$가 될 때까지 해를 구하면 된다. `bisection_vol.m`는 이분법을 이용하여 내재변동성을 구한 MATLAB 코드이다.

MATLAB

```
%% bisection_vol.m
clear; clc; S=100; E=100; T=1.0; Market=20; r=0.05;
vol_a=0.0001; vol_b=5;
vol_mid=(vol_a+vol_b)*0.5; tol=1.0e-6; n=1;
while abs(vol_mid-vol_b) >= tol
    d1=(log(S/E)+(r+vol_a^2*0.5)*T)/(vol_a*sqrt(T));
    d2=d1-vol_a*sqrt(T);
    BScall1 = S*normcdf(d1)-E*exp(-r*T)*normcdf(d2);
    d1=(log(S/E)+(r+vol_mid^2*0.5)*T)/(vol_mid*sqrt(T));
    d2=d1-vol_mid*sqrt(T);
    BScall2 = S*normcdf(d1)-E*exp(-r*T)*normcdf(d2);

    fa=BScall1-Market; fmid=BScall2-Market;

    if fa*fmid <=0
        vol_b=vol_mid;
    else
        vol_a=vol_mid;
    end
        vol_mid=(vol_a+vol_b)*0.5;    n=n+1;
end
Bisection_vol=vol_mid
```

출력결과는 다음과 같다.

MATLAB

```
>> Bisection_vol = 0.4523
```

7.2.2 뉴튼 랩슨법(Newton-Rapson Method)

이분법은 내재 변동성을 구하기 위한 방법 중에 하나이다. 하지만 이분법은 가격과 시간이 많이 소요가 된다. 이러한 문제를 해결하기 위해 고안된 방법이 뉴튼 랩슨법이다. 뉴튼 랩슨법은 미분가능한 함수 $f(x) = 0$의 해를 구하는 수치해석방법이다. 그림 7.2에서와 같이 임의의 초기값 x_0에서 $f(x)$에 접하는 접선의 방정식 $g(x) = f'(x_0)(x - x_0) + f(x_0)$을 구하고 x축과의 교점을 구한 후 교점 x_1를 이용하여 다시 $f(x)$에 접하는 접선과 x축과 만나는 교점을 구하며, 이를 반복함으로써 $f(x)$의 근사해

$$x_{i+1} = x_i - \frac{f(x_i)}{f'(x_i)}$$

를 구해가는 방법이다.

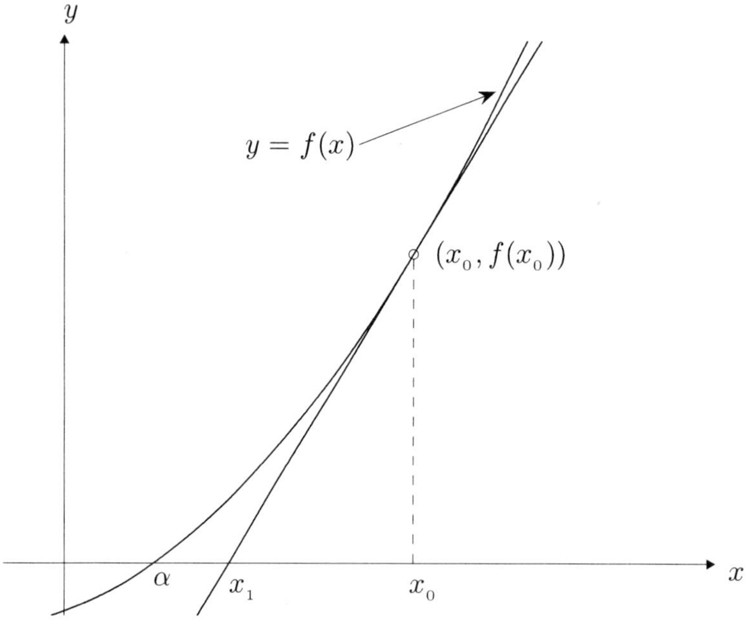

그림 7.2 뉴튼랩슨법 해 찾기

$f(\sigma) = V(\sigma) - V_m$이라 하자. 내재변동성을 뉴튼 랩슨법에 따라 구하는 공식은 아래와 같다.

$$\sigma_{i+1} = \sigma_i - \frac{V(\sigma_i) - V_m}{\partial V / \partial \sigma_i} = \sigma_i - \frac{V(\sigma_i) - V_m}{S\sqrt{T}N'(d_1)}. \tag{7.1}$$

여기서 σ_i는 추정변동성, V_m은 옵션의 시장가격, $\frac{\partial V}{\partial \sigma_i} = S\sqrt{T}N'(d_1)$[1]는 베가(Vega,

1) 위의 식에서 사용되는 d_1은 다음과 같다.

$$d_1 = \frac{\ln(S/E) + (r + \sigma^2/2)T}{\sigma\sqrt{T}}$$

변동성에 따른 옵션가치의 민감도, 자세한 내용은 제 7장의 유한차분법의 Greek참고)를 나타낸다. 다음은 내재변동성을 구하는 간단한 예제이다. 기초자산가격 $S = 100$, 행사가격 $E = 100$, 이자율 $r = 0.05$, 만기시간은 $T = 1.0$, 그리고 옵션의 시장가격 $V_m = 20$으로 가정하고 초기 값은 0.2로 설정하였고, 수치 해석적 방법으로 해를 구할 때 필요한 오차 한계치는 $1.0e - 6$로 하였다. `Newton_implied_vol.m`는 위의 식을 이용하여 내재변동성을 구한 MATLAB 코드이다.

MATLAB

```
%% Newton_implied_vol.m
clear; clc; S = 100 ; E = 100; r = 0.05; T = 1.0; Vm = 20;
vol = 0.2; tol = 1.0e-6;
d1 = (log(S/E)+(r+vol^2/2)*T)/(vol*sqrt(T));
d2 = d1-vol*sqrt(T);
price = S*normcdf(d1)-E*exp(-r*T)*normcdf(d2);
vega = S*sqrt(T)*normpdf(d1);
while abs(price - Vm) > tol
    vol = vol - (price - Vm) / vega;
    d1 = (log(S/E)+(r+vol^2/2)*T)/(vol*sqrt(T));
    d2 = d1-vol*sqrt(T);
    price = S*normcdf(d1)-E*exp(-r*T)*normcdf(d2);
    vega = S*sqrt(T)*normpdf(d1);
end
 Implied_Vol = vol
```

출력결과는 다음과 같다.

MATLAB

```
>> Newton_implied_vol
Implied_Vol = 0.4523
```

앞의 이분법으로 계산한 결과와 같다는 것을 알 수 있다. 하지만 이분법에 비해 훨씬 구하는 속도가 빠르지만, 뉴튼랩슨법의 경우는 초기값을 잘 지정하는 것이 굉장히 중요한 요소가 된다. 왜냐하면 초기값을 잘못 지정을 하여 $f'(x) = 0$이 되는 값을 택하게 된다면 우리는 뉴튼랩슨법으로 내재 변동성을 구할 수 없을 것이다.

다음 `Newton_implied_vol.cpp`는 위의 식을 이용하여 내재변동성을 구한 C++ 코드이다. 출력결과는 그림 7.3 이다.

C++

```
// Newton.cpp
```

```
#include<iostream>
#include<cmath>
using namespace std;
int main()
{
    double oldx,newx;
    double tol=1.0e-10;
    oldx=0.3;
    cout<<"Value for x= "<<oldx<<" is "<<fabs(exp(2.0*oldx)
    -pow(oldx,2)*exp(oldx)-2)<<endl;
    while(fabs(exp(2.0*oldx)-pow(oldx,2.0)*exp(oldx)-2.0)>tol)
    {
        newx=oldx-((exp(2.0*oldx)-pow(oldx,2.0)*exp(oldx)-2)
        /(2.0*exp(2.0*oldx)-(2.0*oldx*exp(oldx)+pow(oldx,2)*exp(oldx))));
        oldx=newx;
        cout<<"Value for x= "<<newx<<" is "
                <<fabs(exp(2.0*oldx)-pow(oldx,2)*exp(oldx)-2)<<endl;
    }
    return 0;
}
```

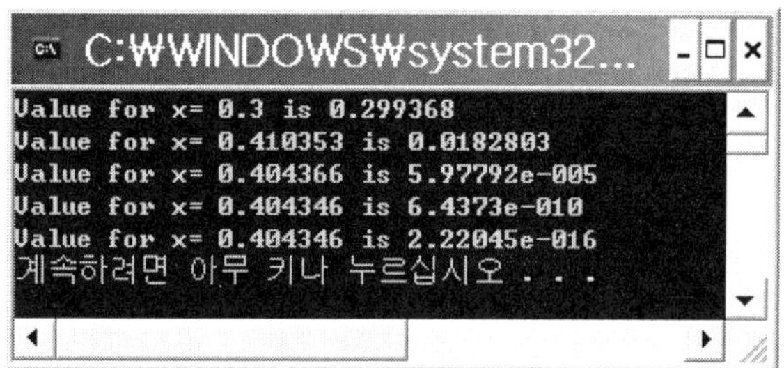

그림 7.3 뉴트랩슨법 해 찾기

Newton_implied_vol.cpp는 위의 식을 이용하여 내재변동성을 구한 C++ 코드이다.

C++

```
// Newton_implied_vol.cpp
#include<iostream>
#include<cmath>
#include<iomanip>
using namespace std;
#define PI 4.0*atan(1.0)
double normcdf(double X)
{
    double L, K, w ;
    double const a1 = 0.31938153, a2 = -0.356563782, a3 = 1.781477937,
            a4 = -1.821255978, a5 = 1.330274429;
    L = fabs(X);
    K = 1.0 / (1.0 + 0.2316419 * L);
    w = 1.0 - 1.0/sqrt(2*PI)*exp(-L*L/2)*
            (a1*K + a2*K*K + a3*pow(K,3) + a4*pow(K,4) + a5*pow(K,5));
```

```
    if (X < 0 ){
        w= 1.0 - w;
    }
    return w;
}
double normpdf(double X, double mu, double sigma)
{
    return 1.0/(sigma*sqrt(2.0*PI))*exp(-0.5*pow((X-mu)/sigma,2));
}
class Newton
{
private:
    int m_Vm;
    double m_S,m_r,m_E,m_vol,m_tol,m_T;
public:
    Newton(double nS,double nE,double nr,double nT,int nVm,double nvol,double ntol)
    : m_S(nS),m_E(nE),m_r(nr),m_T(nT),m_Vm(nVm),m_vol(nvol),m_tol(ntol){}
    ~Newton(){}
    void ImpliedVol(void);
};
void Newton::ImpliedVol()
{
    double d1, d2, price, vega;
    d1=(log(m_S/m_E)+(m_r+pow(m_vol,2.0)/2.0)*m_T)/(m_vol*sqrt(m_T));
    d2=d1-(m_vol*sqrt(m_T));
    price=m_S*normcdf(d1)-m_E*exp(-m_r*m_T)*normcdf(d2);
    vega=m_S*sqrt(m_T)*normpdf(d1,.0,1.);
    while  (abs(price-m_Vm)>m_tol)
    {
        m_vol=m_vol-(price-m_Vm)/vega;
        d1=(log(m_S/m_E)+(m_r+pow(m_vol,2.0)/2.0)*m_T)/(m_vol*sqrt(m_T));
        d2=d1-(m_vol*sqrt(m_T));
        price=m_S*normcdf(d1)-m_E*exp(-m_r*m_T)*normcdf(d2);
        vega=m_S*sqrt(m_T)*normpdf(d1,.0,1.);
    }
    cout<<fixed<<setprecision(6);
    cout<<"Newton_Implied_Vol : "<<m_vol<<endl;
}
int main()
{
    Newton Nt(268.25,245.0,0.0266,152.0/365.0,27.75,0.2,1.0e-6);
    Nt.ImpliedVol();
    return 0;
}
```

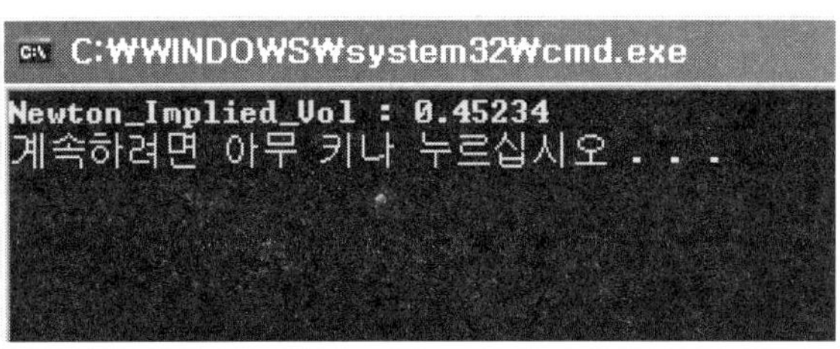

그림 7.4 뉴튼랩슨법 해 찾기

출력결과는 그림 7.4 이다.

7.2 연습문제

$f(x) = e^{2x} - e^x - 2 = 0$은 구간 $[0, 1]$에서 근을 갖는다. Newton-Rapson 방법을 사용하여 근을 구하여라.

7.3 변동성 스마일 (Volatility Smile)

지금까지 내재 변동성을 구하는 2가지 방법에 대해서 배워보았다. 그럼 내재 변동성이 가지고 있는 특징에 대해서 알아보도록 하자. 가장 두드러진 특징으로는 옵션의 행사가격에 따라 변화되는 내재 변동성을 그림으로 나타낸 것을 변동성 스마일 (Volatility Smile)이라 한다. 그러면 이제 변동성 스마일에 대해서 더 자세히 알아보도록 하자.

일반적인 콜옵션의 내재가치는 C = Max$[0, S(T) - E]$로서 내재가치가 0을 초과하는 경우를 내가격(ITM: in-the-money), 내재가치가 0인 경우를 등가격(ATM: at-the-money), 그리고 내재가치가 없는 경우를 외가격(OTM: out-of-the-money)라고 나누어 진다. 변동성 스마일의 경우는 등가격일 때의 옵션의 내재 변동성이 가장 낮고, 내가격과 외가격에서는 상대적으로 내재 변동성이 높게 나타나 웃는 입모양의 그림으로 나타난다고 해서 스마일이라 한다. 내가격과 외가격에서 상대적으로 내재변동성이 높게 나타나는 이유는 적정 옵션 가격보다 비싸기 때문이다. 그렇기 때문에 옵션 수요가 많을수록 내재 변동성이 클 수 밖에 없다.

보통 옵션은 콜옵션, 풋옵션에 관계없이 변동성 스마일이 나타나야 하지만 현재 시장에서는 주로 주식을 기반으로 하는 옵션 시장에서는 콜옵션에서는 변동성 편이현상 (Volatility Skew), 풋옵션에서는 변동성 스마일 현상(그림 (7.5))이 주로 나타난다.

7.4 내재변동성 곡면 (Implied Volatility Surfaces)

내재변동성은 주가와 잔존만기에 따라서 바뀌는 함수라고 가정했을때 이 내재변동성을 3차원으로 그린 곡면을 내재변동성 곡면(Implied Volatility Surfaces)라고 한다. KOSPI200지수 콜옵션을 이용해서 KOSPI200지수의 내재변동성 곡면을 만들어보자. Implied volsurface.m 코드는 2014년 3월 26일의 한국거래소에 게시된 자료들과 뉴턴

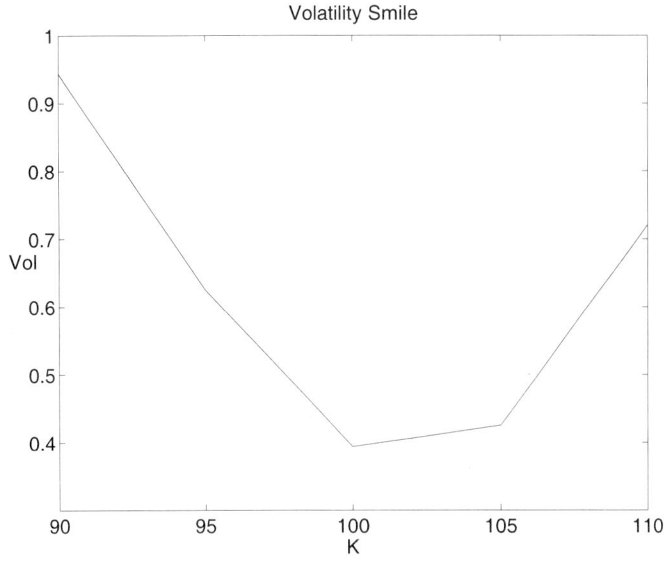

그림 7.5 변동성 스마일

랩슨법을 이용해서 만든 내재변동성 곡면을 만드는 MATLAB코드이다.(중간에 비어 있는 행사가에 대한 옵션가격에 대해서는 MATLAB의 기초 장에 나와 있는 보간법을 써서 구해준다.)

MATLAB

```
% Implied_volsurface.m
function implied_volsurface
T(1)=(datenum(2014,4,10)-datenum(2014,3,26))/365;
T(2)=(datenum(2014,5,8)-datenum(2014,3,26))/365;
T(3)=(datenum(2014,6,12)-datenum(2014,3,26))/365;
T(4)=(datenum(2014,9,11)-datenum(2014,3,26))/365;
E1=[230:2.5:272.5]';
E2=[232.5:2.5:272.5]';
E3=[230:2.5:280]';
E4=[235:5:265]';
Vm1=[25.40 22.95 20.55 17.95 15.55 13.15 10.75 8.40 6.25 4.35...
 2.75 1.55 0.79 0.37 0.16 0.07 0.04 0.02]';
 Vm2=[23.40 20.95 18.60 16.25 14.00 11.45 9.80 8.15 6.15 4.75...
 3.35 2.37 1.59 0.99 0.60 0.37 0.22]';
Vm3=[25.75 22.85 20.60 18.40 17.90 14.20 13.25 10.45 9.95...
 8.50 6.80 5.50 4.30 3.45 2.68 1.97 1.46 1.07 0.77 0.53 0.3]';
Vm4=[22.40 18.60 17.80 14.20 11.20 8.60 6.40]';
E=[230:2.5:280];
[xx,yy]=meshgrid(E,T);
Vm(1:21,1:4)=0;
Vm(1:21,1)=interp1(E1,Vm1,E','pchip','extrap');
Vm(1:21,2)=interp1(E2,Vm2,E','pchip','extrap');
Vm(1:21,3)=interp1(E3,Vm3,E','pchip','extrap');
Vm(1:21,4)=interp1(E4,Vm4,E','pchip','extrap');
```

```
mesh(xx,yy,Vm')
sigma=0*Vm;
for k=1:4
    for i=1:21
        sigma(i,k)=fucnewt(T(k),E(i),Vm(i,k))
    end
end
surf(xx,yy,sigma')
function vola=fucnewt(T,E,Vm)
S=255.08;r=0.005;vol=0.2;tol=1.0e-6;
d1 = (log(S/E)+(r+vol^2/2)*T)/(vol*sqrt(T)); d2 = d1-vol*sqrt(T);
price=S*normcdf(d1)-E*exp(-r*T)*normcdf(d2);vega=S*sqrt(T)*normpdf(d1);
while abs(price - Vm) > tol
     vol = vol - (price - Vm) / vega;
     d1 = (log(S/E)+(r+vol^2/2)*T)/(vol*sqrt(T));
     d2 = d1-vol*sqrt(T);
     price = S*normcdf(d1)-E*exp(-r*T)*normcdf(d2);
     vega = S*sqrt(T)*normpdf(d1);
end
vola=vol;
```

그림 7.6는 Implied volsurface.m코드를 시행했을때 얻을 수 있는 내재변동성 곡면이다.

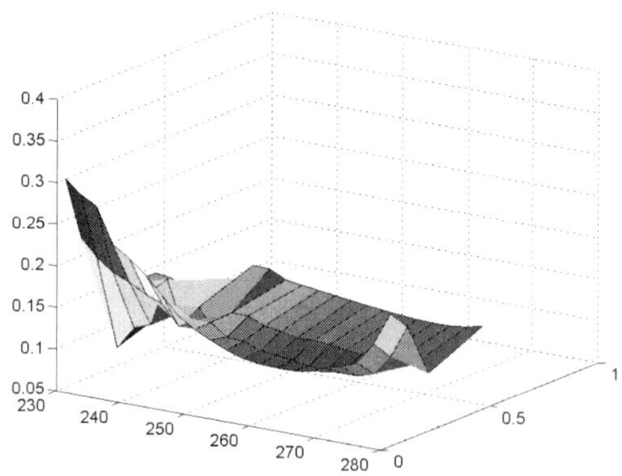

그림 7.6 내재변동성 곡면

CHAPTER 8

유한 차분법 (Finite Difference Method)

유한차분법(finite difference method)은 미분방정식 (differential equation)을 차분방정식 (difference equation)으로 이산화 시켜서 수치적인 해를 구하는 방법이다. 이 장에서는 유한차분법을 사용하여 열방정식 (heat equation)과 블랙 숄즈 편미분방정식의 근사해를 구할 것이다.

8.1 차분법

먼저 테일러의 정리(Taylor's theorem)를 바탕으로 하고 있는 유한차분법의 기본 원리를 살펴보기 전에 Taylor 정리에 대해서 알아보도록 하자.

정리 8.1.1 (1변수 함수의 **Taylor** 정리)

함수 $f(x)$가 구간 $[a,\ b]$에서 연속이면서 구간 (a, b)에서 $(n+1)$번 미분가능하고 h가 $(0,\ b-a)$안의 양수라고 하면, 모든 $x \in (a, b)$에 대하여 다음 식을 만족하는 ξ가 x와 $x+h$사이에 존재한다.

$$f(x+h) \quad = \quad f(x) + f'(x)h + \frac{f''(x)}{2!}h^2 + \cdots + \frac{f^{(n)}(x)}{n!}h^n + \frac{f^{(n+1)}(\xi)}{(n+1)!}h^{n+1}$$

증명 Taylor정리를 증명하기 위해서 다음 형태의 미적분학에서의 기본적인 정리에서부터 시작하자.

$$f(x+h) \quad = \quad f(x) + \int_x^{x+h} f'(\tau)\, d\tau = f(x) - \int_x^{x+h} f'(\tau)\, d(x+h-\tau),$$

$$
\begin{aligned}
&= f(x)+f'(x)h+\int_x^{x+h} f''(\tau)(x+h-\tau)\,d\tau\ (\because \text{부분적분}),\\
&= f(x)+f'(x)h+\int_x^{x+h} f''(\tau)\,d(-\frac{1}{2}(x+h-\tau)^2),\\
&= f(x)+f'(x)h+\frac{1}{2}f''(x)h^2+\frac{1}{2}\int_x^{x+h} f'''(\tau)(x+h-\tau)^2\,d\tau,\\
&= f(x)+f'(x)h+\frac{1}{2}f''(x)h^2+\frac{1}{2}(\int_x^{x+h} f'''(\tau)d(-\frac{1}{3}(x+h-\tau)^3)),\\
&= f(x)+f'(x)h+\frac{1}{2}f''(x)h^2+\frac{1}{3!}f'''(x)h^3+\frac{1}{3!}\int_x^{x+h} f^{(4)}(\tau)(x+h-\tau)^3 d\tau,\\
&\ \ \vdots\\
&= f(x)+f'(x)h+\frac{1}{2}f''(x)h^2+\cdots+\frac{1}{n!}f^{(n)}(x)h^n\\
&\quad +\frac{1}{n!}\int_x^{x+h} f^{(n+1)}(\tau)(x+h-\tau)^n d\tau.
\end{aligned}
$$

이때 일적분을 위한 가중치를 준 평균값 정리(Weighted Mean Value Theorem for Integrals)에 의하여

$$
\frac{1}{n!}\int_x^{x+h} f^{(n+1)}(\tau)(x+h-\tau)^n\,d\tau = \frac{1}{n!}f^{(n+1)}(\xi)\int_x^{x+h}(x+h-\tau)^n\,d\tau
$$

를 만족하는 ξ가 존재한다. 적분을 해보면

$$
\begin{aligned}
\frac{1}{n!}f^{(n+1)}(\xi)\int_x^{x+h}(x+h-\tau)^n\,d\tau &= \frac{1}{n!}f^{(n+1)}(\xi)\int_x^{x+h}(x+h-\tau)^n\,d(-(x+h-\tau)),\\
&= \frac{1}{(n+1)!}f^{(n+1)}(\xi)h^{n+1}.
\end{aligned}
$$

따라서

$$
f(x+h)=f(x)+f'(x)h+\frac{1}{2}f''(x)h^2+\cdots+\frac{1}{n!}f^{(n)}(x)h^n+\frac{f^{(n+1)}(\xi)}{(n+1)!}h^{n+1}.
$$

■

정리 8.1.2 **(적분에서의 가중치를 준 평균값 정리(Weighted Mean Value Theorem for Integrals))**

함수 f와 g가 폐구간 $[a,\ b]$에서 연속이고 g가 구간 $[a,\ b]$에서 부호가 바뀌지 않는다면 다음 식을 만족하는 실수 c가 구간 $(a,\ b)$에 존재한다.

$$
\int_a^b f(x)g(x)\,dx = f(c)\int_a^b g(x)\,dx
$$

Taylor의 정리를 이용하면 함수 $u(x+h,t)$는 다음과 같이 (x,t)에서의 u 함수값과 미분값들의 무한급수로 나타낼 수 있다.

$$u(x+h,t) = u(x,t) + u_x(x,t)h + \frac{u_{xx}(x,t)}{2}h^2 + \frac{u_{xxx}(x,t)}{3!}h^3 + \cdots \tag{8.1}$$

$u_x(x,t)$에 대해서 정리하면, 1차미분에 대한 차분식을 얻는다.

$$u_x(x,t) = \frac{u(x+h,t) - u(x,t)}{h} + O(h). \tag{8.2}$$

이것이 전방 차분법(forward difference method)이다.

정의 8.1.3 (Order 표기) $\mathcal{O}()$의 정의는 다음과 같다. $|f(s)| \le C|\psi(s)|\ \forall s \in \Omega$를 만족한다면 임의의 함수 $f(x)$는 $s \in \Omega$에 대하여 $\mathcal{O}(\psi(s))$라고 한다. 구체적으로 우리는 truncation 오차가 $\mathcal{O}(\Delta x^2)$인 근사값을 가지고 있다고 가정한다.

마찬가지로, 변수 t에 관하여 전방차분을 하면

$$u_t(x,t) = \frac{u(x,t+k) - u(x,t)}{k} + O(k) \tag{8.3}$$

를 얻는다. 후방차분방법(backward difference method)은

$$u(x-h,t) = u(x,t) - u_x(x,t)h + \frac{u_{xx}(x,t)}{2}h^2 - \frac{u_{xxx}(x,t)}{3!}h^3 + \cdots \tag{8.4}$$

식 (8.4)를 $u_x(x,t)$에 대해서 정리하면,

$$u_x(x,t) = \frac{u(x,t) - u(x-h,t)}{h} + O(h). \tag{8.5}$$

식 (8.1)에서 식 (8.4)을 뺀 다음 $u_x(x,t)$에 대해서 정리하면, 다음의 중앙차분방정식(central difference equation)을 얻는다.

$$u_x(x,t) = \frac{u(x+h,t) - u(x-h,t)}{2h} + O(h^2). \tag{8.6}$$

식 (8.1)에서 식 (8.4)을 더한 다음 $u_{xx}(x,t)$에 대해서 정리하면,

$$u_{xx}(x,t) = \frac{u(x+h,t) - 2u(x,t) + u(x-h,t)}{h^2} + O(h^2). \tag{8.7}$$

8.1 연습문제

1. u_{xxx}를 구하시오.
2. u_{xxxx}를 구하시오.

8.2 열 방정식에 대한 유한 차분법

유한차분법을 이용하여 bs 방정식을 풀기 전에 그보다 간단한 열방정식(heat equation)을 먼저 풀어보기로 하자. 열방정식은 식 (8.8)과 같은 편미분방정식이다.

$$u_t(x,t) = u_{xx}(x,t), \qquad 0 < x < 1, \qquad t > 0. \tag{8.8}$$

이 때 경계조건은 $u(0,t) = u(1,t) = 0 \ (t > 0)$이고 초기조건은 $u(x,0) = \sin(\pi x) \ (0 \le x \le 1)$을 만족한다. 해석해는 $u(x,t) = \sin(\pi x)\mathrm{e}^{-\pi^2 t}$이며 그림 8.2(a)와 그림 8.2(b)처럼 그래프로 나타낼 수 있다. 이 방정식에 대한 근사해를 명시적(Explicit), 함축적(Implicit), 그리고 크랭크-니콜슨(Crank-Nicolson) 유한차분법을 이용하여 구해보자.

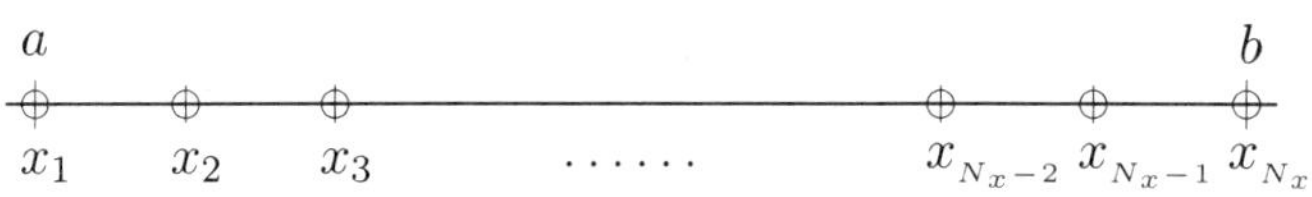

그림 8.1 유한차분근사를 위한 격자

그림 8.1과 같이 구간 $[a,b]$를 균등하게 $N_x - 1$등분하고 마디점을 x_i, 두 점 사이의 간격을 h라 하자. k만큼 떨어진 동등한 시간 구간의 결절점들로 t축을 나누자. 그러면 $h = (b-a)/(N_x - 1)$, $x_i = a + (i-1)h$이고 $a = x_1 < x_2 < \cdots < x_{N_x-1} < x_{N_x} = b$와 같이 된다. 여기서 $u_i^n = u(a+(i-1)h, (n-1)k)$라고 쓰기로 한다.

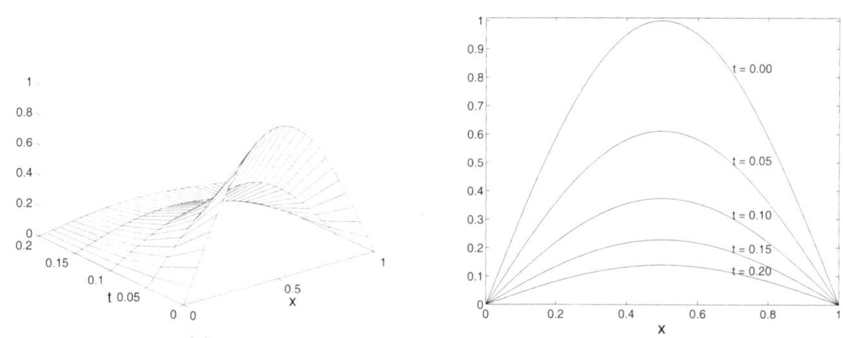

(a) (b)

그림 8.2 열방정식의 해석해

8.2.1 명시적(Explicit) 유한 차분법

먼저 정수 $N_x > 0$을 선택하고 $h = 1/(N_x - 1)$이라 정의하면, 식 (8.3)와 (8.7)을 이용하여, 열방정식 (8.8)에 대해 다음과 같이 유한차분법을 적용할 수 있게 된다. 시간에 대해서 u_t을 유한 전방차분 그리고 공간에 대해서 u_{xx}에 대한 중앙을 이용하여 열방정식을 다음과 같이 이산화 시켜서 나타낼 수 있다.

$$\frac{u_i^{n+1} - u_i^n}{k} + O(k) = \frac{u_{i+1}^n - 2u_i^n + u_{i-1}^n}{h^2} + O(h^2), \tag{8.9}$$

$i = 2, \ldots, N_x - 1$ 이고 $n = 1, 2, \ldots, N_t$ 이다. $O(k)$와 $O(h^2)$를 무시하면, 식 (8.9)를 차분방정식

$$u_i^{n+1} = u_i^n + \alpha(u_{i+1}^n - 2u_i^n + u_{i-1}^n),\ \alpha = \frac{k}{h^2} \tag{8.10}$$

으로 정리할 수 있다. 초기치는 $u_i^1 = \sin(\pi x_i)$ for $i = 1, 2, \ldots, N_x$ 이다. u_i^n을 알고 있다면, 명시적으로 u_i^{n+1}을 계산할 수 있다. 이것이 이 방법을 명시적이라 부르는 이유이다. `heatex.m`은 $\alpha = 0.45$, $N_x = 30$일 때, 시간에 따른 열방정식의 해를 나타낸 MATLAB 코드이다.

MATLAB

```
% heatex.m
clf; clear; clc; hold
alpha=0.45; Nx=30; x=linspace(0,1,Nx); h=x(2)-x(1); k=alpha*h^2;
T=0.125; Nt=round(T/k); u(1:Nx,1:Nt+1)=0; u(:,1)=sin(pi*x); exu=u;
for n=1:Nt
    for i=2:Nx-1
        u(i,n+1) = u(i,n)+alpha*(u(i-1,n)-2*u(i,n)+u(i+1,n));
        exu(i,n+1) = sin(pi*x(i))*exp(-pi^2*(k*n));
    end
end
plot(x,u(:,1),'k*',x,u(:,50),'kd',x,u(:,100),'ks',x,u(:,Nt+1),'ko');
plot(x,exu(:,1),'k',x,exu(:,50),'k',x,exu(:,100),'k',x,exu(:,Nt+1),'k')
legend('initial','n=50','n=100','n=Nt+1','exact solution',-1)
xlabel('x','FontSize',20); ylabel('u(x,t)','FontSize',20)
```

`heatex.cpp`은 다음의 열방정식을 명시적 유한 차분법으로 푸는 C++ 코드이다.

$$u_t = u_{xx}, \quad u(0) = \sin\frac{\pi(x-a)}{b-a}$$

이고, $a = 55,\ b = 72,\ \alpha = 0.45,\ N_x = 50,\ N_t = 300$ 이다.

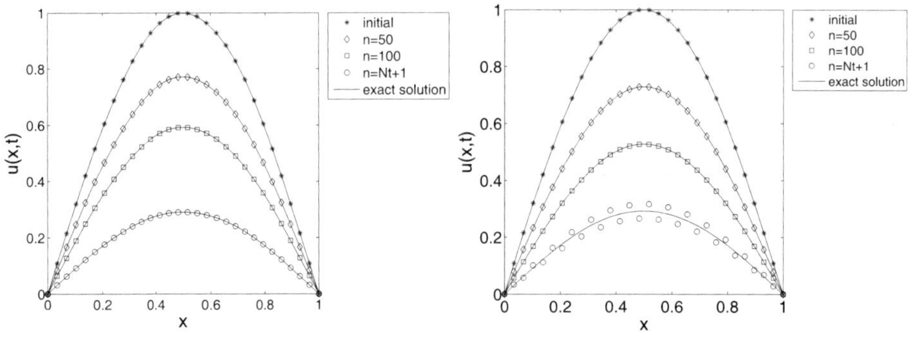

(a) (b)

그림 8.3 (a) $\alpha = 0.45$ 인 안정한 상태, (b) $\alpha = 0.55$ 인 불안정한 상태.

C++

```
//heatex.cpp
#include<iostream>
#include<cmath>
#include<vector>
#include<fstream>
#include<iomanip>
using namespace std;
#define PI 4.0*atan(1.0)

void linspace(vector<double> &x, double START,double END, int STEP)
{
    double h=(END - START)/(STEP-1.0);
    for (int i=0; i < STEP; i++) x.push_back(START+h*i);
}
class heatex
{
private:
    int m_Nx, m_Nt;
double m_a, m_b, m_alpha;

public:
    heatex(double a, double b, int Nx, double alpha, int Nt) :
        m_a(a), m_b(b), m_Nx(Nx), m_alpha(alpha), m_Nt(Nt){}
        ~heatex(){};
        void GetNumericalSolution();
        void WriteData(vector<double> S, vector<vector<double>> CP,
                vector<vector<double>> CPP);
};
void heatex::WriteData(vector<double> S, vector<vector<double>> CP,
        vector<vector<double>> CPP)
{
    ofstream output;
    output.open("heatex_x_Data.dat");
    output<<fixed<<setprecision(6);
    for(unsigned int i=0;i<S.size();i++)
    {
        output<<setw(12)<<showpoint<<S[i];
```

```
    }
    output<<endl;
    output.clear();
    output.close();
    output.open("heatex_u_Data.dat");
    output<<fixed<<setprecision(6);
    for(int n=0;n<m_Nt+1;n++)
    {
        for (int i=0;i<m_Nx;i++)
        {
            output<<setw(12)<<showpoint<<CP[i][n];
        }
        output<<endl;
    }
    output.clear();
    output.close();
    output.open("heatex_exu_Data.dat");
    output<<fixed<<setprecision(6);
    for(int n=0;n<m_Nt+1;n++)
    {
        for (int i=0;i<m_Nx;i++)
        {
            output<<setw(12)<<showpoint<<CPP[i][n];
        }
        output<<endl;
    }
    output.clear();
    output.close();
}
void heatex::GetNumericalSolution()
{
    vector<double> x;
    double h, dt;
    linspace(x, 0,1,m_Nx);
    h=x[1]-x[0];
    dt=m_alpha*pow(h,2);
    vector<vector<double>> u(m_Nx, vector<double>(m_Nt+1)),
            exu(m_Nx, vector<double>(m_Nt+1));
    for (int i=0;i<m_Nx;i++)
        u[i][0]=sin(PI*(x[i]-m_a)/(m_b-m_a));
    exu=u;
    for (int n=0; n<m_Nt;n++)
    {
        for (int i=1; i<m_Nx-1;i++)
        {
            exu[i][n+1]=sin(PI*(x[i]-m_a)/(m_b-m_a))
                        *exp(-pow(PI/(m_b-m_a),2)*(dt*(n+1)));
            u[i][n+1]=u[i][n]+m_alpha*(u[i-1][n]-2.0*u[i][n]+u[i+1][n]);
        }
    }
    WriteData(x,u,exu);
}

int main()
{
    heatex ex(55,72,50,0.45,300);
```

```
    ex.GetNumericalSolution();
    return 0;
}
```

다음의 heatex.cpp 파일을 실행해서 나온 파일을 MATLAB에서 plot함수를 이용하여 그림을 그리는 코드이다.

MATLAB

```
% heatex_post.m
clc; clf; clear;
x = load('heatex_x_Data.dat');
u = load('heatex_u_Data.dat')';
exu = load('heatex_exu_Data.dat')';
plot(x,u(:,1),'k*',x,u(:,50),'kd',x,u(:,100),'ks', x,u(:,235),'ko');
hold
plot(x,exu(:,1),'k',x,exu(:,50),'k',x,exu(:,100),'k',x,exu(:,235),'k');
legend('initial','n=50','n=100','n=235','exact solution',-1)
xlabel('x','FontSize',20); ylabel('u(x,t)','FontSize',20)
```

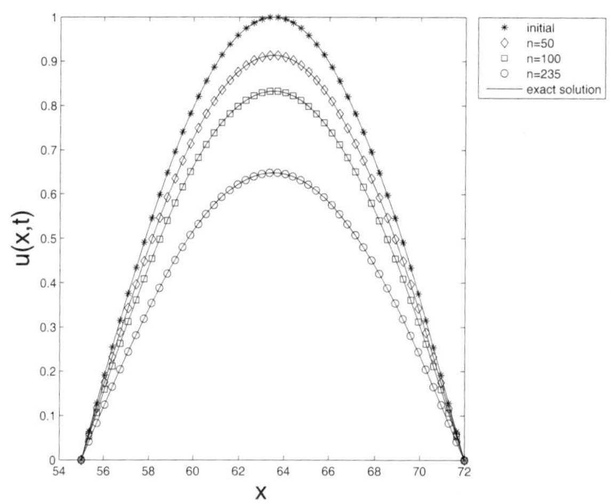

그림 8.4 $\alpha = 0.45$인 안정한 상태

명시적방법의 안정성 문제 - 폰 노이만 **(von Neumann)** 방법

폰노이만 방법(폰 노이만(von Neumann) 방법)은 초기조건을 유한개의 푸리에 급수(finite Fourier series)로 나타낸 다음, 함수의 성장을 고려하는 것이다. 푸리에 급수는 사인과 코사인의 조합으로 표현할 수도 있지만 복소지수함수로 나타내면 계산을 간단하게 할 수 있다. 시간이 지남에 따라서

$$u_k^n = e^{i\beta kh}\xi^n \tag{8.11}$$

이 어떻게 성장하는가 보자. 식 (8.11)을 방정식 (8.10)에 대입을 하면 다음을 얻는다.

$$\begin{aligned} e^{i\beta kh}\xi^{n+1} &= \alpha e^{i\beta(k-1)h}\xi^n + (1-2\alpha)e^{i\beta kh}\xi^n + \alpha e^{i\beta(k+1)h}\xi^n, \\ \xi &= \alpha e^{-i\beta h} + (1-2\alpha) + \alpha e^{i\beta h} = 1 - 4\alpha\sin^2\frac{\beta h}{2}. \end{aligned}$$

양유한차분해가 von Neumann관점에서 안정적이기 위한 필요충분조건은 $|\xi| \le 1$ 이다. 그러므로 다음의 부등식이 성립한다.

$$0 \le \alpha\sin^2\frac{\beta h}{2} \le \frac{1}{2}. \tag{8.12}$$

따라서, 양유한차분해가 안정적이기 위한 필요충분조건은 다음과 같다.

$$0 < \alpha \le \frac{1}{2}. \tag{8.13}$$

그림 8.3(a)에서 $\alpha = 0.45$일때 계산된 값은 정확한 해에 가까워지지만, 그림 8.3(b)에서 보듯이 $\alpha = 0.55$일때 계산된 값은 정확한 해로 수렴하지 않는다. 즉 α의 값이 커짐에 따라 구한 해가 불안정할 수 있다는 점이 명시적 유한차분법의 단점이다.

8.2 연습문제

정의역이 Ω=(3,5)이고 초기치가 정의역이 3, 5에서 $u = 0$, 나머지에서는 $u = 100$일때 열방정식과 명시적 방법을 이용해서 T=0.1에서의 u값을 구하시오.

8.2.2 함축적 (Implicit) 유한 차분법

명시적 유한차분법의 안정조건인 $0 < \alpha \le \frac{1}{2}$의 제약을 피하기 위해 함축적(implicit) 유한 차분법을 이용한다. 함축적 방법은 시간간격을 작게 취하지 않고도 많은 수의 격자점들을 이용할 수 있다. 다만 함축적 방법은 유한차분 연립방정식의 해를 구해야 한다. 보통 함축적 유한차분법이라고 알려진 완전 함축적 유한차분법은 u_t에 대한 후방 유한차분근사와 u_{xx}에 대한 중앙차분근사를 이용한다. 따라서 다음과 같은 함축적 유한차분 방정식을 이끌어 낼 수 있다.

$$\frac{u_i^{n+1} - u_i^n}{k} = \frac{u_{i-1}^{n+1} - 2u_i^{n+1} + u_{i+1}^{n+1}}{h^2}.$$

다시 정리하면 다음의 함축적 유한차분방정식

$$-\alpha u_{i-1}^{n+1} + (1+2\alpha)u_i^{n+1} - \alpha u_{i+1}^{n+1} = u_i^n,\ \alpha = \frac{k}{h^2} \text{ for } i = 2, \cdots, N_x - 1. \tag{8.14}$$

을 얻게 된다. (8.14)는 다음과 같은 선형 시스템 (linear system)으로 나타낼 수 있다.

$$
\begin{pmatrix}
1+2\alpha & -\alpha & 0 & \dots & 0 \\
-\alpha & 1+2\alpha & -\alpha & & 0 \\
0 & -\alpha & \ddots & \ddots & \vdots \\
\vdots & & \ddots & \ddots & -\alpha \\
0 & 0 & & -\alpha & 1+2\alpha
\end{pmatrix}
\begin{pmatrix}
u_2^{n+1} \\ u_3^{n+1} \\ \vdots \\ \vdots \\ u_{N_x-1}^{n+1}
\end{pmatrix} \tag{8.15}
$$

$$
= \begin{pmatrix}
\alpha u_1^{n+1} + u_2^n \\ u_3^n \\ \vdots \\ \vdots \\ u_{N_x-1}^n + \alpha u_{N_x}^{n+1}
\end{pmatrix}
= \begin{pmatrix}
b_2^n \\ b_3^n \\ \vdots \\ \vdots \\ b_{N_x-1}^n
\end{pmatrix}.
$$

(8.16)은 좀 더 압축된 형태인

$$\mathbf{A}\boldsymbol{u}^{n+1} = \boldsymbol{b}^n \tag{8.16}$$

으로 나타낼 수 있다. 여기서 $\boldsymbol{u}^{n+1}$ 와 $\boldsymbol{b}^n$ 는 $(N_x - 2)-$차원의 벡터들인

$$\boldsymbol{u}^{n+1} = (u_2^{n+1}, \cdots, u_{N_x-1}^{n+1})^T, \quad \boldsymbol{b}^n = \boldsymbol{u}^n + \alpha(u_1^n, 0, \cdots, 0, u_{N_x}^{n+1})^T$$

을 뜻하며, $\mathbf{A}$은 (8.16)에서 주어진 $(N_x - 2) - \times - (N_x - 2)$의 크기를 가지는 정방대칭행렬을 뜻한다. $\alpha \geq 0$에 대하여 $\mathbf{A}$은 가역 (invertible)이므로

$$\boldsymbol{u}^{n+1} = \mathbf{A}^{-1}\boldsymbol{b}^n \tag{8.17}$$

이다. 그러므로 $\boldsymbol{u}^n$ 과 경계조건에 의해 구해지는 $\boldsymbol{b}^n$ 에 의해 $\boldsymbol{u}^{n+1}$ 를 찾을 수 있다. 초기조건은 $\boldsymbol{u}^1$ 에 의해 결정되므로, 각각의 $\boldsymbol{u}^{n+1}$ 을 순차적으로 구할 수 있다.

보통 함축적 방법을 이용하여 $\mathbf{A}$ 행렬을 구할 때에는 삼중대각행렬이 나온다. 이 삼중대각행렬인 $\mathbf{A}$ 행렬의 역함수를 구해서 함축적 방법의 해를 구하는 것은 시간이 많이 요하게 되므로 지양된다. 따라서 효과적으로 연립방정식의 해를 구하는 방법들이 많이 연구 되었다. 그 효과적인 방법중 하나가 토마스 알고리즘(Thomas Algorithm)이다. 토마스 알고리즘을 이용하여 연립방정식의 해를 구해보자.

영이 아닌 원소를 가지는 다음 행렬을 살펴보자.

$$
\begin{pmatrix}
d_1 & c_1 & & & & & & \\
a_2 & d_2 & c_2 & & & & & \\
& a_3 & d_3 & c_3 & & & & \\
& & \ddots & \ddots & \ddots & & & \\
& & & a_i & d_i & c_i & & \\
& & & & \ddots & \ddots & \ddots & \\
& & & & & a_{N_x-1} & d_{N_x-1} & c_{N_x-1} \\
& & & & & & a_{N_x} & d_{N_x}
\end{pmatrix}
\begin{pmatrix} x_1 \\ x_2 \\ x_3 \\ \vdots \\ x_i \\ \vdots \\ x_{N_x-1} \\ x_{N_x} \end{pmatrix}
=
\begin{pmatrix} b_1 \\ b_2 \\ b_3 \\ \vdots \\ b_i \\ \vdots \\ b_{N_x-1} \\ b_{N_x} \end{pmatrix},
$$

여기서 표시되지 않은 원소들은 모두 0이다. 삼중대각(Tridiagonal) 행렬은 $|i-j| \geq 2$ 일 때, $a_{ij}=0$가 되는 특징을 가지고 있다. 이제 삼중대각 행렬의 해를 구하는 알고리즘을 구해보자. 1행에 a_1/d_1을 곱한 값을 2행에서 뺀다. 그러면 a_1의 자리에는 0이 위치하게 되고 d_2와 b_2의 값도 다음과 같이 변하게 된다. 하지만 c_2는 변하지 않는다.

$$
d_2 = d_2 - \frac{a_2}{d_1}c_1, \qquad b_2 = b_2 - \frac{a_2}{d_1}b_1
$$

$$
\begin{pmatrix}
d_1 & c_1 & & & & & & \\
0 & d_2 - \dfrac{a_2 c_1}{d_1} & c_2 & & & & & \\
& a_3 & d_3 & c_3 & & & & \\
& & \ddots & \ddots & \ddots & & & \\
& & & a_i & d_i & c_i & & \\
& & & & \ddots & \ddots & \ddots & \\
& & & & & a_{N_x-1} & d_{N_x-1} & c_{N_x-1} \\
& & & & & & a_{N_x} & d_{N_x}
\end{pmatrix}
\begin{pmatrix} x_1 \\ x_2 \\ x_3 \\ \vdots \\ x_i \\ \vdots \\ x_{N_x-1} \\ x_{N_x} \end{pmatrix}
=
\begin{pmatrix} b_1 \\ b_2 - \dfrac{a_2 b_1}{d_1} \\ b_3 \\ \vdots \\ b_i \\ \vdots \\ b_{N_x-1} \\ b_{N_x} \end{pmatrix}.
$$

이 과정을 반복하여 적용하면 각 단계에서 d_i와 b_i들은 다음과 같이 바뀌게 된다:

$$
d_i = d_i - \frac{a_i}{d_{i-1}}c_{i-1}, \qquad b_i = b_i - \frac{a_i}{d_{i-1}}b_{i-1}, \qquad (2 \leq i \leq N_x).
$$

전방소거의 결과로, 식 (8.18)은 다음의 형태를 갖게 된다.

$$
\begin{pmatrix}
d_1 & c_1 & & & & & \\
 & d_2 & c_2 & & & & \\
 & & d_3 & c_3 & & & \\
 & & & \ddots & \ddots & & \\
 & & & & d_i & c_i & \\
 & & & & & \ddots & \ddots \\
 & & & & & d_{N_x-1} & c_{N_x-1} \\
 & & & & & & d_{N_x}
\end{pmatrix}
\begin{pmatrix} x_1 \\ x_2 \\ x_3 \\ \vdots \\ x_i \\ \vdots \\ x_{N_x-1} \\ x_{N_x} \end{pmatrix}
=
\begin{pmatrix} b_1 \\ b_2 \\ b_3 \\ \vdots \\ b_i \\ \vdots \\ b_{N_x-1} \\ b_{N_x} \end{pmatrix}.
$$

여기서 b_i 와 d_i 들은 처음 값과는 다른 값을 가지고 있지만 c_i 의 값들은 처음 값과 동일하다. 이제 후방대입을 통해 $x_{N_x},\ x_{N_x-1},\ \cdots,\ x_1$ 을 차례로 구할 수 있다:

$$
x_{N_x} = \frac{b_{N_x}}{d_{N_x}},\ x_i = \frac{1}{d_i}(b_i - c_i x_{i+1}), \qquad i = N_x - 1,\ N_x - 2,\ \cdots,\ 1.
$$

heatim.m은 열방정식의 함축적 유한 차분법을 이용한 수치해를 토마스 알고리즘을 이용하여 구하는 MATLAB 코드이다.

MATLAB

```
% heatim.m
function heatim
clear; clc; clf; Nx=12; x=linspace(0,1,Nx); h=x(2)-x(1); T=0.1;
alpha=2; k=alpha*(h^2); Nt=round(T/k); u(:,1)=sin(pi*x);
for i=1:Nx-2
    d(i)= 1 + 2*alpha; c(i)= - alpha; a(i)= - alpha;
end
for n=1:Nt
    for i=1:Nx-2
        b(i)=u(i+1,n);
    end
    u(2:Nx-1,n+1)=thomas(a, d, c, b);
end
plot(x,u,'ko-');
xlabel('x','FontSize',20); ylabel('u(x,t)','FontSize',20);
function x = thomas(alpha, beta, gamma, f)
n=length(f);
for i=2:n
    mult=alpha(i)/beta(i-1);
    beta(i)=beta(i)-mult*gamma(i-1);
    f(i)=f(i)-mult*f(i-1);
end
x(n)=f(n)/beta(n);
for i=n-1:-1:1
    x(i)=(f(i)-gamma(i)*x(i+1))/beta(i);
end
```

위의 코드 heatim.m를 실행하면 다음의 결과를 얻을 수 있다.

heatim.cpp은 열방정식의 함축적 유한 차분법을 이용한 수치해를 토마스 알고리즘을 이용하여 구하는 C++ 코드이다. ($N_x = 12,\ \Delta t = 0.1,\ \alpha = 2$)

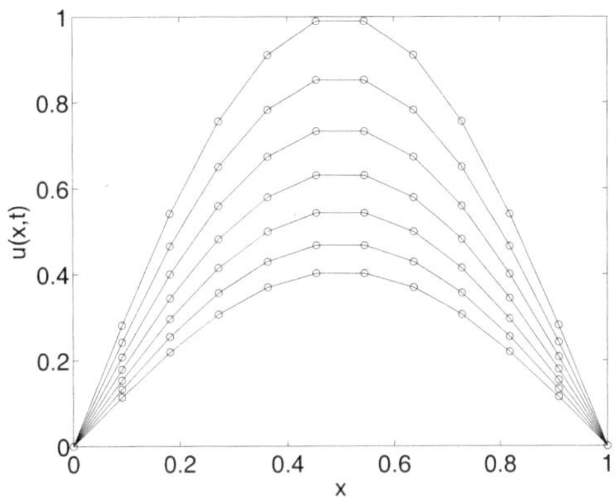

그림 8.5 함축적 열방정식 $\alpha = 2$인 안정한 상태

C++

```
// heatim.cpp
#include<iostream>
#include<cmath>
#include<vector>
#include <algorithm>
#include<fstream>
#include<iomanip>
using namespace std;
#define PI 4.0*atan(1.0)
void linspace(vector<double> &x, double START, double  END, int STEP)
{
    double h = (END - START)/(STEP-1.0);
x.push_back(0);
    for (int i=1; i<=STEP; i++) x.push_back(START+h*(i-1.0));
}
vector<double> thomas(vector<double> alpha, vector<double> beta,
        vector<double> gamma, vector<double> f)
{
int n = f.size()-1;

for (int i=2; i<=n;i++){
double mult = alpha[i]/beta[i-1];
beta[i] = beta[i]-mult*gamma[i-1];
f[i] = f[i]-mult*f[i-1];
}
vector<double> x(n+1);
x[n] = f[n]/beta[n];
for (int i=n-1;i>=1;i--){
x[i]=(f[i]-gamma[i]*x[i+1])/beta[i];
}
return x;
}
class heatim
{
public:
    heatim(int nNx, double nT, double nalpha);
    void GetNumericalSolution();
```

```
    void WriteData(vector<double> S, vector<vector<double>> CP);
private:
    int m_Nx, m_Nt;
    double m_h, m_T,m_alpha, m_k;
};
heatim::heatim(int nNx, double nT, double nalpha)
{
    m_Nx=nNx, m_T=nT, m_alpha=nalpha;
}
void heatim::GetNumericalSolution()
{
    vector<double> x;
    linspace(x,0,1,m_Nx);
    m_h=x[2]-x[1];
    m_k=m_alpha*pow(m_h,2);
    m_Nt=floor(m_T/m_k+0.5);
    vector<vector<double>> u(m_Nx+1, vector<double>(m_Nt+2));
    for (int i=1; i<=m_Nx; i++)
        u[i][1]=sin(PI*x[i]);
    vector<double> d(m_Nx-1), c(m_Nx-1), a(m_Nx-1);
    for (int i=1; i<=m_Nx-2; i++) {
        d[i]=1+2.0*m_alpha;
        c[i]=-m_alpha;
        a[i]=-m_alpha;}
    vector<double> b(m_Nx-1);
    for (int n=1; n<=m_Nt; n++) {
        for (int i=1; i<=m_Nx-2; i++)
            b[i]=u[i+1][n];
        vector<double> temp = thomas(a,d,c,b);
for (int i=2; i<=m_Nx-1;i++)
u[i][n+1] = temp[i-1];
}
WriteData(x,u);
}
void heatim::WriteData(vector<double> S, vector<vector<double>> CP)
{
    ofstream output;
    output.open("heatim_S_Data.dat");
    output<<fixed<<setprecision(4);
    for (unsigned int i=0; i<S.size(); i++)
        output<<setw(12)<<showpoint<<S[i];
    output.close();
    output.open("heatim_CP_Data.dat");
    for (unsigned int i=0; i<S.size(); i++) {
        for (unsigned int j=0; j<CP[i].size(); j++) {
            output<<setw(12)<<showpoint<<CP[i][j];}
        output<<endl;}
    output.close();
}

int main()
{
    heatim im(12,0.1,2.0);
    im.GetNumericalSolution();
    return 0;
}
```

다음은 heatim.cpp을 실행해서 나온 열방정식의 해를 MATLAB에서 plot함수를 이용하여 그림을 그리는 코드이다.

MATLAB

```
% heatim_post.m
clc; clf; clear;
x = load('heatim_S_Data.dat');
u = load('heatim_CP_Data.dat');
plot(x,u,'ko-')
xlabel('x','FontSize',20); ylabel('u(x,t)','FontSize',20);
```

heatim_post.m 코드를 실행하면 그림 8.5와 같은 결과를 얻을 수 있다.

함축적 방법에서는 토마스 알고리즘을 많이 쓰이게 된다. 하지만 매번 MATLAB 코드를 작성할 때마다 토마스 알고리즘의 식을 많이 쓰게 되면 코드가 굉장히 복잡하게 된다. 이 경우 토마스 알고리즘을 함수로 지정을 하게 되면 내가 쓰고 싶을 때 편하게 항상 쉽게 함수를 불러 쓸 수 있게 된다. 아래 MATLAB 코드는 함수로 만들어서 함축적인 방법으로 열방정식을 푼 코드이다.

MATLAB

```
function x = thomas(alpha, beta, gamma, f)
n=length(f);
for i=2:n
    mult=alpha(i)/beta(i-1);
    beta(i)=beta(i)-mult*gamma(i-1);
    f(i)=f(i)-mult*f(i-1);
end
x(n)=f(n)/beta(n);
for i=n-1:-1:1
    x(i)=(f(i)-gamma(i)*x(i+1))/beta(i);
end
```

명시적 방법의 안정성 문제와 같이 시간이 지남에 따라서

$$u_k^n = e^{i\beta kh}\xi^n \tag{8.18}$$

이 어떻게 성장하는가 보자. 식 (8.18)을 방정식 (8.14)에 대입을 하면 다음을 얻는다.

$$\begin{aligned} -\alpha e^{i\beta(k-1)h}\xi^{n+1} + (1+2\alpha)e^{i\beta kh}\xi^{n+1} - \alpha e^{i\beta(k+1)h}\xi^{n+1} &= e^{i\beta kh}\xi^n, \\ -\alpha e^{-i\beta h}\xi + (1+2\alpha)\xi - \alpha e^{i\beta h}\xi &= 1, \\ (2\alpha(1-\cos(\beta h))+1)\xi &= 1. \end{aligned}$$

따라서,

$$\xi = \frac{1}{4\alpha\sin^2(\beta h/2)+1}. \tag{8.19}$$

ξ는 모든 양수 α와 모든 β에 대해서 $\frac{1}{4\alpha+1} \le \xi \le 1$을 만족한다. 따라서 식 (8.14)은 무조건 안정적이다. 이는 그림 8.5로 확인할 수 있다. 이러한 방법을 폰 노이만 방법 (Von-Neumann Method) 라고 한다.

8.2.3 크랭크 니콜슨(Crank–Nicolson) 방법

지금까지 언급한 명시적 또는 함축적 방법을 한번에 고려한 방법이 크랭크 니콜슨 방법(Crank–Nicolson 방법)이다. 크랭크 니콜슨 방법은 시간 격자 n과 $n+1$의 중간에 있는 미분 근사값 $u_i^{n+1/2}$을 이용한다. 시점 $n+1/2$에서 , 시간에 대한 1계 편미분을 구하면 다음과 같다.

$$u_t(x_i, t^{n+1/2}) = \frac{u_i^{n+1} - u_i^n}{k} + O(k^2). \tag{8.20}$$

또한 시점 $n+1/2$에서, 공간변수 x에 대한 2계 편미분은 시점 n와 $n+1$에서 2계 편미분 근사값을 평균해서 구한다.

$$\begin{aligned} u_t(x_i, t^{n+1/2}) &= \frac{1}{2}\left(u_{xx}(x_i, t^n) + u_{xx}(x_i, t^{n+1})\right) + O(h^2) \\ &= \frac{1}{2}\left(\frac{u_{i+1}^n - 2u_i^n + u_{i-1}^n}{h^2} + \frac{u_{i+1}^{n+1} - 2u_i^{n+1} + u_{i-1}^{n+1}}{h^2}\right) + O(h^2). \end{aligned}$$

두 근사식 (8.20) 와 (8.21)의 절단오차는 각각 $\mathcal{O}(k^2)$과 $\mathcal{O}(h^2)$으로 근사식의 정확도가 높기 때문에 많은 계산을 하지 않아도 수치분석에서 만족스러운 해를 얻을 수 있다. 식 (8.20)와 (8.21)의 우변을 같게 하면 다음과 같은 크랭크 니콜슨 식을 얻을 수 있다.

$$-\alpha u_{i-1}^{n+1} + 2(1+\alpha)u_i^{n+1} - \alpha u_{i+1}^{n+1} = \alpha u_{i-1}^n + 2(1-\alpha)u_i^n + \alpha u_{i+1}^n, \tag{8.21}$$

여기서 $\alpha = \frac{k}{h^2}$ 이다. 식 (8.21) 를 행렬 형태로 표현하면 다음과 같다.

$$\begin{pmatrix} 2(1+\alpha) & -\alpha & & & & \\ -\alpha & 2(1+\alpha) & -\alpha & & & \\ & -\alpha & 2(1+\alpha) & -\alpha & & \\ & \ddots & \ddots & \ddots & & \\ & & & & 2(1+\alpha) & -\alpha \\ & & & & -\alpha & 2(1+\alpha) \end{pmatrix} \begin{pmatrix} u_2^{n+1} \\ u_3^{n+1} \\ u_4^{n+1} \\ \vdots \\ u_{Nx-2}^{n+1} \\ u_{Nx-1}^{n+1} \end{pmatrix}$$

$$= \begin{pmatrix} \alpha u_1^{n+1} + 2(1-\alpha)u_2^n + \alpha u_3^n \\ \alpha u_2^n + 2(1-\alpha)u_3^n + \alpha u_4^n \\ \alpha u_3^n + 2(1-\alpha)u_4^n + \alpha u_5^n \\ \vdots \\ 2(1-\alpha)u_{Nx-2}^n + \alpha u_{Nx-1}^n \\ \alpha u_{Nx-2}^n + 2(1-\alpha)u_{Nx-1}^n + \alpha u_{Nx}^{n+1} \end{pmatrix} = \begin{pmatrix} b_2^n \\ b_3^n \\ b_4^n \\ \vdots \\ b_{Nx-2}^n \\ b_{Nx-1}^n \end{pmatrix}. \tag{8.22}$$

위의 식 (8.22)을 간단하게 다음과 같이 표현할 수 있다.

$$\mathbf{A}\mathbf{u}^{n+1} = \mathbf{b}^n.$$

heatCN.m은 열방정식을 크랭크 니콜슨 방법에 의해 푼 MATLAB 코드이다.

MATLAB

```
% heatCN.m
function heatCN
clear; clc; clf; Nx=12; x=linspace(0,1,Nx); h=x(2)-x(1);
T=0.1; alpha = 2; k = alpha*(h^2); Nt=round(T/k);
u(:,1)=sin(pi*x);
for i=1:Nx-2
    d(i)= 2*(1+alpha); c(i)= - alpha; a(i)= - alpha;
end
for n=1:Nt
    for i=1:Nx-2
        b(i)=alpha*u(i,n)+2*(1-alpha)*u(i+1,n)+alpha*u(i+2,n);
    end
    u(2:Nx-1,n+1)=thomas(a, d, c, b);
end
plot(x,u,'ko-');
xlabel('x','FontSize',20); ylabel('u(x,t)','FontSize',20)
function x = thomas(alpha, beta, gamma, f)
n=length(f);
for i=2:n
    mult=alpha(i)/beta(i-1);
    beta(i)=beta(i)-mult*gamma(i-1);
    f(i)=f(i)-mult*f(i-1);
end
x(n)=f(n)/beta(n);
for i=n-1:-1:1
    x(i)=(f(i)-gamma(i)*x(i+1))/beta(i);
end
```

위의 코드 heatCN.m를 실행하면 다음의 결과를 얻을 수 있다.

heatCN.cpp은 열방정식을 크랭크 니콜슨 방법에 의해 푼 C++ 코드이다. ($N_x = 12$, $\Delta t = 0.1$, $\alpha = 2$)

C++

```
//  heatCN.cpp
#include<iostream>
#include<cmath>
#include<vector>
#include <algorithm>
#include<fstream>
#include<iomanip>
```

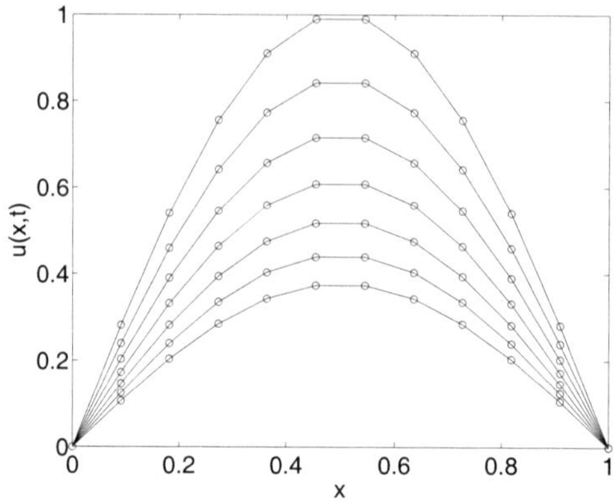

그림 8.6 크랭크 니콜슨을 이용한 열방정식 $\alpha = 2$인 안정한 상태

```
using namespace std;
#define PI 4.0*atan(1.0)
void linspace(vector<double> &x, double START, double  END, int STEP)
{
    double h = (END - START)/(STEP-1.0);
x.push_back(0);
    for (int i=1; i<=STEP; i++) x.push_back(START+h*(i-1.0));
}
vector<double> thomas(vector<double> alpha, vector<double> beta,
        vector<double> gamma, vector<double> f)
{
int n = f.size()-1;

for (int i=2; i<=n;i++){
double mult = alpha[i]/beta[i-1];
beta[i] = beta[i]-mult*gamma[i-1];
f[i] = f[i]-mult*f[i-1];
}
vector<double> x(n+1);
x[n] = f[n]/beta[n];
for (int i=n-1;i>=1;i--){
x[i]=(f[i]-gamma[i]*x[i+1])/beta[i];
}
return x;
}
class heatCN
{
public:
    heatCN(int nNx,double nT, double nalpha);
    void GetNumericalSolution();
```

```
    void WriteData(vector<double> S, vector<vector<double>> CP);
private:
    int m_Nx, m_Nt;
    double m_h, m_T, m_alpha, m_k ;
};
heatCN::heatCN(int nNx, double nT, double nalpha)
{
    m_Nx=nNx, m_T=nT, m_alpha=nalpha;
}
void heatCN::GetNumericalSolution()
{
    vector<double> x;
    linspace(x,0,1,m_Nx);
    m_h=x[3]-x[2];
    m_k=m_alpha*pow(m_h,2);
    m_Nt=floor(m_T/m_k+0.5);
    vector<vector<double>> u(m_Nx+1, vector<double>(m_Nt+2));

    for (int i=1;i<=m_Nx;i++)
        u[i][1]=sin(PI*x[i]);
    vector<double> d(m_Nx-1),c(m_Nx-1),a(m_Nx-1);

for (int i=1; i<=m_Nx-2;i++) {
        d[i]=2.0*(1+m_alpha);
        c[i]=-m_alpha;
        a[i]=-m_alpha;}

    vector<double> b(m_Nx-1);
    for (int n=1;n<=m_Nt;n++) {
        for (int i=1; i<=m_Nx-2;i++)
            b[i]=m_alpha*u[i][n]+2.0*(1-m_alpha)*u[i+1][n]+m_alpha*u[i+2][n];

vector<double> temp = thomas(a,d,c,b);
for (int i=2; i<=m_Nx-1;i++)
u[i][n+1] = temp[i-1];
}
    WriteData(x,u);
}
void heatCN::WriteData(vector<double> S, vector<vector<double>> CP)
{
    ofstream output;
    output.open("heatCN_x_Data.dat");
    output<<fixed<<setprecision(4);
    for (unsigned int i=0; i < S.size(); i++)
```

```
        output<<setw(12)<<showpoint<<S[i];
    output.close();
    output.open("heatCN_u_Data.dat");
    for(unsigned int n=0;n<CP[0].size();n++) {
        for (unsigned int i=0;i<S.size();i++) {
            output<<setw(12)<<showpoint<<CP[i][n];}
        output<<endl;}
    output.close();
}
int main()
{
    heatCN CN(12,0.1,2.0);
    CN.GetNumericalSolution();
    return 0;
}
```

다음은 heatCN.cpp을 실행해서 구한 열방정식의 해를 MATLAB에서 plot함수를 이용하여 그림을 그리는 코드이다.

MATLAB

```
% heatCN_post.m
clc; clf; clear;
x = load('heatCN_x_Data.dat');
u = load('heatCN_u_Data.dat');
plot(x,u,'ko-');
xlabel('x','FontSize',20); ylabel('u(x,t)','FontSize',20)
```

heatCN_post.m를 실행하면 그림 8.6과 같다.

크랭크 니콜슨 방법의 안정성 문제를 확인하기 위하여 폰 노이만 방법을 이용하여 보자. 시간이 지남에 따라서

$$u_k^n = e^{i\beta kh}\xi^n \tag{8.23}$$

이 어떻게 성장하는가 알아보았다. 식 (8.23)을 방정식 (8.21)에 대입을 하면 다음을 얻는다.

$$-\alpha u_{i-1}^{n+1} + 2(1+\alpha)u_i^{n+1} - \alpha u_{i+1}^{n+1} = \alpha u_{i-1}^n + 2(1-\alpha)u_i^n + \alpha u_{i+1}^n, \tag{8.24}$$

여기서 $\alpha = \frac{k}{h^2}$이다.

$$\begin{aligned}
-\alpha e^{i\beta(k-1)h}\xi^{n+1} + (1+2\alpha)e^{i\beta kh}\xi^{n+1} - \alpha e^{i\beta(k+1)h}\xi^{n+1} &= e^{i\beta kh}\xi^n, \\
-\alpha e^{-i\beta h}\xi + (1+2\alpha)\xi - \alpha e^{i\beta h}\xi &= 1, \\
(2\alpha(1-\cos(\beta h))+1)\xi &= 1.
\end{aligned}$$

따라서,

$$\xi = \frac{1}{4\alpha \sin^2(\beta h/2) + 1}. \tag{8.25}$$

ξ는 모든 양수 α와 모든 β에 대해서 $\frac{1}{4\alpha+1} \le \xi \le 1$을 만족한다. 따라서 식(8.14)은 무조건 안정적이다. 이는 그림 8.5로 확인할 수 있다.

8.2.4 비균일 격자(Non-uniform mesh grid)에서 함축적 방법

열방정식을 비균일 격자에서 이산화하자. $x_0 = 0$이고 $i = 0, 1, \cdots, N_x - 1$일 때 $x_{i+1} = x_i + h_i$라고 정의한다. 여기서 Nx는 구간의 총 개수이고 h_i는 격자 공간이다.

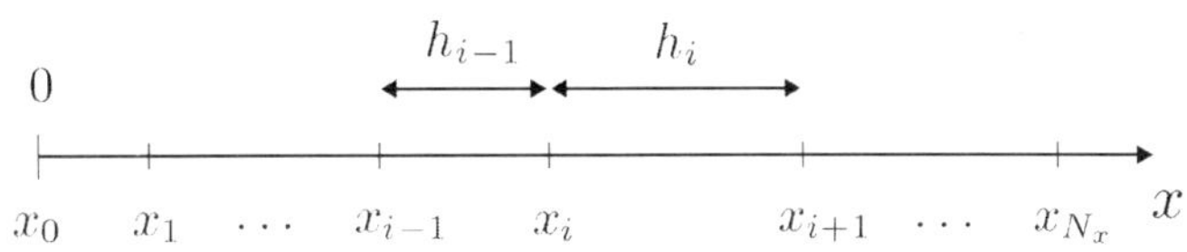

그림 8.7 x축 방향으로 비균일 격자.

$$\left(\frac{\partial u}{\partial x}\right)_i^{n+1} = -\frac{h_i}{h_{i-1}(h_{i-1}+h_i)}u_{i-1}^{n+1} - \frac{h_i - h_{i-1}}{h_{i-1}h_i}u_i^{n+1} + \frac{h_{i-1}}{h_i(h_{i-1}+h_i)}u_{i+1}^{n+1} \tag{8.26}$$

$$\left(\frac{\partial^2 u}{\partial x^2}\right)_i^{n+1} = \frac{2}{h_{i-1}(h_{i-1}+h_i)}u_{i-1}^{n+1} - \frac{2}{h_{i-1}h_i}u_i^{n+1} + \frac{2}{h_i(h_{i-1}+h_i)}u_{i+1}^{n+1} \tag{8.27}$$

식 (8.27)과 함축적 유한차분법을 이용하여 열방정식을 이산화하면 다음 식을 이끌어 낼 수 있다.

$$\frac{u_i^{n+1} - u_i^n}{k} = \frac{2}{h_{i-1}(h_{i-1}-h_i)}u_{i-1}^{n+1} - \frac{2}{h_{i-1}h_i}u_i^{n+1} + \frac{2}{h_i(h_{i-1}+h_i)}u_{i+1}^{n+1}$$

다시 정리하면

$$-\frac{2k}{h_{i-1}(h_{i-1}h_i)}u_{i-1}^{n+1} + \left(1 + \frac{2k}{h_{i-1}h_i}\right)u_i^{n+1} - \frac{2k}{h_i(h_{i-1}+h_i)}u_{i+1}^{n+1} = u_i^n \tag{8.28}$$

를 얻을 수 있다.

다음은 토마스 알고리즘을 이용하여 식 (8.28)의 수치해를 구하는 MATLAB 코드이다.

MATLAB

```
% NonUniheatim.m
function NonUniheatim
clear; clc; clf; rand('seed',10); Nx = 20; ht = 0.2 + rand(Nx-1,1);
```

```
k = 0.01; Nt = 5; h = ht/sum(ht); x(1) = 0;
for i = 1:Nx-1
    x(i+1) = x(i) + h(i);
end
u(:,1) = sin(pi*x);
for i = 1:Nx-2
    d(i) = 1 + 2*k/(h(i)*h(i+1));
    c(i) = -2*k/(h(i+1)*(h(i)+h(i+1)));
    a(i) = -2*k/(h(i)*(h(i)+h(i+1)));
end
for n = 1:Nt
    for i = 1:Nx-2
        b(i) = u(i+1,n);
    end
    u(2:Nx-1,n+1) = thomas(a,d,c,b);
end
plot(x,u,'ko-'); axis([0 1 0 1])
xlabel('x','Fontsize',20); ylabel('u(x,t)','Fontsize',20);
function x=thomas(alpha, beta, gamma, f)
    n=length(f);
for i=2:n
    mult=alpha(i)/beta(i-1);
    beta(i)=beta(i)-mult*gamma(i-1);
    f(i)=f(i)-mult*f(i-1);
end
    x(n)=f(n)/beta(n);
for i=n-1:-1:1
    x(i)=(f(i)-gamma(i)*x(i+1))/beta(i);
end
```

코드 NonUniheatim.m를 실행하면 다음의 결과를 얻을 수 있다.

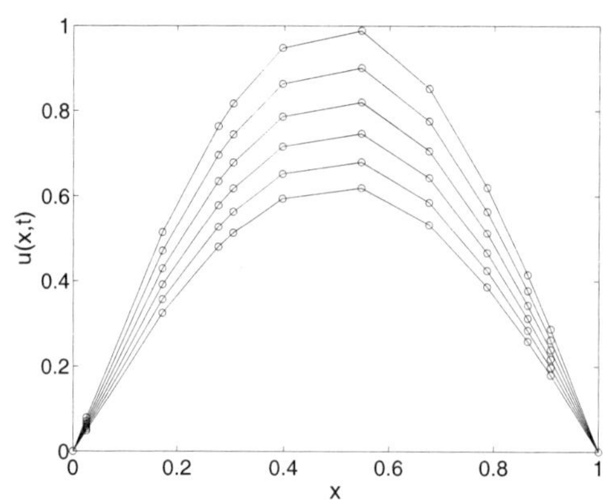

그림 8.8 Non-uniform 격자에서 함축적 열방정식

Nonuniheatim.cpp은 열방정식을 비균일 격자에서 함축적방법에 의해 푼 C++ 코드이다.

C++

```
// NonUniheatim.cpp
#include<iostream>
#include<cmath>
#include<vector>
#include <algorithm>
#include<fstream>
#include<iomanip>
using namespace std;
#define PI 4.0*atan(1.0)
vector<double> random(int Nx){
vector<double> x(Nx+1);
x[0] = 0;
for (int i=1; i<=Nx; i++)
x[i]=0.2+rand();
return x;
}
double total(vector<double> mx){

double total=0;
int n = mx.size()-1;

for (int i=1; i<=n; i++)
total = total + mx[i];

return total;
}
vector<double> thomas(vector<double> alpha, vector<double> beta, vector<double>
gamma, vector<double> f)
{
int n = f.size()-1;

for (int i=2; i<=n;i++){
double mult = alpha[i]/beta[i-1];
beta[i] = beta[i]-mult*gamma[i-1];
f[i] = f[i]-mult*f[i-1];
}
vector<double> x(n+1);
x[n] = f[n]/beta[n];
for (int i=n-1;i>=1;i--){
```

```
x[i]=(f[i]-gamma[i]*x[i+1])/beta[i];
}
return x;
}
class NonUniheatim
{
public:
NonUniheatim(int nNx, double nT, double nalpha);
void GetNumericalSolution();
void WriteData(vector<double> S, vector<vector<double>> CP);
private:
int m_Nx, m_Nt;
double m_T,m_alpha, m_k;
};
NonUniheatim::NonUniheatim(int nNx, double nT, double nalpha)
{
m_Nx=nNx, m_T=nT, m_alpha=nalpha;
}
void NonUniheatim::GetNumericalSolution()
{
vector<double> x(m_Nx+1);
m_Nt = 5;
vector<double> m_ht = random(m_Nx-1);
m_k = 0.01;
int n = m_ht.size();
vector<double> m_h(n);
for (int i=1; i<=n-1; i++)
m_h[i] = m_ht[i]/total(m_ht);
x[0] = 0;
x[1] = 0;
for(int i=1; i<=m_Nx-1; i++)
x[i+1] = x[i] + m_h[i];
vector<vector<double>> u(m_Nx+1, vector<double>(m_Nt+2));
for (int i=1; i<=m_Nx; i++)
u[i][1]=sin(PI*x[i]);
vector<double> d(m_Nx-1), c(m_Nx-1), a(m_Nx-1);
for (int i=1; i<=m_Nx-2; i++) {
d[i] = 1 + 2.0*m_k/(m_h[i]*m_h[i+1]);
c[i] = -2*m_k/(m_h[i+1]*(m_h[i]+m_h[i+1]));
a[i] = -2*m_k/(m_h[i]*(m_h[i]+m_h[i+1]));}
vector<double> b(m_Nx-1);
for (int n=1; n<=m_Nt; n++) {
for (int i=1; i<=m_Nx-2; i++)
b[i]=u[i+1][n];
```

```
vector<double> temp = thomas(a,d,c,b);
for (int i=2;i<=m_Nx-1; i++)
u[i][n+1]=temp[i-1];
}
WriteData(x,u);
}
void  NonUniheatim::WriteData(vector<double> S, vector<vector<double>> CP)
{
ofstream output;
output.open("NonUniheatim_S_Data.dat");
output<<fixed<<setprecision(4);
for (unsigned int i=0; i<S.size(); i++)
output<<setw(12)<<showpoint<<S[i];
output.close();
output.open("NonUniheatim_CP_Data.dat");
for (unsigned int i=0; i<S.size(); i++) {
for (unsigned int j=0; j<CP[i].size(); j++) {
output<<setw(12)<<showpoint<<CP[i][j];}
output<<endl;}
output.close();
}
int main(){
NonUniheatim im(20,5,2.0);
im.GetNumericalSolution();
return 0;
}
```

NonUniheatim_post.m은 NonUniheatim.cpp을 실행해서 나온 열방정식의 해를 MATLAB 에서 plot함수를 이용하여 그림을 그리는 코드이다.

MATLAB

```
% NonUniheatim_post.m
clc; clf; clear;
x = load('NonUniheatim_S_Data.dat');
u = load('NonUniheatim_CP_Data.dat');
plot(x,u,'ko-'); axis([0 1 0 1]);
xlabel('x','FontSize',20); ylabel('u(x,t)','FontSize',20)
```

8.2.5 수렴성 (convergence) 테스트

국소절단오차 (local truncation error)는 연속해가 노드점에서 수치적 방법을 만족하지 못하는 차이를 측정한 것이다. 수치 기법의 국소절단오차는 연속적인 문제의 정확한 해를 이산적인 수치기법에 대입함으로써 발생한다. $u(x_i, t^n)$는 열방정식의 정확한 해를 나타낸다. 다음은 정확한 해를 수치기법에 대입함으로써 명시적 유한차분법의 국소절단오차를 찾는 과정이다. 노드 (x_i, t^n)에서 국소절단오차는 다음과 같이 구한다.

$$T(x_i,t^n) = \frac{u(x_i,t^{n+1}) - u(x_i,t^n)}{k} - \frac{u(x_{i+1},t^n) - 2u(x_i,t^n) + u(x_{i-1},t^n)}{h^2}.$$

이제 노드(x_i, t^n)에서 테일러전개를 하면 각각의 항을 다음과 같이 나타낼 수 있다.

$$T(x_i,t^n) \;=\; u_t(x_i,t^n) + \frac{k}{2}u_{tt}(x_i,t^n) + \mathcal{O}(k^2) - u_{xx}(x_i,t^n) + \frac{h^2}{12}u_{xxxx}(x_i,t^n) + \mathcal{O}(h^4).$$

여기서 $u(x_i, t^n)$은 열방정식을 만족하므로 다음이 성립한다.

$$\begin{aligned} T(x_i,t^n) &= \frac{k}{2}u_{tt}(x_i,t^n) + \frac{h^2}{12}u_{xxxx}(x_i,t^n) + \mathcal{O}(k^2) + \mathcal{O}(h^4) \\ &= \mathcal{O}(k) + \mathcal{O}(h^2). \end{aligned} \tag{8.29}$$

수치적 해가 수렴하기 위해 필요한 조건은 수치기법의 국소절단오차가 공간간격과 시간간격을 줄일수록 0에 근사해야 한다는 것이다. 이럴 경우에, 수치기법이 일관적(consistent)이라고 한다. 정확도의 차수 (order of accuracy)는 절단오차항에서 h와 k의 승수의 차수로 정의된다. 절단오차항을 $\mathcal{O}(k^l + h^m)$로 가정하면 수치기법이 l차 시간 정확 (lth order time accurate)하고 m 차 공간정확 (mth order space accurate)하다고 한다. 식(8.29)으로부터 명시적 유한차분법은 1차 시간 정확하고 2차 공간 정확함을 알 수 있다.

열방정식의 명시적 유한 차분법의 수렴성을 알아보기 위해 다음의 테스트를 수행해보자.

MATLAB

```
% heatex_convergence_test.m
clear; clc; T=0.1; alpha=0.1;
for iter=1:5
    N=10*2^(iter-1)+1; x=linspace(0,1,N); h=x(2)-x(1);
    k=alpha*h^2; Nt=round(T/k); u(1:N,1:Nt+1)=0;
    u(:,1)=sin(pi*x); exact=u(:,1)*exp(-pi^2*T);
    for n=1:Nt
        for i=2:N-1
            u(i,n+1)=alpha*u(i-1,n)+(1-2*alpha)*u(i,n)+alpha*u(i+1,n);
        end
    end
    hh(iter)=h; tt(iter)=k; err(iter) = max(abs(u(:,Nt+1) - exact));
end
Order=[log(err(1)/err(2))/log(2) log(err(2)/err(3))/log(2) ...
    log(err(3)/err(4))/log(2) log(err(4)/err(5))/log(2)]';
fprintf('---------------------------------------------------\n')
fprintf('    h          dt        max error     order  \n')
fprintf('---------------------------------------------------\n')
fprintf('%8.5f %8.6f %8.6f \n',hh(1), tt(1) ,err(1))
```

```
for iter = 2:5
    fprintf('%8.5f %8.6f %8.6f  %8.6f \n',hh(iter), tt(iter), ...
        err(iter), Order(iter-1))
end
fprintf('-----------------------------------------------\n')
```

MATLAB 코드 heatex_convergence_test.m을 실행하면 다음의 결과를 얻을 수 있다. 초기조건은 $u(x, 0) = \sin(x)$, $T = 0.1$, $\alpha = 0.1$, $h = 1/N$, $\Delta t = \alpha h^2$ 이다.

```
>> heatex_convergence_test
-----------------------------------------------
   h          dt         max_error      order
-----------------------------------------------
 0.10000    0.001000    0.001220
 0.05000    0.000250    0.000303      2.008865
 0.02500    0.000063    0.000076      2.002218
 0.01250    0.000016    0.000019      2.000555
 0.00625    0.000004    0.000005      2.000139
-----------------------------------------------
```

MATLAB 코드와 같은 초기조건으로 C++ 코드 heatex_convergence_test.cpp를 실행해보자.

C++

```
//  heatex_convergence_test.cpp
#include<iostream>
#include<cmath>
#include<vector>
#include <algorithm>
#include<fstream>
#include<iomanip>
using namespace std;
#define PI 4.0*atan(1.0)
void linspace(vector<double> &x, double START, double  END, int STEP)
{
    double h = (END - START)/(STEP-1.0);
x.push_back(0);
    for (int i=1; i<=STEP; i++) x.push_back(START+h*(i-1));
}
vector<double> absolute(vector<vector<double>> S, vector<double> SS, int nFirst,
        int nSecond)
```

```
{
    vector<double> q;
    for (int i=1; i <= nFirst; i++)
        q.push_back(abs(S[i][nSecond] - SS[i]));
    return q;
}
double max(vector<double> S)
{
    double q=0;
    for(unsigned int i=1; i<= S.size()-1;i++) {
        if (S[i]>=q)
            q=S[i];}
    return q;
}
class heatex_convergence_test
{
public:
    heatex_convergence_test(double nT, int nstart, int nend);
    void WriteData(vector<double> S, vector<vector<double>> CP);
    void Convergence_Test();
private:
    int m_Nt, m_start, m_end,m_N;
    double m_T,m_h, m_k, m_alpha;
};
heatex_convergence_test::heatex_convergence_test(double nT, int nstart,
        int nend)
{
    m_T=nT, m_start=nstart, m_end=nend, m_alpha=0.1;
}
void heatex_convergence_test::Convergence_Test()
{
    vector<double> hh(6),tt(6),err(6);
    for (int iter=1; iter<=5;iter++){
        m_N=10*(int)pow(2.0,iter-1)+1;
        vector<double> x;
        linspace(x,m_start,m_end,m_N);
        m_h=x[2]-x[1];
        m_k=m_alpha*pow(m_h,2);
        m_Nt=(int)floor(m_T/m_k+0.5);
        vector<vector<double>> u(m_N+1, vector<double>(m_Nt+2));
        vector<double> exact(m_N+1);
        for (int i=1;i<=m_N; i++) {
            u[i][1]=sin(PI*x[i]);
            exact[i]=u[i][1]*exp(-pow(PI,2)*m_T);}
```

```
        for (int n=1; n<=m_Nt;n++) {
            for(int i=2; i<=m_N-1;i++)
                u[i][n+1]=m_alpha*u[i-1][n]+(1-2.0*m_alpha)*u[i][n]
                        +m_alpha*u[i+1][n];}
        hh[iter]=m_h;
        tt[iter]=m_k;
        err[iter]=max(absolute(u,exact, m_N, m_Nt+1));}
    cout<<fixed<<setprecision(6);
    cout<<"-----------------------------------------------------"<<endl;
    cout<<setw(10)<<"h"<<setw(14)<<"dt"<<setw(14)<<"max_error"
            <<setw(14)<<"order"<<endl;
    cout<<"-----------------------------------------------------"<<endl;
    cout<<setw(10)<<hh[1]<<setw(14)<<tt[1]<<setw(14)<<err[1]<<setw(14)<<endl;
    for (int i=2; i<=5;i++)
        cout<<setw(10)<<hh[i]<<setw(14)<<tt[i]<<setw(14)<<err[i]
                <<setw(14)<<log(err[i-1]/err[i])/log(2.0)<<setw(14)<<endl;
}
int main()
{
    heatex_convergence_test hct(0.1, 0,1);
    hct.Convergence_Test();

    return 0;
}
```

heatex_convergence_test.cpp의 코드를 실행하면 그림 8.9과 같다.

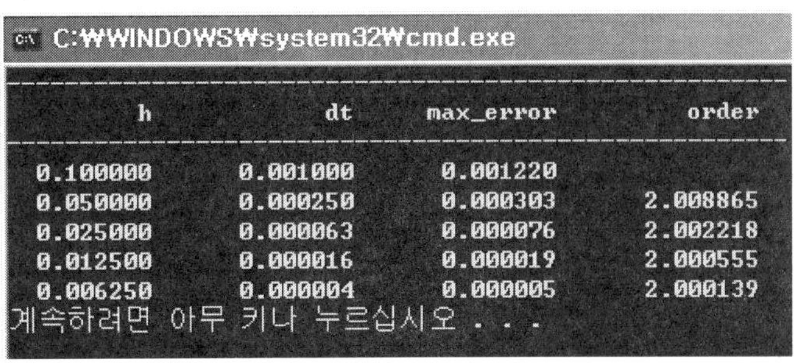

그림 8.9 명시적 유한 차분법 수렴성 테스트

열방정식의 함축적 유한 차분법의 수렴성을 알아보기 위해 다음의 테스트를 수행해보자.

MATLAB

```
% heatim_convergence_test.m
function heatim_convergence_test
```

```
clear; clc; T=0.1; alpha=0.1;
for iter=1:5
    N=10*2^(iter-1)+1; x=linspace(0,1,N);
    h=x(2)-x(1); k=alpha*h^2; Nt=round(T/k);
    u(1:N,1:Nt+1)=0; u(:,1)=sin(pi*x); exact=u(:,1)*exp(-pi^2*T);
    for i=1:N-2
        d(i)= 1 + 2*alpha; c(i)= - alpha; a(i)= - alpha;
    end
    for n=1:Nt
        for i=1:N-2
            b(i)=u(i+1,n);
        end
        u(2:N-1,n+1)=thomas(a, d, c, b);
    end
    hh(iter)=h; tt(iter)=k; err(iter) = max(abs(u(:,Nt+1) - exact));
end
Order=[log(err(1)/err(2))/log(2) log(err(2)/err(3))/log(2) ...
    log(err(3)/err(4))/log(2) log(err(4)/err(5))/log(2)]';
fprintf('-----------------------------------------------\n')
fprintf('    h          dt         max error      order  \n')
fprintf('-----------------------------------------------\n')
fprintf('%8.5f    %8.6f     %8.6f      \n',hh(1), tt(1),err(1))
for iter = 2:5
    fprintf('%8.5f    %8.6f     %8.6f      %8.6f \n', ...
        hh(iter),tt(iter), err(iter),Order(iter-1))
end
fprintf('-----------------------------------------------\n')
function x = thomas(alpha, beta, gamma, f)
n=length(f);
for i=2:n
    mult=alpha(i)/beta(i-1);
    beta(i)=beta(i)-mult*gamma(i-1);
    f(i)=f(i)-mult*f(i-1);
end
x(n)=f(n)/beta(n);
for i=n-1:-1:1
    x(i)=(f(i)-gamma(i)*x(i+1))/beta(i);
end
```

MATLAB 코드 heatim_convergence_test을 실행하면 다음의 결과를 얻을 수 있다. 초기조건은 $u(x,0) = \sin(x)$, $T = 0.1$, $\alpha = 0.1$, $h = 1/N$, $\Delta t = \alpha h^2$ 이다.

```
>> heatim_convergence_test
-----------------------------------------------
```

```
    h            dt          max error        order
----------------------------------------------------
  0.10000     0.001000     0.004820
  0.05000     0.000250     0.001209        1.995470
  0.02500     0.000063     0.000302        1.998865
  0.01250     0.000016     0.000076        1.999716
  0.00625     0.000004     0.000019        1.999929
----------------------------------------------------
```

C++ 코드로 열방정식의 함축적 유한 차분법의 수렴성을 알아보기 위해 다음의 테스트를 수행해보자.

C++

```
// heatim_convergence_test.cpp
#include<iostream>
#include<cmath>
#include<vector>
#include <algorithm>
#include<fstream>
#include<iomanip>
using namespace std;
#define PI 4.0*atan(1.0)
void linspace(vector<double> &x, double START, double  END, int STEP)
{
    double h = (END - START)/(STEP-1.0);
x.push_back(0);
    for (int i=1; i<=STEP; i++) x.push_back(START+h*(i-1.0));
}
vector<double> absolute(vector<vector<double>> S, vector<double> SS, int nFirst,
        int nSecond)
{
    vector<double> q;
    for (int i=0; i < nFirst; i++)
        q.push_back(abs(S[i][nSecond-1] - SS[i]));
    return q;
}
double max(vector<double> S)
{
    double q=0;
    for(unsigned int i=0; i< S.size();i++) {
        if (S[i]>=q)
```

```
            q=S[i];}
    return q;
}
vector<double> thomas(vector<double> alpha, vector<double> beta,
        vector<double> gamma, vector<double> f)
{
int n = f.size()-1;

for (int i=2; i<=n;i++){
double mult = alpha[i]/beta[i-1];
beta[i] = beta[i]-mult*gamma[i-1];
f[i] = f[i]-mult*f[i-1];
}
vector<double> x(n+1);
x[n] = f[n]/beta[n];
for (int i=n-1;i>=1;i--){
x[i]=(f[i]-gamma[i]*x[i+1])/beta[i];
}
return x;
}
class heatim_convergence_test
{
public:
    heatim_convergence_test(double nT,int nstart, int nend);
    void Convergence_Test();
private:
    int m_Nt, m_start, m_end, m_N;
    double m_T, m_h, m_k, m_alpha;
};
heatim_convergence_test::heatim_convergence_test(double nT, int nstart,
        int nend)
{
    m_T=nT, m_start=nstart, m_end=nend, m_alpha=0.1;
}
void heatim_convergence_test::Convergence_Test()
{
    vector<double> hh(5),tt(5),err(5);
    for (int iter=0; iter<5;iter++) {
        m_N=10*(int)pow(2.0,iter)+1;
        vector<double> x;
        linspace(x,m_start,m_end,m_N);
        m_h=x[2]-x[1];
        m_k=m_alpha*pow(m_h,2);
        m_Nt=floor(m_T/m_k+0.5);
```

```
        vector<vector<double>> u(m_N+1, vector<double>(m_Nt+2));
        vector<double> exact(m_N+1);
        for (int i=1; i<=m_N;i++) {
            u[i][1]=sin(PI*x[i]);
            exact[i]=u[i][1]*exp(-pow(PI,2)*m_T);}
        vector<double> d(m_N-1),c(m_N-1),a(m_N-1);
        for (int i=1; i<=m_N-2;i++) {
            d[i]=1+2.0*m_alpha;
            c[i]=-m_alpha;
            a[i]=-m_alpha;}
        vector<double> b(m_N-1);
        for (int n=1;n<=m_Nt;n++) {
            for (int i=1; i<=m_N-2;i++)
                b[i]=u[i+1][n];
            vector<double> temp = thomas(a,d,c,b);
for (int i=2; i<=m_N-1;i++)
u[i][n+1] = temp[i-1];
}
        hh[iter]=m_h;
        tt[iter]=m_k;
        err[iter]=max(absolute(u,exact, m_N, m_Nt+1));}
    cout<<fixed<<setprecision(6);
    cout<<"------------------------------------------------------"<<endl;
    cout<<setw(10)<<"h"<<setw(14)<<"dt"<<setw(14)<<"max_error"
            <<setw(14)<<"order"<<endl;
    cout<<"------------------------------------------------------"<<endl;
    cout<<setw(10)<<hh[0]<<setw(14)<<tt[0]<<setw(14)<<err[0]<<setw(14)<<endl;
    for (int i=1; i<5;i++)
        cout<<setw(10)<<hh[i]<<setw(14)<<tt[i]<<setw(14)<<err[i]
                <<setw(14)<<log(err[i-1]/err[i])/log(2.0)<<setw(14)<<endl;
}
int main()
{
    heatim_convergence_test hct(0.1, 0, 1);
    hct.Convergence_Test();
    return 0;
}
```

위의 MATLAB 코드와 같은 초기조건으로 C++ 코드heatim_convergence_test을 실행하면 다음의 결과를 얻을 수 있다.

열방정식의 크랭크 니콜슨 유한 차분법의 수렴성을 알아보기 위해 다음의 테스트를 수행해보자.

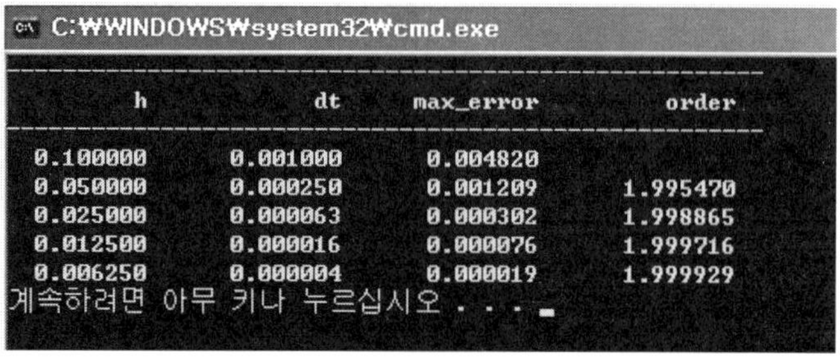

그림 8.10　함축적 유한 차분법 수렴성 테스트

MATLAB

```
% heatcn_convergence_test.m
function heatcn_convergence_test
clear; clc; T=0.1;
for iter=1:5
    N=10*2^(iter-1)+1; x=linspace(0,1,N); h=x(2)-x(1); k=h/500;
    Nt=round(T/k); alpha = k/h^2;
    u(1:N,1:Nt+1)=0; u(:,1)=sin(pi*x); exact=u(:,1)*exp(-pi^2*T);
    for i=1:N-2
        d(i)= 2*(1+alpha); c(i)= - alpha; a(i)= - alpha;
    end
    for n=1:Nt
        for i=1:N-2
            b(i)=alpha*u(i,n)+2*(1-alpha)*u(i+1,n)+alpha*u(i+2,n);
        end
        u(2:N-1,n+1)=thomas(a, d, c, b);
    end
    hh(iter)=h; tt(iter)=k; err(iter) = max(abs(u(:,Nt+1) - exact));
end
Order=[log(err(1)/err(2))/log(2) log(err(2)/err(3))/log(2) ...
    log(err(3)/err(4))/log(2) log(err(4)/err(5))/log(2)]';
fprintf('-----------------------------------------------\n')
fprintf('    h          dt       max error      order    \n')
fprintf('-----------------------------------------------\n')
fprintf('%8.5f     %8.6f      %8.6f          \n',hh(1), tt(1), err(1))
for iter = 2:5
    fprintf('%8.5f     %8.6f      %8.6f       %8.6f \n', ...
        hh(iter),tt(iter), err(iter),Order(iter-1))
end
fprintf('-----------------------------------------------\n')

function x = thomas(alpha, beta, gamma, f)
n=length(f);
```

```
for i=2:n
    mult=alpha(i)/beta(i-1);
    beta(i)=beta(i)-mult*gamma(i-1);
    f(i)=f(i)-mult*f(i-1);
end
x(n)=f(n)/beta(n);
for i=n-1:-1:1
    x(i)=(f(i)-gamma(i)*x(i+1))/beta(i);
end
```

MATLAB 코드 heatcn_convergence_test을 실행하면 다음의 결과를 얻을 수 있다. 초기조건은 $u(x,0) = \sin(x)$, $T = 0.1$, $\alpha = 0.1$, $h = 1/N$, $\Delta t = \alpha h^2$ 이다.

```
>> heatcn_convergence_test
-----------------------------------------------------
    h            dt           max error        order
-----------------------------------------------------
 0.10000     0.001000     0.003025
 0.05000     0.000250     0.000756        1.999772
 0.02500     0.000063     0.000189        1.999942
 0.01250     0.000016     0.000047        1.999985
 0.00625     0.000004     0.000012        1.999996
-----------------------------------------------------
```

위의 MATLAB 코드와 같은 조건의 C++ 코드를 실행해보자.

C++

```
// heatcn_convergence_test.cpp
#include<iostream>
#include<cmath>
#include<vector>
#include <algorithm>
#include<fstream>
#include<iomanip>
using namespace std;
#define PI 4.0*atan(1.0)
void linspace(vector<double> &x, double START, double  END, int STEP)
{
    double h = (END - START)/(STEP-1.0);
x.push_back(0);
    for (int i=1; i<=STEP; i++) x.push_back(START+h*(i-1.0));
```

```
}
vector<double> absolute(vector<vector<double>> S, vector<double> SS, int nFirst,
        int nSecond)
{
    vector<double> q;
    for (int i=0; i < nFirst; i++)
        q.push_back(abs(S[i][nSecond-1] - SS[i]));
    return q;
}
double max(vector<double> S)
{
    double q=0;
    for(unsigned int i=0; i< S.size();i++) {
        if (S[i]>=q)
            q=S[i];}
    return q;
}
vector<double> thomas(vector<double> alpha, vector<double> beta,
        vector<double> gamma, vector<double> f)
{
int n = f.size()-1;

for (int i=2; i<=n;i++){
double mult = alpha[i]/beta[i-1];
beta[i] = beta[i]-mult*gamma[i-1];
f[i] = f[i]-mult*f[i-1];
}
vector<double> x(n+1);
x[n] = f[n]/beta[n];
for (int i=n-1;i>=1;i--){
x[i]=(f[i]-gamma[i]*x[i+1])/beta[i];
}
return x;
}
class heatcn_convergence_test
{
public:
    heatcn_convergence_test(double nT,int nstart, int nend);
    void Convergence_Test();
private:
    int m_N, m_start, m_end,m_Nt;
    double m_T, m_h, m_k, m_alpha;
};
heatcn_convergence_test::heatcn_convergence_test(double nT, int nstart, int nend)
```

```
{
    m_T=nT; m_start=nstart; m_end=nend; m_alpha=0.1;
}
void heatcn_convergence_test::Convergence_Test()
{
    vector<double> hh(5),tt(5),err(5);
    for (int iter=0; iter<5;iter++) {
        m_N=10*(int)pow(2.0,iter)+1;
        vector<double> x;
        linspace(x,m_start,m_end,m_N);
        m_h=x[2]-x[1];
        m_k=m_alpha*pow(m_h,2);
        m_Nt=(int)floor(m_T/m_k+0.5);
        vector<vector<double>> u(m_N+1, vector<double>(m_Nt+2));
        vector<double> exact(m_N+1);
        for (int i=1; i<=m_N;i++) {
            u[i][1]=sin(PI*x[i]);
            exact[i]=u[i][1]*exp(-pow(PI,2)*m_T);}
        vector<double> d(m_N-1),c(m_N-1),a(m_N-1);
        for (int i=1; i<=m_N-2;i++) {
            d[i]=2*(1+m_alpha);
            c[i]=-m_alpha;
            a[i]=-m_alpha;}
        vector<double> b(m_N-1);
        for (int n=1;n<=m_Nt;n++) {
            for (int i=1; i<=m_N-2;i++)
              b[i]=m_alpha*u[i][n]+2*(1-m_alpha)*u[i+1][n]+m_alpha*u[i+2][n];
vector<double> temp = thomas(a,d,c,b);
for(int i=2; i<=m_N-1;i++)
u[i][n+1] = temp[i-1];
}
        hh[iter]=m_h;
        tt[iter]=m_k;
        err[iter]=max(absolute(u,exact, m_N, m_Nt+1));}
    cout<<fixed<<setprecision(6);
      cout << "------------------------------------------------------------" <<
endl;
      cout <<setw(14)<<"h"<<setw(14)<<"dt"<<setw(14)<<"max_error"<<setw(14) <<
"order"<< endl;
      cout << "------------------------------------------------------------" <<
endl;
   cout <<setw(14)<<hh[0]<<setw(14)<<tt[0]<<setw(14)<<err[0]<<setw(14) << endl;
    for (int i=1; i<5;i++)
```

```
        cout<<setw(14)<<hh[i]<<setw(14)<<tt[i]<<setw(14)<<err[i]<<setw(14) <<
log(err[i-1]/err[i])/log(2.0)<<setw(14)<<endl;
}
int main()
{
    heatcn_convergence_test hct(0.1, 0,1);
    hct.Convergence_Test();
    return 0;
}
```

위의 C++ 코드heatcn_convergence_test을 실행하면 다음의 결과를 얻을 수 있다.

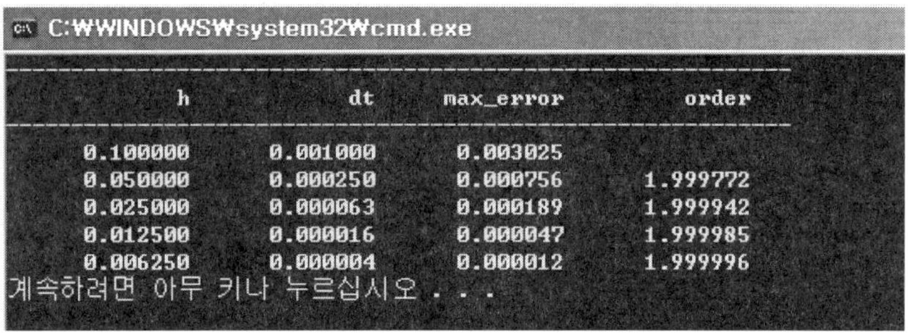

그림 8.11 크랭크 니콜슨 유한 차분법 수렴성 테스트

8.3 Black-Scholes 편미분방정식에 대한 유한 차분법

유러피언 콜 옵션의 값을 구하기 위해서 bs 편미분방정식을 유한차분법으로 풀어서 구한다. 특히 초기조건 $(t = 0)$보다 만기시 $(t = T)$의 조건이 주어진다. $\tau = T - t$를 잔존기간으로 놓음으로써, 더 자연스러운 잔존기간(τ)의 방정식으로 바꿀 수 있다. 그러면 편미분방정식은 다음과 같이 정리된다.

$$u_\tau = \frac{1}{2}\sigma^2 x^2 u_{xx} + rxu_x - ru.$$

이 때, 기초자산은 $x \geq 0$ 이고, 시간은 $0 \leq \tau \leq T$, 초기값은 $u(x, 0) = \max(x - E, 0)$ [1] 이고, 경계조건은 $u(0, \tau) = 0$, 값이 큰 x에 대해서 $u_{xx}(x, \tau) \approx 0$를 갖는다. x를 $0 \leq x \leq L$의 범위로 두고 $h = L/(N_x - 1)$와 $k = T/N_t$의 간격을 갖는 유한 차분 격자를 사용함으로써, 이산 해 $u_i^n \approx u((i-1)h, (n-1)k) = u(x_i, t^n)$를 계산할 수

1) 초기값 $u(x, 0) = \max(x - E, 0)$은 $x < E$일 때 $u(x, 0) = 0$을 $x \geq E$ 일 때 $u(x, 0) = x - E$을 의미한다.

있다. 초기 데이터에 의해 지정된 값 $u_i^1 = \max(x_i - E, 0)$ for $1 \le i \le N_x$, 그리고 경계값 $u_1^n = 0$ for $1 \le n \le N_t$ 와 $u_{N_x+1}^n = 2u_{N_x}^n - u_{N_x-1}^n$ 을 갖고 수치해를 계산한다.

8.3.1 명시적 방법에 의한 옵션 가격 결정

시간 미분은 전방 차분, 그리고 공간 미분은 중앙 차분을 사용함으로써 다음과 같이 **Black-Scholes** 편미분 방정식에 대한 명시적 방법(explicit method for Black–Scholes PDE)을 적용할 수 있다.

$$\frac{u_i^{n+1} - u_i^n}{k} = \frac{1}{2}\sigma^2 x_i^2 \frac{u_{i+1}^n - 2u_i^n + u_{i-1}^n}{h^2} + r x_i \frac{u_{i+1}^n - u_{i-1}^n}{2h} - r u_i^n.$$

u_i^{n+1} 에 대해서 정리하면 다음과 같은 식을 얻는다.

$$u_i^{n+1} = u_i^n + k\left(\frac{1}{2}\sigma^2 x_i^2 \frac{u_{i+1}^n - 2u_i^n + u_{i-1}^n}{h^2} + r x_i \frac{u_{i+1}^n - u_{i-1}^n}{2h} - r u_i^n\right) \text{ for } 2 \le i \le N_x.$$

`BSex.m`은 bs 방정식을 명시적 방법으로 수치해를 구하는 MATLAB 코드이다. 그림 8.12에는 무위험이자율이 $r = 0.03$, 변동성이 $\sigma = 0.5$, 현재시점이 $t = 0$, 만기 시점이 $T = 1$, 그리고 행사가격이 $E = 230$ 인 유럽형 콜옵션의 가격이 그려져 있다.

MATLAB

```
% BSex.m
clf; clear; E=230; L=800; sigma=0.5; r=0.03; T=1; Nx=50; Nt=1000;
k=T/Nt; x=linspace(0,L,Nx); h=x(2)-x(1); u(1:Nx+1,1:Nt+1)=0;
x=[x x(end)+h];
for i=1:Nx+1
    if x(i)<= E
        u(i,1)=0;
    else
        u(i,1)=x(i)-E;
    end
end
for n=1:Nt
    u(Nx+1,n)=2*u(Nx,n)-u(Nx-1,n);
    for i=2:Nx
        u(i,n+1)=u(i,n) + k*((1/2)*(sigma^2)*((i-1)*h)^2*...
            ((u(i+1,n)-2*u(i,n)+u(i-1,n))/(h^2)) +...
            r*(i-1)*h*((u(i+1,n)-u(i-1,n))/(2*h))-r*u(i,n));
    end
end
set(gca,'fontsize',20); plot(x(1:Nx),u(1:Nx,1:200:Nt+1),'ko-')
```

```
xlabel('x'); ylabel('u','rotation',0); axis image; axis([0 L 0 600])
```

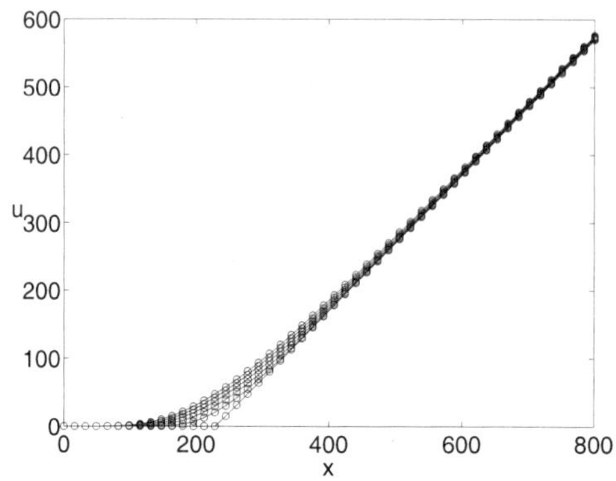

그림 8.12 명시적 방법에 의한 Black–Scholes 방정식의 수치해

BSex.cpp은 Black–Scholes 방정식을 명시적 방법으로 수치해를 구하는 C++ 코드이다.

C++

```
// BSex.cpp
#include<iostream>
#include<cmath>
#include<vector>
#include<fstream>
#include<iomanip>
using namespace std;
void linspace(vector<double> &x, double START, double END, int STEP)
{
    double h = (END - START)/(STEP-1.0);
    for (int i=0; i<STEP; i++) x.push_back(START+h*i);
}
class BSex
{
public:
    BSex(int nE, int nL, double nsigma, double nr, double nT, int nNx, int nNt)
    {
        m_E=nE; m_L=nL; m_Nx=nNx; m_Nt=nNt;
        m_sigma=nsigma; m_r=nr; m_T=nT;
    }
    void GetOptionPrice(void);
    void WriteData(vector<double> S, vector<vector<double>> CP);
private:
    int  m_E, m_L,m_Nx, m_Nt;
```

```
    double m_sigma, m_r,m_T;
};
void BSex::WriteData(vector<double> S, vector<vector<double>> CP)
{
    ofstream output;
    output.open("BSex_x_Data.dat");
    output<<fixed<<setprecision(7);
    for (unsigned int i=0; i < S.size(); i++)
       output<<setw(15)<<showpoint<<S[i];
    output.close();
    output.open("BSex_u_Data.dat");
    for(unsigned int n=0;n<CP[0].size();n++) {
        for (unsigned int i=0;i<S.size();i++)
            output<<setw(15)<<showpoint<<CP[i][n];
        output<<endl;}
    output.close();
}
void BSex::GetOptionPrice()
{
double h, k;
    vector<double> x;
vector<vector<double>> u(m_Nx+1,vector<double>(m_Nt+1));

    linspace(x,0,m_L,m_Nx);
    h=x[2]-x[1];
    x.push_back(m_L+h);
    k=m_T/m_Nt;

for(int i=0;i<=m_Nx;i++) {
        if (x[i]<=m_E) u[i][0]=0;
        else u[i][0]=x[i]-m_E;}

    for(int n=0;n<m_Nt;n++) {
u[m_Nx][n]=2.0*u[m_Nx-1][n]-u[m_Nx-2][n];
        for (int i=1;i<m_Nx;i++)
            u[i][n+1] = u[i][n] +k*(pow(m_sigma,2)/2*pow(x[i],2)
            *(u[i+1][n]-2*u[i][n]+u[i-1][n])/pow(h,2)+m_r*x[i]
                    *(u[i+1][n]-u[i-1][n])/(2*h)-m_r*u[i][n]);}
    WriteData(x,u);
}
int main()
{
    BSex ex(230,800,0.5,0.03,1.0,50,1000);
    ex.GetOptionPrice();
```

```
}
```

다음은 data파일을 읽는 m-파일이다.

MATLAB

```
% BSex_post.m
clc; clf; clear;
x = load('./BSex_x_Data.dat');
u = load('./BSex_u_Data.dat')';
Nx=length(x); Nt=size(u,2)-1; L=800;
set(gca,'fontsize',20); plot(x(1:Nx),u(1:Nx,1:200:Nt+1),'ko-')
xlabel('x'); ylabel('u','rotation',0); axis image;
axis([0 L 0 600])
```

결과는 그림 8.12와 같다.

8.3.2 함축적 방법에 의한 옵션 가격 결정

이전의 명시적 방법은 불안정성 문제라는 단점을 가지고 있다. 해결책으로, 시간에 대한 전방차분을 이용한 **Black-Scholes** 편미분 방정식에 대한 함축적 방법(implicit method for Black–Scholes PDE)을 적용하면 다음의 식을 얻게 된다.

$$\frac{u_i^{n+1}-u_i^n}{k}=\frac{1}{2}\sigma^2 x_i^2\frac{u_{i+1}^{n+1}-2u_i^{n+1}+u_{i-1}^{n+1}}{h^2}+rx_i\frac{u_{i+1}^{n+1}-u_{i-1}^{n+1}}{2h}-ru_i^{n+1}. \quad (8.30)$$

이러한 함축적 방법은 시간스텝의 크기에 크게 영향을 받지 않는 장점이 있다. 이제 위의 식 (8.30)을 정리하면

$$\alpha_i u_{i-1}^{n+1}+\beta_i u_i^{n+1}+\gamma_i u_{i+1}^{n+1}=\frac{u_i^n}{k},\ \text{for } i=2,\ldots,N_x,$$

여기서

$$\alpha_i=\frac{rx_i}{2h}-\frac{\sigma^2x_i^2}{2h^2},\quad \beta_i=\frac{1}{k}+\frac{\sigma^2x_i^2}{h^2}+r,\quad \gamma_i=-\frac{rx_i}{2h}-\frac{\sigma^2x_i^2}{h^2}$$

이다.

`BSim.m`은 Black–Scholes 방정식을 함축적 방법으로 수치해를 구하는 MATLAB 코드이다. 그림 8.13에는 무위험이자율이 $r=0.03$, 변동성이 $\sigma=0.5$, 현재시점이 $t=0$, 만기 시점이 $T=1$, 그리고 행사가격이 $E=230$인 유럽형 콜옵션의 가격이 그려져 있다.

MATLAB

```
% BSim.m
function BSim
clf; clear; E=230; L=800; sigma=0.5; r=0.03; T=1; Nx=50; Nt=100;
k=T/Nt; x=linspace(0,L,Nx); h =x(2)-x(1); u(1:Nx,1:Nt+1)=0;
```

```
for i=1:Nx
    u(i,1)=max(x(i)-E,0);
end
for i=1:Nx-1
    d(i)=1/k+(sigma*i)^2+r; c(i)=-r*i/2-((sigma*i)^2)/2;
    a(i)=r*i/2-((sigma*i)^2)/2;
end
d(Nx-1)=d(Nx-1)+2*c(Nx-1);
a(Nx-1)=a(Nx-1)-c(Nx-1);
for n=1:Nt
     for i=1:Nx-1
         b(i)=u(i+1,n)/k;
     end
    u(2:Nx,n+1)=thomas(a, d, c, b);
end
set(gca,'fontsize',20); plot(x,u(:,1:20:Nt+1),'ko-')
xlabel('x'); ylabel('u','rotation',0)

function x=thomas(alpha, beta, gamma, f)
n=length(f);
for i=2:n
    mult=alpha(i)/beta(i-1);
    beta(i)=beta(i)-mult*gamma(i-1);
    f(i)=f(i)-mult*f(i-1);
end
x(n)=f(n)/beta(n);
for i=n-1:-1:1
    x(i)=(f(i)-gamma(i)*x(i+1))/beta(i);
end
```

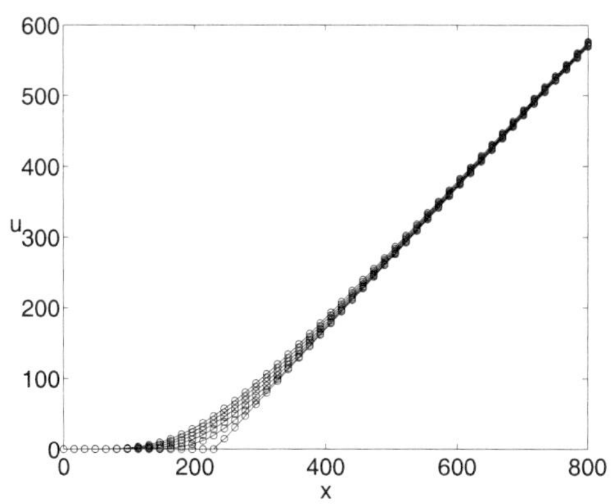

그림 8.13 함축적 방법에 의한 옵션 가격 결정

BSim.cpp은 Black–Scholes 방정식에 대한 함축적 방법으로 수치해를 구하는 C++

코드이다.

C++

```
//  BSim.cpp
#include<iostream>
#include<cmath>
#include<vector>
#include<fstream>
#include<iomanip>
using namespace std;
void linspace(vector<double> &x, double START, double  END, int STEP)
{
    double h = (END - START)/(STEP-1.0);
x.push_back(0);
    for (int i=1; i<=STEP; i++) x.push_back(START+h*(i-1.0));
}
class BSim
{
public:
    BSim(double nE, int nL, double nsigma, double nr, double nT, int nNx, int
nNt)
    {
        m_E=nE; m_L=nL; m_sigma=nsigma; m_r=nr; m_T=nT; m_Nx=nNx; m_Nt=nNt;
    }
    void GetOptionPrice(void);
    void WriteData(vector<double> S, vector<vector<double>> CP);
vector<double> thomas(vector<double> alpha, vector<double> beta, vector<double>
gamma, vector<double> f);
private:
    int m_Nx, m_Nt, m_L ;
    double m_E, m_sigma, m_r, m_T, m_k, m_h;
};
vector<double> BSim::thomas(vector<double> alpha, vector<double> beta, vector<double>
gamma, vector<double> f)
{
int n = f.size()-1;

for (int i=2; i<=n;i++){
double mult = alpha[i]/beta[i-1];
beta[i] = beta[i]-mult*gamma[i-1];
f[i] = f[i]-mult*f[i-1];
}
vector<double> x(n+1);
x[n] = f[n]/beta[n];
```

```
for (int i=n-1;i>=1;i--){
x[i]=(f[i]-gamma[i]*x[i+1])/beta[i];
}
return x;
}
void BSim::WriteData(vector<double> S, vector<vector<double>> CP)
{
    ofstream output;
    output.open("BSim_x_Data.dat");
    output<<fixed<<setprecision(4);
    for (unsigned int i=1; i<S.size(); i++)
        output<<setw(12)<<showpoint<<S[i];
    output.close();
    output.open("BSim_u_Data.dat");
    for(unsigned int n=1;n<CP[0].size();n++) {
        for (unsigned int i=1;i<CP.size();i++)
            output<<setw(12)<<showpoint<<CP[i][n];
        output<<endl;}
    output.close();
}
void BSim::GetOptionPrice()
{
    vector<double> x;
vector<vector<double>> u(m_Nx+1,vector<double>(m_Nt+2));
    linspace(x,0,m_L,m_Nx);
    m_k=m_T/m_Nt;

    for(int i=1;i<=m_Nx;i++) {
        if(x[i]<m_E)
            u[i][1]=0;
        else
            u[i][1]=x[i]-m_E; }
    vector<double> d(m_Nx),c(m_Nx),a(m_Nx);
    for (int i=1; i<=m_Nx-1;i++) {
        d[i]=1/m_k+pow(m_sigma*i,2)+m_r;
        c[i]=-m_r*i*0.5-pow(m_sigma*i,2)*0.5;
        a[i]=m_r*i*0.5-pow(m_sigma*i,2)*0.5; }
d[m_Nx-1]=d[m_Nx-1]+ 2*c[m_Nx-1];
a[m_Nx-1]=a[m_Nx-1]-c[m_Nx-1];
vector<double> b(m_Nx);
for (int n=1;n<=m_Nt;n++) {
        for (int i=1; i<=m_Nx-1;i++){
b[i]=u[i+1][n]/m_k;}
vector<double> temp = thomas(a,d,c,b);
```

```
for (int i=2;i<=m_Nx;i++) {
u[i][n+1] = temp[i-1];}
}
   WriteData(x,u);
}
int main()
{
    BSim in(230.0, 800, 0.5, 0.03,1.0, 50, 100);
    in.GetOptionPrice();
    return 0;
}
```

다음은 data파일을 읽는 m-파일이다.

MATLAB

```
% BSim_post.m
clc; clf; clear;
x = load('BSim_x_Data.dat');
u = load('BSim_u_Data.dat')';
plot(x,u(:,1:20:101),'ko-')
axis image; axis([0 800 0 600])
```

결과는 그림 8.13과 같다.

8.3.3 크랭크 니콜슨 방법에 의한 옵션 가격 결정

Black-Scholes 편미분 방정식에 대한 크랭크 니콜슨 방법(Crank–Nicolson method for Black–Scholes PDE)은 명시적 방법과 함축적 방법을 조합하여 정확도를 향상시킨 방법이다. 이 아이디어를 Black–Scholes 방정식에 적용하면 다음과 같은 방정식을 얻는다.

$$\begin{aligned}\frac{u_i^{n+1}-u_i^n}{k} &= \frac{1}{2}\left(\frac{1}{2}\sigma^2 x_i^2\frac{u_{i+1}^n-2u_i^n+u_{i-1}^n}{h^2}+rx_i\frac{u_{i+1}^n-u_{i-1}^n}{2h}-ru_i^n\right) \qquad (8.31)\\ &+ \frac{1}{2}\left(\frac{1}{2}\sigma^2 x_i^2\frac{u_{i+1}^{n+1}-2u_i^{n+1}+u_{i-1}^{n+1}}{h^2}+rx_i\frac{u_{i+1}^{n+1}-u_{i-1}^{n+1}}{2h}-ru_i^{n+1}\right).\end{aligned}$$

이러한 크랭크 니콜슨 방법은 시간의 크기에 영향을 받지 않는 장점이 있다. 이제 위의 식 (8.32)를 정리하면,

$$\begin{aligned}\alpha_i u_{i-1}^{n+1}+\beta_i u_i^{n+1}+\gamma_i u_{i+1}^{n+1} &= \frac{u_i^n}{k}+\sigma^2 x_i^2\frac{u_{i+1}^n-2u_i^n+u_{i-1}^n}{4h^2}\\ &+rx_i\frac{u_{i+1}^n-u_{i-1}^n}{4h}-\frac{r}{2}u_i^n,\end{aligned}$$

여기서

$$\alpha_i=\frac{rx_i}{4h}-\frac{\sigma^2x_i^2}{4h^2},\quad \beta_i=\frac{1}{k}+\frac{\sigma^2x_i^2}{2h^2}+r,\quad \gamma_i=-\frac{rx_i}{4h}-\frac{\sigma^2x_i^2}{4h^2}$$

이다.

`BScn.m`은 Black–Scholes 방정식을 크랭크 니콜슨 방법으로 수치해를 구하는 MATLAB 코드이다. 그림 8.14에는 무위험이자율이 $r = 0.03$, 변동성이 $\sigma = 0.5$, 현재시점이 $t = 0$, 만기 시점이 $T = 1$, 그리고 행사가격이 $E = 230$인 유럽형 콜옵션의 가격이 그려져 있다.

MATLAB

```
% BSCN.m
function BSCN
clf; clear; E=230; L=800; sigma=0.5; r=0.03; T=1; Nx=50; Nt=100;
k=T/Nt; x=linspace(0,L,Nx); h = x(2)-x(1); u(1:Nx,1:Nt+1)=0;
for i=1:Nx
    u(i,1)=max(x(i)-E,0);
end
for i=1:Nx-1
    d(i)=1/k+0.5*(sigma*i)^2+0.5*r;
    c(i)=-0.25*r*i-0.25*(sigma*i)^2;
    a(i)=0.25*r*i-0.25*(sigma*i)^2;
end
d(Nx-1)=d(Nx-1)+2*c(Nx-1);
a(Nx-1)=a(Nx-1)-c(Nx-1);
for n=1:Nt
     for i=1:Nx-2
         b(i)=u(i+1,n)/k+0.25*(sigma*i)^2*(u(i,n)-2*u(i+1,n)+u(i+2,n)) ...
             +0.25*r*i*(u(i+2,n)-u(i,n))-0.5*r*u(i+1,n);
     end
     b(Nx-1)=u(Nx,n)/k+0.5*r*(Nx-1)*(u(Nx,n)-u(Nx-1,n))-0.5*r*u(Nx,n);
     u(2:Nx,n+1)=thomas(a, d, c, b);
end
set(gca,'fontsize',20); plot(x,u(:,1:20:Nt+1),'ko-')
xlabel('x'); ylabel('u','rotation',0)

function x=thomas(alpha, beta, gamma, f)
n=length(f);
for i=2:n
    mult=alpha(i)/beta(i-1);
    beta(i)=beta(i)-mult*gamma(i-1);
    f(i)=f(i)-mult*f(i-1);
end
x(n)=f(n)/beta(n);
for i=n-1:-1:1
    x(i)=(f(i)-gamma(i)*x(i+1))/beta(i);
end
```

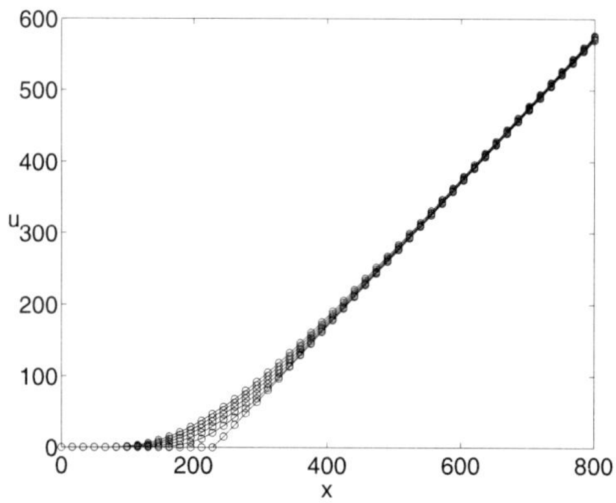

그림 8.14 크랭크 니콜슨 방법에 의한 옵션 가격 결정

BScn.cpp은 Black–Scholes 방정식을 크랭크 니콜슨 방법으로 수치해를 구하는 C++ 코드이다.

C++

```
// BSCN.cpp
#include<iostream>
#include<cmath>
#include<vector>
#include<fstream>
#include<iomanip>
using namespace std;
void linspace(vector<double> &x, double START, double  END, int STEP)
{
    double h = (END - START)/(STEP-1.0);
x.push_back(0);
    for (int i=1; i<=STEP; i++) x.push_back(START+h*(i-1.0));
}
vector<double> thomas(vector<double> alpha, vector<double> beta,
vector<double> gamma, vector<double> f)
{
int n = f.size()-1;

for (int i=2; i<=n;i++){
double mult = alpha[i]/beta[i-1];
beta[i] = beta[i]-mult*gamma[i-1];
f[i] = f[i]-mult*f[i-1];
}
vector<double> x(n+1);
x[n] = f[n]/beta[n];
for (int i=n-1;i>=1;i--){
```

```
x[i]=(f[i]-gamma[i]*x[i+1])/beta[i];
}
return x;
}
class BSCN
{
public:
    BSCN(double nE, int nL, double nsigma, double nr, double nT,
int nNx, int nNt)
    {
        m_E=nE; m_L=nL; m_sigma=nsigma; m_r=nr; m_T=nT; m_Nx=nNx;
m_Nt=nNt;
    }
    void GetOptionPrice(void);
    void WriteData(vector<double> S, vector<vector<double>> CP);
private:
    int m_Nx, m_Nt, m_L ;
    double m_E, m_sigma, m_r, m_T, m_k, m_h;
};
void BSCN::WriteData(vector<double> S, vector<vector<double>> CP)
{
    ofstream output;
    output.open("BSCN_x_Data.dat");
    output<<fixed<<setprecision(4);
    for (unsigned int i=1; i<S.size(); i++)
        output<<setw(12)<<showpoint<<S[i];
    output.close();
    output.open("BSCN_u_Data.dat");
    for(unsigned int n=1;n<CP[0].size();n++) {
        for (unsigned int i=1;i<CP.size();i++)
            output<<setw(12)<<showpoint<<CP[i][n];
        output<<endl;}
    output.close();
}
void BSCN::GetOptionPrice()
{
    vector<double> x;
vector<vector<double>> u(m_Nx+1,vector<double>(m_Nt+2));
    linspace(x,0,m_L,m_Nx);
    m_k=m_T/m_Nt;

    for(int i=1;i<=m_Nx;i++) {
        if(x[i]<m_E)
            u[i][1]=0;
```

```
        else
            u[i][1]=x[i]-m_E; }
    vector<double> d(m_Nx),c(m_Nx),a(m_Nx);
    for (int i=1; i<=m_Nx-1;i++) {
        d[i]=1/m_k+0.5*pow(m_sigma*i,2)+0.5*m_r;
        c[i]=-m_r*i*0.25-pow(m_sigma*i,2)*0.25;
        a[i]=m_r*i*0.25-pow(m_sigma*i,2)*0.25; }
d[m_Nx-1]=d[m_Nx-1]+ 2*c[m_Nx-1];
a[m_Nx-1]=a[m_Nx-1]-c[m_Nx-1];

    vector<double> b(m_Nx);
for (int n=1;n<=m_Nt;n++) {
        for (int i=1; i<=m_Nx-2;i++){
b[i]=u[i+1][n]/m_k+0.25*pow(m_sigma*i,2)
*(u[i][n]-2*u[i+1][n]+u[i+2][n])
+0.25*m_r*i*(u[i+2][n]-u[i][n])-0.5*m_r*u[i+1][n];
}
b[m_Nx-1]=u[m_Nx][n]/m_k+0.5*m_r*(m_Nx-1)*(u[m_Nx][n]-u[m_Nx-1][n])
-0.5*m_r*u[m_Nx][n];

vector<double> temp = thomas(a,d,c,b);
for (int i=2;i<=m_Nx;i++)
u[i][n+1] = temp[i-1];
}
WriteData(x,u);
}
int main()
{
    BSCN in(230.0, 800, 0.5, 0.03,1.0, 50, 100);
    in.GetOptionPrice();

    return 0;
}
```

다음은 data파일을 읽는 m-파일이다.

MATLAB

```
% BScn_post.m
clc; clf; clear;
x = load('BScn_x_Data.dat');
u = load('BScn_u_Data.dat')';
plot(x,u(:,1:20:101),'ko-')
```

결과는 그림 8.14과 같다.

8.3.4 안정성 테스트

명시적 유한 차분법으로 Black–Scholes 편미분방정식을 풀 때 안정성을 확인하기 위해서 BSex_stability.m를 수행해보자. 이 코드는 무위험이자율이 $r = 0.03$, 변동성이 $\sigma = 0.5$, 현재시점이 $t = 0$, 만기 시점이 $T = 1$, 그리고 행사가격이 $E = 100$인 유럽형 콜옵션의 가격을 구하는 MATLAB 코드이다.

MATLAB

```
% BSex_stability.m
clf; clc; clear; E=100; sigma=0.5; r=0.03; L=300; Nx=30; x=linspace(0,L,Nx);
h=x(2)-x(1); T=1.0; Nt=250; k=T/Nt; u(1:Nx,1:Nt+1)=0;
for i=1:Nx
    if x(i)<= E
        u(i,1)=0;
    else
        u(i,1)=x(i)-E;
    end
end
for n=2:Nt+1
    u(Nx,n)=L-E*exp(-r*k*(n-1));
end
exu=u;
for n=1:Nt
    for i=2:Nx-1
        u(i,n+1)=u(i,n) + k*((1/2)*(sigma^2)*((i-1)*h)^2*...
            ((u(i+1,n)-2*u(i,n)+u(i-1,n))/(h^2)) +...
            r*(i-1)*h*((u(i+1,n)-u(i-1,n))/(2*h))-r*u(i,n));
    end
    for i=1:Nx
        d1(i)=(log(x(i)/E)+(r+sigma^2/2)*k*n)/(sigma*sqrt(k*n));
        d2(i)=d1(i)-sigma*sqrt(k*n);
        exu(i,n+1)=x(i)*normcdf(d1(i))-E*exp(-r*k*n)*normcdf(d2(i));
    end
end
plot(x,u(:,1),'k*',x,u(:,83), ...
    'kd',x,u(:,166),'ks',x,u(:,Nt+1),'ko-'); hold
plot(x,exu(:,1),'k',x,exu(:,83),...
    'k',x,exu(:,166),'k',x,exu(:,Nt+1),'k')
legend('initial','n=83','n=166','n=251','exact solution',2)
xlabel('x','FontSize',20); ylabel('u(x,t)','FontSize',20);
axis([0 L 0 300])
```

BSex_stability.m을 이용하여 $\Delta t = 0.0040$인 경우와 $\Delta t = 0.0066$인 경우에 다음과 같은 결과를 얻을 수 있다. 그림 8.15(a)에 비해 그림 8.15(b)의 계산된 값은 정확한 해로 수렴하지 않는 불안정한 상태임을 확인할 수 있다.

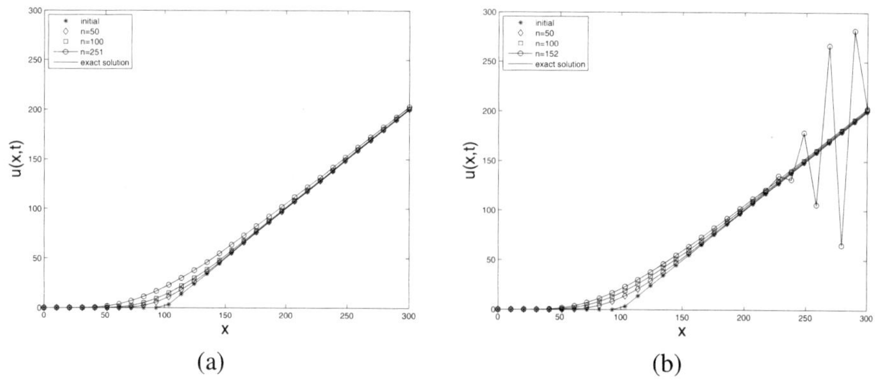

그림 8.15 (a) $\Delta t = 0.0040$ 인 안정한 상태. (b) $\Delta t = 0.0066$ 인 불안정한 상태.

BSex_stability.cpp은 BSex_stability.m와 같은 유럽형 콜옵션의 가격을 구하는 C++ 코드이다.

C++

```
// BSex_stability.cpp
#include<iostream>
#include<cmath>
#include<vector>
#include<fstream>
#include<iomanip>
using namespace std;
#define PI 4.0*atan(1.0)
void linspace(vector<double> &x, double START, double END, int STEP)
{
x.push_back(1000.0);
    double h = (END - START)/(STEP-1.0);
    for (int i=0; i<STEP; i++) x.push_back(START+h*i);
}
double normcdf(double X)
{
    double L, K, value;
    double const a1 = 0.31938153, a2 = -0.356563782, a3 = 1.781477937,
            a4 = -1.821255978, a5 = 1.330274429;
    L = fabs(X);
    K = 1.0/(1.0+0.2316419*L);
    value = 1.0-1.0/sqrt(2.0*PI)*exp(-0.5*L*L)*
            (a1*K+a2*K*K+a3*pow(K,3)+a4*pow(K,4)+a5*pow(K,5));
    if (X<0){
        value=1.0-value;
    }
```

```
    return value;
}
class BSex_stability
{
public:
    BSex_stability(double nE, int nL, double nsigma, double nr, double nT, int
nNx, int nNt)
    {
        m_E=nE; m_L=nL; m_sigma=nsigma; m_r=nr; m_T=nT; m_Nx=nNx; m_Nt=nNt;
    }
    void GetOptionPrice(void);
     void BSex_stability::WriteData(vector<double> S, vector<vector<double>>
CP,vector<vector<double>> CPP);
private:
    int m_Nx, m_Nt,  m_L;
    double m_E, m_sigma, m_r, m_T, m_h, m_k;
};
void BSex_stability::WriteData(vector<double> S, vector<vector<double>> CP,
vector<vector<double>> CPP)
{
    ofstream output;
    output.open("BSex_stability_x_Data.dat");
    output<<fixed<<setprecision(4);
    for (unsigned int i=0; i < S.size(); i++)
        output<<setw(12)<<showpoint<<S[i];
    output.close();
    output.open("BSex_stability_u_Data.dat");
    for(unsigned int n=0;n<CP[0].size();n++) {
        for (unsigned int i=0;i<CP.size();i++)
            output<<setw(12)<<showpoint<<CP[i][n];
        output<<endl;}
    output.close();
    output.open("BSex_stability_exu_Data.dat");
    for(unsigned int n=0;n<CPP[0].size();n++) {
        for (unsigned int i=0;i<CPP.size();i++)
            output<<setw(12)<<showpoint<<CPP[i][n];
        output<<endl;}
    output.close();
}
void BSex_stability::GetOptionPrice()
{
    vector<double> x;
    linspace(x,0,m_L,m_Nx);
    m_h=x[2]-x[1];
```

```
    m_k=m_T/m_Nt;
    vector<vector<double>> u(m_Nx+1, vector<double>(m_Nt+2)),
      exu(m_Nx+1, vector<double>(m_Nt+2));
    for(int i=1;i<=m_Nx;i++) {
        if (x[i]<=m_E)
            u[i][1]=0;
        else
            u[i][1]=x[i]-m_E;}
    for (int n=2;n<=m_Nt+1;n++)
        u[m_Nx][n]=m_L-m_E*exp(-m_r*m_k*n);
    exu=u;

    vector<double> d1(m_Nx+1),d2(m_Nx+1);
    for (int n=1; n<=m_Nt; n++) {
        for (int i=2; i<=m_Nx-1;i++) {
           u[i][n+1] = u[i][n] + m_k*(((double)1/2)*pow(m_sigma, 2) * pow(x[i],
2)*
                  ((u[i+1][n]-2.0*u[i][n]+u[i-1][n]) / pow(m_h,2)) +
                  m_r*x[i] * ((u[i+1][n]-u[i-1][n])/(2.0*m_h))-m_r*u[i][n]);}
        for(int i=1;i<=m_Nx;i++) {
        d1[i]=(log(x[i]/m_E)+(m_r+pow(m_sigma,2)/2)*m_k*n)/(m_sigma*sqrt(m_k*n));
            d2[i]=d1[i]-m_sigma*sqrt(m_k*n);
         exu[i][n+1]=x[i]*normcdf(d1[i])-m_E*exp(-m_r*m_k*n)*normcdf(d2[i]);}}
    WriteData(x, u,exu);
}
int main()
{
    BSex_stability ex(100, 300, 0.5, 0.03, 1.0, 30, 250);
    ex.GetOptionPrice();
    return 0;
}
```

다음은 data파일을 읽는 m-파일이다.

MATLAB

```
% BSex_stability_post.m
clc; clf; clear;
Nt=250;L=300;E=100;
x = load('BSex_stability_x_Data.dat');
u = load('BSex_stability_u_Data.dat');
exu = load('BSex_stability_exu_Data.dat');
plot(x,u(2,:),'k*',x,u(84,:), ...
    'kd',x,u(167,:),'ks',x,u(Nt+2,:),'ko'); hold
plot(x,exu(2,:),'k',x,exu(84,:),...
```

```
    'k',x,exu(167,:),'k',x,exu(Nt+2,:),'k')
legend('initial','n=83','n=166','n=251','exact solution',2)
xlabel('x','FontSize',20); ylabel('u(x,t)','FontSize',20)
axis([0 L 0 300])
```

결과는 그림 8.15와 같다.

함축적 유한차분법으로 Black–Scholes 편미분방정식을 풀 때 안정성을 확인해보기 위해서 `BSim_stability.m`코드를 수행하여 보자. 이 코드는 무위험이자율이 $r = 0.03$, 변동성이 $\sigma = 0.5$, 현재시점이 $t = 0$, 만기 시점이 $T = 1$, 그리고 행사가격이 $E = 100$인 유럽형 콜옵션의 가격을 구하는 MATLAB 코드이다.

MATLAB

```
% BSim_stability.m
function BSim_stability
clf; clear; E=100; L=300; Nx=30; x=linspace(0,L,Nx);
h=x(2)-x(1); sigma=0.5; r=0.03; T=1.0; Nt=250; k=T/Nt;
u(1:Nx,1:Nt+1)=0; u(:,1)=max(0,x-E);
exu=u;
for i=1:Nx-1
    d(i)=1/k+(sigma*i)^2+r; c(i)=-r*i/2-((sigma*i)^2)/2;
    a(i)=r*i/2-((sigma*i)^2)/2;
end
d(Nx-1)=d(Nx-1)+2*c(Nx-1);
a(Nx-1)=a(Nx-1)-c(Nx-1);
for n=1:Nt
    for i=1:Nx-1
        b(i)=u(i+1,n)/k;
    end
    u(2:Nx,n+1)=thomas(a,d,c,b);
    for i=1:Nx
        d1(i)=(log(x(i)/E)+(r+sigma^2/2)*k*n)/(sigma*sqrt(k*n));
        d2(i)=d1(i)-sigma*sqrt(k*n);
        exu(i,n+1)=x(i)*normcdf(d1(i))-E*exp(-r*k*n)*normcdf(d2(i));
    end
end
plot(x,u(:,1),'k*',x,u(:,83),'kd',x,u(:,166),'ks',...
    x,u(:,Nt+1),'ko'); hold
plot(x,exu(:,1),'k',x,exu(:,83),'k',x,exu(:,166),'k',...
    x,exu(:,Nt+1),'k');
legend('initial','n=83','n=166','n=251','exact solution',2)
xlabel('x','FontSize',20); ylabel('u(x,t)','FontSize',20);
axis([0 L 0 300])
function x=thomas(alpha, beta, gamma, f)
```

```
n=length(f);
for i=2:n
    mult=alpha(i)/beta(i-1);
    beta(i)=beta(i)-mult*gamma(i-1);
    f(i)=f(i)-mult*f(i-1);
end
x(n)=f(n)/beta(n);
for i=n-1:-1:1
    x(i)=(f(i)-gamma(i)*x(i+1))/beta(i);
end
```

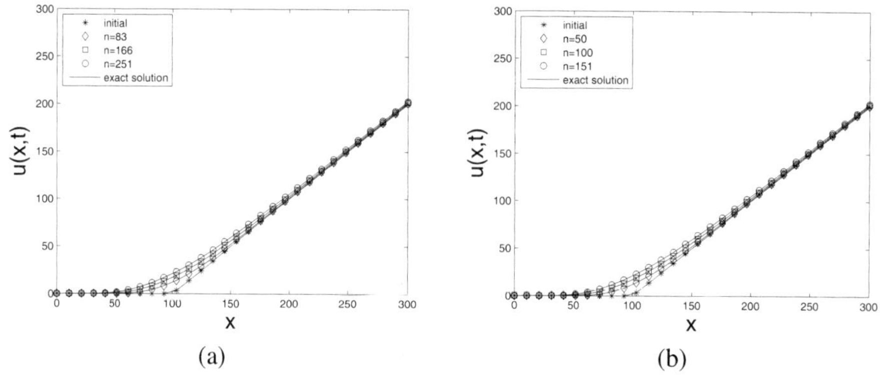

그림 8.16 (a) $\Delta t = 0.0040$ 인 안정한 상태. (b) $\Delta t = 0.0066$ 인 안정한 상태.

BSim_stability.m을 이용하여 $\Delta t = 0.0040$ 인 경우와 $\Delta t = 0.0066$ 인 경우에 다음과 같은 결과를 얻을 수 있다. 앞서 명시적 유한차분법은 α 의 값에 따라 안정한 상태와 불안정한 상태의 결과를 얻었지만 함축적 유한차분법은 위의 그림 8.16(a)와 8.16(b)에서 볼 수 있듯이 모두 안정한 상태임을 확인할 수 있다.

BSim_stability.cpp은 BSim_stability.m와 같은 유럽형 콜옵션의 가격을 구하는 C++ 코드이다.

C++

```
// BSim_stability.cpp
#include<iostream>
#include<cmath>
#include<vector>
#include<fstream>
#include<iomanip>
using namespace std;
#define PI 4.0*atan(1.0)
void linspace(vector<double> &x, double START, double END, int STEP)
{
    double h = (END - START)/(STEP-1.0);
```

```
x.push_back(1000);
    for (int i=1; i<=STEP; i++) x.push_back(START+h*(i-1.0));
}
vector<double> thomas(vector<double> alpha, vector<double> beta, vector<double>
gamma, vector<double> f)
{
int n = f.size()-1;
for (int i=2; i<=n;i++){
double mult = alpha[i]/beta[i-1];
beta[i] = beta[i]-mult*gamma[i-1];
f[i] = f[i]-mult*f[i-1];
}
vector<double> x(n+1);
x[n] = f[n]/beta[n];
for (int i=n-1;i>=1;i--){
x[i]=(f[i]-gamma[i]*x[i+1])/beta[i];
}
return x;
}
double normcdf(double X)
{
    double L, K, value;
    double const a1 = 0.31938153, a2 = -0.356563782, a3 = 1.781477937,
            a4 = -1.821255978, a5 = 1.330274429;
    L = fabs(X);
    K = 1.0/(1.0+0.2316419*L);
    value = 1.0-1.0/sqrt(2.0*PI)*exp(-0.5*L*L)*
            (a1*K+a2*K*K+a3*pow(K,3)+a4*pow(K,4)+a5*pow(K,5));
    if (X<0){
        value=1.0-value;
    }
    return value;
}
class BSim_stability
{
public:
    BSim_stability(double nE, int nL, double nsigma, double nr, double nT, int
nNx, int nNt)
    {
        m_E=nE; m_L=nL; m_sigma=nsigma; m_r=nr; m_T=nT; m_Nx=nNx;m_Nt=nNt;
    }
    void GetOptionPrice(void);
    void WriteData(vector<double> S, vector<vector<double>> CP,
         vector<vector<double>> CPP);
```

```
private:
    double m_E, m_sigma, m_r, m_T, m_h, m_k;
    int m_Nx, m_Nt,  m_L;
};
void BSim_stability::WriteData(vector<double> S, vector<vector<double>> CP,
  vector<vector<double>> CPP)
{
    ofstream output;
    output.open("BSim_stability_x_Data.dat");
    output<<fixed<<setprecision(4);
    for (unsigned int i=0; i < S.size(); i++)
        output<<setw(12)<<showpoint<<S[i];
    output.close();
    output.open("BSim_stability_u_Data.dat");
    for(unsigned int n=0;n<CP[0].size();n++) {
        for (unsigned int i=0;i<CP.size();i++)
            output<<setw(12)<<showpoint<<CP[i][n];
        output<<endl;}
    output.close();
    output.open("BSim_stability_exu_Data.dat");
    for(unsigned int n=0;n<CPP[0].size();n++) {
        for (unsigned int i=0;i<CPP.size();i++)
            output<<setw(12)<<showpoint<<CPP[i][n];
        output<<endl;}
    output.close();
}
void BSim_stability::GetOptionPrice()
{
    vector<double> x;
    linspace(x,0,m_L,m_Nx);
    m_h=x[2]-x[1];
    m_Nt=250;
m_k=m_T/m_Nt;
    vector<vector<double>> u(m_Nx+1, vector<double>(m_Nt+2))
    ,exu(m_Nx+1, vector<double>(m_Nt+2));
    for(int i=1;i<=m_Nx;i++) {
        if (x[i]<=m_E)
            exu[i][1]=0;
        else
            exu[i][1]=x[i]-m_E;}
    u=exu;
for (int n=2; n<=m_Nt+1;n++)
exu[m_Nx-1][n]=m_L-m_E*exp(-m_r*m_k*n);
    vector<double> d(m_Nx),c(m_Nx),a(m_Nx);
```

```
    for (int i=1; i<=m_Nx-1;i++) {
        d[i]=1/m_k+pow(m_sigma*i,2)+m_r;
        c[i]=-m_r*i*0.5-pow(m_sigma*i,2)*0.5;
        a[i]=m_r*i*0.5-pow(m_sigma*i,2)*0.5; }
d[m_Nx-1]=d[m_Nx-1]+2*c[m_Nx-1];
a[m_Nx-1]=a[m_Nx-1]-c[m_Nx-1];
    vector<double> b(m_Nx);
    for (int n=1;n<=m_Nt;n++) {
        for (int i=1; i<=m_Nx-1;i++)
            b[i]=u[i+1][n]/m_k;
vector<double> temp = thomas(a,d,c,b);
        for (int i=2; i<=m_Nx;i++) {
u[i][n+1] = temp[i-1];}
vector<double> d1(m_Nx+1),d2(m_Nx+1);
        for(int i=1;i<=m_Nx;i++) {
                    d1[i]=(log(x[i]/m_E)+(m_r+pow(m_sigma,2)/2)  *  m_k*(n+1))  /
(m_sigma*sqrt(m_k*(n+1)));
            d2[i]=d1[i]-m_sigma*sqrt(m_k*(n+1));
        exu[i][n+1]=x[i]*normcdf(d1[i])-m_E*exp(-m_r*m_k*(n+1))*normcdf(d2[i]);}
}
    WriteData(x,u,exu);
}
int main()
{
    BSim_stability im(100, 300, 0.5, 0.03, 1.0, 30, 250);
    im.GetOptionPrice();
    return 0;
}
```

다음은 data파일을 읽는 m-파일이다.

MATLAB

```
% BSim_stability_post.m
clc; clf; clear;
Nt=250;L=300;E=100;
x = load('BSim_stability_x_Data.dat');
u = load('BSim_stability_u_Data.dat');
exu = load('BSim_stability_exu_Data.dat');
plot(x,u(2,:),'k*',x,u(84,:), ...
    'kd',x,u(167,:),'ks',x,u(Nt+2,:),'ko'); hold
plot(x,exu(2,:),'k',x,exu(84,:),...
    'k',x,exu(167,:),'k',x,exu(Nt+2,:),'k')
legend('initial','n=83','n=166','n=251','exact solution',2)
xlabel('x','FontSize',20); ylabel('u(x,t)','FontSize',20)
```

```
axis([0 L 0 300])
```

결과는 그림 8.16와 같다.

8.3.5 수렴성 테스트

$u(x_i, t^n)$는 Black–Scholes 방정식의 정확한 해를 나타낸다. 다음은 정확한 해를 수치기법에 대입함으로써 명시적 유한차분법의 국소절단오차를 찾는 과정이다. 노드 (x_i, t^n)에서 국소절단오차는 다음과 같이 구한다.

$$
\begin{aligned}
T(x_i, t^n) &= \frac{u(x_i, t^{n+1}) - u(x_i, t^n)}{k} \\
&\quad -\frac{\sigma^2 x_i^2}{2} \frac{u(x_{i+1}, t^n) - 2u(x_i, t^n) + u(x_{i-1}, t^n)}{h^2} \\
&\quad -rx_i \frac{u(x_{i+1}, t^n) - u(x_{i-1}, t^n)}{2h} + ru(x_i, t^n).
\end{aligned}
$$

이제 노드(x_i, t^n)에서 테일러전개를 하면 각각의 항을 다음과 같이 나타낼 수 있다.

$$
\begin{aligned}
T(x_i, t^n) &= u_t(x_i, t^n) + \frac{k}{2} u_{tt}(x_i, t^n) + \mathcal{O}(k^2) \\
&\quad -\frac{\sigma^2 x_i^2}{2} \left[u_{xx}(x_i, t^n) + \frac{h^2}{12} u_{xxxx}(x_i, t^n) + \mathcal{O}(h^4) \right] \\
&\quad -rx_i \left[u_x(x_i, t^n) + \frac{h^2}{3} u_{xxx}(x_i, t^n) + \mathcal{O}(h^4) \right] + ru(x_i, t^n).
\end{aligned}
$$

여기서 $u(x_i, t^n)$은 bs 방정식을 만족하므로 다음이 성립한다.

$$
\begin{aligned}
T(x_i, t^n) &= \frac{k}{2} u_{tt}(x_i, t^n) - \frac{\sigma^2 h^2 x_i^2}{24} u_{xxxx}(x_i, t^n) && (8.32) \\
&\quad -rx_i \frac{h^2}{3} u_{xxx}(x_i, t^n) + \mathcal{O}(k^2) + \mathcal{O}(h^4) \\
&= \mathcal{O}(k) + \mathcal{O}(h^2). && (8.33)
\end{aligned}
$$

식(8.33)으로부터 명시적 유한차분법은 1차 시간 정확하고 2차 공간 정확함을 알 수 있다. 위 결과를 확인하기 위해 다음의 테스트를 수행해보자.

유러피언 콜옵션방정식의 명시적 유한 차분법의 수렴성을 알아보기 위해 다음의 테스트를 수행해보자. 위험이자율이 $r = 0.03$, 변동성이 $\sigma = 0.5$, 현재시점이 $t = 0$, 만기 시점이 $T = 0.1$, 그리고 행사가격이 $E = 100$인 유럽형 콜옵션의 가격을 구하는 MATLAB 코드이다. 이 때, 초기 조건은 $u(x, 0) = \max(0, x - E)$, $T = 0.1$, $L = 400$, $h = 1/N$, $\Delta t = h/500$을 이용하였다. MATLAB 코드 `BSex_convergence_test.m`을 실행하면 다음의 결과를 얻을 수 있다.

MATLAB

```
% BSex_convergence_test.m
clear; E=100; sigma=0.5; r=0.03; L=400; T=0.1;
for iter=1:5
    N=16*2^iter; x=linspace(0,L,N); h=x(2)-x(1); Nt=10*4^iter;
    k=T/Nt; u(1:N,1:Nt+1)=0;
    for i=1:N
        if x(i)<= E
            u(i,1)=0;
        else
            u(i,1)=x(i)-E;
        end
    end

    for n=1:Nt
        for i=2:N-1
            u(i,n+1)=u(i,n) + k*(0.5*sigma^2*(i-1)^2*...
                (u(i+1,n)-2*u(i,n)+u(i-1,n)) +...
                r*(i-1)*((u(i+1,n)-u(i-1,n))/2)-r*u(i,n));
        end
        u(N,n+1)=u(N,n) + k*(r*(N-1)*(u(N,n)-u(N-1,n))-r*u(N,n));
    end
    for i=1:N
        d1(i)=(log(x(i)/E)+(r+sigma^2/2)*k*n)/(sigma*sqrt(k*n));
        d2(i)=d1(i)-sigma*sqrt(k*n);
        exact(i)=x(i)*normcdf(d1(i))-E*exp(-r*k*n)*normcdf(d2(i));
    end
    hh(iter)=h; tt(iter)=k; F = u(:,Nt+1) - exact';
    err(iter) = sqrt(sum(F.^2)/N);
end
Order=[log(err(1)/err(2))/log(2) log(err(2)/err(3))/log(2) ...
    log(err(3)/err(4))/log(2) log(err(4)/err(5))/log(2)]';
fprintf('-----------------------------------------------\n')
fprintf('    h          dt        l2 error      order   \n')
fprintf('-----------------------------------------------\n')
fprintf('%8.5f    %8.6f     %8.6f    \n',hh(1), tt(1) , err(1))
for iter = 2:5
    fprintf('%8.5f    %8.6f     %8.6f   %8.6f \n', ...
        hh(iter), tt(iter), err(iter),Order(iter-1))
end
fprintf('-----------------------------------------------\n')
```

```
>> BSex_convergence_test
------------------------------------------------
    h          dt         l2 error     order
------------------------------------------------
12.90323    0.002500     0.029118
 6.34921    0.000625     0.007162    2.023365
 3.14961    0.000156     0.001803    1.990405
 1.56863    0.000039     0.000454    1.988945
 0.78278    0.000010     0.000114    1.992927
------------------------------------------------
```

BSex_convergence_test.cpp은 Black–Scholes 방정식을 명시적 방법으로 수치해를 구하는 C++ 코드이다.

C++

```
// BSex_convergence_test.cpp
#include<iostream>
#include<cmath>
#include<vector>
#include<fstream>
#include<iomanip>
using namespace std;
#define PI 4.0*atan(1.0)
void linspace(vector<double> &x, double START, double  END, int STEP)
{
    double h = (END - START)/(STEP-1.0);
x.push_back(0);
    for (int i=1; i<=STEP; i++) x.push_back(START+h*(i-1.0));
}
double normcdf(double X)
{
    double L, K, value;
    double const a1 = 0.31938153, a2 = -0.356563782, a3 = 1.781477937,
            a4 = -1.821255978, a5 = 1.330274429;
    L = fabs(X);
    K = 1.0/(1.0+0.2316419*L);
    value = 1.0-1.0/sqrt(2.0*PI)*exp(-0.5*L*L)*
            (a1*K+a2*K*K+a3*pow(K,3)+a4*pow(K,4)+a5*pow(K,5));
    if (X<0){
        value=1.0-value;
    }
    return value;
```

```
}
vector<double> absolute(vector<vector<double>> S, vector<double> SS,
int nFirst, int nSecond)
{
vector<double> q;
q.push_back(0);
for (int i=1; i <= nFirst; i++)
q.push_back(abs(S[i][nSecond-1] - SS[i]));
return q;
}
double sqrtsum(vector<double> S)
{
double q=0.0;
for (unsigned int i=1; i <= S.size()-1; i++)
q+=pow(S[i],2);
return q;
}
class BSex_convergence_test
{
public:
    BSex_convergence_test(int nE, int nL, double nsigma, double nr,
double nT) :
        m_E(nE), m_L(nL), m_sigma(nsigma), m_r(nr), m_T(nT) {}
        void GetOptionPrice(void);
private:
    int  m_E, m_L,m_Nx, m_Nt ;
    double m_sigma, m_r,m_T,m_h,m_k;
};
void BSex_convergence_test::GetOptionPrice()
{
    vector<double> hh(6),tt(6),err(6);
    for (int iter=1; iter<=5;iter++) {
        m_Nx=16*(int)pow(2.0,iter);
        vector<double> x;
        linspace(x,0,m_L,m_Nx);
        m_h=x[2]-x[1];
        m_Nt=10*(int)pow(4.0,iter);
m_k=m_T/m_Nt;
        vector<vector<double>> u(m_Nx+1,vector<double>(m_Nt+2));
        for(int i=1;i<=m_Nx;i++) {
            if (x[i]<=m_E)
                u[i][1]=0;
            else
                u[i][1]=x[i]-m_E;}
```

```
        for(int n=1 ;n<=m_Nt ;n++) {
            for (int i=2;i<=m_Nx-1;i++) {
                u[i][n+1] = u[i][n] + m_k*(0.5*pow(m_sigma*(i-1),2)*(u[i+1][n]
-2*u[i][n]+u[i-1][n])+m_r*(i-1)*((u[i+1][n]-u[i-1][n])/2)
-m_r*u[i][n]);}
u[m_Nx][n+1] = u[m_Nx][n] + m_k*(m_r*(m_Nx-1)*(u[m_Nx][n]-u[m_Nx-1][n])
-m_r*u[m_Nx][n]);}
        vector<double> d1(m_Nx+1),d2(m_Nx+1),exact(m_Nx+1);
d1[0]=0;
d2[0]=0;
exact[0]=0;
        for (int i=1; i<=m_Nx; i++) {
            d1[i]=(log(x[i]/m_E)+(m_r+pow(m_sigma,2)/2)*m_k*m_Nt)
/ (m_sigma*sqrt(m_k*m_Nt));
            d2[i]=d1[i]-m_sigma*sqrt(m_k*m_Nt);
            exact[i]=x[i]*normcdf(d1[i])-m_E*exp(-m_r*m_k*m_Nt)
*normcdf(d2[i]);}
        hh[iter]=m_h;
        tt[iter]=m_k;
        vector<double> F(m_Nx);
        double G;
        F=absolute(u,exact,m_Nx,m_Nt+1);
        G=sqrtsum(F);
        err[iter]=sqrt(G/m_Nx);}
    cout<<fixed<<setprecision(6);
     cout << "------------------------------------------------------------" <<
endl;
    cout <<setw(14)<<"h"<<setw(14)<<"dt"<<setw(14)<<"max_error"<<setw(14)
<<"order"<< endl;
     cout << "------------------------------------------------------------" <<
endl;
   cout <<setw(14)<<hh[1]<<setw(14)<<tt[1]<<setw(14)<<err[1]<<setw(14) << endl;
    for (int i=2; i<=5;i++)
        cout<<setw(14)<<hh[i]<<setw(14)<<tt[i]<<setw(14)<<err[i]<<setw(14) <<
log(err[i-1]/err[i])/log(2.0)<<setw(14)<<endl;
}
int main()
{
    BSex_convergence_test ex(100, 400, 0.5, 0.03, 0.1);
    ex.GetOptionPrice();
    return 0;
}
```

위 결과로 부터 Black–Scholes 방정식에 대한 명시적 유한차분법의 수렴도가 2

차임을 알수가 있다. 그러나 안정성 문제로 인해서 함축적 방법이나 크랭크-니콜슨 방법에 비해 100배 정도 작은 시간스텝을 사용해야만 했다. 수렴도가 2차가 나온 것은 시간 스텝에 대한 오차가 무시할 정도로 작고 공간에 대해서 오차가 나온 결과이다.

유러피언 콜옵션방정식의 함축적 유한 차분법의 수렴성을 알아보기 위해 다음의 테스트를 수행해보자. 위험이자율이 $r = 0.03$, 변동성이 $\sigma = 0.5$, 현재시점이 $t = 0$, 만기 시점이 $T = 0.1$, 그리고 행사가격이 $E = 100$인 유럽형 콜옵션의 가격을 구하는 MATLAB 코드이다. 이 때, 초기 조건은 $u(x, 0) = \max(0, x - E)$, $T = 0.1$, $L = 400$, $h = 1/N$, $\Delta t = h/500$을 이용하였다. MATLAB 코드 BSex_convergence_test.m을 실행하면 다음의 결과를 얻을 수 있다.

MATLAB

```
% BSim_convergence_test.m
function BSim_convergence_test
clear; E=100; sigma=0.5; r=0.03; L=400; T=0.1;
for iter=1:5
    Nx = 16*(2^iter); x=linspace(0,L,Nx); h=x(2)-x(1);
    Nt=10*4^iter; k=T/Nt; u(1:Nx,1:Nt+1)=0; u(:,1)= max(0,x-E);

    for i=1:Nx-1
        d(i)=1/k+(sigma*i)^2+r; c(i)=-r*i/2-((sigma*i)^2)/2;
        a(i)=r*i/2-((sigma*i)^2)/2;
    end
    d(Nx-1)=d(Nx-1)+2*c(Nx-1);
    a(Nx-1)=a(Nx-1)-c(Nx-1);
    for n=1:Nt
        for i=1:Nx-1
            b(i)=u(i+1,n)/k;
        end
        u(2:Nx,n+1)=thomas(a,d,c,b);
    end
    for i=1:Nx
        d1(i)=(log(x(i)/E)+(r+sigma^2/2)*k*n)/(sigma*sqrt(k*n));
        d2(i)=d1(i)-sigma*sqrt(k*n);
        exact(i)=x(i)*normcdf(d1(i))-E*exp(-r*k*n)*normcdf(d2(i));
    end
    hh(iter)=h; tt(iter)=k; F = u(:,Nt+1) - exact';
    err(iter) = sqrt(sum(F.^2)/Nx);
end
Order=[log(err(1)/err(2))/log(2) log(err(2)/err(3))/log(2) ...
    log(err(3)/err(4))/log(2) log(err(4)/err(5))/log(2)]';
fprintf('-----------------------------------------------\n')
```

```
fprintf('    h           dt         l2 error      order   \n')
fprintf('------------------------------------------------\n')
fprintf('%8.5f     %8.6f      %8.6f     \n',hh(1),tt(1),err(1))
for iter = 2:5
    fprintf('%8.5f     %8.6f      %8.6f     %8.6f \n',hh(iter),...
        tt(iter),err(iter),Order(iter-1))
end
fprintf('------------------------------------------------\n')

function x=thomas(alpha, beta, gamma, f)
n=length(f);
for i=2:n
    mult=alpha(i)/beta(i-1);
    beta(i)=beta(i)-mult*gamma(i-1);
    f(i)=f(i)-mult*f(i-1);
end
x(n)=f(n)/beta(n);
for i=n-1:-1:1
    x(i)=(f(i)-gamma(i)*x(i+1))/beta(i);
end
```

```
>> BSim_convergence_test
------------------------------------------------
    h           dt          l2 error      order
------------------------------------------------
12.90323    0.002500      0.037137
 6.34921    0.000625      0.009262     2.003483
 3.14961    0.000156      0.002331     1.990342
 1.56863    0.000039      0.000586     1.991629
 0.78278    0.000010      0.000147     1.994913
------------------------------------------------
```

BSim_convergence_test.cpp은 Black–Scholes 방정식을 함축적방법으로 수치해를 구하는 C++ 코드이다.

C++

```
// BSim_convergence_test.cpp
#include<iostream>
#include<cmath>
#include<vector>
#include<fstream>
#include<iomanip>
using namespace std;
```

```
#define PI 4.0*atan(1.0)
void linspace(vector<double> &x, double START, double  END, int STEP)
{
    double h = (END - START)/(STEP-1.0);
x.push_back(0);
    for (int i=1; i<=STEP; i++) x.push_back(START+h*(i-1.0));
}
double normcdf(double X)
{
double L, K, value;
double const a1 = 0.31938153, a2 = -0.356563782, a3 = 1.781477937,
         a4 = -1.821255978, a5 = 1.330274429;
L = fabs(X);
K = 1.0/(1.0+0.2316419*L);
value = 1.0-1.0/sqrt(2.0*PI)*exp(-0.5*L*L)*
(a1*K+a2*K*K+a3*pow(K,3)+a4*pow(K,4)+a5*pow(K,5));
if (X<0){
value=1.0-value;
}
return value;
}
vector<double> absolute(vector<vector<double>> S, vector<double> SS, int nFirst,
int nSecond)
{
vector<double> q;
q.push_back(0);
for (int i=1; i <= nFirst; i++)
q.push_back(abs(S[i][nSecond-1] - SS[i]));
return q;
}
double sqrtsum(vector<double> S)
{
double q=0.0;
for (unsigned int i=1; i <= S.size()-1; i++)
q+=pow(S[i],2);
return q;
}
vector<double> thomas(vector<double> alpha, vector<double> beta, vector<double>
gamma, vector<double> f)
{
int n = f.size()-1;

for (int i=2; i<=n;i++){
double mult = alpha[i]/beta[i-1];
```

```
beta[i] = beta[i]-mult*gamma[i-1];
f[i] = f[i]-mult*f[i-1];
}
vector<double> x(n+1);
x[n] = f[n]/beta[n];
for (int i=n-1;i>=1;i--){
x[i]=(f[i]-gamma[i]*x[i+1])/beta[i];
}
return x;
}
class BSim_convergence_test
{
public:
BSim_convergence_test(int nE, int nL, double nsigma, double nr, double nT) :
  m_E(nE), m_L(nL), m_sigma(nsigma), m_r(nr), m_T(nT) {}
  void GetOptionPrice(void);
private:
int  m_E, m_L,m_Nx, m_Nt ;
double m_sigma, m_r,m_T,m_h,m_k;
};
void BSim_convergence_test::GetOptionPrice()
{
vector<double> hh(6),tt(6),err(6);
for (int iter=1; iter<=5;iter++){
m_Nx=16*(int)pow(2.0,iter);
vector<double> x;
linspace(x,0,m_L,m_Nx);
m_h=x[2]-x[1];
m_k=m_h/500;
m_Nt=floor(m_T/m_k+0.5);
vector<vector<double>> u(m_Nx+1,vector<double>(m_Nt+2));
for(int i=1;i<=m_Nx;i++) {
if (x[i]<=m_E)
u[i][1]=0;
else
u[i][1]=x[i]-m_E;}
vector<double> d(m_Nx), c(m_Nx),a(m_Nx);
for (int i=1; i<=m_Nx-1;i++) {
d[i]=1/m_k+pow(m_sigma*i,2)+m_r;
c[i]=-m_r*i*0.5-pow(m_sigma*i,2)*0.5;
a[i]=m_r*i*0.5-pow(m_sigma*i,2)*0.5; }
d[m_Nx-1]=d[m_Nx-1]+2*c[m_Nx-1];
a[m_Nx-1]=a[m_Nx-1]-c[m_Nx-1];
```

```
vector<double> b(m_Nx);
for (int n=1;n<=m_Nt;n++) {
for (int i=1; i<=m_Nx-1;i++)
b[i]=u[i+1][n]/m_k;
vector<double> temp = thomas(a,d,c,b);
for (int i=2;i<=m_Nx;i++)
u[i][n+1] = temp[i-1];}

vector<double> d1(m_Nx+1),d2(m_Nx+1),exact(m_Nx+1);
d1[0]=0;
d2[0]=0;
exact[0]=0;
for (int i=1; i<=m_Nx; i++) {
d1[i]=(log(x[i]/m_E)+(m_r+pow(m_sigma,2)/2)*m_k*m_Nt) / (m_sigma*sqrt(m_k*m_Nt));
d2[i]=d1[i]-m_sigma*sqrt(m_k*m_Nt);
exact[i]=x[i]*normcdf(d1[i])-m_E*exp(-m_r*m_k*m_Nt)*normcdf(d2[i]);}
hh[iter]=m_h;
tt[iter]=m_k;
vector<double> F(m_Nx);
double G;
F=absolute(u,exact,m_Nx,m_Nt+1);
G=sqrtsum(F);
err[iter]=sqrt(G/m_Nx); }
cout<<fixed<<setprecision(6);
cout << "----------------------------------------------------------" << endl;
cout <<setw(10)<<"h"<<setw(14)<<"dt"<<setw(14)<<"max_error"<<setw(14) <<"order"
<< endl;
cout << "----------------------------------------------------------" << endl;
cout <<setw(10)<<hh[1]<<setw(14)<<tt[1]<<setw(14)<<err[1]<<setw(14) << endl;
for (int i=2; i<=5;i++)
cout<<setw(10)<<hh[i]<<setw(14)<<tt[i]<<setw(14)<<err[i]<<setw(14) <<
          log(err[i-1]/err[i])/log(2.0)<<setw(14)<<endl;
}
int main()
{
BSim_convergence_test im(100, 400, 0.5, 0.03, 0.1);
im.GetOptionPrice();
return 0;
}
```

위 결과로 부터 Black–Scholes 방정식에 대한 함축적 유한차분법의 수렴도가 1차임을 알수가 있다.

유러피언 콜옵션방정식의 크랭크 니콜슨 유한 차분법의 수렴성을 알아보기 위해 다음의 테스트를 수행해보자. 무위험이자율이 $r = 0.03$, 변동성이 $\sigma = 0.5$, 현재시점이 $t = 0$, 만기 시점이 $T = 0.1$, 그리고 행사가격이 $E = 100$ 인 유럽형 콜옵션의 가격을 구하는

MATLAB 코드이다. 이 때, 초기 조건은 $u(x,0) = \max(0, x-E)$, $T = 0.1$, $L = 400$, $h = 1/N$, $\Delta t = h/500$을 이용하였다. MATLAB 코드 BScn_convergence_test.m 을 실행하면 다음의 결과를 얻을 수 있다.

MATLAB

```
% BScn_convergence_test.m
function BScn_convergence_test
clear; E=100; sigma=0.5; r=0.03; L=400; T=0.1;
for iter=1:5
    Nx = 16*(2^iter); x=linspace(0,L,Nx); h=x(2)-x(1); k=h/500;
    Nt=round(T/k); u(1:Nx,1:Nt+1)=0; u(:,1)= max(0,x-E);

    for i=1:Nx-1
        d(i)=1/k+(sigma*i)^2/2+r/2; c(i)=-r*i/4 - ((sigma*i)^2)/4;
        a(i)=r*i/4-((sigma*i)^2)/4;
    end
    d(Nx-1)=d(Nx-1)+2*c(Nx-1);
    a(Nx-1)=a(Nx-1)-c(Nx-1);
    for n=1:Nt
        for i=1:Nx-2
            b(i) = u(i+1,n)/k + (sigma*i)^2*(u(i+2,n) -2*u(i+1,n)+...
                u(i,n))/4 + r*i*(u(i+2,n)-u(i,n))/4 - r*u(i+1,n)/2;
        end
        b(Nx-1)=u(Nx,n)/k+0.5*r*(Nx-1)*(u(Nx,n)-u(Nx-1,n))-0.5*r*u(Nx,n);
        u(2:Nx,n+1)=thomas(a, d, c, b);
    end
    for i=1:Nx
        d1(i)=(log(x(i)/E)+(r+sigma^2/2)*k*n)/(sigma*sqrt(k*n));
        d2(i)=d1(i)-sigma*sqrt(k*n);
        exact(i)=x(i)*normcdf(d1(i))-E*exp(-r*k*n)*normcdf(d2(i));
    end
    hh(iter)=h; tt(iter)=k; F = u(:,Nt+1) - exact';
    err(iter) = sqrt(sum(F.^2)/Nx);
end
Order=[log(err(1)/err(2))/log(2) log(err(2)/err(3))/log(2) ...
    log(err(3)/err(4))/log(2) log(err(4)/err(5))/log(2)]';
fprintf('-----------------------------------------------\n')
fprintf('    h          dt         l2 error      order    \n')
fprintf('-----------------------------------------------\n')
fprintf('%8.5f    %8.6f     %8.6f       \n',hh(1), tt(1), err(1))
for iter = 2:5
    fprintf('%8.5f    %8.6f     %8.6f       %8.6f \n', ...
        hh(iter),tt(iter), err(iter),Order(iter-1))
end
```

```
fprintf('-----------------------------------------------\n')

function x=thomas(alpha, beta, gamma, f)
n=length(f);
for i=2:n
    mult=alpha(i)/beta(i-1);
    beta(i)=beta(i)-mult*gamma(i-1);
    f(i)=f(i)-mult*f(i-1);
end
x(n)=f(n)/beta(n);
for i=n-1:-1:1
    x(i)=(f(i)-gamma(i)*x(i+1))/beta(i);
end
```

```
>> BScn_convergence_test
------------------------------------------------
    h          dt          l2 error        order
------------------------------------------------
12.90323    0.025806     0.030559
 6.34921    0.012698     0.007577       2.011942
 3.14961    0.006299     0.001910       1.987935
 1.56863    0.003137     0.000481       1.988300
 0.78278    0.001566     0.000121       1.992722
------------------------------------------------
```

BScn_convergence_test.cpp은 Black-Scholes 방정식을 크랭크 니콜슨방법으로 수치해를 구하는 C++ 코드이다.

C++

```
// BScn_convergence_test.cpp
#include<iostream>
#include<cmath>
#include<vector>
#include<fstream>
#include<iomanip>
using namespace std;
#define PI 4.0*atan(1.0)
void linspace(vector<double> &x, double START, double  END, int STEP)
{
    double h = (END - START)/(STEP-1.0);
x.push_back(0);
    for (int i=1; i<=STEP; i++) x.push_back(START+h*(i-1.0));
}
```

```
double normcdf(double X)
{
double L, K, value;
double const a1 = 0.31938153, a2 = -0.356563782, a3 = 1.781477937,
a4 = -1.821255978, a5 = 1.330274429;
L = fabs(X);
K = 1.0/(1.0+0.2316419*L);
value = 1.0-1.0/sqrt(2.0*PI)*exp(-0.5*L*L)*
(a1*K+a2*K*K+a3*pow(K,3)+a4*pow(K,4)+a5*pow(K,5));
if (X<0){
value=1.0-value;
}
return value;
}
vector<double> absolute(vector<vector<double>> S, vector<double> SS,
int nFirst, int nSecond)
{
vector<double> q;
q.push_back(0);
for (int i=1; i <= nFirst-1; i++)
q.push_back(abs(S[i][nSecond-1] - SS[i]));
return q;
}
double sqrtsum(vector<double> S)
{
double q=0.0;
for (unsigned int i=1; i <= S.size()-1; i++)
q+=pow(S[i],2);
return q;
}
vector<double> thomas(vector<double> alpha, vector<double> beta,
vector<double> gamma, vector<double> f)
{
int n = f.size()-1;

for (int i=2; i<=n;i++){
double mult = alpha[i]/beta[i-1];
beta[i] = beta[i]-mult*gamma[i-1];
f[i] = f[i]-mult*f[i-1];
}
vector<double> x(n+1);
x[n] = f[n]/beta[n];
for (int i=n-1;i>=1;i--){
x[i]=(f[i]-gamma[i]*x[i+1])/beta[i];
```

```
}
return x;
}
class BScn_convergence_test
{
public:
BScn_convergence_test(int nE, int nL, double nsigma,
double nr, double nT) :
  m_E(nE), m_L(nL), m_sigma(nsigma), m_r(nr), m_T(nT) {}
  void GetOptionPrice(void);
private:
int  m_E, m_L,m_Nx, m_Nt ;
double m_sigma, m_r,m_T,m_h,m_k;
};
void BScn_convergence_test::GetOptionPrice()
{
vector<double> hh(6),tt(6),err(6);
for (int iter=1; iter<=5;iter++) {
m_Nx=16*(int)pow(2.0,iter);
vector<double> x;
linspace(x,0,m_L,m_Nx);
m_h=x[2]-x[1];
m_k=m_h/500;
m_Nt=(int)floor(m_T/m_k+0.5);
vector<vector<double>> u(m_Nx+1,vector<double>(m_Nt+2));
for(int i=1;i<=m_Nx;i++) {
if (x[i]<=m_E)
u[i][1]=0;
else
u[i][1]=x[i]-m_E;}
vector<double> d(m_Nx), c(m_Nx), a(m_Nx);
for (int i=1; i<=m_Nx-1;i++) {
d[i]=1/m_k+pow(m_sigma*i,2)/2+m_r/2;
c[i]=-m_r*i*0.25-pow(m_sigma*i,2)*0.25;
a[i]=m_r*i*0.25-pow(m_sigma*i,2)*0.25;}
d[m_Nx-1]=d[m_Nx-1]+2*c[m_Nx-1];
a[m_Nx-1]=a[m_Nx-1]-c[m_Nx-1];
vector<double> b(m_Nx);
for (int n=1;n<=m_Nt;n++) {
for (int i=1; i<=m_Nx-2;i++){
b[i]=u[i+1][n]/m_k+pow(m_sigma*(i+1),2)*(u[i+2][n]
-2*u[i+1][n]+u[i][n])/4 +m_r*(i+1)*(u[i+2][n]
-u[i][n])/4-m_r*u[i+1][n]/2;}
b[m_Nx-1]=u[m_Nx][n]/m_k+0.5*m_r*(m_Nx-1)*(u[m_Nx][n]-u[m_Nx-1][n])
```

```
-0.5*m_r*u[m_Nx][n];
vector<double> temp = thomas(a,d,c,b);
for (int i=2;i<=m_Nx;i++)
u[i][n+1] = temp[i-1];}
vector<double> d1(m_Nx+1),d2(m_Nx+1),exact(m_Nx+1);
d1[0]=0;
d2[0]=0;
exact[0]=0;
for (int i=1; i<=m_Nx; i++) {
d1[i]=(log(x[i]/m_E)+(m_r+pow(m_sigma,2)/2)*m_k*m_Nt)
/ (m_sigma*sqrt(m_k*m_Nt));
d2[i]=d1[i]-m_sigma*sqrt(m_k*m_Nt);
exact[i]=x[i]*normcdf(d1[i])-m_E*exp(-m_r*m_k*m_Nt)
*normcdf(d2[i]);}
hh[iter]=m_h;
tt[iter]=m_k;
vector<double> F(m_Nx);
double G;
F=absolute(u,exact,m_Nx,m_Nt+1);
G=sqrtsum(F);
err[iter]=sqrt(G/m_Nx);}
cout<<fixed<<setprecision(6);
cout << "----------------------------------------------------------" << endl;
cout <<setw(10)<<"h"<<setw(14)<<"dt"<<setw(14)<<"max_error"<<setw(14) <<
"order"<< endl;
cout << "----------------------------------------------------------" << endl;
cout <<setw(10)<<hh[1]<<setw(14)<<tt[1]<<setw(14)<<err[1]<<setw(14) << endl;
for (int i=2; i<=5;i++)
cout<<setw(10)<<hh[i]<<setw(14)<<tt[i]<<setw(14)<<err[i]<<setw(14) <<
log(err[i-1]/err[i])/log(2.0)<<setw(14)<<endl;
}
int main()
{
BScn_convergence_test cn(100, 400, 0.5, 0.03, 0.1);
cn.GetOptionPrice();
return 0;
}
```

위 결과로 부터 Black–Scholes 방정식에 대한 크랭크 니콜슨 유한차분법의 수렴도가 2 차임을 알수가 있다.

8.3.6 비균일 격자로 Black–Scholes 방정식을 푸는 함축적 방법

이번 장에서는 앞에서 비균일 격자로 열방정식을 풀었던 방법을 Black–Scholes 방정식에 적용해본다. $x_0 = 0$이고 $i = 0, 1, \cdots, Nx - 1$일 때 $x_{i+1} = x_i + h_i$라고 정의한다.

여기서 Nx는 구간의 총 개수이고 x_i는 기초자산의 가격을 의미하고 h_i는 격자 공간, 즉 기초자산간의 가격 차이이다.

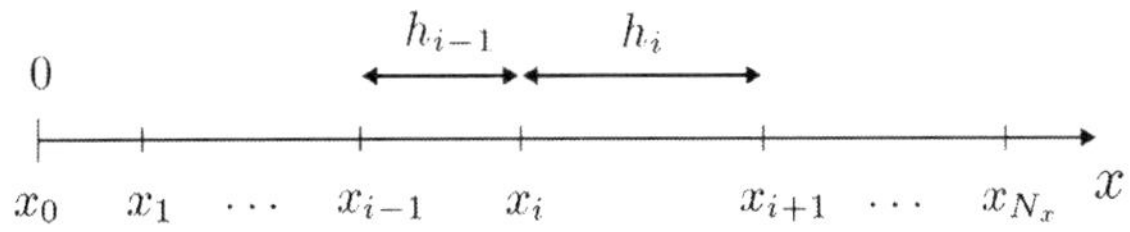

그림 8.17 x축 방향으로 비균일 격자.

$$
\begin{aligned}
\left(\frac{\partial u}{\partial x}\right)_i^{n+1} &= -\frac{h_i}{h_{i-1}(h_{i-1}+h_i)}u_{i-1}^{n+1} - \frac{h_i - h_{i-1}}{h_{i-1}h_i}u_i^{n+1} \\
&\quad + \frac{h_{i-1}}{h_i(h_{i-1}+h_i)}u_{i+1}^{n+1} \qquad (8.34) \\
\left(\frac{\partial^2 u}{\partial x^2}\right)_i^{n+1} &= \frac{2}{h_{i-1}(h_{i-1}+h_i)}u_{i-1}^{n+1} - \frac{2}{h_{i-1}h_i}u_i^{n+1} \\
&\quad + \frac{2}{h_i(h_{i-1}+h_i)}u_{i+1}^{n+1} \qquad (8.35)
\end{aligned}
$$

식 (8.34)과 (8.35)을 Black–Scholes 방정식에 대입하여 정리하면 다음 식을 이끌어 낼 수 있다.

$$\frac{u_i^n}{k} = \alpha_i u_{i-1}^{n+1} + \beta_i u_i^{n+1} + \gamma_i u_{i+1}^{n+1}. \qquad (8.36)$$

여기서 k는 시간 간격이며 $\alpha_i, \beta_i, \gamma_i$는 다음과 같다.

$$
\begin{aligned}
\alpha_i &= \frac{-\sigma^2 x_i^2 + r x_i h_i}{h_{i-1}(h_{i-1}+h_i)}, \\
\beta_i &= \frac{\sigma^2 x_i^2 - r x_i (h_i - h_{i-1})}{h_{i-1}h_i} + r + \frac{1}{k}, \\
\gamma_i &= \frac{-\sigma^2 x_i^2 + r x_i h_{i-1}}{h_i(h_{i-1}+h_i)}, \\
i &= 1, 2, \cdots, Nx-2.
\end{aligned}
$$

다음은 토마스 알고리즘을 이용하여 식 (8.36)의 수치해를 구하는 MATLAB 코드이다. 여기서 무위험이자율은 $r = 0.03$, 변동성이 $\sigma = 0.5$, 현재시점이 $t = 0$, 만기시점이 $T = 0.1$, 그리고 행사가격이 $E = 230$이며 격자는 rand함수를 써서 나누었다.

MATLAB

```
% nBSim.m
function nBSim
clf; clear; E=230; L=800; sigma=0.5; r=0.03; T=1; Nx=50; Nt=100;
rand('seed',1); dummy_h=rand(1,Nx-1); h=dummy_h/sum(dummy_h)*L;
```

```
h=[h, h(end)]; x(1)=0;
for i=2:Nx
    x(i)=x(i-1)+h(i-1);
end
k=T/Nt; u(1:Nx,1:Nt+1)=0; N=Nx-2;
for i=1:Nx
    u(i,1)=max(x(i)-E,0);
end
for i=1:Nx-1
    d(i)=(sigma^2*x(i+1)^2-r*x(i+1)*(h(i+1)-h(i)))/(h(i)*h(i+1))+r+1/k;
    c(i)=(-sigma^2*x(i+1)^2-r*x(i+1)*h(i))/(h(i+1)*(h(i)+h(i+1)));
    a(i)=(-sigma^2*x(i+1)^2+r*x(i+1)*h(i+1))/(h(i)*(h(i)+h(i+1)));
end
d(Nx-1)=d(Nx-1)+2*c(Nx-1);
a(Nx-1)=a(Nx-1)-c(Nx-1);
for n=1:Nt
    for i=1:Nx-1
        b(i)=u(i+1,n)/k;
    end
    u(2:Nx,n+1)=thomas(a, d, c, b);
end
set(gca,'fontsize',20);
plot(x,u(:,1:20:Nt+1),'ko-')
xlabel('x'); ylabel('u(x,t)','rotation',0)
set(gca,'ytick',[0 200 400 600])
print('-deps','nBSim.eps')
function x = thomas(alpha, beta, gamma, f)
n = length(f);
for i=2:n
    mult=alpha(i)/beta(i-1);
    beta(i)=beta(i)-mult*gamma(i-1);
    f(i)=f(i)-mult*f(i-1);
end
x(n)=f(n)/beta(n);
for i=n-1:-1:1
    x(i)=(f(i)-gamma(i)*x(i+1))/beta(i);
end
```

위의 코드 nBSim.m를 실행하면 다음의 결과를 얻을 수 있다.

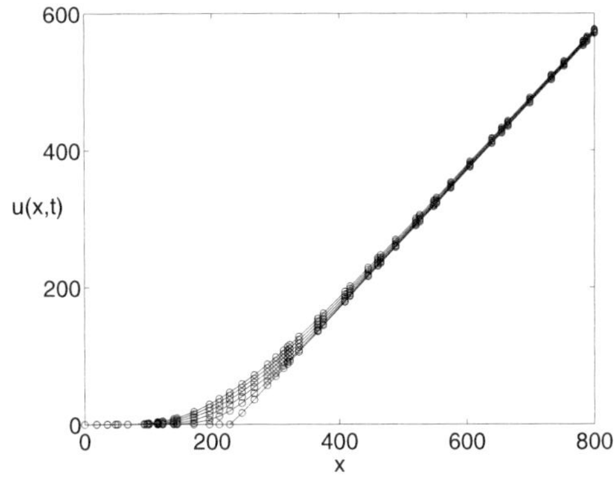

그림 8.18 Non-uniform 격자에서 함축적 Black–Scholes 방정식

8.4 Greeks

투자자는 투자를 할 때 투자안의 수익률뿐만이 아닌 위험에도 관심을 갖는다. 파생상품의 거래를 통하여 미래의 위험을 감쇄시킬 수 있는데 이를 헤징(Hedging)이라 한다. 위험관리전략으로 아주 빈번하게 쓰이는 그릭(Greek)들의 유한차분 근사치에 대해 알아보기로 하자.

블랙숄즈의 옵션가격결정모형에서 콜옵션의 가치 V는 다음과 같다.

$$
\begin{aligned}
V &= SN(d_1) - Ee^{-rT}N(d_2) \\
d_1 &= \frac{\ln(\frac{S}{E}) + \left(r + \frac{1}{2}\sigma^2\right)T}{\sigma\sqrt{T}} \\
d_2 &= \frac{\ln(\frac{S}{E}) + \left(r - \frac{1}{2}\sigma^2\right)T}{\sigma\sqrt{T}} = d_1 - \sigma\sqrt{T}
\end{aligned} \tag{8.37}
$$

표준정규누적분포함수와 미분식은 다음과 같이 정의된다.

$$
\begin{aligned}
N(d) &= \frac{1}{\sqrt{2\pi}}\int_{-\infty}^{d} e^{-\frac{x^2}{2}}dx \\
N'(d) &= \frac{1}{\sqrt{2\pi}}e^{-\frac{d^2}{2}}
\end{aligned}
$$

Greeks	
Delta (Δ)	$\frac{\partial V}{\partial S} = N(d_1)$
Gamma (Γ)	$\frac{\partial^2 V}{\partial S^2} = N'(d_1)/(S\sigma\sqrt{T})$
Theta (Θ)	$\frac{\partial V}{\partial t} = -S\sigma N'(d_1)/(2\sqrt{T}) - rEe^{-rT}N(d_2)$
Rho (ρ)	$\frac{\partial V}{\partial r} = ETe^{-rT}N(d_2)$
Vega	$\frac{\partial V}{\partial \sigma} = S\sqrt{T}N'(d_1)$

Greeks는 말 그대로 그리스 문자들을 말한다. 각각의 그리스 문자는 각각의 지표의 변동에 대한 옵션가치의 변동비율, 즉 민감도를 의미한다. 이들 그리스문자들은 헤징과 관련하여 옵션의 투자 전략에 매우 중요하게 사용된다. Greeks은 옵션의 가격에 대한 해석해가 있는 경우, 각각의 Greeks의 정의에 따라 구한다. 그러나 대다수의 이색옵션과 같이 옵션가격의 해석해를 구할 수 없는 경우에는 수치 기법에 의존하여 Greeks의 근사적인 값을 구해야 한다. Greek에 관한 이야기를 하기 전에, 먼저 다음의 정리를 보자.

정리 8.4.1

$SN'(d_1) - E\exp(-r(T-t))N'(d_2) = 0$. 여기서, $N'(x)$는 표준 평균밀도함수 (standard normal density function)이다.

증명

$$N'(x) = \frac{1}{\sqrt{2\pi}} \exp\left(-\frac{x^2}{2}\right)$$

이기 때문에, 다음의 식을 유도할 수 있다.

$$\frac{N'(d_1))}{N'(d_2)} = \exp\left[-\frac{1}{2}(d_1^2 - d_2^2)\right] = \exp\left[-\frac{1}{2}(d_1 + d_2)(d_1 - d_2)\right]. \tag{8.38}$$

이제, d_1과 d_2의 정의에 따라, 다음과 같이 쓸 수 있으며,

$$d_1 + d_2 = 2\frac{\ln\frac{S}{E} + r(T-t)}{\sigma\sqrt{(T-t)}}, \qquad d_1 - d_2 = \sigma\sqrt{T-t},$$

이는 다음 식을 만족한다.

$$\frac{1}{2}(d_1 + d_2)(d_1 - d_2) = \ln\frac{S}{E} + r(T-t) = \ln\frac{S}{E\exp(-r(T-t))}.$$

위의 식에 식 (8.38)을 대입하여 정리하면,

$$\frac{N'(d_1)}{N'(d_2)} = \frac{E\exp(-r(T-t))}{S} \quad \Rightarrow \quad SN'(d_1) - E\exp(-r(T-t))N'(d_2) = 0.$$

8.4.1 델타(Δ)

델타(Delta;Δ)는 주가 변화에 따른 옵션가치의 변화율을 의미한다. 옵션의 가치를 V라 하고 주가를 S라 하면 델타는 다음과 같다.

$$\Delta = \frac{\partial C}{\partial S}.$$

Black–Scholes 모형에서 콜옵션의 델타는 콜옵션의 가치인 식(8.37)를 주가 S에 대해 편미분해서 얻으므로,

$$\begin{aligned}\Delta &= \frac{\partial C}{\partial S} = N(d_1) + S\frac{\partial d_1}{\partial S}N'(d_1) - Ee^{-r(T-t)}\frac{\partial d_2}{\partial S}N'(d_2)\\ &= N(d_1) + \frac{1}{\sigma\sqrt{T-t}}SN'(d_1) - \frac{1}{\sigma\sqrt{T-t}}Ee^{-r(T-t)}N'(d_2) = N(d_1).\end{aligned}$$

옵션가격결정식의 해석해를 알고 있다면, Greek 역시 해석적인 값을 구할 수 있다. 그러나 대부분의 옵션가격결정식에서 해석해를 구하기는 매우 어려우므로 수치적인 접근법을 통해 근사해를 구한다. Greeks 역시 수치 기법을 이용해 근사해를 구한다. 델타를 근사적으로 도출하는 방법에 대해 알아보자.

$$\frac{\partial V}{\partial S} \approx \frac{\Delta V}{\Delta S} = \frac{V(S+\Delta S) - V(S-\Delta S)}{2\Delta S}. \tag{8.39}$$

식(8.39)을 격자공간에서 이산적으로 표현하면 다음과 같다.

$$\Delta \approx \frac{V_{i+1}^n - V_{i-1}^n}{2h}.$$

델타는 무위험 포트폴리오를 구성하기 위해서 중요한 역할을 한다. 콜옵션매도거래에서의 델타 헷징은 콜옵션을 한개 매입또는 매도할 때마다 Δ 개만큼의 주식을 매도 또는 매입해서 포트폴리오의 위험을 제거하는 것을 말한다. 콜옵션에서 델타는 항상 양의 값을 가지므로 콜옵션에 long position을 취할 경우, 기초자산에 short position을 취해서 헤지 포지션을 구성하는 것이다. 물론 콜옵션을 매도할 경우 기초자산은 매입 포지션을 취하여 헤징을 한다. 이렇게 보유한 포트폴리오와 반대의 보수를 갖는 포트폴리오를 구성하는 것을 포트폴리오를 복제(replicate)한다고 하고 이 포트폴리오를 복제포트폴리오라고 한다. 풋옵션의 델타는 항상 음의 값을 가진다. 따라서 무위험 포트폴리오를 구성하기 위해, 풋옵션의 포지션과 기초자산의 포지션은 동일하게 설정한다.

Greeks의 수치해를 구할때 편의상 함축적 유한차분법을 사용할것이나 좀 더 정확한 해를 구하기 위해서 크랭크-니콜슨 방법을 사용할 수도 있다.
`BSim_delta.m`는 수치해와 Black–Scholes 해석해를 이용해 델타를 구하는 MATLAB 코드이다.

MATLAB

```
%% BSim_delta.m
clear all; clc; clf; E=230; sigma=0.5; r=0.03; T=1; Nx=50; Nt=100;
L=800; k=T/Nt; x=linspace(0,L,Nx); h =x(2)-x(1);
for i=1:Nx
    v(i) = max(x(i)-E,0);
```

```
end
for i=1:Nx-2
    dd(i)=1/k+(sigma*i)^2+r;
    c(i)=-r*i/2 - ((sigma*i)^2)/2;
end
for i=1:Nx-3
    a(i)=r*(i+1)/2-((sigma*(i+1))^2)/2;
end
for n=1:Nt
    d=dd;
    for i=1:Nx-3
        b(i)=v(i+1)/k;
    end
    v(Nx)= L - E*exp(-r*k*n);  b(Nx-2) = v(Nx-1)/k - c(Nx-2)*v(Nx);
    for i = 2:Nx-2
        xmult= a(i-1)/d(i-1);
        d(i) = d(i) - xmult*c(i-1);
        b(i) = b(i) - xmult*b(i-1);
    end
    v(Nx-1) = b(Nx-2)/d(Nx-2);
    for i = Nx-3:-1:1
        v(i+1) = (b(i) - c(i)*v(i+2))/d(i);
    end
end
% Delta of numerical solution
for i = 2:Nx-1
    Delta(i-1)  = (v(i+1)-v(i-1))/(2*h);
end
plot(x(2:Nx-1),Delta,'k*-'); hold on
% Delta of exact solution
for i=1:Nx
    d1=(log(x(i)/E)+(r+sigma^2/2)*T)/(sigma*sqrt(T));
    Delta2(i) = normcdf(d1);
end
plot(x,Delta2,'ko-'); grid on;
xlabel('Underlying Asset','fontsize',20)
ylabel('Delta','fontsize',20); legend('FDM','Exact',4);
set(gca,'fontsize',20)
```

그림 8.19은 MATLAB 코드 `BSim_delta.m`를 실행한 결과이다. 수치해석에 의한 델타와 해석해에 의한 델타가 매우 비슷함을 알 수 있다.

`BSim_delta.cpp`은 수치해와 Black-Scholes 해석해를 이용해 델타를 구하는 C++ 코드이다.

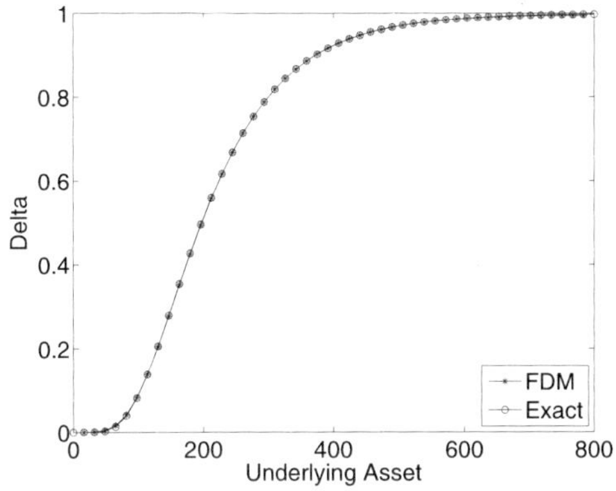

그림 8.19 유한차분법과 해석해을 이용하여 구한 델타

C++

```
// BSim_delta.cpp
#include<iostream>
#include<cmath>
#include<vector>
#include<fstream>
#include<iomanip>
using namespace std;
#define PI 4.0*atan(1.0)
void linspace(vector<double> &x, double START, double END, int STEP)
{
double h = (END - START)/(STEP-1.0);
x.push_back(0);
for (int i=1; i<=STEP; i++)
x.push_back(START+h*(i-1));
}
double normcdf(double X)
{
double L, K, value;
double const a1 = 0.31938153, a2 = -0.356563782, a3 = 1.781477937,
a4 = -1.821255978, a5 = 1.330274429;
L = fabs(X);
K = 1.0/(1.0+0.2316419*L);
value = 1.0-1.0/sqrt(2.0*PI)*exp(-0.5*L*L)*
(a1*K+a2*K*K+a3*pow(K,3)+a4*pow(K,4)+a5*pow(K,5));
if (X<0){
value=1.0-value;
}
return value;
```

```
}
class BSim_delta
{
public:
BSim_delta(int nE, int nL, double nsigma, double nr, double nT, int nNx, int
nNt) :
m_E(nE), m_L(nL), m_sigma(nsigma), m_r(nr), m_T(nT), m_Nx(nNx), m_Nt(nNt) {}
void WriteData(vector<double> S, vector<double> CP,vector<double> CPP);
void Get_Delta(void);
vector<double> thomas(vector<double> alpha, vector<double> beta,
vector<double> gamma, vector<double> f);
private:
int m_E, m_L,m_Nx, m_Nt ;
double m_sigma, m_r,m_T,m_h,m_k;
};
vector<double> BSim_delta::thomas(vector<double> alpha,
vector<double>beta, vector<double>gamma, vector<double>f)
{
int n = f.size()-1;
for (int i=2; i<=n;i++){
double mult = alpha[i]/beta[i-1];
beta[i] = beta[i]-mult*gamma[i-1];
f[i] = f[i]-mult*f[i-1];}
vector<double> x(n+1);
x[n] = f[n]/beta[n];
for (int i=n-1;i>=1;i--){
x[i]=(f[i]-gamma[i]*x[i+1])/beta[i];}
return x;
}
void BSim_delta::WriteData(vector<double> S, vector<double> CP,vector<double>
CPP)
{
ofstream output;
output.open("BSim_delta_x_Data.dat");
output<<fixed<<setprecision(4);
for (unsigned int i=0; i < S.size(); i++)
output<<setw(12)<<showpoint<<S[i];
output.close();
output.open("BSim_delta_u_Data.dat");
for (unsigned int i=0;i<CP.size();i++)
output<<setw(12)<<showpoint<<CP[i];
output.close();
output.open("BSim_delta_uu_Data.dat");
for (unsigned int i=0;i<CPP.size();i++)
```

```
output<<setw(12)<<showpoint<<CPP[i];
output.close();
}
void BSim_delta::Get_Delta()
{
m_k=m_T/m_Nt;
vector<double> x;
linspace(x,0,m_L, m_Nx);
m_h=x[2]-x[1];
vector<double> v;
v.push_back(0);
for(int i=1; i<=m_Nx;i++) {
if (x[i]<=m_E)
v.push_back(0);
else
v.push_back(x[i]-m_E);}
vector<double> d(m_Nx),c(m_Nx),a(m_Nx),b(m_Nx);
for(int i=1;i<=m_Nx-1;i++) {
d[i]=1/m_k+pow(m_sigma*i,2)+m_r;
c[i]=-m_r*i/2-pow(m_sigma*i,2)/2;
a[i]=m_r*i/2-pow(m_sigma*i,2)/2;}
d[m_Nx-1]=d[m_Nx-1]+ 2*c[m_Nx-1];
a[m_Nx-1]=a[m_Nx-1]-c[m_Nx-1];
for(int n=1;n<=m_Nt;n++) {
for(int i=1;i<=m_Nx-1;i++)
b[i]=v[i+1]/m_k;
vector<double> temp = thomas(a,d,c,b);
for (int i=2;i<=m_Nx;i++)
v[i]=temp[i-1];}
vector<double> Delta,Delta2;

for(int i=2; i<=m_Nx-1;i++){
Delta.push_back((v[i+1]-v[i-1])/(2*m_h));}

for(int i=1; i<=m_Nx;i++) {
double d1=(log(x[i]/m_E)+(m_r+pow(m_sigma,2)/2)*m_T)/(m_sigma*sqrt(m_T));
Delta2.push_back(normcdf(d1));}
WriteData(x,Delta,Delta2);
}
int main()
{
BSim_delta delta(230, 800, 0.5, 0.03, 1.0, 50, 100);
delta.Get_Delta();
return 0;
```

```
}
```

다음은 data파일을 읽는 m-파일이다.

MATLAB

```
clc; clf; clear;
Nx=50;
x = load('BSim_delta_x_Data.dat');
Delta = load('BSim_delta_u_Data.dat');
Delta2 = load('BSim_delta_uu_Data.dat');
hold on
grid on
plot(x(3:Nx),Delta,'k*-');
plot(x(2:Nx+1),Delta2,'ko-');
hold off
xlabel('Underlying Asset','fontsize',20)
ylabel('Delta','fontsize',20)
legend('FDM','Exact',4)
set(gca,'fontsize',20)
```

결과는 그림 8.19과 같다.

8.4.2 동적델타헷징

금융회사에서 옵션을 발행한 경우, 옵션의 매수자가 옵션의 권리를 수행할 위험이 발생한다. 즉, 콜옵션을 발행 했다면 $\max(S_T - K, 0)$ 만큼을 금융회사가 매수자에게 지급할 의무가 있다. 이 경우 옵션의 매도자는 옵션에 해당하는 payoff만큼의 복제 포지션을 구축함으로써 위험을 헷지할 수 있다. 이때 만기시 기초자산의 가격이 어떻게 변하더라도 전체 포트폴리오의 포지션의 손익은 0이된다. 여기서 발행한 옵션과 반대의 포지션은 동일한 상품을 매입하거나 또는 옵션 가격결정에 영향을 미치는 요소들을 제거한 포지션을 통해 구축할 수 있다. 후자의 경우를 민감도 헤징이라고 하며 델타, 감마, 베가헤징으로 구별할 수 있다. 또한 민감도는 시간에 따라 변하기 때문에 지속적으로 민감도를 중립화시키는 포지션을 재구성해야 하면 이를 동적헤징이라고 한다. 여기서는 옵션에 대해 실무적으로 널리 이용되는 **동적델타헤징**(Dynamic Delta hedging)에 관하여 살펴보자.

t 시점에서의 옵션의 가치를 $V(t)$, 기초자산의 가격을 $S(t)$, 옵션의 델타를 $\frac{\partial V(t)}{\partial S(t)}$ 라고 하자. t 시점에서 옵션을 1단위 매도하였을 때, 이를 복제하기 위해 기초자산을 $\frac{\partial V(t)}{\partial S(t)}$ 단위만큼 매입하고, 이 포트폴리오를 구성하기 위하여 무위험자산 포지션을 $B(t)$ 단위 취하면 t 시점에서의 델타헷징된 포트폴리오 $\Pi(t)$를 구성할 수 있다. 이를

수식으로 나타내면

$$-V(t)+\frac{\partial V(t)}{\partial S(t)}S(t)+B(t)=\Pi(t) \tag{8.40}$$

여기서 $\frac{\partial V(t)}{\partial S(t)}S+B(t)$는 옵션매도포지션 $-V(t)$를 헤징하기 위한 복제 포지션이다. t시점은 헤징 시작지점이므로 $\Pi(t)=0$이다. 이제 Δt 만큼의 시간이 경과한 $t+\Delta t$ 시점의 이 포트롤리오의 가치는 다음과 같다.

$$-V(t+\Delta t)+\frac{\partial V(t}{\partial S(t)}S(t+\Delta t)+B(t)e^{r\Delta t}=\Pi(t+\Delta t) \tag{8.41}$$

식 (8.41)에서 식 (8.40)를 차감하면 다음과 같다.

$$\begin{aligned}&-(V(t+\Delta t)-V(t))+\frac{\partial V(t}{\partial S(t)}(S(t+\Delta t)-S(t))+B(t)(e^{r\Delta t}-1)\\&=\Pi(t+\Delta t)-\Pi(t)\\&=\varepsilon(t)\end{aligned} \tag{8.42}$$

식 8.42를 살펴보자. t시점에서 델타의 추정치가 정확하여 Δ 만큼 지난 시점에서의 옵션의가치가 델타비율만큼 변화하였다면, 좌변의 $-(V(t+\Delta t)-V(t))$와 $\frac{\partial V(t}{\partial S(t)}(S(t+\Delta t)-S(t))$는 서로 상쇄되어 0이 되고 $B(t)(e^{r\Delta t}-1)$만이 남게 된다. 즉 효과적인 델타헤징이란 포트폴리오의 가치중립인 헤징에러를 최소화하는 것으로서 이는 포트폴리오 델타를 중립화하여 무위험상태를 유지하는 것이라 할 수 있다. 그러나 $t+\Delta t$시점의 델타는 계속적으로 변하게 되므로 식 8.41의 포트폴리오의 복제포지션을 재조정 해주는 과정에서 헤징에러가 발생하게 된다.

주단위로 동적델타헷징을 수행하는 예를 살펴보자. 다음 MATLAB 코드는 델타 헷징을 수행할 때 주가가 내가격, 외가격으로 마감하는 두가지 경우에 대해서 비용을 구한 것이다.

MATLAB

```
% delta_hedging.m
clc; clear;
s0=49; E=50; r=0.05; sigma=0.2; n=20; t=n/52; m=0.13;
s = zeros(n+1,1); s(1)=s0;
g = zeros(n+2,1); delta = zeros(n+1,1); b = zeros(n+1,1); c = zeros(n+2,1);
d = zeros(n+2,1); z = zeros(n+1,1);
for i =1:n
   s(i+1)=s(i)*exp((m-sigma^2/2)*(1/52)-sigma*sqrt(1/52)*norminv(rand(),0,1));
end
for i =1:(n+1)
    d1 = (log(s(i)/E)+(r+sigma^2/2)*(t-(i-1)/52))/(sigma*sqrt(t-(i-1)/52));
    delta(i) = normcdf(d1);
    z(i)=delta(i)*100000;
```

```
end
    b(1) = delta(1)*100000;
for i=2:n+1
    b(i)=(delta(i)-delta(i-1))*100000;
end
for i=1:n+1
    c(i) = b(i)*s(i)*0.001;
end
g(1) = 0;
d(1) = c(1) + g(1);
for i=1:n+1
    g(i+1) = d(i)*(exp(r/52)-1);
    d(i+1) = d(i)+c(i+1) + g(i+1);
end
if( delta(n+1)==1 )
    expense = d(n+1)-z(n+1)*E*0.001
else
    expense = d(n+1)
end
callprice = max(s(n+1)-E,0)*exp(-r*n/52)
format short g;
% week  stock  Delta  Holding  long  expense  accumulate  interest
disp([(0:n)', s(:,1), delta(:,1),z(:,1),b(:,1),c(1:n+1,1),d(1:n+1,1),g(2:n+2,1)]);
```

아래 txt은 위 두 코드에 의해 나온 결과값이다.

```
 0      49  0.5216   52160    52160   2555.9   2555.9   2.4587
 1  50.464  0.61334  61334     9174   462.96   3021.3   2.9065
 2  49.432  0.54335  54335  -6999.5     -346   2678.2   2.5764
 3  50.218  0.59413  59413   5078.2   255.02   2935.8   2.8242
 4  50.225  0.59272  59272  -140.88  -7.0758   2931.5   2.8201
 5  51.706  0.69155  69155   9882.7   510.99   3445.3   3.3144
 6  51.445  0.67586  67586  -1569.6  -80.746   3367.9   3.2399
 7  52.469  0.74439  74439   6853.8   359.61   3730.8    3.589
 8  52.005  0.71815  71815  -2624.1  -136.46   3597.9   3.4612
 9  51.407  0.67816  67816  -3999.1  -205.58   3395.8   3.2667
10  50.569   0.6112  61120  -6695.9   -338.6   3060.4   2.9441
11  50.851  0.63623  63623   2503.1   127.29   3190.7   3.0694
12  52.946  0.80708  80708    17085   904.58   4098.3   3.9426
13  54.162   0.8884  88840   8132.2   440.46   4542.7   4.3701
14  52.265  0.77969  77969   -10872  -568.22   3978.9   3.8277
15  53.888  0.90593  90593    12625   680.31     4663   4.4858
16  52.616  0.84529  84529  -6064.2  -319.07   4348.4   4.1832
17  52.587  0.87163  87163   2633.8    138.5   4491.1   4.3204
```

```
18  48.945  0.31745     31745      -55418      -2712.5        1783       1.7152
19  51.016  0.78043     78043       46298       2361.9      4146.6       3.9891
20  51.329        1     1e+05       21957         1127      5277.6       5.0771

expense =   277.64
```

```
 0      49   0.5216     52160       52160       2555.9      2555.9       2.4587
 1  51.004  0.64654     64654       12494       637.22      3195.5       3.0741
 2  52.021  0.70632     70632      5978.3          311      3509.6       3.3763
 3  50.923  0.64063     64063     -6569.8      -334.55      3178.4       3.0577
 4  53.781  0.80268     80268       16206       871.56      4053.1        3.899
 5  51.746  0.69409     69409      -10860      -561.95        3495       3.3622
 6   50.98   0.6438     64380     -5028.4      -256.35        3242       3.1188
 7  51.128  0.65475     65475      1094.5        55.96      3301.1       3.1757
 8  50.956  0.64253     64253     -1221.3      -62.232      3242.1       3.1189
 9  52.087  0.72756     72756      8502.4       442.86        3688       3.5479
10  52.347  0.75062     75062      2306.2       120.72      3812.3       3.6674
11   49.92  0.55028     55028      -20034      -1000.1      2815.9       2.7089
12  49.863  0.54073     54073     -955.33      -47.636        2771       2.6657
13  49.895  0.53974     53974     -98.813      -4.9303      2768.7       2.6635
14  51.028  0.66224     66224       12250       625.11      3396.5       3.2674
15  51.176  0.68559     68559        2335       119.49      3519.2       3.3855
16  50.837  0.65404     65404     -3155.7      -160.42      3362.2       3.2344
17  50.291  0.58118     58118     -7285.3      -366.39        2999       2.8851
18  50.769  0.67651     67651      9532.3       483.95      3485.9       3.3534
19  51.357  0.84472     84472       16821       863.87      4353.1       4.1877
20  48.343        0         0      -84472      -4083.6      273.63      0.26324

expense = 273.63
```

위 코드의 알고리즘을 알아보자. 0주일때 주가와 그에 따른 델타($N(d_1)$)값을 알 수 있다. 이렇게 나온 델타값을 이용하여 델타헷징을 하기위해 콜옵션의 계약수에 해당하는 주식수를 델타를 곱한 만큼 매입한다. 이는 주식매입비용으로 무위험 이자유로 은행에서 빌렸다고 가정한다. 이 비용은 이자비용을 야기시키므로 이자 또한 계산해줘서 주식매입비용과 더해주면 누적비용이된다. 이제 이 과정을 반복해주면 된다. 옵션의 만기에 가까워짐에 따라서 델타가 0 또는 1에 가까워져간다. 즉 주가가 외가격 또는 내가격으로 가까워 지는데 이때 외가격으로 마감하는 경우는 마지막주 누적비용이 헷지비용이된다. 이와 대조적으로 내가격으로 나온 경우는 콜옵션을 헷지하기 위해 사둔 주식을 옵션 매수자에게 행사가를 주고 팔게 되므로 행사가 × 주식수 만큼을 누적비용에서 차감한 비용이 헷지비용이 된다. 나온 결과값을 보면 주가가 외가격으로 나왔을 경우와 내가격으로 다르게 나왔음에도 비슷한 결과를 보여주는 것을 알 수 있다. 동적델타헷징을 많이 수행한 만큼 헷징비용은 Black–Scholes 공식으로 구한 콜옵션의 값과 일치하게 된다. 즉, 헷징비용은 콜옵션의 가격이 나오게 된다. 그러나 거래비용을 생각하여 알맞는 헤징빈도수를 찾아서 동적델타헷징을 수행해야 될 것이다.

8.4.3 감마 (Γ)

감마(Gamma;Γ)는 기초자산의 변화에 따른 델타의 민감도를 의미한다. 만약 감마가 작다면 포트폴리오를 가끔씩만 조정하면 된다. 반대로 감마가 크다면 포트폴리오가 무위험한 시나리오로 유지되는 기간은 매우 짧게 된다. 따라서 포트폴리오를 더 자주 조정해야 무위험상태를 유지할 수 있다. 감마는 델타를 지수 S에 대해 편미분해서 얻는다.

$$\Gamma = \frac{\partial^2 V}{\partial S^2} = \frac{\partial}{\partial S}\left(\frac{\partial V}{\partial S}\right) = \frac{\partial}{\partial S}(N(d_1)) = \frac{N'(d_1)}{S\sigma\sqrt{T-t}} = \frac{e^{-\frac{1}{2}d_1^2}}{S\sigma\sqrt{2\pi(T-t)}} > 0.$$

감마에 대한 근사식은 다음과 같다.

$$\Gamma \approx \frac{V_{i+1}^n - 2V_i^n + V_{i-1}^n}{h^2}.$$

`BSim_gamma.m`는 유한차분법에 의한 수치해와 Black–Scholes 식에 의한 감마를 구하는 MATLAB 코드이다.

MATLAB

```
% BSim_gamma.m
function BSim_gamma
clear all; clf; clc; E=230; sigma=0.5; r=0.03; T=1.0; Nx=50; Nt=100;
L=800; k=T/Nt; x=linspace(0,L,Nx); h =x(2)-x(1);
for i=1:Nx
    v(i) = max(x(i)-E,0);
end
for i=1:Nx-1
    d(i)=1/k+(sigma*i)^2+r;
    c(i)=-r*i/2 - (sigma*i)^2/2;
    a(i)=r*i/2-(sigma*i)^2/2;
end
d(Nx-1)=d(Nx-1)+2*c(Nx-1);
a(Nx-1)=a(Nx-1)-c(Nx-1);
for n=1:Nt
    for i=1:Nx-1
        b(i)=v(i+1)/k;
    end
    v(2:Nx)=thomas(a, d, c, b);
```

```
end
% Gamma of numerical solution
for i = 2:Nx-1
    Gamma(i)  = (v(i+1)-2*v(i)+v(i-1))/(h^2);
end
plot(x(2:Nx-1),Gamma(2:Nx-1),'k*-'); hold on
% Gamma of exact solution
for i=1:Nx
    d1=(log(x(i)/E)+(r+sigma^2/2)*T)/(sigma*sqrt(T));
    Gamma2(i) = (exp(-0.5*(d1^2)))/(x(i)*sigma*sqrt(2*pi*T));
end
plot(x,Gamma2,'ko-'); grid on;
xlabel('Underlying Asset','fontsize',20)
ylabel('Gamma','fontsize',20); legend('FDM','Exact',1);
set(gca,'fontsize',20)
function x=thomas(alpha, beta, gamma, f)
n=length(f);
for i=2:n
    mult=alpha(i)/beta(i-1);
    beta(i)=beta(i)-mult*gamma(i-1);
    f(i)=f(i)-mult*f(i-1);
end
x(n)=f(n)/beta(n);
for i=n-1:-1:1
    x(i)=(f(i)-gamma(i)*x(i+1))/beta(i);
end
```

그림 8.20은 MATLAB 코드를 실행한 결과이다. 함축적 유한차분법에 의한 감마와 해석해에 의한 감마가 매우 비슷함을 알 수 있으며 행사가격에 가까워지면 갑자기 커지는 현상을 확인할 수 있다.

BSim_gamma.cpp은 수치해와 Black–Scholes 해석해를 이용해 감마를 구하는 C++ 코드이다.

C++

```
// BSim_gamma.cpp
#include<iostream>
#include<cmath>
#include<vector>
#include<fstream>
#include<iomanip>
using namespace std;
#define PI 4.0*atan(1.0)
void linspace(vector<double> &x, double START, double END, int STEP)
```

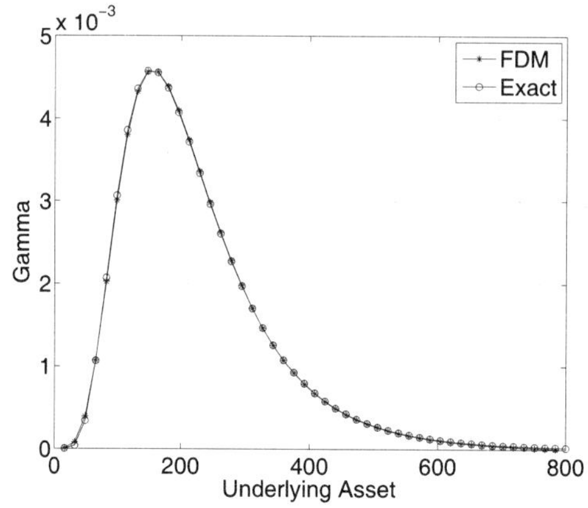

그림 8.20 유한차분법을 이용하여 구한 감마

```
{
double h = (END - START)/(STEP-1.0);
x.push_back(0);
for (int i=1; i<=STEP; i++)
x.push_back(START+h*(i-1));
}
double normcdf(double X)
{
double L, K, value;
double const a1 = 0.31938153, a2 = -0.356563782, a3 = 1.781477937,
a4 = -1.821255978, a5 = 1.330274429;
L = fabs(X);
K = 1.0/(1.0+0.2316419*L);
value = 1.0-1.0/sqrt(2.0*PI)*exp(-0.5*L*L)*
(a1*K+a2*K*K+a3*pow(K,3)+a4*pow(K,4)+a5*pow(K,5));
if (X<0){
value=1.0-value;
}
return value;
}
class BSim_gamma
{
public:
BSim_gamma(int nE, int nL, double nsigma, double nr, double nT, int nNx, int
nNt) :
m_E(nE), m_L(nL), m_sigma(nsigma), m_r(nr), m_T(nT), m_Nx(nNx), m_Nt(nNt) {}
void WriteData(vector<double> S, vector<double> CP,vector<double> CPP);
void Get_gamma(void);
```

```
vector<double> thomas(vector<double> alpha, vector<double> beta,
vector<double> gamma, vector<double> f);
private:
int m_E, m_L,m_Nx, m_Nt ;
double m_sigma, m_r,m_T,m_h,m_k;
};
vector<double> BSim_gamma::thomas(vector<double> alpha,
vector<double>beta, vector<double>gamma, vector<double>f)
{
int n = f.size()-1;
for (int i=2; i<=n;i++){
double mult = alpha[i]/beta[i-1];
beta[i] = beta[i]-mult*gamma[i-1];
f[i] = f[i]-mult*f[i-1];}
vector<double> x(n+1);
x[n] = f[n]/beta[n];
for (int i=n-1;i>=1;i--){
x[i]=(f[i]-gamma[i]*x[i+1])/beta[i];}
return x;
}
void BSim_gamma::WriteData(vector<double> S, vector<double> CP,vector<double>
CPP)
{
ofstream output;
output.open("BSim_gamma_x_Data.dat");
output<<fixed<<setprecision(8);
for (unsigned int i=0; i < S.size(); i++)
output<<setw(14)<<showpoint<<S[i];
output.close();
output.open("BSim_gamma_u_Data.dat");
for (unsigned int i=0;i<CP.size();i++)
output<<setw(14)<<showpoint<<CP[i];
output.close();
output.open("BSim_gamma_uu_Data.dat");
for (unsigned int i=0;i<CPP.size();i++)
output<<setw(14)<<showpoint<<CPP[i];
output.close();
}
void BSim_gamma::Get_gamma()
{
m_k=m_T/m_Nt;
vector<double> x;
linspace(x,0,m_L, m_Nx);
m_h=x[2]-x[1];
```

```
vector<double> v;
v.push_back(0);
for(int i=1; i<=m_Nx;i++) {
if (x[i]<=m_E)
v.push_back(0);
else
v.push_back(x[i]-m_E);}
vector<double> d(m_Nx),c(m_Nx),a(m_Nx),b(m_Nx);
for(int i=1;i<=m_Nx-1;i++) {
d[i]=1/m_k+pow(m_sigma*i,2)+m_r;
c[i]=-m_r*i/2-pow(m_sigma*i,2)/2;
a[i]=m_r*i/2-pow(m_sigma*i,2)/2;}
d[m_Nx-1]=d[m_Nx-1]+ 2*c[m_Nx-1];
a[m_Nx-1]=a[m_Nx-1]-c[m_Nx-1];
for(int n=1;n<=m_Nt;n++) {
for(int i=1;i<=m_Nx-1;i++)
b[i]=v[i+1]/m_k;
vector<double> temp = thomas(a,d,c,b);
for (int i=2;i<=m_Nx;i++)
v[i]=temp[i-1];}
vector<double> Gamma1,Gamma2;

for(int i=2; i<=m_Nx-1;i++)
Gamma1.push_back((v[i+1]-2*v[i]+v[i-1])/pow(m_h,2));
for(int i=1; i<=m_Nx;i++) {
double d=(log(x[i]/m_E)+(m_r+pow(m_sigma,2)/2)*m_T)/(m_sigma*sqrt(m_T));
Gamma2.push_back((exp(-0.5*pow(d,2)))/(x[i]*m_sigma*sqrt(2*PI*m_T)));}
WriteData(x,Gamma1,Gamma2);
}
int main()
{
BSim_gamma gamma(230, 800,0.5,0.03,1.0,50, 100);
gamma.Get_gamma();
}
```

다음은 data파일을 읽는 m-파일이다.

MATLAB

```
clc; clf; clear;
Nx=50;
x = load('BSim_gamma_x_Data.dat');
Gamma = load('BSim_gamma_u_Data.dat');
Gamma2 = load('BSim_gamma_uu_Data.dat');
plot(x(3:Nx),Gamma,'k*-'); hold on
```

```
plot(x(3:Nx+1),Gamma2(2:Nx),'ko-'); hold on
```

결과는 그림 8.20과 같다.

8.4.4 세타(Θ)

세타(Theta;Θ)는 시간(t)의 변화에 따른 옵션가격의 변화율을 의미한다. 옵션의 잔존기간($T-t$)에 따라 옵션의 가치가 변화하는 정도를 나타내는 척도이다. 세타는 다음과 같이 옵션의 가치 V를 시간 t에 대해 편미분해서 얻는다.

$$\begin{aligned}\Theta &= \frac{\partial V}{\partial t} = -\frac{\partial V}{\partial T} = -\left[\frac{\partial S\sigma N'(d_1)}{2\sqrt{T-t}} + rEN(d_2)e^{-r(T-t)}\right] \\ &= -\frac{S\sigma e^{-\frac{1}{2}d_1^2}}{2\sqrt{2\pi(T-t)}} - rEN(d_2)e^{-r(T-t)} < 0.\end{aligned}$$

$$\Theta = \frac{\partial V}{\partial t} \approx \frac{V_i^{n+1} - V_i^n}{\Delta t}.$$

`BSim_theta.m`는 유한차분법에 의한 수치해와 Black–Scholes 식에 의한 세타를 구하는 MATLAB 코드이다.

MATLAB

```
% BSim_theta.m
function BSim_theta
clear all; clf; clc; E=230; sigma=0.5; r=0.03; T=1; Nx=50; Nt=100;
L=800; k=T/Nt; x=linspace(0,L,Nx); h =x(2)-x(1);
for i=1:Nx
    v(i)=max(x(i)-E,0);
end
for i=1:Nx-1
    d(i)=1/k+(sigma*i)^2+r;
    c(i)=-r*i/2 - (sigma*i)^2/2;
    a(i)=r*i/2-(sigma*i)^2/2;
end
d(Nx-1)=d(Nx-1)+2*c(Nx-1);
a(Nx-1)=a(Nx-1)-c(Nx-1);
for n=1:Nt
    for i=1:Nx-1
        b(i)=v(i+1)/k;
    end
    v(2:Nx)=thomas(a, d, c, b);
    if (n==Nt-1)
        ov=v;
    end
```

```
end
% Theta of numerical solution
Theta =(ov-v)/k; plot(x,Theta,'k*-'); hold on
% Theta of exact solution
T = (T+T-k)/2;
for i = 1:Nx
    d1=(log(x(i)/E)+(r+sigma^2/2)*T)/(sigma*sqrt(T));
    d2=d1-sigma*sqrt(T);
    Theta2(i)=-x(i)*sigma*exp(-0.5*d1^2)/(2*sqrt(2*pi*T))-...
        r*E*exp(-r*T)*normcdf(d2);
end
plot(x,Theta2,'ko-'); grid on;
xlabel('Underlying Asset','fontsize',20)
ylabel('Theta','fontsize',20); legend('FDM','Exact',4);
set(gca,'fontsize',20)
function x=thomas(alpha, beta, gamma, f)
n=length(f);
for i=2:n
    mult=alpha(i)/beta(i-1);
    beta(i)=beta(i)-mult*gamma(i-1);
    f(i)=f(i)-mult*f(i-1);
end
x(n)=f(n)/beta(n);
for i=n-1:-1:1
    x(i)=(f(i)-gamma(i)*x(i+1))/beta(i);
end
```

그림 8.21은 MATLAB 코드를 실행한 결과이다. 유한차분법에 의한 세타와 해석해에 의한 세타는 비슷함을 알 수 있으며 행사가격 근처에서 급변함을 확인할 수 있다.

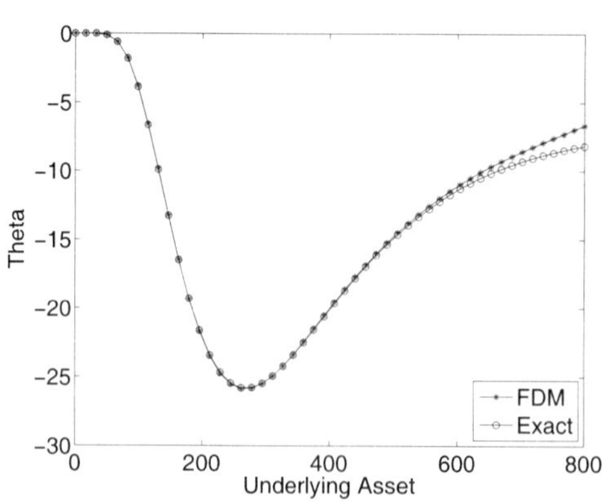

그림 8.21 유한차분법을 이용하여 구한 세타

BSim_theta.cpp은 수치해와 Black–Scholes 해석해를 이용해 세타를 구하는 C++ 코드이다.

C++

```
// BSim_theta.cpp
#include<iostream>
#include<cmath>
#include<vector>
#include<fstream>
#include<iomanip>
using namespace std;
#define PI 4.0*atan(1.0)
void linspace(vector<double> &x, double START, double END, int STEP)
{
double h = (END - START)/(STEP-1.0);
x.push_back(0);
for (int i=1; i<=STEP; i++)
x.push_back(START+h*(i-1));
}
double normcdf(double X)
{
double L, K, value;
double const a1 = 0.31938153, a2 = -0.356563782, a3 = 1.781477937,
a4 = -1.821255978, a5 = 1.330274429;
L = fabs(X);
K = 1.0/(1.0+0.2316419*L);
value = 1.0-1.0/sqrt(2.0*PI)*exp(-0.5*L*L)*
(a1*K+a2*K*K+a3*pow(K,3)+a4*pow(K,4)+a5*pow(K,5));
if (X<0){
value=1.0-value;
}
return value;
}
class BSim_theta
{
public:
BSim_theta(int nE, int nL, double nsigma, double nr, double nT, int nNx, int
nNt) :
m_E(nE), m_L(nL), m_sigma(nsigma), m_r(nr), m_T(nT), m_Nx(nNx), m_Nt(nNt) {}
void WriteData(vector<double> S, vector<double> CP,vector<double> CPP);
void Get_theta(void);
vector<double> thomas(vector<double> alpha, vector<double> beta,
vector<double> gamma, vector<double> f);
private:
```

```
int m_E, m_L,m_Nx, m_Nt ;
double m_sigma, m_r,m_T,m_h,m_k;
};
vector<double> BSim_theta::thomas(vector<double> alpha,
vector<double>beta, vector<double>gamma, vector<double>f)
{
int n = f.size()-1;
for (int i=2; i<=n;i++){
double mult = alpha[i]/beta[i-1];
beta[i] = beta[i]-mult*gamma[i-1];
f[i] = f[i]-mult*f[i-1];}
vector<double> x(n+1);
x[n] = f[n]/beta[n];
for (int i=n-1;i>=1;i--){
x[i]=(f[i]-gamma[i]*x[i+1])/beta[i];}
return x;
}
void BSim_theta::WriteData(vector<double> S, vector<double> CP,vector<double>
CPP)
{
ofstream output;
output.open("BSim_theta_x_Data.dat");
output<<fixed<<setprecision(4);
for (unsigned int i=0; i < S.size(); i++)
output<<setw(14)<<showpoint<<S[i];
output.close();
output.open("BSim_theta_u_Data.dat");
for (unsigned int i=0;i<CP.size();i++)
output<<setw(14)<<showpoint<<CP[i];
output.close();
output.open("BSim_theta_uu_Data.dat");
for (unsigned int i=0;i<CPP.size();i++)
output<<setw(14)<<showpoint<<CPP[i];
output.close();
}
void BSim_theta::Get_theta()
{
m_k=m_T/m_Nt;
vector<double> x;
linspace(x,0,m_L, m_Nx);
m_h=x[2]-x[1];
vector<double> v, ov;
v.push_back(0);
ov.push_back(0);
```

```
for(int i=1; i<=m_Nx;i++) {
if (x[i]<=m_E)
v.push_back(0);
else
v.push_back(x[i]-m_E);}
vector<double> d(m_Nx),c(m_Nx),a(m_Nx),b(m_Nx);
for(int i=1;i<=m_Nx-1;i++) {
d[i]=1/m_k+pow(m_sigma*i,2)+m_r;
c[i]=-m_r*i/2-pow(m_sigma*i,2)/2;
a[i]=m_r*i/2-pow(m_sigma*i,2)/2;}
d[m_Nx-1]=d[m_Nx-1]+ 2*c[m_Nx-1];
a[m_Nx-1]=a[m_Nx-1]-c[m_Nx-1];
for(int n=1;n<=m_Nt;n++) {
for(int i=1;i<=m_Nx-1;i++)
b[i]=v[i+1]/m_k;
vector<double> temp = thomas(a,d,c,b);
for (int i=2;i<=m_Nx;i++)
v[i]=temp[i-1];
if(n==(m_Nt-1)) {
for(int i=1; i<=m_Nx;i++)
ov.push_back(v[i]);}}
vector<double> theta1, theta2;
for (int i=1; i<=m_Nx;i++)
theta1.push_back((ov[i]-v[i])/m_k);
double T=(m_T*2-m_k)/2;
for(int i=1; i<=m_Nx;i++) {
double d1=(log(x[i]/m_E)+(m_r+pow(m_sigma,2)/2)*m_T)/(m_sigma*sqrt(m_T));
double d2=d1-m_sigma*sqrt(m_T);
theta2.push_back(-x[i]*m_sigma*exp(-0.5*pow(d1,2))/(2*sqrt(2*PI*m_T)) -
m_r*m_E*exp(-m_r*m_T)*normcdf(d2));}
WriteData(x,theta1,theta2);
}
int main()
{
BSim_theta theta(230, 800,0.5,0.03,1.0,50, 100);
theta.Get_theta();
}
```

다음은 data파일을 읽는 m-파일이다.

MATLAB

```
clc; clf; clear;
Nx=50;
x = load('BSim_theta_x_Data.dat');
```

```
theta1 = load('BSim_theta_u_Data.dat');
theta2 = load('BSim_theta_uu_Data.dat');
hold on
plot(x(2:Nx+1), theta1,'k*-')
plot(x(2:Nx+1), theta2,'ko-');
hold off
grid on
xlabel('Underlying Asset','fontsize',20)
ylabel('Theta','fontsize',20)
legend('FDM','Exact',4)
set(gca,'fontsize',20)
```

결과는 그림 8.21과 같다.

8.4.5 로우(ρ)

로우(Rho;ρ)는 무위험이자율 r의 변화에 따른 옵션가격의 변화율을 의미한다. 로우는 옵션의 가치 V를 무위험이자율 r에 대해 편미분해서 얻는다.

$$\rho = \frac{\partial V}{\partial r} = EN(d_2)(T-t)e^{-r(T-t)} > 0.$$

$$\rho = \frac{\partial V}{\partial r} \approx \frac{V_i^n(r+\Delta r) - V_i^n(r)}{\Delta r}.$$

BSim_rho.m는 유한차분법에 의한 수치해와 Black–Scholes 식에 의한 로우를 구하는 MATLAB 코드이다.

MATLAB

```
% BSim_rho.m
function BSim_rho
clear all; clf; clc;
E=230; sigma=0.5; T=1; Nx=50; Nt=100; L=800; k=T/Nt;
x=linspace(0,L,Nx); h =x(2)-x(1); r = [0.03 0.04];
for j = 1:2
    for i=1:Nx
        v(i) = max(x(i)-E,0);
    end
    for i=1:Nx-1
         d(i)=1/k+(sigma*i)^2+r(j);
         c(i)=-r(j)*i/2 - ((sigma*i)^2)/2;
         a(i)=r(j)*i/2-((sigma*i)^2)/2;
    end
    d(Nx-1)=d(Nx-1)+2*c(Nx-1);
    a(Nx-1)=a(Nx-1)-c(Nx-1);
    for n=1:Nt
```

```
        for i=1:Nx-1
             b(i)=v(i+1)/k;
        end
     v(2:Nx)=thomas(a, d, c, b);
    end
    if j == 1
        v1 = v;
    else
        v2 = v;
    end
end
% Rho of numerical solution
Rho = (v2-v1)/(r(2)-r(1));
plot(x,Rho,'k*-'); hold on
% Rho of exact solution
r = (r(1)+r(2))/2;
for i = 1:Nx
    d1=(log(x(i)/E)+(r+sigma^2/2)*T)/(sigma*sqrt(T));
    d2=d1-sigma*sqrt(T);
    Rho2(i) = E*T*exp(-r*T)*normcdf(d2);
end
plot(x,Rho2,'ko-'); grid on
xlabel('Underlying Asset','fontsize',20)
ylabel('Rho','fontsize',20)
legend('FDM','Exact',4)
set(gca,'fontsize',20)
function x=thomas(alpha, beta, gamma, f)
n=length(f);
for i=2:n
    mult=alpha(i)/beta(i-1);
    beta(i)=beta(i)-mult*gamma(i-1);
    f(i)=f(i)-mult*f(i-1);
end
x(n)=f(n)/beta(n);
for i=n-1:-1:1
    x(i)=(f(i)-gamma(i)*x(i+1))/beta(i);
end
```

그림 8.22은 MATLAB 코드를 실행한 결과이다. 유한차분법에 의한 로우와 해석해에 의한 로우는 비슷함을 알 수 있으며 행사가격 근처에서 급변함을 확인할 수 있다.

BSim_rho.cpp은 수치해와 Black–Scholes 해석해를 이용해 로를 구하는 C++ 코드이다.

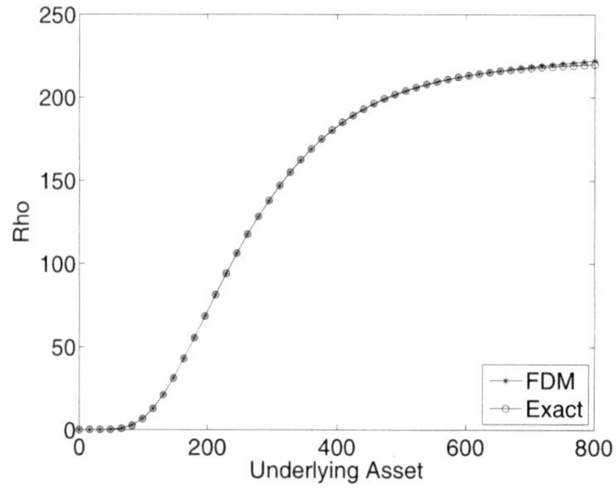

그림 8.22 함축적 유한차분법을 이용하여 구한 로우

C++

```
// BSim_rho.cpp
#include<iostream>
#include<cmath>
#include<vector>
#include<fstream>
#include<iomanip>
using namespace std;
#define PI 4.0*atan(1.0)
void linspace(vector<double> &x, double START, double END, int STEP)
{
double h = (END - START)/(STEP-1.0);
x.push_back(0);
for (int i=1; i<=STEP; i++)
x.push_back(START+h*(i-1));
}
double normcdf(double X)
{
double L, K, value;
double const a1 = 0.31938153, a2 = -0.356563782, a3 = 1.781477937,
a4 = -1.821255978, a5 = 1.330274429;
L = fabs(X);
K = 1.0/(1.0+0.2316419*L);
value = 1.0-1.0/sqrt(2.0*PI)*exp(-0.5*L*L)*
(a1*K+a2*K*K+a3*pow(K,3)+a4*pow(K,4)+a5*pow(K,5));
if (X<0){
value=1.0-value;
}
return value;
```

```
}
class BSim_rho
{
public:
BSim_rho(int nE, int nL, double nsigma, vector<double>nr, double nT, int nNx,
int nNt) :
m_E(nE), m_L(nL), m_sigma(nsigma), m_T(nT), m_Nx(nNx),m_r(nr),m_Nt(nNt) {}
void WriteData(vector<double> S, vector<double> CP,vector<double> CPP);
void Get_rho(void);
vector<double> thomas(vector<double> alpha, vector<double> beta,
vector<double> gamma, vector<double> f);
private:
int m_E, m_L, m_Nx, m_Nt ;
double m_sigma, m_T, m_h, m_k;
vector<double> m_r;
};
vector<double> BSim_rho::thomas(vector<double> alpha,
vector<double>beta, vector<double>gamma, vector<double>f)
{
int n = f.size()-1;
for (int i=2; i<=n;i++){
double mult = alpha[i]/beta[i-1];
beta[i] = beta[i]-mult*gamma[i-1];
f[i] = f[i]-mult*f[i-1];}
vector<double> x(n+1);
x[n] = f[n]/beta[n];
for (int i=n-1;i>=1;i--){
x[i]=(f[i]-gamma[i]*x[i+1])/beta[i];}
return x;
}
void BSim_rho::WriteData(vector<double> S, vector<double> CP,vector<double> CPP)
{
ofstream output;
output.open("BSim_rho_x_Data.dat");
output<<fixed<<setprecision(4);
for (unsigned int i=0; i < S.size(); i++)
output<<setw(14)<<showpoint<<S[i];
output.close();
output.open("BSim_rho_u_Data.dat");
for (unsigned int i=0;i<CP.size();i++)
output<<setw(14)<<showpoint<<CP[i];
output.close();
output.open("BSim_rho_uu_Data.dat");
for (unsigned int i=0;i<CPP.size();i++)
```

```
output<<setw(14)<<showpoint<<CPP[i];
output.close();
}
void BSim_rho::Get_rho()
{
m_k=m_T/m_Nt;
vector<double> x;
linspace(x,0,m_L, m_Nx);
m_h=x[2]-x[1];
vector<double> v(m_Nx+1),v0,v1;
for(int j=1;j<=2;j++) {
v[0]=0;
for(int i=1; i<=m_Nx;i++) {
if (x[i]<=m_E)
v[i]=0;
else
v[i]=x[i]-m_E;}
vector<double> d(m_Nx),c(m_Nx),a(m_Nx),b(m_Nx);
for(int i=1;i<=m_Nx-1;i++) {
d[i]=1/m_k+pow(m_sigma*i,2)+m_r[j];
c[i]=-m_r[j]*i/2-pow(m_sigma*i,2)/2;
a[i]=m_r[j]*i/2-pow(m_sigma*i,2)/2;}
d[m_Nx-1]=d[m_Nx-1]+ 2*c[m_Nx-1];
a[m_Nx-1]=a[m_Nx-1]-c[m_Nx-1];
for(int n=1;n<=m_Nt;n++) {
for(int i=1;i<=m_Nx-1;i++)
b[i]=v[i+1]/m_k;
vector<double> temp = thomas(a,d,c,b);
for (int i=2;i<=m_Nx;i++)
v[i]=temp[i-1];
if (j==1)
v0=v;
else
v1=v;}}
vector<double> rho1;
for(int i=1; i<=m_Nx;i++)
rho1.push_back((v1[i]-v0[i])/(m_r[2]-m_r[1]));
vector<double> rho2;
double r=(m_r[2]+m_r[1])/2;
for(int i=1; i<=m_Nx;i++) {
double d1=(log(x[i]/m_E)+(r+pow(m_sigma,2)/2)*m_T)/(m_sigma*sqrt(m_T));
double d2=d1-m_sigma*sqrt(m_T);
rho2.push_back(m_E*m_T*exp(-r*m_T)*normcdf(d2));}
WriteData(x,rho1,rho2);
```

```
}
int main()
{
vector<double> vr;
vr.push_back(0);
vr.push_back(0.03);
vr.push_back(0.04);
BSim_rho rho(230, 800,0.5,vr,1.0, 50, 100);
rho.Get_rho();
return 0;
}
```

다음은 data파일을 읽는 m-파일이다.

MATLAB

```
clc; clf; clear;
Nx=50;
x = load('BSim_rho_x_Data.dat');
Rho = load('BSim_rho_u_Data.dat');
Rho2 = load('BSim_rho_uu_Data.dat');
plot(x(2:Nx+1),Rho,'k*-'); hold on; grid on;
plot(x(2:Nx+1),Rho2,'ko-');
xlabel('Underlying Asset','fontsize',20)
ylabel('Rho','fontsize',20)
legend('FDM','Exact',4)
set(gca,'fontsize',20)
```

결과는 그림 8.22과 같다.

8.4.6 베가(Vega)

베가(Vega)는 변동성 σ에 대한 옵션가격의 변화율을 의미한다. 베가는 그리스문자가 아니라 천문학에서 별의 이름이다. 베가는 옵션의 가치 V를 변동성 σ에 대해 편미분해서 얻는다.

$$vega = \frac{\partial V}{\partial \sigma} = S\sqrt{T-t}N'(d_1) = \frac{S\sqrt{T-t}}{\sqrt{2\pi}}e^{-\frac{1}{2}d_1^2} > 0.$$

$$vega = \frac{\partial V}{\partial \sigma} \approx \frac{V_i^n(\sigma+\Delta\sigma) - V_i^n(\sigma)}{\Delta\sigma}.$$

BSim_vega.m는 유한차분법에 의한 수치해와 Black–Scholes 식에 의한 베가를 구하는 MATLAB 코드이다.

MATLAB

```
% BSim_vega.m
function BSim_vega
clear all; clf; clc; E=230; T=1; r = 0.03; Nx=50; Nt=100;
L=800; k=T/Nt; x=linspace(0,L,Nx); h =x(2)-x(1); sigma = [0.4 0.5];
for j = 1:2
    for i=1:Nx
        v(i) = max(x(i)-E,0);
    end
    for i=1:Nx-1
        d(i)=1/k+(sigma(j)*i)^2+r;
        c(i)=-r*i/2 - ((sigma(j)*i)^2)/2;
        a(i)=r*i/2-((sigma(j)*i)^2)/2;
    end
    d(Nx-1)=d(Nx-1)+2*c(Nx-1);
    a(Nx-1)=a(Nx-1)-c(Nx-1);
    for n=1:Nt
        for i=1:Nx-1
            b(i)=v(i+1)/k;
        end
        v(2:Nx)=thomas(a, d, c, b);
    end
    if j == 1
        v1 = v;
    else
        v2 = v;
    end
end
% Vega of numerical solution
Vega = (v2-v1)/(sigma(2)-sigma(1)); plot(x,Vega,'k*-'); hold on
% Vega of exact solution
sigma = (sigma(1) + sigma(2))/2;
for i = 1:Nx
d1=(log(x(i)/E)+(r+sigma^2/2)*T)/(sigma*sqrt(T));
Vega2(i) = x(i)*sqrt(T)*exp(-0.5*(d1^2))/(sqrt(2*pi));
end
plot(x,Vega2,'ko-'); grid on;
xlabel('Underlying Asset','fontsize',20)
ylabel('Vega','fontsize',20); legend('FDM','Exact',1);
set(gca,'fontsize',20)
axis([0 800 0 100]);
function x=thomas(alpha, beta, gamma, f)
n=length(f);
for i=2:n
```

```
    mult=alpha(i)/beta(i-1);
    beta(i)=beta(i)-mult*gamma(i-1);
    f(i)=f(i)-mult*f(i-1);
end
x(n)=f(n)/beta(n);
for i=n-1:-1:1
    x(i)=(f(i)-gamma(i)*x(i+1))/beta(i);
end
```

그림 8.23은 MATLAB 코드를 실행한 결과이다. 유한차분법에 의한 베가와 해석해에 의한 베가는 비슷함을 알 수 있으며 행사가격 근처에서 급변함을 확인할 수 있다.

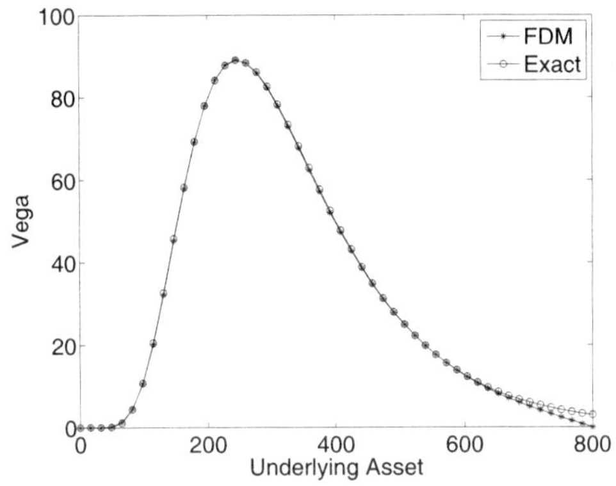

그림 8.23 함축적 유한차분법을 이용하여 구한 베가

BSim_vega.cpp은 수치해와 Black–Scholes 해석해를 이용해 베가를 구하는 C++ 코드이다.

C++

```
// BSim_vega.cpp
#include<iostream>
#include<cmath>
#include<vector>
#include<fstream>
#include<iomanip>
using namespace std;
#define PI 4.0*atan(1.0)
void linspace(vector<double> &x, double START, double END, int STEP)
{
double h = (END - START)/(STEP-1.0);
x.push_back(0);
for (int i=1; i<=STEP; i++)
x.push_back(START+h*(i-1));
```

```
}
double normcdf(double X)
{
double L, K, value;
double const a1 = 0.31938153, a2 = -0.356563782, a3 = 1.781477937,
a4 = -1.821255978, a5 = 1.330274429;
L = fabs(X);
K = 1.0/(1.0+0.2316419*L);
value = 1.0-1.0/sqrt(2.0*PI)*exp(-0.5*L*L)*
(a1*K+a2*K*K+a3*pow(K,3)+a4*pow(K,4)+a5*pow(K,5));
if (X<0){
value=1.0-value;
}
return value;
}
vector<double> max(vector<double> S,double E)
{
vector<double> u;
for(unsigned int i=0;i<S.size();i++)
u.push_back(max(S[i]-E,0.0));
return u;
}
class BSim_vega
{
public:
BSim_vega(int nE, int nL, vector<double> nsigma, double nr, double nT, int nNx,
int nNt) :
m_E(nE), m_L(nL), m_sigma(nsigma), m_T(nT), m_Nx(nNx),m_r(nr),m_Nt(nNt) {}
void WriteData(vector<double> S, vector<double> CP,vector<double> CPP);
void Get_vega(void);
vector<double> thomas(vector<double> alpha, vector<double> beta,
vector<double> gamma, vector<double> f);
private:
int m_E, m_L,m_Nx, m_Nt ;
double m_r,m_T,m_h,m_k;
vector<double> m_sigma;
};
vector<double> BSim_vega::thomas(vector<double> alpha,
vector<double>beta, vector<double>gamma, vector<double>f)
{
int n = f.size()-1;
for (int i=2; i<=n;i++){
double mult = alpha[i]/beta[i-1];
beta[i] = beta[i]-mult*gamma[i-1];
```

```
f[i] = f[i]-mult*f[i-1];}
vector<double> x(n+1);
x[n] = f[n]/beta[n];
for (int i=n-1;i>=1;i--){
x[i]=(f[i]-gamma[i]*x[i+1])/beta[i];}
return x;
}
void BSim_vega::WriteData(vector<double> S, vector<double> CP,vector<double>
CPP)
{
ofstream output;
output.open("BSim_vega_x_Data.dat");
output<<fixed<<setprecision(4);
for (unsigned int i=0; i < S.size(); i++)
output<<setw(14)<<showpoint<<S[i];
output.close();
output.open("BSim_vega_u_Data.dat");
for (unsigned int i=0;i<CP.size();i++)
output<<setw(14)<<showpoint<<CP[i];
output.close();
output.open("BSim_vega_uu_Data.dat");
for (unsigned int i=0;i<CPP.size();i++)
output<<setw(14)<<showpoint<<CPP[i];
output.close();
}
void BSim_vega::Get_vega()
{
m_k=m_T/m_Nt;
vector<double> x;
linspace(x,0,m_L, m_Nx);
m_h=x[2]-x[1];
vector<double> v(m_Nx+1),v0,v1;
for(int j=1;j<=2;j++) {
v=max(x,m_E);
vector<double> d(m_Nx),c(m_Nx),a(m_Nx),b(m_Nx);
for(int i=1;i<=m_Nx-1;i++) {
d[i]=1/m_k+pow(m_sigma[j]*i,2)+m_r;
c[i]=-m_r*i/2-pow(m_sigma[j]*i,2)/2;
a[i]=m_r*i/2-pow(m_sigma[j]*i,2)/2;}
d[m_Nx-1]=d[m_Nx-1]+ 2*c[m_Nx-1];
a[m_Nx-1]=a[m_Nx-1]-c[m_Nx-1];
for(int n=1;n<=m_Nt;n++) {
for(int i=1;i<=m_Nx-1;i++)
b[i]=v[i+1]/m_k;
```

```
vector<double> temp = thomas(a,d,c,b);
for (int i=2;i<=m_Nx;i++)
v[i]=temp[i-1];}
if (j==1)
v0=v;
else
v1=v;}
vector<double> vega1;
for(int i=1; i<=m_Nx;i++)
vega1.push_back((v1[i]-v0[i])/(m_sigma[2]-m_sigma[1]));
vector<double> vega2;
for(int i=1; i<=m_Nx;i++) {
double sigma=(m_sigma[2]+m_sigma[1])/2;
double d1=(log(x[i]/m_E)+(m_r+pow(sigma,2)/2)*m_T)/(sigma*sqrt(m_T));
vega2.push_back(x[i]*sqrt(m_T)*exp(-0.5*pow(d1,2))/sqrt(2*PI));}
WriteData(x,vega1,vega2);
}
int main()
{
vector<double> vsigma;
vsigma.push_back(0);
vsigma.push_back(0.4);
vsigma.push_back(0.5);
BSim_vega vega(230,800,vsigma,0.03,1.0,50,100);
vega.Get_vega();
return 0;
}
```

다음은 data파일을 읽는 m-파일이다.

MATLAB

```
clc; clf; clear;
Nx=50;
x = load('BSim_vega_x_Data.dat');
Vega = load('BSim_vega_u_Data.dat');
Vega2 = load('BSim_vega_uu_Data.dat');
hold on
plot(x(2:Nx+1),Vega,'k*-')
plot(x(2:Nx+1),Vega2,'ko-');
hold off
grid on
xlabel('Underlying Asset','fontsize',20)
ylabel('Vega','fontsize',20)
legend('FDM','Exact',1)
```

```
set(gca,'fontsize',20)
axis([0 800 0 100]);
```

결과는 그림 8.23과 같다.

8.4.7 그릭을 평가하기 위한 고차 유한 차분법(high order finite difference method)

정확성을 향상하기 위해서 그릭을 평가하는 고차 유한 차분 스킴(high order finite difference scheme)을 알아보자. 정확성을 측정하기 위해서, 상대오차(relation error)를 사용할 것이다. 상대오차는 $e_\phi = |(\phi^{ex} - \phi)/\phi^{ex}|$로 정의된다. 여기서 ϕ^{ex}는 그릭의 정확한 해(exact solution)이고 ϕ는 수치적인 해(numerical soulution)이다. 참고 할 점으로 두개의 자산의 cash-or-nothing 옵션의 이론해(closed-form)인 그릭을 구하는 MATLAB 코드가 부록에 첨부되어있다.

델타(Δ)는 옵션가격의 변화와 그 영향으로 변화하는 기초자산 가격의 비율로 정의된다. 정의에 의해 (x_i, y_j)에서의 다양한 유한차분 이산화를 이용해서 델타를 구할수 있다. 예를 들면,

$$\begin{aligned}
(\Delta_x)_{ij}^n &:= \left(\frac{\partial u}{\partial x}\right)_{ij}^n = \frac{u_{i+1,j}^n - u_{i-1,j}^n}{2h} + O(h^2) \\
&= \frac{u_{i-2,j}^n - 8u_{i-1,j}^n + 8u_{i+1,j}^n - u_{i+2,j}^n}{12h} + O(h^4) \\
&= \frac{u_{i+3,j}^n - 9u_{i+2,j}^n + 45u_{i+1,j}^n - 45u_{i-1,j}^n + 9u_{i-2,j}^n - u_{i-3,j}^n}{60h} + O(h^6).
\end{aligned}$$

참고 할 점으로 u_{ij}^n은 수치적인 해의 값이 아니고, 폐형의 해석적인 해(analytic solution)다. 표 8.1에서 $(x_i, y_j) = (100, 100)$는 h를 변수로 뒀을 때 계산한 결과를 보여준다. 여기서 Δ_x^{ex}의 정확한 해는 9.106615123758730e-2이다. 그림 8.24는 표 8.1에서의 결과에 해당하는 Δ_x의 상대 오차에 대한 h의 구성(plot)을 나타낸다. 그림에서 알 수 있듯이, 위에서 언급된 세가지 방법들의 상대오차는 상세하게 분할함에 따라서 감소하게 된다. 2차와 4차, 6차 차분 이산화(order difference discretizations)를 비교해 볼 때 4차와 6차 차분 이산화가 크게 수치적 오류(numerical errors)가 줄어들었다. 반면에 4차와 6차는 비슷한 결과를 얻었다. 때문에 4차 이산화을 통해서 델타를 구하는 것을 추천한다.

표 8.1 h와 $\Delta_x^{ex} = 9.106615123758730\text{e-}2$일때 Δ_x의 상대오차.

error \ h	1	0.5	0.25	0.125	0.0625	0.03125
2nd order	4.776e-4	1.194e-4	2.984e-5	7.459e-6	1.865e-6	4.662e-7
4th order	2.324e-4	5.814e-5	1.454e-5	3.635e-6	9.087e-7	2.272e-7
6th order	2.326e-4	5.816e-5	1.454e-5	3.635e-6	9.087e-7	2.272e-7

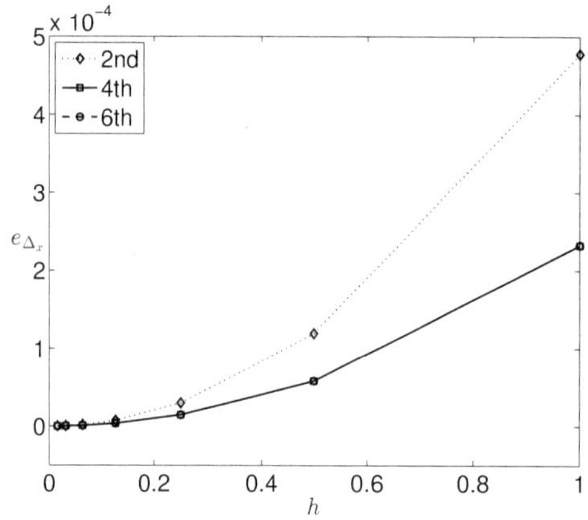

그림 8.24　2차, 4차, 6차의 스킴 Δ_x 의 상대오차.

감마 (Γ)는 델타의 변화와 그 영향으로 변화하는 기초자산 가격의 비율로 정의된다. 즉, 포트폴리오의 가치를 두 번 편미분(second partial derivative)한 것과 그 영향으로 변하는 각각의 자산의 가격에 대한 변화이다. (x_i, y_j) 에서 감마를 구하기 위한 다양한 유한차분 이산화는 다음과 같다.

$$
\begin{aligned}
(\Gamma_{xx})_{ij}^n &:= \left(\frac{\partial^2 u}{\partial x^2}\right)_{ij}^n = \frac{u_{i+1,j}^n - 2u_{ij}^n + u_{i-1,j}^n}{h^2} + O(h^2) \\
&= \frac{-u_{i+2,j}^n + 16u_{i+1,j}^n - 30u_{i,j}^n + 16u_{i-1,j}^n - u_{i-2,j}^n}{12h^2} + O(h^4) \\
&= \frac{1}{180h^2}(2u_{i+3,j}^n - 27u_{i+2,j}^n + 270u_{i+1,j}^n - 490u_{ij}^n + 270u_{i-1,j}^n \\
&\qquad -27u_{i-2,j}^n + 2u_{i-3,j}^n) + O(h^6),
\end{aligned}
$$

$$
\begin{aligned}
(\Gamma_{xy})_{ij}^n &:= \left(\frac{\partial^2 u}{\partial x \partial y}\right)_{ij}^n = \frac{u_{i+1,j+1}^n - u_{i-1,j+1}^n - u_{i+1,j-1}^n + u_{i-1,j-1}^n}{4h^2} + O(h^2) \\
&= \frac{1}{48h^2}(u_{i+2,j-2}^n + u_{i-2,j+2}^n - u_{i+2,j+2}^n - u_{i-2,j-2}^n + 16u_{i+1,j+1}^n \\
&\qquad +16u_{i-1,j-1}^n - 16u_{i+1,j-1}^n - 16u_{i-1,j+1}^n) + O(h^4) \\
&= \frac{1}{720h^2}(2u_{i+3,j+3}^n + 2u_{i-3,j-3}^n - 2u_{i+3,j-3}^n - 2u_{i-3,j+3}^n - 27u_{i+2,j+2}^n \\
&\qquad -27u_{i-2,j-2}^n + 27u_{i+2,j-2}^n + 27u_{i-2,j+2}^n + 270u_{i+1,j+1}^n + 270u_{i-1,j-1}^n \\
&\qquad -270u_{i+1,j-1}^n - 270u_{i-1,j+1}^n) + O(h^6).
\end{aligned}
$$

표 8.25는 변수 h 와 $\Gamma_{xx}^{ex} = -2.768767058441984e\text{-}3$, $\Gamma_{xy}^{ex} = 4.019764929590845\text{e-}3$ 로 구한 Γ_{xx} 와 Γ_{xy} 의 상대오차를 보여준다. 그리고 그림 8.25는 Γ_{xx} 와 Γ_{xy} 의 상대오차의 구성을 보여준다. 마지막 부분에대한 결과로써 4차와 6차수의 스킴은 많은 상대오차를 줄였지만, 둘의 결과가 비슷하다. 때문에 4차 이산화로 감마를 계산하는 것이 좀 더 나은 계산방법이다.

표 8.2 $\Gamma_{xx}^{ex} = -2.768767058441984e\text{-}3$ 와 $\Gamma_{xy}^{ex} = 4.019764929590845\text{e-}3$ 일때 변수 h 값에 따른 Γ_{xx} 와 Γ_{xy} 의 상대오차.

error \ h		1	0.5	0.25	0.125	0.0625	0.03125
Γ_{xx}	2nd order	2.067e-3	5.172e-4	1.293e-4	3.233e-5	8.083e-6	2.021e-6
	4th order	1.355e-3	3.387e-4	8.468e-5	2.117e-5	5.292e-6	1.323e-6
	6th order	1.354e-3	3.387e-4	8.467e-5	2.117e-5	5.292e-6	1.323e-6
Γ_{xy}	2nd order	1.628e-3	4.075e-4	1.019e-4	2.548e-5	6.369e-6	1.592e-6
	4th order	7.011e-4	1.748e-4	4.368e-5	1.092e-5	2.730e-6	6.823e-7
	6th order	6.985e-4	1.747e-4	4.367e-5	1.092e-5	2.730e-6	6.823e-7

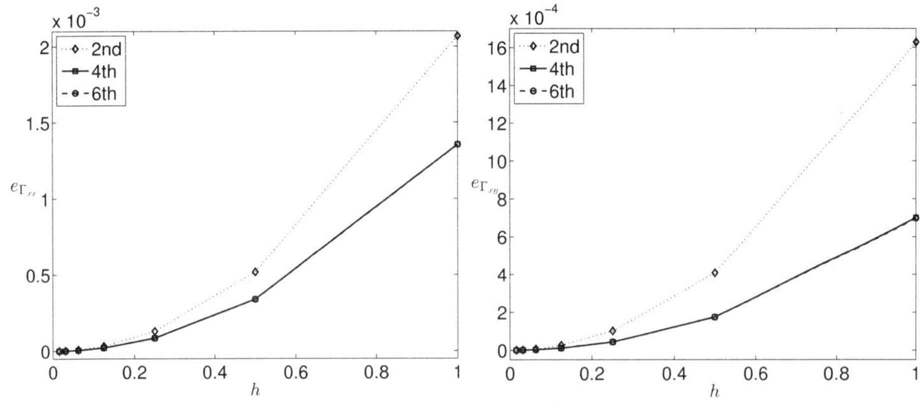

(a) (b)

그림 8.25 고차 스킴에 따른 (a) Γ_{xx} 와 (b) Γ_{xy} 의 상대오차

세타 (Θ)는 옵션가격의 변화량이 시간의 변화에 의존하는 비율로 정의된다. 세타는 또한 포트폴리오의 시간 감쇠(time decay of the portfolio)라고 불리운다, 세타의 수치 이산화는 다음과 같이 주어진다.

$$\begin{aligned}
(\Theta)_{ij}^n &:= \left(\frac{\partial u}{\partial \tau}\right)_{ij}^n = \frac{u_{ij}^{n+1} - u_{ij}^{n-1}}{2\Delta\tau} + O((\Delta\tau)^2) \\
&= \frac{u_{ij}^{n-2} - 8u_{ij}^{n-1} + 8u_{ij}^{n+1} - u_{ij}^{n+2}}{12\Delta\tau} + O((\Delta\tau)^4) \\
&= \frac{u_{ij}^{n+3} - 9u_{ij}^{n+2} + 45u_{ij}^{n+1} - 45u_{ij}^{n-1} + 9u_{ij}^{n-2} - u_{ij}^{n-3}}{60\Delta\tau} + O((\Delta\tau)^6).
\end{aligned}$$

표 8.3에서 우리는 4차 스킴의 상대오차가 6차 스킴의 상대오차보다 더 큰 것을 얻을 수 있다. 또한, 우리는 4차와 6차 스킴의 상대오차가 그림 8.26에서 보이는 것처럼 $\Delta\tau$ 가 줄어드는 것만큼 빠르게 수렴한다는 것을 볼 수 있다. 이 결과로, 우리는 4차 스킴이 세타를 계산하는데 충분히 정확한 방법이고 만약 $\Delta\tau$ 를 매우 작은 것으로 사용한다면

표 8.3 $(\Theta)_a = -2.309767981220711\text{e-}1$ 일때 $\Delta\tau$ 에 따른 Θ 의 상대오차.

error \ $\Delta\tau$	0.1	0.02	0.004	0.0008	0.00016
2nd order	3.157e-3	1.242e-4	4.963e-6	1.985e-7	7.945e-9
4th order	2.437e-4	3.458e-7	5.505e-10	3.628e-13	8.373e-12
6th order	7.033e-5	2.959e-9	4.265e-13	2.421e-13	1.278e-11

에러가 발생할 것임을 알 수 있다. 충분히 작은 타우를 사용하면 일반적으로 수치적 오류는 줄어들 것이지만, 너무 작은 타우를 사용한다면 반 내림 에러에 의하여 상대적 오차를 증가하게 만들 것이다. 그러므로 $\Delta\tau$ 는 신중하게 선택해야 한다.

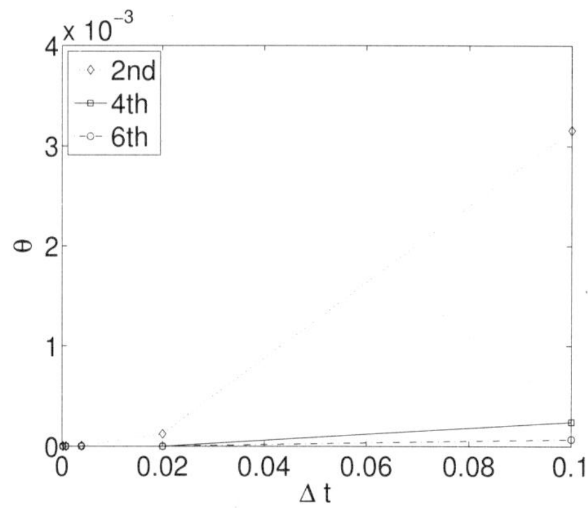

그림 8.26 2차, 4차, 6차 차분 스킴들 Θ 의 상대 오차.

8.5 Operator Splitting (OS) Method

연산자 분해(operator splitting; OS) 방법의 개념은 풀고자 하는 문제를 1차원의 연산자로 쪼개어 각각의 시간 간격에서 계산되는 방법이다. 본 절에서도 OS방법의 이해를 돕기 위해 2차원 열방정식을 고려해 보자. 첫 번째 단계에서는 x 에 관련된 연산자를 함축적으로 풀고, 두 번째 단계에서는 y 에 관련된 연산자를 해결하면 된다.

OS 방법에 의해 2차원 열방정식을 푸는 전체 과정은 다음과 같다.

$$\frac{u_{ij}^{n+\frac{1}{2}} - u_{ij}^{n}}{\Delta t} = \mathcal{L}_{OS}^{x} u_{ij}^{n+\frac{1}{2}}, \tag{8.43}$$

$$\frac{u_{ij}^{n+1} - u_{ij}^{n+\frac{1}{2}}}{\Delta t} = \mathcal{L}_{OS}^{y} u_{ij}^{n+1}, \tag{8.44}$$

여기서 각각의 차분연산자 $\mathcal{L}_{OS}^{x}$ 와 $\mathcal{L}_{OS}^{y}$ 은 다음과 같이 정의된다.

$$
\begin{aligned}
\mathcal{L}_{OS}^{x} u_{ij}^{n+\frac{1}{2}} &= \frac{u_{i-1,j}^{n+\frac{1}{2}} - 2u_{ij}^{n+\frac{1}{2}} + u_{i+1,j}^{n+\frac{1}{2}}}{h^2} \\
\mathcal{L}_{OS}^{y} u_{ij}^{n+1} &= \frac{u_{i,j-1}^{n+1} - 2u_{ij}^{n+1} + u_{i,j+1}^{n+1}}{h^2}
\end{aligned}
$$

열방정식에 OS 방법을 적용하면, 위 식 (8.43)과 (8.44)에 따라 시간 n에서 $n+\frac{1}{2}$으로, $n+1$의 시간의 수치해가 순차적으로 업데이트 되게 된다. 따라서 최종적으로 해결하는 방정식은 다음 식과 같이 표현할 수 있다.

$$
\frac{u_{ij}^{n+1} - u_{ij}^{n}}{\Delta t} = \mathcal{L}_{OS}^{x} u_{ij}^{n+\frac{1}{2}} + \mathcal{L}_{OS}^{y} u_{ij}^{n+1}, \tag{8.45}
$$

이제 다음 알고리즘으로 OS방법을 구체적으로 알아보자.

Algorithm OS

- Step 1: 식 (8.43)는 다음과 같이 다시 쓸 수 있다.

$$
\alpha_i u_{i-1j}^{n+\frac{1}{2}} + \beta_i u_{ij}^{n+\frac{1}{2}} + \gamma_i u_{i+1j}^{n+\frac{1}{2}} = f_{ij}, \tag{8.46}
$$

이때 위 식에서 사용된 변수들은 다음과 같다.

$$
\alpha_i = -\frac{1}{h^2},\ \beta_i = \frac{1}{\Delta t} + \frac{2}{h^2},\ \gamma_i = -\frac{1}{h^2},\ f_{ij} = \frac{u_{i,j}^{n}}{\Delta t}.
$$

여기서 j가 고정되었을 때 만들어지는 벡터 $u_{1:N_x,j}^{n+\frac{1}{2}}$는 삼중대각행렬 형태이므로 토마스 알고리즘에 의해 풀 수 있다.

$$
A_x u_{1:N_x,j}^{n+\frac{1}{2}} = f_{1:N_x,j},
$$

여기서 A_x는 linear 경계조건을 적용한 식 (8.46)으로부터 만들어지는 삼중대각행렬을 뜻한다. 즉

$$
A_x = \begin{pmatrix}
2\alpha_1+\beta_1 & \gamma_1-\alpha_1 & 0 & \dots & 0 & 0 \\
\alpha_2 & \beta_2 & \gamma_2 & \dots & 0 & 0 \\
0 & \alpha_3 & \beta_3 & \dots & 0 & 0 \\
\vdots & \vdots & \ddots & \ddots & \ddots & \vdots \\
0 & 0 & 0 & \dots & \beta_{N_x-1} & \gamma_{N_x-1} \\
0 & 0 & 0 & \dots & \alpha_{N_x}-\gamma_{N_x} & \beta_{N_x}+2\gamma_{N_x}
\end{pmatrix}.
$$

따라서 OS 방법의 *Step 1*은 고정된 y-방향에 대하여 다음의 x-방향 루프를 시행한다.

```
for  j = 1 : N_y
  for  i = 1 : N_x
      Set α_i, β_i, γ_i, and f_ij by Eq. (8.47)
  end
  Solve A_x u^{n+1/2}_{1:N_x,j} = f_{1:N_x,j} by using the Thomas algorithm
end
```

- Step 2: 다음으로 식 (8.44)는 다음과 같이 다시 쓸 수 있다.

$$\alpha_j u_{ij-1}^{n+1} + \beta_j u_{ij}^{n+1} + \gamma_j u_{ij+1}^{n+1} = g_{ij}, \tag{8.47}$$

여기서

$$\alpha_j = -\frac{1}{h^2},\ \beta_j = \frac{1}{\Delta t} + \frac{2}{h^2},\ \gamma_j = -\frac{1}{h^2},\ g_{ij} = \frac{u_{ij}^{n+\frac{1}{2}}}{\Delta t}.$$

i가 고정된 경우, 벡터 $u_{i,1:N_y}^{n+1}$ 는 다음의 삼중대각행렬 시스템을 풀어서 얻을 수 있다.

$$A_y u_{i,1:N_y}^{n+1} = g_{i,1:N_y},$$

이때 A_y 행렬은 삼중대각행렬로써 다음과 같다.

$$A_y = \begin{pmatrix} 2\alpha_1 + \beta_1 & -\alpha_1 + \gamma_1 & 0 & \dots & 0 & 0 \\ \alpha_2 & \beta_2 & \gamma_2 & \dots & 0 & 0 \\ 0 & \alpha_3 & \beta_3 & \dots & 0 & 0 \\ \vdots & \vdots & \ddots & \ddots & \ddots & \vdots \\ 0 & 0 & 0 & \dots & \beta_{N_y-1} & \gamma_{N_y-1} \\ 0 & 0 & 0 & \dots & \alpha_{N_y} - \gamma_{N_y} & \beta_{N_y} + 2\gamma_{N_y} \end{pmatrix}.$$

*Step 1*과 비슷하게, *Step 2*에서는 고정된 x-방향에 대하여 y-방향의 루프를 수행하게 된다.

```
for  i = 1 : N_x
  for  j = 1 : N_y
      Set α_j, β_j, γ_j, and g_ij by Eq. (8.48)
  end
  Solve A_y u^{n+1}_{i,1:N_y} = g_{i,1:N_y} by using the Thomas algorithm
end
```

순차적으로 *Step 1*과 *Step 2*을 취하게 되면, Δt을 지난 수치해를 얻게 된다.

다음은 $N_x = N_y = 50$일 때 시간에 따른 열방정식의 해를 나타낸 MATLAB 코드이다.

MATLAB

```
%% OSM_heat2d.m
clear;clc;clf; xleft = 0.0; xright = 1.0; yleft = 0.0; yright = 1.0;
Nx = 50;  Ny = 50;  h = (xright - xleft)/Nx;
T=0.1; Nt=100; dt=T/Nt; alpha = dt/h^2;
% initalization
Ax(1:Nx, 1:Nx) = 0.0;   Ay(1:Ny, 1:Ny) = 0.0;
bx(1:Nx) = 0.0;         by(1:Ny) = 0.0;
u(1:Nx+2,1:Ny+2) = 0.0; old_u = u;
% x and y points (cell centered grid)
for i = 1:Nx+2
    x(i) = (i-1.5)*h;
end
for j = 1:Ny+2
    y(j) = (j-1.5)*h;
end
%%% initial condition %%%
for i = 2:Nx+1
    for j = 2:Ny+1
        u(i,j) = sin(pi*x(i))*sin(pi*y(j));
    end
end
% linear boundary condition
u(1,:)=2.0*u(2,:)-u(3,:); u(Nx+2,:)=2.0*u(Nx+1,:)-u(Nx,:);
u(:,1)=2.0*u(:,2)-u(:,3); u(:,Ny+2)=2.0*u(:,Ny+1)-u(:,Ny);
% draw mesh (initial u)
figure(1); [xx yy] = meshgrid(x,y); mesh(u); grid on; axis tight
xlabel('X','FontSize',18); ylabel('Y','FontSize',18);
zlabel('u(x,y,0)','FontSize',18);
title('2D Heat equation(initial condtion)','FontSize',20);
hold on
%%% update old_u %%%
old_u = u;
%%% analytic solution (T=0.1) %%%
exact_u = u;
for i = 1:Nx+2
    for j = 1:Ny+2
        exact_u(i,j) = sin(pi*x(i))*sin(pi*y(j))*exp(-2.0*pi^2*T);
    end
end
% draw mesh (exact u)
```

```
figure(2); mesh(xx,yy,exact_u); grid on; axis tight
xlabel('X','FontSize',18); ylabel('Y','FontSize',18);
zlabel('exact u(x,y,0.1)','FontSize',18);
title('2D Heat equation(exact solution)','FontSize',20);
set(gca,'fontsize',20);
%%% Operator Splitting Method %%%
for k = 1:Nt
    %%% 1st step (x-direction) %%%
    % make Ax matrix
    for i = 1:Nx
        Ax(i,i) = 1 + 2.0*alpha;
    end
    for i = 2:Nx
        Ax(i-1,i) = -alpha; Ax(i,i-1) = -alpha;
    end
    % applying linear boundary condition
    Ax(1,1)=1.0; Ax(Nx,Nx)=1.0; Ax(1,2)=0.0; Ax(Nx,Nx-1)=0.0;
    % make bx matrix
    for j = 2:Ny+1
        for i = 2:Nx+1
            bx(i-1) = old_u(i,j);
        end
        % Solve Ax*U=bx
        u(2:Nx+1,j) = inv(Ax)*bx';
    end
    % linear boundary condition
    u(1,:)=2.0*u(2,:)-u(3,:); u(Nx+2,:)=2.0*u(Nx+1,:)-u(Nx,:);
    u(:,1)=2.0*u(:,2)-u(:,3); u(:,Ny+2)=2.0*u(:,Ny+1)-u(:,Ny);
    %%% update old_u %%%
    old_u = u;
    %%% 2nd step (y-direction) %%%
    % make Ay matrix
    for j = 1:Ny
        Ay(j,j) = 1 + 2.0*alpha;
    end
    for j = 2:Ny
        Ay(j-1,j) = -alpha;
        Ay(j,j-1) = -alpha;
    end
    % applying linear boundary condition
    Ay(1,1)=1.0; Ay(Ny,Ny)=1.0; Ay(1,2)=0.0; Ay(Ny,Ny-1)=0.0;
    % make by matrix
    for i = 2:Nx+1
        for j = 2:Ny+1
```

```
            by(j-1) = old_u(i,j);
        end
        % Solve Ay*U=by
        u(i,2:Ny+1) = inv(Ay)*by';
    end
    % linear boundary condition
    u(1,:)=2.0*u(2,:)-u(3,:); u(Nx+2,:)=2.0*u(Nx+1,:)-u(Nx,:);
    u(:,1)=2.0*u(:,2)-u(:,3); u(:,Ny+2)=2.0*u(:,Ny+1)-u(:,Ny);
    %%% update old_u %%%
    old_u = u;
end
% draw mesh (numerical u)
figure(3); mesh(xx,yy,u); grid on; axis tight
xlabel('X','FontSize',18); ylabel('Y','FontSize',18);
zlabel('Numerical u(x,y,0.1)','FontSize',18);
title('2D Heat equation(numerical solution)','FontSize',20);
set(gca,'fontsize',20); colormap([0 0 0])
% draw mesh (error)
figure(4); mesh(xx,yy,abs(u-exact_u)); grid on; axis tight
xlabel('X','FontSize',18); ylabel('Y','FontSize',18);
zlabel('error','FontSize',18);
title('2D Heat equation(numerical-exact)','FontSize',20);
set(gca,'fontsize',20); colormap([0 0 0])
% maximum error
sprintf('Max_error = %18.16f', max(max(abs(u-exact_u))))
```

다음 그림 8.27(a) 는 위의 코드로 얻어진 수치결과이다. 그림 8.27(b)는 OSM과 해석해와의 차이를 나타낸 것이다.

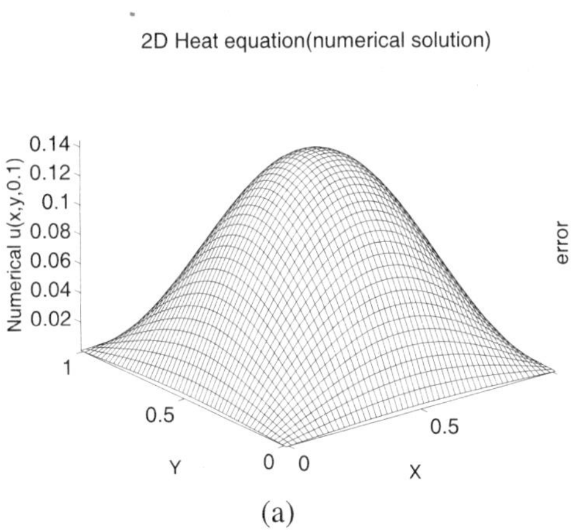

(a)

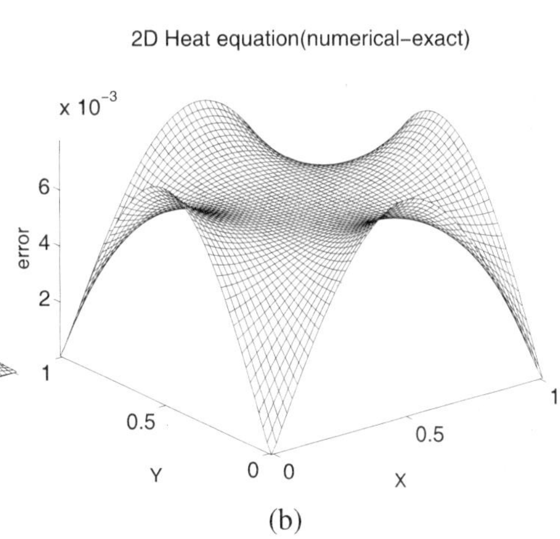

(b)

그림 8.27 (a) $t = 0.1$일 때, OSM에 의한 2차원 열방정식의 수치결과. (b) $t = 0.1$일 때, 2차원 열방정식의 해석해와 OSM에 의한 수치결과 차이.

8.6 주가연계증권 Equity-Linked Securities (ELS)

주가연계증권(equity-linked securities;ELS)은 옵션 등을 이용해 만기를 정해놓고 만기까지 기초자산이 일정한 조건을 충족하면 약정된 수익률을 제공하는 금융상품이다. 상품에 따라 반기 또는 분기 단위로 조기상환이 가능하다. 여기서 기초자산은 다양하게 구성할 수 있다. 지수를 기초자산으로 하는 ELS는 국내 및 해외지수를 모두 활용한 다양한 상품이 출시되어 있다. 주류를 이루는 지수 형태의 ELS는 국내 KOSPI 200 지수, 홍콩 H지수, S&P 지수 등을 기초자산으로 연 12% 내외의 수익률을 제시하고 있다. ELS 상품에는 '낙인(Knock-In)' 이라는 용어가 있다. 낙인은 원금을 보장해주지 않는 기준점을 말한다. 예를 들어, 낙인 50%라 하면 기초자산이 기준가격 대비 50% 미만으로 하락하지 않으면, 원금과 당초 약정한 수익률을 지급하겠다는 의미이다. 2008년 금융위기 당시 안정적으로 높은 수익을 추구할 것으로 여겼던 ELS 상품이 대부분 낙인 되면서 원금손실을 경험했다. 반대로 2009년 변동성이 커진 시장은 기초자산을 지수로 하더라도 연 16% 내외의 고수익을 기대할 수 있었다. ELS는 일정 목표를 달성해야 수익을 내는 구조이기 때문에 수익 창출 구조에 따라 다양한 상품이 나와 있다. 제일 흔하게 접하는 ELS는 '스텝다운(step down)' 방식인데, 이는 기초자산의 기준가격 대비 조건 달성 평가가격이 매 평가일마다 내려가는 것을 말한다. 최근에는 더 다양한 형태의 ELS가 출시되고 있다. '얼리버드형(Early Bird)' ELS는 조기상환확률이 높은 경우에 유리한 상품인데, 첫 번째 평가일에 조기상환되면 다른 평가일에 조기상환 될 때보다 더 높은 수익률을 주는 구조를 갖고 있다. '슈팅업(shooting up)' ELS는 기존의 ELS와 비교하면 다른 구조를 보여주고 있다. 즉 주식에 투자하는데 투자손실은 -5%로 제한하고 주가상승에 따른 수익을 일정비율(참여율)만큼 누릴 수 있는 구조로 변동성 장세에 위험관리와 수익추구를 동시에 추구할 수 있는 상품으로 설계했다. 한편, 시중에 판매되고 있는 ELS(주가연계증권), ELT(주가연계신탁), ELF(주가연계펀드)는 비슷한 의미로 사용되고 있다. 상품을 담는 그릇, 즉 수단(vehicle)이 차이가 나는 것이지 그 안에 담겨있는 상품구조는 차이가 없다고 보면 된다.

8.6.1 ELS의 활용방안

"낮은 예금 수익률 제고 차원에서 지수형 ELS 상품을 활용할 수 있다." 투자 포트폴리오에서 가장 안정적인 자산은 예적금 상품이다. 하지만 최근 금리가 인플레이션도 제대로 반영하지 못하는 상황이 나타나고 있다. 이런 경우 예적금의 수익률 제고를 위해 예금 같이 만기가 있는 상품이고 비교적 안정적인 상품이지만 수익률은 예금이자보다 다소 높은 지수형 ELS상품을 투자대안으로 고려해 볼 수 있다.

8.6.2 1 asset ELS

하나의 기초자산으로 이루어진 ELS(1 asset ELS) 상품의 가격을 FDM으로 구하는 방법에 대해 알아보겠다. 상품에 대한 세부 내용은 다음과 같다.

Stepdown ELS		
조기 행사 만기	조기 행사가	쿠폰 이자율
3개월	90	5.5
6개월	85	11
9개월	80	16.5
12개월	75	22

상품 만기 때에 75% 이하이긴 하더라도 만기까지 60% 이하로 하락한 적이 없다면 16% 만큼 이자를 주는 상품이다. 다음은 유한차분법에 의한 ELS 가격을 구하는 MATLAB 코드이다.

MATLAB

```
% Stepdown 1 asset FDM
clear; clc; clf; E=100; L=300; sigma=0.3; r=0.03; Nx=300; h=L/Nx;
x=linspace(0.5*h,L-0.5*h,Nx);  Nt=100; T=1; k=T/Nt; u(1:Nx,1:Nt+1)=0;
ku(1:Nx,1:Nt+1)=0; coupon=[0.22 0.165 0.11 0.055];
step=[round(Nt/4) round(2*Nt/4) round(3*Nt/4) Nt+2];
R=[0.75 0.80 0.85 0.9];
dummy=0.16;
kib=0.6;
for i=1:Nx
    if(x(i)<kib*E)
        u(i,1)=x(i);
        ku(i,1)=x(i);
    elseif(x(i)<=R(1)*E)
        u(i,1)=E*(1+dummy);
        ku(i,1)=x(i);
    else
        u(i,1)=E*(1+coupon(1));
        ku(i,1)=E*(1+coupon(1));
    end
end
for i=1:Nx
    d(i)=1/k+(sigma*x(i)/h)^2+r;
    a(i)=0.5*r*x(i)/h-0.5*(sigma*x(i)/h)^2;
    c(i)=-0.5*r*x(i)/h-0.5*(sigma*x(i)/h)^2;
end
```

```
d(1)=d(1)-a(1);
d(Nx)=d(Nx)+2*c(Nx);
a(Nx)=a(Nx)-c(Nx);
tag=1;
for n=1:Nt
    if(n==step(tag))
        s= min(find(x>=E*R(tag+1)));
        u(s:Nx,n)=E*(1+coupon(tag+1));
        ku(s:Nx,n)=E*(1+coupon(tag+1));
        tag=tag+1;
    end
    s= min(find(x>=E*kib));
    u(1:s-1,n)= ku(1:s-1,n);
    for i=1:Nx
        b(i)=u(i,n)/k;
    end
    u(:,n+1)=thomas(a,d,c,b);
    for i=1:Nx
        b(i)=ku(i,n)/k;
    end
    ku(:,n+1)=thomas(a,d,c,b);
end
figure(1);
plot(x,u(:,1:20:Nt+1),'k-');
hold
plot(x,ku(:,1:20:Nt+1),'bo-');
```

이 코드에서 특징은 주가가 60% 이하로 하락한 적이 있는 경우와 없는 경우를 나누어서 처리한다는 것이다. 그리고 네 번의 조기 상환 시점을 만기와 같이 인식해서 해당 시점에 도달하면 새롭게 반영해준다. 한편 코드 하단에 등장하는 thomas함수는 Thomas algorithm을 구현한 함수이다.

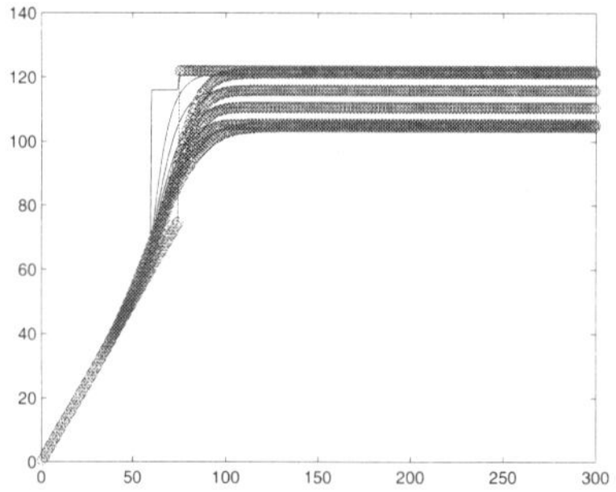

그림 8.28 1 asset Stepdown ELS의 payoff

8.6.3 2 assets ELS

이번 절에는 두 개의 기초 자산으로 이루어진 **ELS**(2 assets ELS) 상품의 가격을 구하는 코드를 소개한다. 먼저 상품에 대한 내용은 위의 1 asset의 경우와 동일하다. 하지만 여기서 자산의 가격을 두 자산 중에서 가격이 더 낮은 자산의 가격을 취한다는 차이가 있다. 가격을 구하는 방법은 앞선 절에서 설명한 OSM 이다. 열방정식을 풀 때와 동일한 방식으로 한 변수를 고정시키고 다른 변수를 시간에 따라 푼다. 이 과정을 각각의 자산에 대해서 실행하게 된다. 상품의 코드는 다음과 같다.

MATLAB

```
%% Stepdown_2assets_fdm.m
clear; clc; clf; close all;
E=100; L=300; sigma1=0.3; sigma2=0.3; r=0.03;
Nx=150; Ny=Nx; h=L/Nx; x=linspace(-0.5*h,L+0.5*h,Nx+2); y=x;  Nt=100;
T=1; dt=T/Nt; lam1=0.5; lam2=0.5; rho=0.5;
u(1:Nx+2,1:Ny+2)=0; old_u=u;
ku(1:Nx+2,1:Ny+2)=0; old_ku=u;
bx(1:Nx)=0; by=bx;
%Coupon
coupon=[0.22 0.165 0.11 0.055];
%Step µ» ö ) ½ a)
step=[round(Nt/4) round(2*Nt/4) round(3*Nt/4) Nt+2];
R=[0.75 0.80 0.85 0.9];
%dummy
dummy=0.16;
%knock-in barrier
kib=0.6;
for i=2:Nx+1
    for j=2:Ny+1
        if (x(i)<kib*E || y(j)<kib*E)
            u(i,j)=min(x(i),y(j));
            ku(i,j)=min(x(i),y(j));
        elseif (x(i)<=R(1)*E || y(j)<=R(1)*E)
            u(i,j)=E*(1+dummy);
            ku(i,j)=min(x(i),y(j));
        else
            u(i,j)=E*(1+coupon(1));
            ku(i,j)=E*(1+coupon(1));
        end
    end
end
old_u=u; old_ku=ku;
for i=1:Nx
    dd_x(i)=1/dt+(sigma1*x(i+1)/h)^2+r*lam2;
```

```
    a_x(i)=-0.5*(sigma1*x(i+1)/h)^2+0.5*r*x(i+1)/h;
    c_x(i)=-0.5*(sigma1*x(i+1)/h)^2-0.5*r*x(i+1)/h;
end
dd_x(1)=dd_x(1)+2*a_x(1); dd_x(Nx)=dd_x(Nx)+2*c_x(Nx);
c_x(1)=c_x(1)-a_x(1);
a_x(Nx)=a_x(Nx)-c_x(Nx);
for j=1:Ny
    dd_y(j)=1/dt+(sigma2*y(j+1)/h)^2+r*(1-lam2);
    a_y(j)=-0.5*(sigma2*y(j+1)/h)^2+0.5*r*y(j+1)/h;
    c_y(j)=-0.5*(sigma2*y(j+1)/h)^2-0.5*r*y(j+1)/h;
end
dd_y(1)=dd_y(1)+2*a_y(1); dd_y(Nx)=dd_y(Nx)+2*c_y(Nx);
c_y(1)=c_y(1)-a_y(1);
a_y(Nx)=a_y(Nx)-c_y(Nx);
tag=1;
for k=1:Nt %time step
     µ» ò/coupon %
    if(k==step(tag))
        gx= min(find(x>=E*R(tag+1)));
        gy= min(find(y>=E*R(tag+1)));
        u(gx:Nx+1,gy:Ny+1)=E*(1+coupon(tag+1));
        ku(gx:Nx+1,gy:Ny+1)=E*(1+coupon(tag+1));
        tag=tag+1;
    end
    old_u=u;    old_ku=ku;
    %for u
    old_u(1,2:Ny+1)=2*old_u(2,2:Ny+1)-old_u(3,2:Ny+1);
    old_u(Nx+2,2:Ny+1)=2*old_u(Nx+1,2:Ny+1)-old_u(Nx,2:Ny+1);
    old_u(:,1)=2*old_u(:,2)-old_u(:,3);
    old_u(:,Ny+2)=2*old_u(:,Ny+1)-old_u(:,Ny);
    for j=2:Ny+1
        for i=2:Nx+1
            bx(i-1)=old_u(i,j)/dt+lam1*rho*sigma1*sigma2*x(i)*y(j)...
                *(old_u(i+1,j+1)-old_u(i+1,j-1)-old_u(i-1,j+1)+...
                old_u(i-1,j-1))/(4*h^2);
        end
        u(2:Nx+1,j)=thomas(a_x(2:Nx),dd_x,c_x,bx);
    end
    old_u=u;
    old_u(1,2:Ny+1)=2*old_u(2,2:Ny+1)-old_u(3,2:Ny+1);
    old_u(Nx+2,2:Ny+1)=2*old_u(Nx+1,2:Ny+1)-old_u(Nx,2:Ny+1);
    old_u(:,1)=2*old_u(:,2)-old_u(:,3);
    old_u(:,Ny+2)=2*old_u(:,Ny+1)-old_u(:,Ny);
    for i=2:Ny+1
```

```
        for j=2:Nx+1
            by(j-1)=old_u(i,j)/dt+(1-lam1)*rho*sigma1*sigma2*x(i)...
                *y(j)*(old_u(i+1,j+1)-old_u(i+1,j-1)-...
                old_u(i-1,j+1)+old_u(i-1,j-1))/(4*h^2);
        end
        u(i,2:Ny+1)=thomas(a_y(2:Nx),dd_y,c_y,by);
    end
    %for ku
    old_ku(1,2:Ny+1)=2*old_ku(2,2:Ny+1)-old_ku(3,2:Ny+1);
    old_ku(Nx+2,2:Ny+1)=2*old_ku(Nx+1,2:Ny+1)-old_ku(Nx,2:Ny+1);
    old_ku(:,1)=2*old_ku(:,2)-old_ku(:,3);
    old_ku(:,Ny+2)=2*old_ku(:,Ny+1)-old_ku(:,Ny);
    for j=2:Ny+1
        for i=2:Nx+1
            bx(i-1)=old_ku(i,j)/dt+lam1*rho*sigma1*sigma2*x(i)*y(j)...
                *(old_ku(i+1,j+1)-old_ku(i+1,j-1)-old_ku(i-1,j+1)+...
                old_ku(i-1,j-1))/(4*h^2);
        end
        ku(2:Nx+1,j)=thomas(a_x(2:Nx),dd_x,c_x,bx);
    end
    old_ku=ku;
    %step 2
    old_ku(1,2:Ny+1)=2*old_ku(2,2:Ny+1)-old_ku(3,2:Ny+1);
    old_ku(Nx+2,2:Ny+1)=2*old_ku(Nx+1,2:Ny+1)-old_ku(Nx,2:Ny+1);
    old_ku(:,1)=2*old_ku(:,2)-old_ku(:,3);
    old_ku(:,Ny+2)=2*old_ku(:,Ny+1)-old_ku(:,Ny);
    for i=2:Nx+1
        for j=2:Ny+1
            by(j-1)=old_ku(i,j)/dt+(1-lam1)*rho*sigma1*sigma2*x(i)...
                *y(j)*(old_ku(i+1,j+1)-old_ku(i+1,j-1)-...
                old_ku(i-1,j+1)+old_ku(i-1,j-1))/(4*h^2);
        end
        ku(i,2:Ny+1)=thomas(a_y(2:Nx),dd_y,c_y,by);
    end
    %update
    gx= min(find(x>=E*kib));
    gy= min(find(y>=E*kib));
    u(:,2:gy)= ku(:,2:gy);
    u(2:gx,gy+1:Ny+1)= ku(2:gx,gy+1:Ny+1);
end
hold
figure(1);
subplot(1,3,1)
[xx,yy]=meshgrid(x,y);
```

```
mesh(xx,yy,u')
axis([0 L 0 L 0 130])
subplot(1,3,2)
[xx,yy]=meshgrid(x,y);
mesh(xx,yy,ku')
axis([0 L 0 L 0 130])
subplot(1,3,3)
[xx,yy]=meshgrid(x,y);
mesh(xx,yy,abs(ku'-u'))
axis([0 L 0 L 0 5])
```

앞서서 한 개의 자산을 갖는 ELS 상품과 동일하게 여기서도 knock-in에 해당하는 경우와 아닌 경우를 두 가지로 나눠서 계산한다. knock-in에 해당하지 않는 경우와 해당하는 경우 그리고 그 둘의 값의 차이를 보여주는 그래프는 다음과 같다.

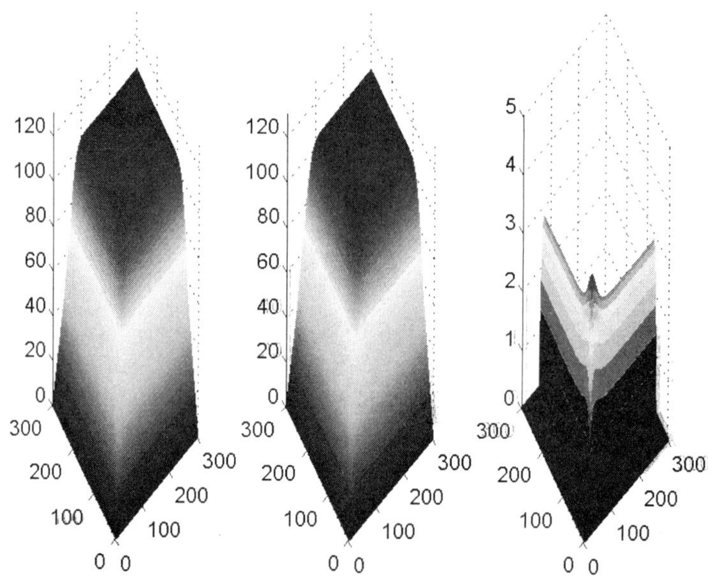

그림 8.29 2 assets Stepdown ELS

8.6.4 3 assets ELS

이번 절에는 세 개의 기초 자산으로 이루어진 ELS(3 assets ELS) 상품의 가격을 구하는 코드를 소개한다. 불과 몇 년 전까지만 해도 세 개의 기초 자산을 갖는 실제 상품이 거의 존재하지 않았다. 하지만 최근 세 개의 기초 자산을 갖는 상품이 실제로 많이 거래되고 있다.

다음은 세 개의 기초 자산일때의 OSM을 사용하여 구하는 MATLAB 코드이다.

MATLAB

```
clc; clear all;
    start_time=cputime;
%%%%%%%%%%%%%%%%%%%%%%%%%%%%%%%%%%%%%%%%%%%%%%%%%%%%%%%%%%%%%%%%%%%%%%%
%                    Operator Splitting Method                        %
%                  for Step Down ELS with 3 assets                    %
%%%%%%%%%%%%%%%%%%%%%%%%%%%%%%%%%%%%%%%%%%%%%%%%%%%%%%%%%%%%%%%%%%%%%%%
%%%%%%%%%%%%%%%%%%%%%% Problem parameters %%%%%%%%%%%%%%%%%%%%%%%%%%%%%%
sig1=0.3; sig2=0.3; sig3=0.3; rho_12=0.5; rho_23=0.5; rho_13=0.5; r=0.03;
T=3; E=100;
     dt = 1/30;
     Nt = T/dt;
     x=[0 65:2.5:130 160 180 200 220];
     y = x; z = x;
     Nx=length(x)-1; Ny=Nx; Nz=Nx;
     h = diff(x);
     size(x,2)
     %%%%%%%%%%%%%%%%%%%%%%%% allocation %%%%%%%%%%%%%%%%%%%%%%%%%%%%
     %  u : Knock-in event does not occur
     % ku : Knock-in even occur
     u=zeros(Nx+1,Ny+1,Nz+1);   old_u = u;
     ku=zeros(Nx+1,Ny+1,Nz+1);  old_ku = ku;
     fx=zeros(1,Nx-1); fy=fx; fz=fx;
     main_x(1:Nx) = 0; sub_x(1:Nx) = 0; sup_x(1:Nx) = 0;
     main_y(1:Ny) = 0; sub_y(1:Ny) = 0; sup_y(1:Ny) = 0;
     main_z(1:Nz) = 0; sub_z(1:Nz) = 0; sup_z(1:Nz) = 0;
    % coefficients (using zero Dirichlet + Linear BD)
    for i=2:Nx
         main_x(i) = 1/dt + (sig1*x(i))^2/(h(i-1)*h(i))...
             - r*x(i)*(h(i)-h(i-1))/(h(i-1)*h(i)) + r/3;
         sub_x(i) = (-(sig1*x(i))^2 + r*x(i)*h(i))/(h(i-1)...
             *(h(i-1)+h(i)));
         sup_x(i) = -((sig1*x(i))^2 + r*x(i)*h(i-1))/(h(i)...
             *(h(i-1)+h(i)));
    end
    sub_x(Nx)=sub_x(Nx)-sup_x(Nx); main_x(Nx)=main_x(Nx)...
        +2*sup_x(Nx);
    for i=2:Ny
         main_y(i) = 1/dt + (sig2*y(i))^2/(h(i-1)*h(i))...
             - r*y(i)*(h(i)-h(i-1))/(h(i-1)*h(i)) + r/3;
         sub_y(i) = (-(sig2*y(i))^2 + r*y(i)*h(i))/(h(i-1)...
```

```
            *(h(i-1)+h(i)));
        sup_y(i) = -((sig2*y(i))^2 + r*y(i)*h(i-1))/(h(i)...
            *(h(i-1)+h(i)));
end
sub_y(Ny)=sub_y(Ny)-sup_y(Ny); main_y(Ny)=main_y(Ny)...
    +2*sup_y(Ny);
for i=2:Nz
        main_z(i) = 1/dt + (sig3*z(i))^2/(h(i-1)*h(i))...
            - r*z(i)*(h(i)-h(i-1))/(h(i-1)*h(i)) + r/3;
        sub_z(i) = (-(sig3*z(i))^2 + r*z(i)*h(i))/(h(i-1)...
            *(h(i-1)+h(i)));
        sup_z(i) = -((sig3*z(i))^2 + r*z(i)*h(i-1))/(h(i)...
            *(h(i-1)+h(i)));
end
sub_z(Nz)=sub_z(Nz)-sup_z(Nz); main_z(Nz)=main_z(Nz)...
    +2*sup_z(Nz);
hx=h; hy=h; hz=h;
coupon = [0.30 0.25 0.20 0.15 0.10 0.05]; % coupon
step = [1 2 3 4 5 7]*Nt/6;%[60 120 180 240 300 Nt+2]; % µ» ȯ  ½ a
S_rate = [0.85 0.85 0.9 0.9 0.95 0.95];   % µ» ȯ ½     a
dummy = 0.30;                             % dummy coupon
Kib = 0.65;                               % Knock-in barrier   a
for i = 1:Nx+1
    for j = 1:Ny+1
        for k = 1:Nz+1
            if (x(i) <= Kib*E || y(j) <= Kib*E || z(k) <= Kib*E)
                u(i,j,k) = min([x(i),y(j),z(k)]);
               ku(i,j,k) = min([x(i),y(j),z(k)]);
            elseif (x(i) < S_rate(1)*E || y(j) < S_rate(1)*E || z(k)...
                < S_rate(1)*E)
                u(i,j,k) = E*(1.0+dummy);
               ku(i,j,k) = min([x(i),y(j),z(k)]);
            else
                u(i,j,k) = E*(1.0+coupon(1));
               ku(i,j,k) = E*(1.0+coupon(1));
            end
        end
    end
end
uu=u;
uuk=ku;
old_u = u;
old_ku = ku;
tag =1;
```

```
%%%%%%%%%%%%%%%%%%%%%%%%%%%%% time loop %%%%%%%%%%%%%%%%%%%%%%%%%%%%%
for iter=1:Nt
    % µ» ó  ½ d   coupon
    if iter == step(tag)
        gx = min(find(x >= E*S_rate(tag+1)));
        gy = min(find(y >= E*S_rate(tag+1)));
        gz = min(find(z >= E*S_rate(tag+1)));
        u(gx:Nx+1,gy:Ny+1,gz:Nz+1) = E*(1.0+coupon(tag+1));
        ku(gx:Nx+1,gy:Ny+1,gz:Nz+1) = E*(1.0+coupon(tag+1));
        tag = tag + 1;
    end
       % (1) Evaluation of ku
        for j=2:Ny
            for k=2:Nz
                for i=2:Nx
                fx(i-1)=1.0/3.0*rho_12*sig1*sig2*x(i)*y(j)*(ku(i+1,j+1,k)...
                 -ku(i+1,j-1,k)-ku(i-1,j+1,k)+ku(i-1,j-1,k))/...
                 (hx(i-1)*hy(j)+hx(i)*hy(j)+hx(i)*hy(j-1)+hx(i-1)*hy(j-1))...
                 +1.0/3.0*rho_13*sig1*sig3*x(i)*z(k)*(ku(i+1,j,k+1)...
                 -ku(i+1,j,k-1)-ku(i-1,j,k+1)+ku(i-1,j,k-1))/...
                  (hx(i-1)*hz(k)+hx(i)*hz(k)+hx(i)*hz(k-1)+hx(i-1)*hz(k-1))...
                  +1.0/3.0*rho_23*sig2*sig3*y(j)*z(k)*(ku(i,j+1,k+1)...
                  -ku(i,j+1,k-1)-ku(i,j-1,k+1)+ku(i,j-1,k-1))/...
                  (hy(j-1)*hz(k)+hy(j)*hz(k)+hy(j)*hz(k-1)+hy(j-1)*hz(k-1))...
                  + ku(i,j,k)/dt;
                end
            old_ku(2:Nx,j,k)=thomas(sub_x(2:Nx),main_x(2:Nx),sup_x(2:Nx),fx);
            end
        end
        old_ku(2:end-1,2:end-1,end) = 2*old_ku(2:end-1,2:end-1,end-1) ...
        - old_ku(2:end-1,2:end-1,end-2);
        old_ku(end,2:end-1,2:end) = 2*old_ku(end-1,2:end-1,2:end) ...
        - old_ku(end-2,2:end-1,2:end);
        old_ku(2:end,end,2:end) = 2*old_ku(2:end,end-1,2:end)...
        - old_ku(2:end,end-2,2:end);
        for k=2:Nz
            for i=2:Nx
                for j=2:Ny
            fy(j-1)=1.0/3.0*rho_12*sig1*sig2*x(i)*y(j)*(old_ku(i+1,j+1,k)...
                -old_ku(i+1,j-1,k)-old_ku(i-1,j+1,k)+old_ku(i-1,j-1,k))/...
                (hx(i-1)*hy(j)+hx(i)*hy(j)+hx(i)*hy(j-1)+hx(i-1)*hy(j-1))...
                +1.0/3.0*rho_13*sig1*sig3*x(i)*z(k)*(old_ku(i+1,j,k+1)...
                -old_ku(i+1,j,k-1)-old_ku(i-1,j,k+1)+old_ku(i-1,j,k-1))/...
                (hx(i-1)*hz(k)+hx(i)*hz(k)+hx(i)*hz(k-1)+hx(i-1)*hz(k-1))...
```

```
                +1.0/3.0*rho_23*sig2*sig3*y(j)*z(k)*(old_ku(i,j+1,k+1)...
                -old_ku(i,j+1,k-1)-old_ku(i,j-1,k+1)+old_ku(i,j-1,k-1))/...
                (hy(j-1)*hz(k)+hy(j)*hz(k)+hy(j)*hz(k-1)+hy(j-1)*hz(k-1))...
                + old_ku(i,j,k)/dt;
                end
                ku(i,2:Ny,k)=thomas(sub_y(2:Ny),main_y(2:Ny),sup_y(2:Ny),fy);
            end
         end
ku(2:end-1,2:end-1,end) = 2*ku(2:end-1,2:end-1,end-1)...
- ku(2:end-1,2:end-1,end-2);
ku(end,2:end-1,2:end) = 2*ku(end-1,2:end-1,2:end) - ku(end-2,2:end-1,2:end);
ku(2:end,end,2:end) = 2*ku(2:end,end-1,2:end)- ku(2:end,end-2,2:end);
        for j=2:Ny
            for i=2:Nx
                for k=2:Nz
            fz(k-1)=1.0/3.0*rho_12*sig1*sig2*x(i)*y(j)*(ku(i+1,j+1,k)...
                -ku(i+1,j-1,k)-ku(i-1,j+1,k)+ku(i-1,j-1,k))/...
                (hx(i-1)*hy(j)+hx(i)*hy(j)+hx(i)*hy(j-1)+hx(i-1)*hy(j-1))...
                +1.0/3.0*rho_13*sig1*sig3*x(i)*z(k)*(ku(i+1,j,k+1)...
                -ku(i+1,j,k-1)-ku(i-1,j,k+1)+ku(i-1,j,k-1))/...
                (hx(i-1)*hz(k)+hx(i)*hz(k)+hx(i)*hz(k-1)+hx(i-1)*hz(k-1))...
                +1.0/3.0*rho_23*sig2*sig3*y(j)*z(k)*(ku(i,j+1,k+1)...
                -ku(i,j+1,k-1)-ku(i,j-1,k+1)+ku(i,j-1,k-1))/...
                (hy(j-1)*hz(k)+hy(j)*hz(k)+hy(j)*hz(k-1)+hy(j-1)*hz(k-1))...
                + ku(i,j,k)/dt;
                end
           old_ku(i,j,2:Nz)=thomas(sub_z(2:Nz),main_z(2:Nz),sup_z(2:Nz),fz);
            end
         end
        old_ku(2:end-1,2:end-1,end) = 2*old_ku(2:end-1,2:end-1,end-1)...
        - old_ku(2:end-1,2:end-1,end-2);
        old_ku(end,2:end-1,2:end) = 2*old_ku(end-1,2:end-1,2:end) ...
        - old_ku(end-2,2:end-1,2:end);
        old_ku(2:end,end,2:end) = 2*old_ku(2:end,end-1,2:end)...
        - old_ku(2:end,end-2,2:end);
        ku = old_ku;
        % (2) Update u
        gx = max(find(x <= E*Kib));
        gy = max(find(y <= E*Kib));
        gz = max(find(z <= E*Kib));
        u(1:gx,:,:)= ku(1:gx,:,:);
        u(:,1:gy,:)= ku(:,1:gy,:);
        u(:,:,1:gz)= ku(:,:,1:gz);
       % (3) Evaluation of u
```

```
        for j=2:Ny
            for k=2:Nz
                for i=2:Nx
                fx(i-1)=1.0/3.0*rho_12*sig1*sig2*x(i)*y(j)*(u(i+1,j+1,k)...
                -u(i+1,j-1,k)-u(i-1,j+1,k)+u(i-1,j-1,k))/...
                (hx(i-1)*hy(j)+hx(i)*hy(j)+hx(i)*hy(j-1)+hx(i-1)*hy(j-1))...
                +1.0/3.0*rho_13*sig1*sig3*x(i)*z(k)*(u(i+1,j,k+1)...
                -u(i+1,j,k-1)-u(i-1,j,k+1)+u(i-1,j,k-1))/...
                (hx(i-1)*hz(k)+hx(i)*hz(k)+hx(i)*hz(k-1)+hx(i-1)*hz(k-1))...
                +1.0/3.0*rho_23*sig2*sig3*y(j)*z(k)*(u(i,j+1,k+1)...
                -u(i,j+1,k-1)-u(i,j-1,k+1)+u(i,j-1,k-1))/...
                (hy(j-1)*hz(k)+hy(j)*hz(k)+hy(j)*hz(k-1)+hy(j-1)*hz(k-1))...
                + u(i,j,k)/dt;
                end
              old_u(2:Nx,j,k)=thomas(sub_x(2:Nx),main_x(2:Nx),sup_x(2:Nx),fx);
            end
        end
        old_u(2:end-1,2:end-1,end) = 2*old_u(2:end-1,2:end-1,end-1) ...
            - old_u(2:end-1,2:end-1,end-2);
        old_u(end,2:end-1,2:end) = 2*old_u(end-1,2:end-1,2:end) ...
            - old_u(end-2,2:end-1,2:end);
        old_u(2:end,end,2:end) = 2*old_u(2:end,end-1,2:end) ...
            - old_u(2:end,end-2,2:end);
        for k=2:Nz
            for i=2:Nx
                for j=2:Ny
            fy(j-1)=1.0/3.0*rho_12*sig1*sig2*x(i)*y(j)*(old_u(i+1,j+1,k)...
                -old_u(i+1,j-1,k)-old_u(i-1,j+1,k)+old_u(i-1,j-1,k))/...
                (hx(i-1)*hy(j)+hx(i)*hy(j)+hx(i)*hy(j-1)+hx(i-1)*hy(j-1))...
                +1.0/3.0*rho_13*sig1*sig3*x(i)*z(k)*(old_u(i+1,j,k+1)...
                -old_u(i+1,j,k-1)-old_u(i-1,j,k+1)+old_u(i-1,j,k-1))/...
                (hx(i-1)*hz(k)+hx(i)*hz(k)+hx(i)*hz(k-1)+hx(i-1)*hz(k-1))...
                +1.0/3.0*rho_23*sig2*sig3*y(j)*z(k)*(old_u(i,j+1,k+1)...
                -old_u(i,j+1,k-1)-old_u(i,j-1,k+1)+old_u(i,j-1,k-1))/...
                (hy(j-1)*hz(k)+hy(j)*hz(k)+hy(j)*hz(k-1)+hy(j-1)*hz(k-1))...
                + old_u(i,j,k)/dt;
                end
                u(i,2:Ny,k)=thomas(sub_y(2:Ny),main_y(2:Ny),sup_y(2:Ny),fy);
            end
         end
u(2:end-1,2:end-1,end) = 2*u(2:end-1,2:end-1,end-1) ...
- u(2:end-1,2:end-1,end-2);
u(end,2:end-1,2:end) = 2*u(end-1,2:end-1,2:end) - u(end-2,2:end-1,2:end);
u(2:end,end,2:end) = 2*u(2:end,end-1,2:end)- u(2:end,end-2,2:end);
```

```
        for j=2:Ny
            for i=2:Nx
                for k=2:Nz
            fz(k-1)=1.0/3.0*rho_12*sig1*sig2*x(i)*y(j)*(u(i+1,j+1,k)...
                -u(i+1,j-1,k)-u(i-1,j+1,k)+u(i-1,j-1,k))/...
                (hx(i-1)*hy(j)+hx(i)*hy(j)+hx(i)*hy(j-1)+hx(i-1)*hy(j-1))...
                +1.0/3.0*rho_13*sig1*sig3*x(i)*z(k)*(u(i+1,j,k+1)...
                -u(i+1,j,k-1)-u(i-1,j,k+1)+u(i-1,j,k-1))/...
                (hx(i-1)*hz(k)+hx(i)*hz(k)+hx(i)*hz(k-1)+hx(i-1)*hz(k-1))...
                +1.0/3.0*rho_23*sig2*sig3*y(j)*z(k)*(u(i,j+1,k+1)...
                -u(i,j+1,k-1)-u(i,j-1,k+1)+u(i,j-1,k-1))/...
                (hy(j-1)*hz(k)+hy(j)*hz(k)+hy(j)*hz(k-1)+hy(j-1)...
                *hz(k-1)) + u(i,j,k)/dt;
                end
           old_u(i,j,2:Nz)=thomas(sub_z(2:Nz),main_z(2:Nz),sup_z(2:Nz),fz);
            end
         end
        old_u(2:end-1,2:end-1,end) = 2*old_u(2:end-1,2:end-1,end-1) ...
            - old_u(2:end-1,2:end-1,end-2);
        old_u(end,2:end-1,2:end) = 2*old_u(end-1,2:end-1,2:end) ...
            - old_u(end-2,2:end-1,2:end);
        old_u(2:end,end,2:end) = 2*old_u(2:end,end-1,2:end) ...
            - old_u(2:end,end-2,2:end);
        u = old_u;
end
end_time=cputime;
time_elapsed=end_time-start_time
aa = max(find(x<100));
bb = max(find(x<100));
            figure(1);
             clf
            subplot(2,1,1); mesh(x,y,u(:,:,10))
            subplot(2,1,2); mesh(x,y,ku(:,:,10))
fprintf('u(%d,%d,%d) = %4.5f \n', 100, 100, 100, u(aa+1, bb+1, bb+1))
fprintf('Nt = %d \n', Nt)
fprintf('Nx = %d \n', Nx)
fprintf('cputime = %4.8f \n', time_elapsed)
```

다음은 세 개의 기초 자산에 대한 C++ 코드이다.

C++

```
/*************************************************************************
* Operator Splitting Method(OSM) for Step Down ELS with 3 assets (V01,2013/12/18)
* Prof.Junseok Kim's MATLAB code is translated into C+ by hard coding
```

```
* Seongwon Lim
************************************************************************/
#include <vector>
#include <iostream>
#include <fstream>
#include <ctime>
#include <iomanip>
using namespace std;
typedef vector<double> VECTOR;
typedef vector<vector<double>> MATRIX;
typedef vector<vector<vector<double>>> CUBE;
clock_t START = clock();
void InitVECTOR(VECTOR& vector_, int x_);
void InitCUBE(CUBE& cube_, int x_, int y_, int z_);
VECTOR THOMAS(const VECTOR& sub_, const VECTOR& main_, const VECTOR& sup_,
        const VECTOR& f_);
void main()
{int num_exercise = 6;
 int length_x = 32;      int length_y = 32;      int length_z = 32;
 int Nx = length_x-1;    int Ny = length_y-1;    int Nz = length_z-1;
 double sig1 = 0.3, sig2 = 0.3, sig3 = 0.3, rho12 = 0.5, rho13 = 0.5,
        rho23 = 0.5, r = 0.03, T = 3.0, E = 100.0, dummy = 0.3, Kib = 0.65;
    VECTOR coupon(num_exercise);    // coupon rates
    VECTOR S_rate(num_exercise);    // asset rates for early exercise
    vector<int> step(num_exercise); // number of steps for early exercise
    // TIME VARIABLE
    double dt = 1.0/30.0;   int Nt = int(T/dt+0.1);
    VECTOR x(length_x);     VECTOR y(length_y);     VECTOR z(length_z);
    VECTOR hx(length_x-1);  VECTOR hy(length_y-1);  VECTOR hz(length_z-1);
    // ELS INFORMATION INIT
    for (int i = 0; i < num_exercise; i++){
coupon[i] = 0.3 - 0.05*i;
S_rate[i] = 0.85 + 0.05 * (i/2);}
for (int i = 0; i < num_exercise-1; i++)
step[i] = (i + 1) * Nt / 6;
    step[5] = Nt+100;   // trick
    // SPACE INIT (ADAPTIVE MESH)
    x[0] = 0.0;
    for (int i = 1; i < length_x-4; i++) x[i] = 65.0 + 2.5*(i-1);
    x[length_x-4] = 160.0;  x[length_x-3] = 180.0;
    x[length_x-2] = 200.0;  x[length_x-1] = 220.0;
    y = x;  z = x;  // same space for simplicity
    for (int i = 0; i < length_x-1; i++){
        hx[i] = x[i+1] - x[i];    hy[i] = y[i+1] - y[i];
```

```
    hz[i] = z[i+1] - z[i];}
// VARIABLES FOR NUMERICAL SOLUTION
CUBE u;      CUBE old_u;      CUBE ku;      CUBE old_ku;
InitCUBE(u, Nx+1, Ny+1, Nz+1);   InitCUBE(old_u, Nx+1, Ny+1, Nz+1);
InitCUBE(ku, Nx+1, Ny+1, Nz+1);  InitCUBE(old_ku, Nx+1, Ny+1, Nz+1);
// VARIABLES FOR THOMAS ALGO
VECTOR fx(Nx-1);   VECTOR fy(Ny-1);   VECTOR fz(Nz-1);
VECTOR main_x(Nx); VECTOR main_y(Ny); VECTOR main_z(Nz);
VECTOR sub_x(Nx);   VECTOR sub_y(Ny);   VECTOR sub_z(Nz);
VECTOR sup_x(Nx);   VECTOR sup_y(Ny);   VECTOR sup_z(Nz);
/*********************************************************************
* COEFFICIENTS using ZERO DIRICHLET + LINEAR BD
*********************************************************************/
// DIAGONAL SETTING (function later)
for (int i = 1; i < Nx; i++){
    main_x[i] = 1.0/dt + sig1*x[i]*sig1*x[i] / (hx[i-1]*hx[i])
              - r*x[i]*(hx[i]-hx[i-1])/(hx[i-1]*hx[i]) + r/3.0;
    sub_x[i] = (-(sig1*x[i])*(sig1*x[i]) + r*x[i]*hx[i])/(hx[i-1]
             *(hx[i-1] + hx[i]));
    sup_x[i] = (-(sig1*x[i])*(sig1*x[i]) - r*x[i]*hx[i-1])/(hx[i]
            *(hx[i-1] + hx[i]));}
sub_x[Nx-1] = sub_x[Nx-1] - sup_x[Nx-1];    main_x[Nx-1] = main_x[Nx-1]
        + 2.0 *sup_x[Nx-1];
for (int i = 1; i < Ny; i++){
    main_y[i] = 1.0/dt + (sig2*y[i])*(sig2*y[i]) / (hy[i-1]*hy[i])
              - r*y[i]*(hy[i]-hy[i-1])/(hy[i-1]*hy[i]) + r/3.0;
    sub_y[i] = (-(sig2*y[i])*(sig2*y[i]) + r*y[i]*hy[i])/(hy[i-1]
            *(hy[i-1] + hy[i]));
    sup_y[i] = (-(sig2*y[i])*(sig2*y[i]) - r*y[i]*hy[i-1])/(hy[i]
            *(hy[i-1] + hy[i]));}
    sub_y[Ny-1] = sub_y[Ny-1] - sup_y[Ny-1];
    main_y[Ny-1] = main_y[Ny-1] + 2*sup_y[Ny-1];
for (int i = 1; i < Nz; i++){
    main_z[i] = 1/dt + (sig3*z[i])*(sig3*z[i])/(hz[i-1]*hz[i])
              - r*z[i]*(hz[i]-hz[i-1])/(hz[i-1]*hz[i]) + r/3.0;
    sub_z[i] = (-(sig3*z[i])*(sig3*z[i]) + r*z[i]*hz[i])/(hz[i-1]
            *(hz[i-1] + hz[i]));
    sup_z[i] = (-(sig3*z[i])*(sig3*z[i]) - r*z[i]*hz[i-1])/(hz[i]
            *(hz[i-1] + hz[i]));}
    sub_z[Nz-1] = sub_z[Nz-1] - sup_z[Nz-1];
    main_z[Nz-1] = main_z[Nz-1] + 2*sup_z[Nz-1];
/*********************************************************************
* INITIAL CONDITION; MATURITY PAYOFF
*********************************************************************/
```

```
for (int i = 0; i < Nx+1; i++ ){
    for (int j = 0; j < Ny+1; j++){
        for (int k = 0; k < Nz+1; k++){
            if ( (x[i] <= Kib*E) || (y[j] <= Kib*E) || (z[k] <= Kib*E))
            {u[i][j][k] = min( x[i], min(y[j], z[k]) );
                ku[i][j][k] = min( x[i], min(y[j], z[k]) ); }
            else if ( (x[i]<S_rate[0]*E)||(y[j]<S_rate[0]*E)||
                    (z[k]<S_rate[0]*E))
                {u[i][j][k] = E*(1.0+dummy);
                ku[i][j][k] = min( x[i], min(y[j], z[k]) );}
            else{
                u[i][j][k] = E*(1.0+coupon[0]);  ku[i][j][k] =
                        E*(1.0+coupon[0]);} } } }
old_u = u;  old_ku = ku;
/*****************************************************************
* TIME LOOP
*****************************************************************/
int tag = 0;   int idx_x = 0;   int idx_y = 0;   int idx_z = 0;
for (int iter = 0; iter < 10; iter++)
{cout<<"      " << iter << endl;
    /*************************************************************
    *  STEP 0   TAKE ACCOUNT OF EARLY EXERCISE
    *************************************************************/
    if (iter == step[tag]){
        for (int i = 0; i < Nx+1; i++){
            if (x[i] >= E*S_rate[tag+1]){ idx_x = i;  break; }}
        for (int j = 0; j < Ny+1; j++){
            if (y[j] >= E*S_rate[tag+1]){ idx_y = j;  break; }}
        for (int k = 0; k < Nz+1; k++){
            if (z[k] >= E*S_rate[tag+1]){ idx_z = k;  break; }}
        for (int i = idx_x; i < Nx+1; i++){
            for (int j = idx_y; j < Ny+1; j++){
                for (int k = idx_z; k < Nz+1; k++){
                     u[i][j][k] = E*(1.0+coupon[tag+1]);
                     ku[i][j][k] = E*(1.0+coupon[tag+1]); } } }
        tag += 1; }
    /*************************************************************
    *  STEP 1  SOLVE 'ku'
    *************************************************************/
    // STEP 1.1 SOLVE X
    for (int j = 1; j < Ny; j++){
        for (int k = 1; k < Nz; k++){
            for (int i = 1; i < Nx; i++){
                fx[i-1] = (1.0/3.0) * rho12 * sig1 * sig2 * x[i] * y[j]
```

```
                    * (ku[i+1][j+1][k] - ku[i+1][j-1][k]- ku[i-1][j+1][k]
                    + ku[i-1][j-1][k]) / (hx[i-1]*hy[j] + hx[i]*hy[j]
                    + hx[i]*hy[j-1] + hx[i-1]*hy[j-1])
                    + (1.0/3.0) * rho13 * sig1 * sig3 * x[i] * z[k]
                        * (ku[i+1][j][k+1] - ku[i+1][j][k-1]
                    - ku[i-1][j][k+1]
                    + ku[i-1][j][k-1]) / (hx[i-1]*hz[k] + hx[i]*hz[k]
                    + hx[i]*hz[k-1] + hx[i-1]*hz[k-1])
                    + (1.0/3.0) * rho23 * sig2 * sig3 * y[j] * z[k]
                        * (ku[i][j+1][k+1] - ku[i][j+1][k-1]
                    - ku[i][j-1][k+1]
                    + ku[i][j-1][k-1])/ (hy[j-1]*hz[k] + hy[j]*hz[k]
                 + hy[j]*hz[k-1] + hy[j-1]*hz[k-1]) + ku[i][j][k]/dt; }
         VECTOR trans(THOMAS(sub_x, main_x, sup_x, fx));
         for (int w = 0; w < Nx-1; w++)  old_ku[w+1][j][k] = trans[w];}}
for (int j = 1; j < Ny; j++){
  for (int k = 1; k < Nz; k++)  old_ku[Nx][j][k] = 2*old_ku[Nx-1][j][k]
          - old_ku[Nx-2][j][k];}
for (int i = 1; i < Nx; i++){
  for (int k = 1; k <= Nz; k++)  old_ku[i][Ny][k] = 2*old_ku[i][Ny-1][k]
          - old_ku[i][Ny-2][k];}
for (int i = 1; i <= Nx; i++){
  for (int j = 1; j <= Ny; j++)  old_ku[i][j][Nz] = 2*old_ku[i][j][Nz-1]
          - old_ku[i][j][Nz-2]; }
// STEP 1.2 SOLVE Y
for (int i = 1; i < Nx; i++){
    for (int k = 1; k < Nz; k++){
        for (int j = 1; j < Ny; j++){
            fy[j-1] = (1.0/3.0) * rho12 * sig1 * sig2 * x[i] * y[j]
                        * (old_ku[i+1][j+1][k] - old_ku[i+1][j-1][k]
                          - old_ku[i-1][j+1][k] + old_ku[i-1][j-1][k])
                        / (hx[i-1]*hy[j] + hx[i]*hy[j] + hx[i]*hy[j-1]
                    + hx[i-1]*hy[j-1])
                    + (1.0/3.0) * rho13 * sig1 * sig3 * x[i] * z[k]
                        * (old_ku[i+1][j][k+1] - old_ku[i+1][j][k-1]
                          - old_ku[i-1][j][k+1] + old_ku[i-1][j][k-1])
                        / (hx[i-1]*hz[k] + hx[i]*hz[k] + hx[i]*hz[k-1]
                    + hx[i-1]*hz[k-1])
                    + (1.0/3.0) * rho23 * sig2 * sig3 * y[j] * z[k]
                        * (old_ku[i][j+1][k+1] - old_ku[i][j+1][k-1]
                          - old_ku[i][j-1][k+1] + old_ku[i][j-1][k-1])
                        / (hy[j-1]*hz[k] + hy[j]*hz[k] + hy[j]*hz[k-1]
                    + hy[j-1]*hz[k-1]) + old_ku[i][j][k]/dt;}
        VECTOR trans(THOMAS(sub_y, main_y, sup_y, fy));
```

```
        for (int w = 0; w < Ny-1; w++)  ku[i][w+1][k] = trans[w];}}
for (int j = 1; j < Ny; j++){
   for (int k = 1; k < Nz; k++) ku[Nx][j][k]=2*ku[Nx-1][j][k]
          -ku[Nx-2][j][k];}
for (int i = 1; i < Nx; i++){
   for (int k = 1; k <= Nz; k++) ku[i][Ny][k]=2*ku[i][Ny-1][k]
          -ku[i][Ny-2][k];}
for (int i = 1; i <= Nx; i++){
   for (int j = 1; j <= Ny; j++) ku[i][j][Nz]=2*ku[i][j][Nz-1]
          -ku[i][j][Nz-2];}
// STEP 1.3 SOLVE Z
for (int i = 1; i < Nx; i++){
    for (int j = 1; j < Ny; j++){
        for (int k = 1; k < Nz; k++){
            fz[k-1] = (1.0/3.0) * rho12 * sig1 * sig2 * x[i] * y[j]
                        * (ku[i+1][j+1][k] - ku[i+1][j-1][k]
                    - ku[i-1][j+1][k]
                    + ku[i-1][j-1][k]) N/ (hx[i-1]*hy[j] + hx[i]*hy[j]
                    + hx[i]*hy[j-1] + hx[i-1]*hy[j-1])
                    + (1.0/3.0) * rho13 * sig1 * sig3 * x[i] * z[k]
                        * (ku[i+1][j][k+1] - ku[i+1][j][k-1]
                    - ku[i-1][j][k+1]
                    + ku[i-1][j][k-1]) / (hx[i-1]*hz[k] + hx[i]*hz[k]
                    + hx[i]*hz[k-1] + hx[i-1]*hz[k-1])
                    + (1.0/3.0) * rho23 * sig2 * sig3 * y[j] * z[k]
                        * (ku[i][j+1][k+1] - ku[i][j+1][k-1]
                    - ku[i][j-1][k+1]
                    + ku[i][j-1][k-1]) / (hy[j-1]*hz[k] + hy[j]*hz[k]
                  + hy[j]*hz[k-1] + hy[j-1]*hz[k-1]) + ku[i][j][k]/dt;}
        VECTOR trans(THOMAS(sub_z, main_z, sup_z, fz));
       for (int w = 0; w < Nx-1; w++)  old_ku[i][j][w+1] = trans[w];} }
for (int i = 1; i < Nx; i++){
   for (int j = 1; j < Ny; j++)  old_ku[i][j][Nz] = 2*old_ku[i][j][Nz-1]
           - old_ku[i][j][Nz-2];}
for (int j = 1; j < Ny; j++){
  for (int k = 1; k <= Nz; k++)   old_ku[Nx][j][k] = 2*old_ku[Nx-1][j][k]
           - old_ku[Nx-2][j][k];}
for (int i = 1; i <= Nx; i++){
  for (int k = 1; k <= Nz; k++)  old_ku[i][Ny][k] = 2*old_ku[i][Ny-1][k]
           - old_ku[i][Ny-2][k];}
ku = old_ku;     // for the next solving
/****************************************************************
*  STEP 2   UPDATE 'u'
****************************************************************/
```

```
for (int i = 0; i < Nx+1; i++){
    if (x[i] >= E*Kib){ idx_x = i;  break; }}
for (int j = 0; j < Ny+1; j++){
    if (y[j] >= E*Kib){ idx_y = j;  break; }}
for (int k = 0; k < Nz+1; k++){
    if (z[k] >= E*Kib){ idx_z = k;  break; }}
for (int j = 0; j < Ny+1; j++){
    for (int k = 0; k < Nz+1; k++){
        for (int i = 0; i < idx_x; i++) u[i][j][k] = ku[i][j][k];}}
for (int i = 0; i < Nx+1; i++){
    for (int k = 0; k < Nz+1; k++){
        for (int j = 0; j < idx_y; j++) u[i][j][k] = ku[i][j][k];}}
for (int i = 0; i < Nx+1; i++){
    for (int j = 0; j < Ny+1; j++){
        for (int k = 0; k < idx_z; k++) u[i][j][k] = ku[i][j][k];}}
/****************************************************************
*  STEP 3   SOLVE 'u'
*****************************************************************/
// STEP 3.1 SOLVE X
for (int j = 1; j < Ny; j++){
    for (int k = 1; k < Nz; k++){
        for (int i = 1; i < Nx; i++){
            fx[i-1] = (1.0/3.0) * rho12 * sig1 * sig2 * x[i] * y[j]
                    * (u[i+1][j+1][k] - u[i+1][j-1][k] - u[i-1][j+1][k]
                    + u[i-1][j-1][k])/ (hx[i-1]*hy[j] + hx[i]*hy[j]
                    + hx[i]*hy[j-1] + hx[i-1]*hy[j-1])
                    + (1.0/3.0) * rho13 * sig1 * sig3 * x[i] * z[k]
                    * (u[i+1][j][k+1] - u[i+1][j][k-1] - u[i-1][j][k+1]
                    + u[i-1][j][k-1]) / (hx[i-1]*hz[k] + hx[i]*hz[k]
                    + hx[i]*hz[k-1] + hx[i-1]*hz[k-1])
                    + (1.0/3.0) * rho23 * sig2 * sig3 * y[j] * z[k]
                    * (u[i][j+1][k+1] - u[i][j+1][k-1] - u[i][j-1][k+1]
                    + u[i][j-1][k-1]) / (hy[j-1]*hz[k] + hy[j]*hz[k]
                  + hy[j]*hz[k-1] + hy[j-1]*hz[k-1]) + u[i][j][k]/dt;}
        VECTOR trans(THOMAS(sub_x, main_x, sup_x, fx));
        for (int w = 0; w < Nx-1; w++)  old_u[w+1][j][k] = trans[w];}}
for (int i = 1; i < Nx; i++){
    for (int j = 1; j < Ny; j++)  old_u[i][j][Nz] = 2*old_u[i][j][Nz-1]
            - old_u[i][j][Nz-2];}
for (int j = 1; j < Ny; j++){
   for (int k = 1; k <= Nz; k++)   old_u[Nx][j][k] = 2*old_u[Nx-1][j][k]
            - old_u[Nx-2][j][k];}
for (int i = 1; i <= Nx; i++){
   for (int k = 1; k <= Nz; k++)  old_u[i][Ny][k] = 2*old_u[i][Ny-1][k]
```

```
            - old_u[i][Ny-2][k];}
// STEP 3.2 SOLVE Y
for (int i = 1; i < Nx; i++){
    for (int k = 1; k < Nz; k++){
        for (int j = 1; j < Ny; j++){
            fy[j-1] = (1.0/3.0) * rho12 * sig1 * sig2 * x[i] * y[j]
                        * (old_u[i+1][j+1][k] - old_u[i+1][j-1][k]
                    - old_u[i-1][j+1][k] + old_u[i-1][j-1][k])
                        / (hx[i-1]*hy[j] + hx[i]*hy[j]
                    + hx[i]*hy[j-1] + hx[i-1]*hy[j-1])
                    + (1.0/3.0) * rho13 * sig1 * sig3 * x[i] * z[k]
                        * (old_u[i+1][j][k+1] - old_u[i+1][j][k-1]
                    - old_u[i-1][j][k+1] + old_u[i-1][j][k-1])
                        / (hx[i-1]*hz[k] + hx[i]*hz[k] + hx[i]*hz[k-1]
                    + hx[i-1]*hz[k-1])
                    + (1.0/3.0) * rho23 * sig2 * sig3 * y[j] * z[k]
                        * (old_u[i][j+1][k+1] - old_u[i][j+1][k-1]
                    - old_u[i][j-1][k+1] + old_u[i][j-1][k-1])
                        / (hy[j-1]*hz[k] + hy[j]*hz[k] + hy[j]*hz[k-1]
                    + hy[j-1]*hz[k-1]) + old_u[i][j][k]/dt;}
        VECTOR trans(THOMAS(sub_y, main_y, sup_y, fy));
        for (int w = 0; w < Ny-1; w++)  u[i][w+1][k] = trans[w]; } }
for (int i = 1; i < Nx; i++){
 for (int j = 1; j < Ny; j++) u[i][j][Nz]=2*u[i][j][Nz-1]-u[i][j][Nz-2];}
for (int j = 1; j < Ny; j++){
for (int k = 1; k <= Nz; k++) u[Nx][j][k]=2*u[Nx-1][j][k]-u[Nx-2][j][k];}
for (int i = 1; i <= Nx; i++){
for (int k = 1; k <= Nz; k++) u[i][Ny][k]=2*u[i][Ny-1][k]-u[i][Ny-2][k];}
// STEP 3.3 SOLVE Z
for (int i = 1; i < Nx; i++){
    for (int j = 1; j < Ny; j++){
        for (int k = 1; k < Nz; k++){
            fz[k-1] = (1.0/3.0) * rho12 * sig1 * sig2 * x[i] * y[j]
                    * (u[i+1][j+1][k] - u[i+1][j-1][k] - u[i-1][j+1][k]
                    + u[i-1][j-1][k]) / (hx[i-1]*hy[j] + hx[i]*hy[j]
                    + hx[i]*hy[j-1] + hx[i-1]*hy[j-1])
                    + (1.0/3.0) * rho13 * sig1 * sig3 * x[i] * z[k]
                    * (u[i+1][j][k+1] - u[i+1][j][k-1] - u[i-1][j][k+1]
                    + u[i-1][j][k-1]) / (hx[i-1]*hz[k] + hx[i]*hz[k]
                    + hx[i]*hz[k-1] + hx[i-1]*hz[k-1])
                    + (1.0/3.0) * rho23 * sig2 * sig3 * y[j] * z[k]
                    * (u[i][j+1][k+1] - u[i][j+1][k-1] - u[i][j-1][k+1]
                    + u[i][j-1][k-1]) / (hy[j-1]*hz[k] + hy[j]*hz[k]
                + hy[j]*hz[k-1]  + hy[j-1]*hz[k-1]) + u[i][j][k]/dt; }
```

```
            VECTOR trans(THOMAS(sub_z, main_z, sup_z, fz));
            for (int w = 0; w < Nx-1; w++)  old_u[i][j][w+1] = trans[w];}}
      for (int i = 1; i < Nx; i++){
         for (int j = 1; j < Ny; j++)  old_u[i][j][Nz] = 2*old_u[i][j][Nz-1]
               - old_u[i][j][Nz-2]; }
      for (int j = 1; j < Ny; j++){
         for (int k = 1; k <= Nz; k++)   old_u[Nx][j][k] = 2*old_u[Nx-1][j][k]
               - old_u[Nx-2][j][k];}
      for (int i = 1; i <= Nx; i++){
         for (int k = 1; k <= Nz; k++)  old_u[i][Ny][k] = 2*old_u[i][Ny-1][k]
               - old_u[i][Ny-2][k];}
      u = old_u; }
   /*********************************************************************
   * MISCELLANEOUS (FILE EXPORT / ELAPSED TIME)
   *********************************************************************/
   int fixed_z = 0;
   for (int k = 0; k <= Nz; k++){ if (z[k] >= 100){ fixed_z = k; break; } }
cout<<"      " << z[fixed_z] << endl;
  ofstream OUTPUT;  OUTPUT.open("u.dat");  OUTPUT << fixed << setprecision(6);
   for (int i = 0; i <= Nx; i++){ for (int j = 0; j <= Ny; j++){
      OUTPUT << setw(12) << showpoint << u[i][j][fixed_z]; } OUTPUT << endl; }
   OUTPUT.clear();    OUTPUT.close();
   OUTPUT.open("ku.dat");     OUTPUT << fixed << setprecision(6);
   for (int i = 0; i <= Nx; i++){ for (int j = 0; j <= Ny; j++){
      OUTPUT << setw(12) << showpoint << ku[i][j][fixed_z]; } OUTPUT << endl;
}
   OUTPUT.clear();    OUTPUT.close();
   clock_t END = clock();
   double ELAPSED_SEC = double(END - START) / CLOCKS_PER_SEC;
   cout << "ELAPSED TIME IN SECONDS(Release) : " << ELAPSED_SEC << endl;}
void InitVECTOR(VECTOR& vector_, int x_){
   vector_.resize(x_);}
void InitCUBE(CUBE& cube_, int x_, int y_, int z_){
   cube_.resize(x_);
   for (int i = 0; i < x_; i++){
      cube_[i].resize(y_);
      for (int j = 0; j < y_; j++)
cube_[i][j].resize(z_);}}
VECTOR THOMAS(const VECTOR& sub_, const VECTOR& main_, const VECTOR& sup_,
      const VECTOR& f_){
   VECTOR f(f_);
   VECTOR sub(sub_);  VECTOR main(main_);   VECTOR sup(sup_);
   int N = f.size();  VECTOR x(N);
   // discarding first value and resizing size
```

```
    sub.erase(sub.begin());  main.erase(main.begin());  sup.erase(sup.begin());
    for (int i = 1; i < N; i++){
        double mult = sub[i]/main[i-1];
        main[i] = main[i] - mult*sup[i-1];
        f[i] = f[i] - mult*f[i-1]; }
    x[N-1] = f[N-1]/main[N-1];
    for (int i = N-2; i >= 0; i--){
        x[i] = (f[i] - sup[i]*x[i+1]) / main[i];  }
    return x;}
```

다음은 세 개의 기초 자산에 대한 C++코드 데이터를 읽는 MATLAB 코드이다.

MATLAB

```
% 3del_plot.m
clc; clf; clear;
x=[0 65:2.5:130 160 180 200 220];
u = load('u.dat')';
ku=load('ku.dat');
y = x; z = x;
figure(1);
subplot(2,1,1); mesh(x,y,u);
subplot(2,1,2); mesh(x,y,ku);
```

CHAPTER 9

몬테칼로 시뮬레이션 (Monte Carlo simulation)

몬테칼로 시뮬레이션(Monte-Carlo simulation)은 확률 분포와 난수의 개념을 사용하는 확률적 시뮬레이션이다. 몬테칼로 시뮬레이션의 핵심은 모델의 확률 변수들에 대한 실험인데, 이는 확률적 결과를 발생시켜주는 도구를 이용하여 수행된다. 예를 들어서 몬테칼로 시뮬레이션의 이해를 돕고자한다. 간단한 예제로서 원주율을 추정해 보기로 한다. 원의 면적은 모두 알다싶이 다음과 같다.

$$\text{원의 면적} = \pi r^2. \tag{9.1}$$

이제 몬테칼로 시뮬레이션을 이용해서 π를 구하기 위해서 실험을 해보자. x 축이 $[-1,\ 1]$ 이고 y 축이 $[-1,\ 1]$ 인 좌표 평면에 다트 게임을 한다고 가정한다. 다트가 꽂힌 부분을 표시해 보면 그림 9.1과 같다.

원의 반지름은 1이기 때문에 피타고라스의 정리를 이용해서 다트와 원점 사이의 거리가 1보다 작으면 다트가 원안에 있음을 알 수 있다. 이를 이용해서 다트를 충분히 많이 쏘았다면 다트가 원안에 들어갈 확률 P는 식 (9.2)와 같다.

$$P = \frac{\text{원안다트개수}}{\text{쏜 다트개수}} = \frac{\text{원의 면적}}{\text{박스의 면적}} = \frac{\pi}{4}. \tag{9.2}$$

식 (9.2)에서 구한 다트가 원안에 들어갈 확률 P를 이용해서 π를 식 (9.3)를 이용해서 구해보자.

$$\pi = 4 \times \frac{\text{원안다트개수}}{\text{쏜 다트개수}}. \tag{9.3}$$

pi.m은 위의 논리를 이용해서 π를 구하는 MATLAB코드이다.

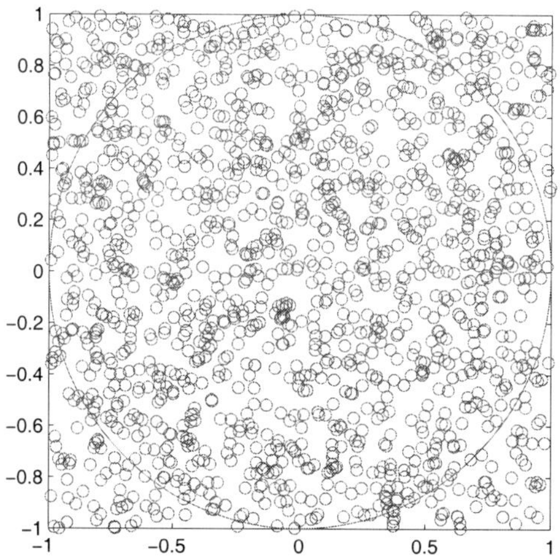

그림 9.1 다트 좌표

MATLAB

```
%% pai.m
clear; clf; N=1500;count=0;
 x=2*rand(N,1)-1;y=2*rand(N,1)-1;
 for i=1:N
 if (sqrt(x(i)^2+y(i)^2)<1)
     count=count+1;
 else
     count=count;
 end
 end
 t=linspace(0,2*pi,100); plot(x,y,'o',cos(t),sin(t),'r')
 axis square
 4*count/N
```

9.1 몬테칼로 시뮬레이션을 이용한 상품의 가치 도출

1, 2, ⋯, 6이 균등하게 나오는 이상적인 주사위가 있다고 한다. 이 주사위를 1년 후에 던져서 나오는 숫자가 4이하면 아무것도 못받고 4를 초과하면 4를 뺀 만큼의 포인트(1포인트당 50만원)를 받는 상품A가 있다. 이 상품A의 가격은 과연 얼마일까? 우리는 확률을 이용해서 이 상품A의 가격을 구할 수 있을 것이다. 먼저 모든 경우의 수를 생각해보면 주사위가 1, 2, 3, 4가 나올시 0원, 5가 나올시 1포인트 6이 나올시 2 포인트를 얻게된다. 5또는 6이 나올 확률은 $\frac{1}{6}$이므로 이 상품의 현재가치를 계산하면

(여기서 할인율은 0.02이다.) 식 (9.4)과 같다.

$$(\frac{1}{6} \times 1 + \frac{1}{6} \times 2) \times 500000 \times e^{0.02 \times 1} = 245050. \tag{9.4}$$

이 상품A의 가격을 몬테카를로 시뮬레이션을 이용해서도 구할 수 있다. 다음 코드 dice.m은 몬테카를로 시뮬레이션을 통해서 상품A의 가격을 구하는 MATLAB코드이다.

MATLAB

```
%% dice.m
r=0.02; T=1; K=4; Monte=100000;
for i=1:Monte
    a=rand(1);
    if a<1/6
        s=1;
    elseif a<2/6;
        s=2;
    elseif a<3/6;
        s=3;
    elseif a<4/6;
        s=4;
    elseif a<5/6;
        s=5;
    else
        s=6;
    end
result(i)=max(s-K,0)*exp(-r*T)*500000;
end
mean(result)
```

위에서 설명한 상품A의 가치는 다음 절에서 설명하게될 콜옵션가치를 구하는 방법과 매우 유사하다.

9.2 몬테칼로 시뮬레이션을 사용하여 옵션가치 도출

몬테칼로 시뮬레이션이란 상품의 가치에 영향을 주는 변수들 간의 관계를 모형화하여 해당변수들의 미래의 값을 예측하고 이에 따라 상품의 가치를 평가하는 방법이다. 이 때 예측하고자 하는 변수들에 대해서 특정한 분포를 가정하게 되며, 해당분포를 따르는 난수를 반복적으로 발생시켜 변수의 미래 값을 예측하게 된다. MCS를 이용해서 파생상품의 가격을 결정하는 첫 단계는 기초자산의 확률과정을 모형화하는 것이다. 기초자산인 지수의 확률과정이 GBM을 따른다고 하자. 그러면 KOSPI 200 지수의 변화는 다음의 식으로 나타낼 수 있다.

$$\frac{dS}{S} = \mu dt + \sigma dX.$$

위험중립원칙 하에서 μ를 무위험이자율 r로 대체하자.

$$\frac{dS}{S} = r dt + \sigma dX.$$

주가에 자연로그를 취한 $\log S$의 확률과정에 이토의 렘마를 적용하면

$$d\log S = \left(r - \frac{\sigma^2}{2}\right) dt + \sigma\sqrt{dt}\phi, \qquad \phi \sim N(0,1)$$

를 얻고 이를 이산모형으로 변환하면 다음을 얻는다.

$$\begin{aligned} \log S(t+\Delta t) - \log S(t) &= \log\left(\frac{S_{t+\Delta t}}{S_t}\right) = \left(r - \frac{1}{2}\sigma^2\right)\Delta t + \sigma\sqrt{\Delta t}\phi, \\ S_{t+\Delta t} &= S_t \exp\left[\left(r - \frac{1}{2}\sigma^2\right)\Delta t + \sigma\sqrt{\Delta t}\phi\right]. \end{aligned}$$

모수들 $S(t)$, r, σ, Δt가 주어지고 표준정규 분포를 갖는 난수 ϕ를 생성하면 $S(t+\Delta t)$를 구할 수 있다. stock_process.m는 지수과정을 구하는 MATLAB 코드이다.

MATLAB

```
%%stock_process.m
clear; S(1)=230; r=0.03; vol=0.3; T=1; N=365; dt=T/N;
t=linspace(0,T,N+1); randn('state',10); phi=randn(1,N);
for i=2:N+1,
    S(i)=S(i-1)*exp((r-1/2*vol^2)*dt+vol*phi(i-1)*sqrt(dt));
end
plot(t,S,'k*-'); xlabel('Time'); ylabel('KOSPI 200 index');
```

그림 9.2 은 위의 stock_process.m MATLAB 코드를 실행한 결과를 나타낸 것이다.

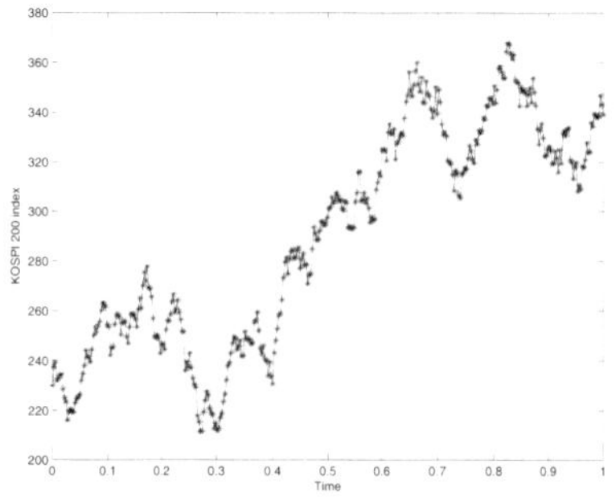

그림 9.2 GBM으로부터 KOSPI 200 지수 과정 생성

그림 9.3 은 stock_process50.m MATLAB 코드를 사용하여 지수 프로세스 50개를 실행한 결과를 나타낸 것이다.

MATLAB

```
%%stock_process50.m
clear; clf; S(1)=230; r=0.03; vol=0.3; T=1; N=365; dt=T/N;
t=linspace(0,T,N+1); randn('state',10); hold on
for k=1:50
    phi=randn(1,N);
for i=2:N+1,
    S(i)=S(i-1)*exp((r-1/2*vol^2)*dt+vol*phi(i-1)*sqrt(dt));
end
plot(t,S,'k-');
end
xlabel('Time'); ylabel('KOSPI 200 index');
```

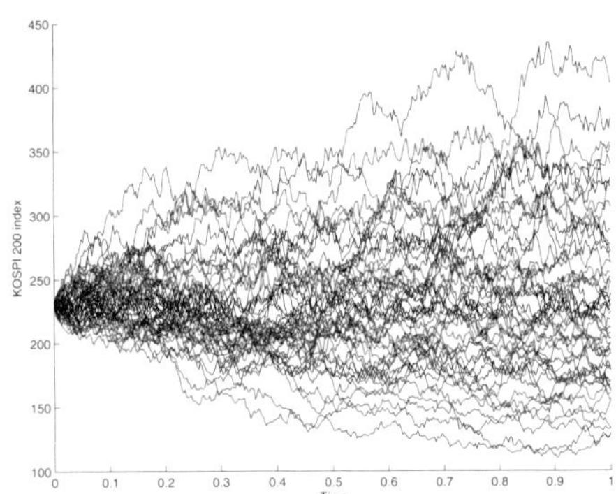

그림 9.3 50개의 지수 과정 생성

초기 주가지수 S_0가 주어질 때 앞의 과정을 초기시점과 만기시점 사이의 구간 $[0, T]$에 반복적으로 수행하면 만기시의 주가지수 S_T를 시뮬레이션할 수 있다. 예를 들어 한번 시행할 때마다 유럽형 콜옵션의 만기 payoff를 f_T라고 할때, $f_T = \max(S_T - E, 0)$로 구하고 주가지수과정을 생성하는 과정을 반복할 때마다 시뮬레이션 횟수만큼 Payoff 값들을 얻을 수 있다. 앞 절에서 구한 payoff들을 위험중립확률 Q를 이용하여 만기시의 기댓값을 추정한다. 시뮬레이션을 통해 얻어진 payoff들의 총합을 시뮬레이션 횟수 N으로 나누면 옵션의 기댓값을 구할 수 있다. 유럽형 콜옵션의 만기시의 기댓값은 다음과 같다.

$$E_Q(f_T) = \frac{1}{N}\sum_{i=1}^{N} \max(S_{T,i} - E, 0).$$

기댓값을 무위험이자율로 할인하여 옵션가치를 도출한다. 유럽형 콜옵션의 현재가치를 f_0라고 할때 현재 시점의 유럽형 콜옵션의 Payoff는 다음과 같다.

$$f_0 = e^{-rT}[E_Q(f_T)] = e^{-rT}\left[\frac{1}{N}\sum_{i=1}^{N} \max(S_{T,i} - E, 0)\right].$$

파생상품 가격 결정은 먼저 MC에 의해 생성된 경로들(paths)에 따라 해당 파생상품의 payoffs를 계산하고 이에 대한 기댓값을 구하여 무위험 이자율로 할인하게 되면 파생상품 가격이 도출된다. MC_call.m는 유럽형 콜옵션을 MC를 이용하여 도출하는 MATLAB 코드이다.

MATLAB

```
%% MC_call.m
clear; S=100; E=100; r=0.05; T=0.5; vol=0.3; M=100000; n=1; dt=T/n;
SP(1:M,1:n+1) = 0; SP(:,1) = S; randn('state',100);
for i = 1:M
    for steps = 2:n+1
       SP(i,steps) = SP(i,steps-1)*exp((r-vol^2/2)*dt ...
                    + vol*randn(1)*sqrt(dt));
    end
end
payoff = max(SP(:,n+1)-E,0);
Price = exp(-r*T)*sum(payoff)/M
```

위의 MC_call.m는 $n = 1$인 경우에 옵션가격을 도출하는 코드이다. 결과는 다음과 같이 나온다.

MATLAB

```
Price = 9.613647842613460
```

코드에서 $n = 10$으로 수정하고 프로그램을 실행하면 결과는 다음과 같이 나온다.

MATLAB

```
Price = 9.673335497678774
```

이번에는 몬테칼로 시뮬레이션을 이용해서 초기KOSPI200 지수가 0에서 부터 800까지일때 각각의 옵션의 가격을 구해서 옵션의 가격 곡선을 그려보자. Montecall.m은 몬테칼로 시뮬레이션을 1000, 10000, 100000번 시행한 것과 Black-Scholes-Merton의 콜옵션 공식을 이용해서 구한 옵션의 가격을 비교하여 옵션의 가격곡선을 그리는 MATLAB 코드이다.

MATLAB

```
% Montecall.m
clc;clear;clf;
E=230; L=800; sigma=0.46; r=0.0265; T=1; dt=1/365; Nt=T/dt;
Nx=50; x=linspace(0,L,Nx); v=max(x-E,0);
```

```
d1=(log(x./E)+(r+1/2*sigma^2)*T)/(sigma*sqrt(T));
d2=d1-sigma*sqrt(T);
u=x.*normcdf(d1)-E*exp(-r*T)*normcdf(d2);
for k=1:3
    Monte=100*10^k;
    for i=1:50
        totalpayoff=0;
        meanpayoff=0;
        for j=1:Monte
            st=x(i);
            for l=2:Nt
                st=st*exp((r-1/2*sigma^2)*dt+sigma*sqrt(dt)*randn);
            end
            payoff = max(st-E,0);
            totalpayoff=totalpayoff+payoff;
        end
        meanpayoff(i)=totalpayoff/Monte;
        nowpayoff(k,i)=meanpayoff(i)*exp(-r*T);
    end
end
plot(x,v,'m-',x,u,'k-',x,nowpayoff(1,1:end),'go',...
    x,nowpayoff(2,1:end),'r^',x,nowpayoff(3,1:end),'bs')
legend('intrinsic value', 'BS', 'M=1000','M=10000', 'M=100000',2)
```

그림 9.4은 Montecall.m을 시행했을때 나오는 옵션의 가격곡선이다.

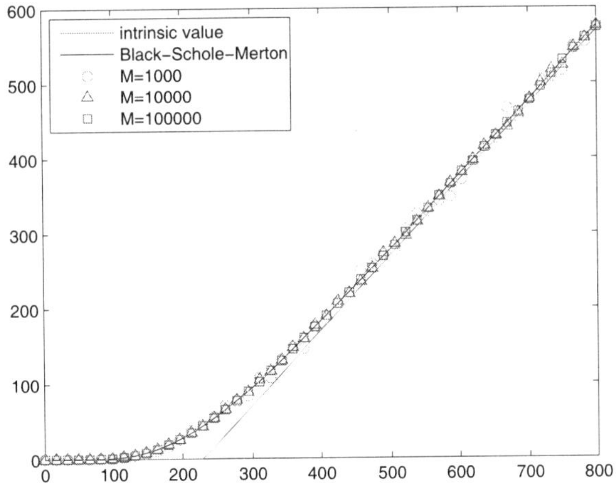

그림 9.4 옵션의 가격곡선

이 장에서는 통계적 표본추출법(Statistical Sampling)을 이용하는 몬테 칼로 기법에 대해서 알아볼 것이다. 몬테 칼로를 이용하여 주가지수 프로세스를 생성하기 위해서는 주가지수를 따르는 확률분포를 구해야 한다. 주가지수가 따르는 연속확률분포를 이산

형의 난수로 대체하고 시뮬레이션을 통해 난수를 추출하여 그 난수들이 갖는 분포를 찾는다. 이러한 난수들을 원래의 주가지수가 따르는 확률분포의 함수에 대한 근사값을 구하는 것이 몬테칼로방법이다.

9.2.1 몬테 칼로 시뮬레이션의 과정

몬테칼로 방법을 이용하여 옵션가격을 결정하는 과정은 다음과 같이 요약할 수가 있다.

★ 몬테 칼로 시뮬레이션
1 단계. 주가지수 과정에 대한 모델 결정
2 단계. 주가지수 과정 생성
3 단계. 옵션의 Payoff 계산
4 단계. Payoff의 기댓값 추정
5 단계. 옵션 가치 도출

9.3 난수생성(Random Number Generation)

난수생성(random number generation) 과정은 먼저 균등분포를 따르는 난수를 생성하고 다시 이를 적절히 변환하여 정규분포처럼 특정 확률분포를 따르는 난수를 생성하는 것이 일반적이다. 크게 많이 쓰이는 난수를 생성하는 방법에는 Linear Congruential 방법, Inverse Transform 방법, 그리고 가장 많이 쓰이는 Box-Muller 방법과 Box-Muller 방법의 단점을 보완한 Polar-Marsaglia 방법등과 같은 4가지 종류가 있다. 그럼 좀 더 자세히 알아보도록 하자.

9.3.1 Uniform Distribution을 갖는 난수 생성: Linear Congruential Method

균등분포를 따르는 난수를 생성하는 방법 중에 가장 흔히 쓰이는 다음 식 (9.5)을 이용하는 방법에 대해 알아보자.

$$x_{i+1} \equiv ax_i + c \,(\mathrm{mod}\, m), \quad i = 0, 1, 2, \cdots . \tag{9.5}$$

여기서 x_i은 자연수이며 a는 승수, c는 증분값, mod m은 정수 m으로 나눈 나머지를 의미한다. x_i의 초기값 x_0와 a, c는 $0 \leq x_0, a, c \leq m-1$의 범위에 있어야 한다. 위의 난수 추출법은 컴퓨터의 알고리즘에 의해 발생되는 주기를 갖고 반복되는 난수를 형성하게 된다. 즉 난수 발생이 확률적이 아닌 결정적으로 일어난다. 따라서 이러한 난수추출에 의해 발생한 난수는 실제 난수가 아니라 유사난수(Pseudo-random Number)가 된다.

유사난수를 추출함에 있어 주기를 최대한으로 길게 하는 것이 바람직하다. 선형합동발생기가 m과 동일한 주기를 갖게 될 때, x_i은 최대 주기를 갖게 된다. 선형합동법이 최대 주기를 가질 조건은 $c > 0$일때 다음과 같이 정리할 수 있다.

정리 9.3.1

1. c와 m은 서로 소이다.
2. m의 소인수는 $a-1$의 인수이다.
3. 만약 m이 정수 4으로 나누어지면 $a-1$도 4으로 나누어진다.

위의 조건에 의해 모수가 결정되면 x_{i+1}를 구하고 이를 m으로 나누어 U_{i+1}를 얻는다.

$$U_{i+1} = \frac{x_{i+1}}{m}, \quad i = 0, 1, 2, \cdots.$$

다음은 선형합동법이 최대 주기를 가질 조건에 대한 증명이다.

증명 여기서 만약 m이 2의 거듭제곱일 경우에는 c가 홀수이고 $a \equiv 1 \pmod 4$인 두 조건을 만족하면 최대주기 m을 갖는다. 또한 m이 10의 거듭제곱 일 때 c는 2와 5로 나누어지지 않고 $a \equiv 1 \pmod{20}$의 두 가지 조건만 필요하다.

$a = 1$이고 c와 m이 서로소이면 당연히 주기는 m이 된다. 따라서 앞으로 $a \neq 1$임을 가정하자.

(9.5)을 사용하여 $i = 1, 2, \cdots, n-1$일 때 다음을 쉽게 얻을 수 있다.

$$x_n \equiv a^n x_0 + \frac{(a^n - 1)c}{a-1} \pmod m.$$

그리고 우리는 $x_n = x_0$과 같이 가장 작은 n에 관심이 있다. 즉,

$$\frac{(a^n - 1)(x_0(a-1) + c)}{a-1} \equiv 0 \pmod m.$$

정리의 조건에 의해 $x_0(a-1) + c$는 m과 서로소이다. 따라서 다음과 같은 가장작은 n에 대해 주목하자.

$$\frac{a^n - 1}{a - 1} \equiv 0 \pmod m. \tag{9.6}$$

이제 승수a가 정리의 조건을 만족할때 가장 작은 n의 값은 m과 같음을 보이자. 첫째로, α가 양의 정수이고 p가 홀수인 소수일때 $m = p^\alpha$의 결과를 증명할 것이다. $\alpha = 1$일 때 위 2번의 조건으로부터 $a = 1$일 경우 자명하다. 따라서 $\alpha \geq 2$일 때만 고려하자. a는 정리의 조건을 만족하고 $a \neq 1$이기 때문에 다음과 같이 둘 수 있다.

$$a = 1 + kp^\beta, \tag{9.7}$$

여기서 k는 p와 서로소이고 $k \neq 0$이며, β는 양의정수이다. 식 (9.6)를 만족하는 $n = p^\alpha$를 식 (9.6)의 좌변의 n에 대입하고 식 (9.7)의 a에 대해 테일러 전개를 이용하여 정리하면 다음을 쉽게 얻을 수 있다.

$$\begin{aligned}\frac{a^n-1}{a-1} &= p^\alpha + \frac{p^\alpha(p^\alpha-1)}{1\cdot 2}kp^\beta \\ &+\frac{p^\alpha(p^\alpha-1)(p^\alpha-2)}{1\cdot 2\cdot 3}(kp^\beta)^2+\cdots+(kp^\beta)^{p^\alpha-1}. \qquad (9.8)\end{aligned}$$

위의 전개식이 p^α로 나누어짐을 보여야 한다. 실제로 위 식의 각 항은 p^α로 나누어 지는데 다음과 같은 j번째 항을 살펴보자.

$$\frac{p^\alpha}{j}\left[\frac{(p^\alpha-1)(p^\alpha-2)\cdots(p^\alpha-j+1)}{1\cdot 2\cdots(j-1)}\right]k^{j-1}p^{(j-1)\beta}, \qquad (j>1)$$

이 항에서 인수 k^{j-1}의 앞부분은 이항계수이므로 이것은 정수이다. 따라서 j번째 항의 분모 각 항은 분자를 나누어 떨어지게 해야한다. 그러나 대괄호 부분 또한 이항계수이고 이것 또한 정수이다. 따라서 분모에서 오직 j만 p^α를 나누어 떨어지게 하는데 j에 대해 살펴보자. $j = p^k$라고 하면 다음이 성립한다.

$$k \le p^{k-1}+p^{k-2}+\cdots = \frac{p^k}{p-1} \le p^k - 1$$

즉, 위의 식을 j에 대해 다시 정리하면 다음과 같다.

$$\frac{j}{p}+\frac{j}{p^2}+\frac{j}{p^3}+\cdots = \frac{j}{p-1}, \qquad (9.9)$$

그러므로 j에 나타날 수 있는 p의 횟수는 $j-1$보다 적거나 같다. 그러나 $\beta \ge 1$이기 때문에 j에서 나타나는 p의 횟수는 $p^{(j-1)\beta}$항에 있는 p보다 적다. 그래서 인수 p^α는 j에 의해 나누어 떨어질 필요가 전혀 없다. 식 (9.8)의 우변의 모든 항은 p^α에 의해 나누어 진다. 이것은 적어도 제시된 조건 하에서 식 (9.6)는 $n = p^\alpha$일때 만족함을 의미한다.

우리는 이제 식 (9.6)를 만족시키는 p^α보다 작은 n은 없음을 보여야 한다. 식 (9.6)를 만족시키는 n의 필요충분 조건은 그러한 값의 가장작은 수의 배수 임을 보이는 것은 쉽다. $n = p^\alpha$는 식 (9.6)를 만족시킴을 알고있고 따라서 p의 거듭제곱인 n을 고려해야 한다. 실제로 $n = p^{\alpha-1}$은 식 (9.6)을 만족하지 않음을 보이면 우리의 목적에 충분하다. 식 (9.6)의 좌변에 $n = p^{\alpha-1}$를 대입하고 a에 대해 식 (9.7)의 전개식을 따르면 다음을 쉽게 얻을 수 있다.

$$\begin{aligned}\frac{a^n-1}{a-1} = p^{\alpha-1}+\frac{p^{\alpha-1}(p^{\alpha-1}-1)}{1\cdot 2}kp^\beta+\frac{p^{\alpha-1}(p^{\alpha-1}-1)(p^{\alpha-1}-2)}{1\cdot 2\cdot 3}(kp^\beta)^2 \\ +\cdots+(kp^\beta)^{p^{\alpha-1}-1}.\end{aligned}$$

이 식의 우변이 p^α로 나누어지지 않음을 보일 것이다. 첫번째 항은 자명하게 p^α로 나누어지지 않으므로 각각의 다른 항이 p^α로 나누어짐을 보이면 충분하다. 증명은 위에서 주어진 (9.8)의 j 번째 항의 작은 변화를 제외하고는 동일하다. 이항계수에서 나타나는 인수 p^{α}를 $p^{\alpha-1}$가 대신한다. 이 때 분자에서 또 다른 인수 p가 필요하다. 이것은 p가 홀수라는 가정을 사용하면 식 (9.9)에서 $j-1$ 대신에 $j-2$보다 적거나 같음을 알 수 있고, 그것은 $p^{(j-1)\beta}$에서 찾을 수 있다.

우리는 이제 p가 홀수이고 $m = p^{\alpha}$일 때 정리의 증명은 완성했다. $m = 2^{\alpha}$ 일 때의 증명은 아주 조금 다르다. $\alpha = 1$일 경우에는 자명하다. $\alpha \geq 2$경우에는 위의 (9.7)에서와 다른데, 이제 양의 정수 β는 1보다 커야한다. 이러한 β에 대한 제약은 다음과 같이 증명의 마지막 문장에서만 필요하다. "또 다른 인수는 $\beta > 1$의 가정을 사용하면 $p^{(j-1)\beta}$에서 찾을 수 있다."

이제 증명은 m이 소수의 거듭제곱의 제약 하에서 완성 되었고, m이 합성수일 경우로 일반화 시키는 것은 비교적 쉽다. 실제로 다음과 같이 간단하게 둘 수 있다.

$$m = p_1^{\alpha_1} p_2^{\alpha_2} \cdots p_s^{\alpha_s}, \qquad a = 1 + kp_1^{\beta_1} p_2^{\beta_2} \cdots p_s^{\beta_s},$$

여기서 p_i는 소수, α_i는 양의 정수, $k \neq 0$이고 m과 서로소이며, $\beta_i \geq 1$이다. 또는 만약 $p_i = 2$이면 $\alpha_i \geq 2$, $\beta_i \geq 2$이다. 그러면 증명의 과정은 이 전의 것과 거의 동일하고 이 정리는 일반적인 경우에도 성립한다. ■

MATLAB

```
%% uniform_rand1.m
clear all; clc;
a=7; c=1; M=18; n=M+3; k1=zeros(n,2); R=zeros(n+1,1);
U=R; R(1)=1; U(1)=R(1)/M;
fprintf('Iteration  Random integer  Random number \n');
for i=2:n+1
    R(i)=mod(a*R(i-1)+c,M);
    U(i)=R(i)/M;
    fprintf('    %d        %d                %f \n', ...
        i-1, R(i-1), U(i-1));
end
```

위의 코드 uniform_rand1.m를 실행한 결과는 다음과 같다.

MATLAB

```
>> uniform_rand1
Iteration  Random integer  Random number
     1        1               0.055556
     2        8               0.444444
     3        3               0.166667
```

```
4      4         0.222222
5     11         0.611111
6      6         0.333333
7      7         0.388889
8     14         0.777778
9      9         0.500000
10    10         0.555556
11    17         0.944444
12    12         0.666667
13    13         0.722222
14     2         0.111111
15    15         0.833333
16    16         0.888889
17     5         0.277778
18     0         0.000000
19     1         0.055556
20     8         0.444444
21     3         0.166667
```

위 결과에서 알 수 있듯이 최대주기인 $M = 18$을 갖는 유사난수를 생성했다. 19, 20, 그리고 21번째 난수는 각각 1, 2, 그리고 3번째 난수와 같다. 균등분포를 가지는 난수들을 그래프로 나타내면 아래 그림 (9.5)와 같이 나타낼 수 있다. 하지만 MATLAB 코드에서 균등분포를 가지는 난수를 생성하는 코드가 있는 데 그 코드 이름은 ’rand()’ 이다. 아래 그림 (9.6)는 균등분포를 가지는 난수와 ’rand()’ 명령어를 이용하여 생성된 난수를 비교한 것이다. 그리고 MATLAB 코드를 실행할 때마다 불규칙적인 난수가 계속 생성되는 데 그 이유는 각각의 난수를 생성할 때마다 시작하는 난수(Seed)가 계속적으로 달라지기 때문이다. 그렇게 되면 나중에 몬테칼로 방법을 시뮬레이션할 때 실행할 때마다 값들이 계속 달라지기 때문에 정확하게 비교하고 옵션 가격을 책정할 수가 없다. 그럼 초기 난수(Seed)를 항상 고정시켜야 하는 데 MATLAB에서는 그 초기 난수를 고정시켜주는 명령어가 있다.

- `rand('state',n)`
  균등분포를 따르는 난수의 초기 난수를 지정한다. $n = 10$을 넣으면 난수가 생성되는 초기 난수가 10이 된다.

- `randn('stats',n)`
  정규분포를 따르는 난수의 초기 난수를 지정한다.

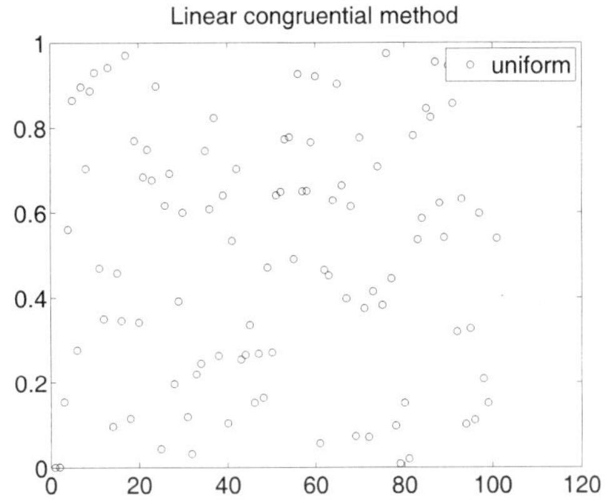

그림 9.5 균등분포를 가지는 난수

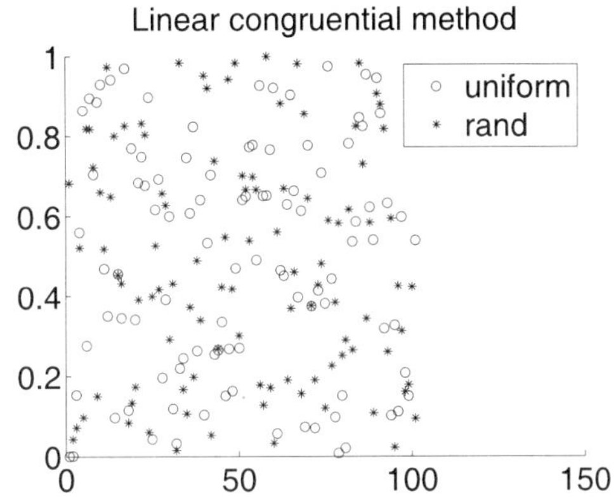

그림 9.6 균등분포를 가지는 난수와 MATLAB 코드생성 난수와의 비교

9.3.2 Non-uniform Distribution을 갖는 난수 생성하는 방법 : Inverse Transform Method

확률밀도 함수 $f(x) = e^{-x}\chi_{[0,\infty)}(x)$에 대해서 확률분포함수는 다음과 같이 구할 수 있다.

$$F(x) = \int_0^x f(t)dt = \int_0^x e^{-t}\,dt = 1 - e^{-x}. \tag{9.10}$$

따라서 $F(x)$의 역함수는 $F^{-1}(u) = -\ln(1-u)$ 로 주어진다. 여기서 $\chi_E(x)$ 함수는 다음과 같이 정의된다.

$$\chi_E(x) = \begin{cases} 1 & \text{if } x \in E. \\ 0 & \text{otherwise.} \end{cases}$$

확률밀도 함수 $f(x) = \frac{1}{2\pi}\chi_{[0,2\pi)}(x)$에 대해서 확률분포함수는 다음과 같이 구할

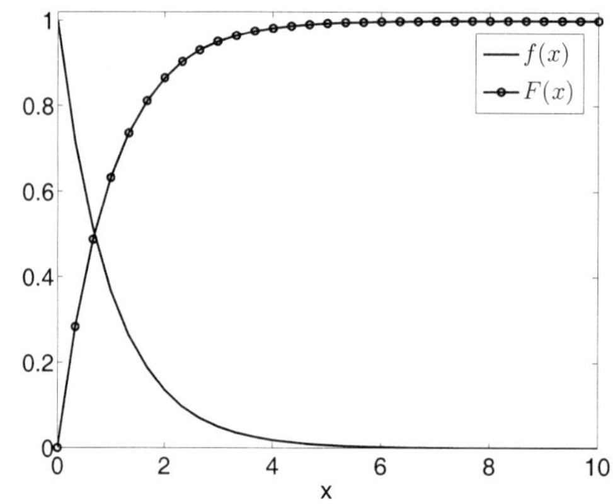

그림 9.7 확률밀도 함수 $f(x) = e^{-x}\chi_{[0,\infty)}(x)$ 의 확률분포함수와 누적분포함수

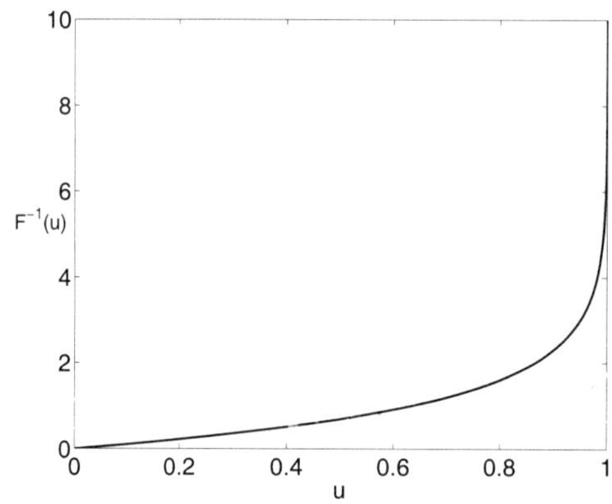

그림 9.8 확률밀도 함수 $f(x) = e^{-x}\chi_{[0,\infty)}(x)$ 의 역함수, $F^{-1}(u) = -\ln(1-u)$

수 있다.

$$F(x) = \int_0^x f(t)dt = \int_0^x \frac{1}{2\pi}dt = \frac{x}{2\pi}. \tag{9.11}$$

따라서 $F(x)$의 역함수는 $F^{-1}(u) = 2\pi u$ 로 주어진다. 그러면 F^{-1}를 새로운 변수 X로 지정한 다음 Linear Congruential Method를 이용하여 난수를 생성하면 된다. 그럼 보다 정확한 이해를 돕기 위해 다음 예제를 풀어보자.

예제 9.3.2 다음 X는 $\lambda > 0$를 가진 지수분포를 따르는 확률변수라 하고, 그 확률밀도함수를 $f(x) = \lambda e^{\lambda t}$ $(\lambda, t > 0)$라 하자. 그리고 누적확률밀도함수를

$$F_X = \int_0^x f(t)dt = \begin{cases} 1 - e^{-\lambda x}, & \text{if } x \geq 0, \\ 0, & \text{otherwise.} \end{cases}$$

일 때, Inverse Transform Method를 이용하여 난수를 MATLAB 코드를 이용하여 생성하라.

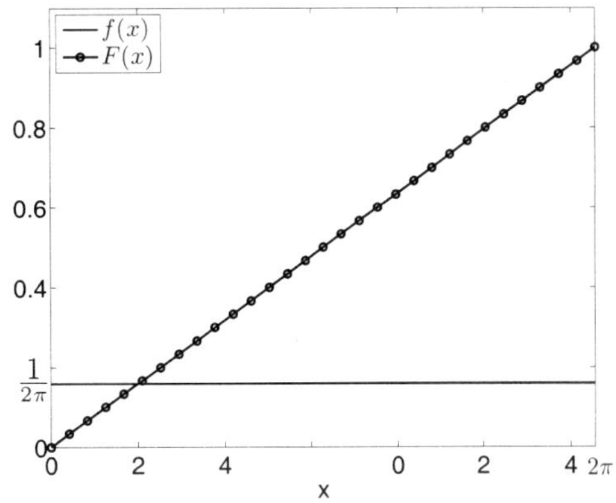

그림 9.9 확률밀도 함수 $f(x) = \frac{1}{2\pi}\chi_{[0,2\pi)}(x)$의 확률분포함수와 누적분포함수

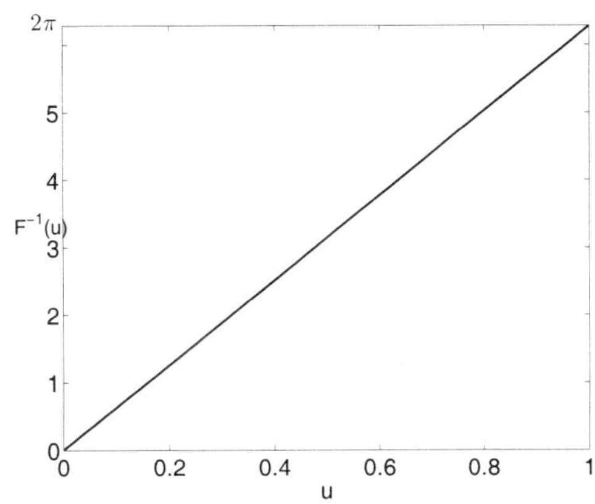

그림 9.10 확률밀도 함수 $f(x) = \frac{1}{2\pi}\chi_{[0,2\pi)}(x)$의 역함수, $F^{-1}(u) = 2\pi u$

풀이 누적확률밀도함수 $x \geq 0$에서 $F_X(x) = 1 - e^{-\lambda x}$를 변수 u로 잡는다. 즉,

$$u = 1 - e^{-\lambda x}.$$

여기서 이 함수의 역함수를 구하면 $F_X^{-1}(u) = -\frac{1}{\lambda}\ln(1-u)$ 이 역함수를 우리가 계산하고자 하는 Inverse Transform Method의 변수 X로 잡고 Linear Congruential Method를 이용하여 구하면 된다. 아래 MATLAB 코드는 Inverse Transform Method를 이용하여 난수를 생성한 MATLAB 코드이다.

MATLAB

```
%%Inverse transform method
clear all; clc; clf;
a=7^5; c=0; m=2^31-1; N=100;
x=zeros(N+1,1); x(1)=100; y(1)=200; u1(1)=x(1)/m;
lambda=2; N=100;
for i=1:N
    x(i+1)=mod(a*x(i)+c, m);
```

```
    u1(i+1)=x(i+1)/m;
    x_new(i+1)= -(1/lambda)*log(1-u1(i+1));
end
plot(x_new,'o')
legend('ITM'); title('Inverse Transform method')
```

그림 9.11는 Inverse Transform Method를 이용하여 생성한 난수를 그래프로 나타낸 것이다.

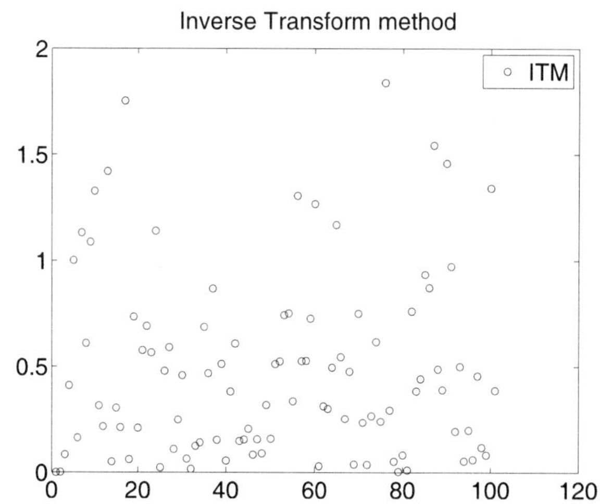

그림 9.11 Inverse Transform Method를 이용한 난수 생성

9.3.3 정규분포를 따르는 난수 생성하는 방법 : 박스-뮬러방법(**Box-Muller Method)**

확률벡터 (x, y)가 2변량 표준정규분포를 따르면, 결합확률밀도함수 결합확률밀도함수(Joint Probability Density Function)와 결합확률분포함수 결합확률분포함수(Joint Probability Distribution Function)는 각각 다음과 같다.

$$f(x,y) = \frac{1}{2\pi}e^{-\frac{x^2+y^2}{2}},$$

$$F(x,y) = \int_{-\infty}^{y}\int_{-\infty}^{x} f(u,v)dudv.$$

극좌표(polar coordinate), 일양분포의 역함수법, 그리고 지수분포의 역함수법을 조합해서, 정사각형 $[0,1]\times[0,1]$에서 일양분포하는 점열로부터 2변량 표준정규분포를 따르는 점열을 구할 수 있다. 다음과 같은 극좌표들로 정규확률벡터 (x, y)를 변환시키자 (그림 9.12 참고).

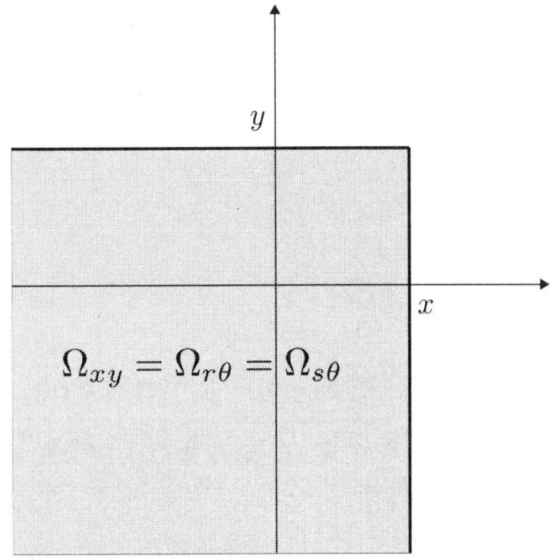

그림 9.12 결합확률 분포함수를 계산하는 영역

$$\Omega_{xy} = \{(u,v) : -\infty < u < x, \ -\infty < v < y\}, \tag{9.12}$$

$$\Omega_{r\theta} = \left\{(r,\theta) : r = \sqrt{x^2+y^2}, \ \theta = \tan^{-1}\frac{y}{x}, \ (x,y) \in \Omega_{xy}\right\}. \tag{9.13}$$

$$x = r\cos\theta, \ \ y = r\sin\theta.$$

여기서 r과 θ는 다음식을 이용해서 구할 수 있다.

$$r = r(x,y) = \sqrt{x^2+y^2}, \ \ \theta = \theta(x,y) = \tan^{-1}\frac{y}{x}.$$

또한, 이 극좌표변환에 의한 Jacobian은 다음과 같다.

$$dxdy = Jdrd\theta,$$

$$J := \left|\frac{\partial(x,y)}{\partial(r,\theta)}\right| = \left|\begin{array}{cc} \frac{\partial x}{\partial r} & \frac{\partial y}{\partial r} \\ \frac{\partial x}{\partial \theta} & \frac{\partial y}{\partial \theta} \end{array}\right| = \left|\begin{array}{cc} \cos\theta & \sin\theta \\ -r\sin\theta & r\cos\theta \end{array}\right| = r,$$

$$\begin{aligned} F(x,y) &= \iint_{\Omega_{xy}} f(u,v)\,dudv = \iint_{\Omega_{xy}} \frac{1}{2\pi}e^{-\frac{u^2+v^2}{2}}\,dudv \\ &= \iint_{\Omega_{r\theta}} \frac{1}{2\pi}e^{-\frac{r^2}{2}}rdrd\theta = \iint_{\Omega_{r\theta}} f(r,\theta)drd\theta. \end{aligned}$$

따라서, 2변량 표준정규분포의 확률밀도함수 $f(r,\theta)$는 다음과 같다.

$$f(r,\theta) = \frac{1}{2\pi}re^{-\frac{1}{2}r^2}\chi_{[0,\infty)\times[0,2\pi]}(r,\theta) \tag{9.14}$$

$$= re^{-\frac{1}{2}r^2}\chi_{[0,\infty)}(r)\frac{1}{2\pi}\chi_{[0,2\pi]}(\theta). \tag{9.15}$$

또한, 변수변환 $s = r^2/2$에 의해서, 위의 식을 다음과 같이 쓸 수 있다.

$$\begin{aligned} F(x,y) &= \iint_{\Omega_{r\theta}} \frac{1}{2\pi} e^{-\frac{r^2}{2}} r\, dr d\theta = \iint_{\Omega_{s\theta}} \frac{1}{2\pi} e^{-s}\, ds d\theta \\ &= \iint_{\Omega_{s\theta}} f(s,\theta)\, ds d\theta. \end{aligned}$$

여기서

$$f(s,\theta) = e^{-s}\chi_{[0,\infty)}(s)\frac{1}{2\pi}\chi_{[0,2\pi]}(\theta). \tag{9.16}$$

즉, 확률변수 s는 지수분포 $e^{-s}\chi_{[0,\infty)}(s)$을 따르고, 확률변수 θ는 균등분포 $\frac{1}{2\pi}\chi_{[0,2\pi]}(\theta)$를 따르며, 확률변수 s와 확률변수 θ는 서로 독립이다. 확률벡터 (u,v)가 정사각형 $[0,1]\times[0,1]$에서 균등분포한다고 하고, 다음 식들을 정의하자.

$$s := -\log(1-u), \quad r = \sqrt{2s} = \sqrt{-2\log(1-u)}, \quad \theta := 2\pi v.$$

따라서, 이들의 결합확률밀도함수 $f(s,\theta)$는 식 (9.16)을 만족한다. 즉, 결합확률밀도함수 $f(r,\theta)$는 식 (9.14)를 만족하고, 또한 2변량 확률벡터 (r,θ)는 극좌표로 나타낸 표준정규확률벡터이다. 지금까지의 내용을 정리하면 다음과 같다. 서로 독립이며 구간 $[0,1]$에서 균등분포하는 확률변수 u와 v에 대해서, 다음과 같이 확률변수 x와 y를 정의하자.

$$x = \sqrt{-2\log(1-u)}\cos(2\pi v) \ \text{ and } \ y = \sqrt{-2\log(1-u)}\sin(2\pi v).$$

이 확률변수 x와 y는 서로 독립이며 또한 표준정규분포를 따른다. 위의 변환방법을 Box-Muller 변환이라 하고, 이를 이용하면, 2변량 균등분포를 따르는 확률벡터 (u,v)로부터 2변량 정규확률벡터 (x,y)를 구할 수 있다. `box_muller.m`은 Box-Muller의 방법으로 표준정규분포를 따르는 난수를 생성하는 MATLAB 코드이다.

MATLAB

```
%% box_muller.m
clear; clc; clf; N=10000; U1=rand(N,1); U2=rand(N,1);
Z1=sqrt(-2*log(U1)).*cos(2*pi*U2);
Z2=sqrt(-2*log(U1)).*sin(2*pi*U2);
[y1 x1] = hist(Z1,100);
h1 = x1(2)-x1(1); a1 = 1/(sum(y1)*h1);
plot(x1, a1*y1,'k*','linewidth',1); hold on
[y2 x2] = hist(Z2,100);
h2 = x2(2)-x2(1); a2 = 1/(sum(y2)*h2);
plot(x2, a2*y2,'ko','linewidth',1);
plot(x1, exp(-0.5*x1.^2)/sqrt(2*pi),'k-','linewidth',2);
legend('Z1','Z2','pdf');
xlabel('random number','fontsize',15);
ylabel('Prob.density','fontsize',15);
```

```
axis([min(x1) max(x1) 0 0.5])
set(gca,'fontsize',15)
```

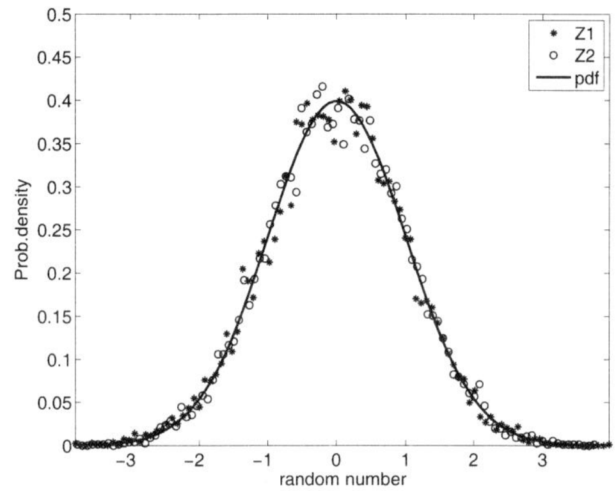

그림 9.13 Box-Muller에 의해 생성된 난수의 확률밀도분포와 확률밀도함수

9.3.4 Polar-Marsaglia 방법

박스-뮬러(Box-Muller) 방법은 정규분포를 난수로 생성하는 가장 좋은 방법이다. 하지만 박스-뮬러 방법을 계산하는 데 있어 삼각함수 값을 사용을 한다. 하지만 삼각함수의 값을 계산하면서 난수를 생성하는 과정에서는 시간이 좀 오래걸리는 단점이 있다. 그러한 단점을 보완하기 위해 만든 방법이 Polar-Marsaglia 방법이다. Polar-Marsaglia 방법은 균등분포 $U(0,1)$을 따르는 독립적인 확률변수 U_1, U_2에 대하여 새로운 확률변수 V_1, V_2를

$$V_1 = 2U_1 - 1, V_2 = 2U_2 - 1.$$

라 하자. 그러면 새롭게 지정된 확률변수 V_1, V_2는 균등분포 $U(-1,1)$을 따르게 되는 것을 알 수가 있다. 또한 순서쌍 (V_1, V_2)는 좌표평면에서 점으로 표현을 하게 되면 그림 (9.14)와 같이 반지름의 길이가 1인 단위원으로 나타낼 수 있다.

그러면 균등분포 $U \sim (0,1)$을 따르고 V_1, V_2로 구성된 확률변수 W와 또다른 균등분포 $U \sim (0,2\pi)$를 따르는 확률변수 θ를 다음 식 (9.17)과 같이 나타낼 수 있다.

$$W = V_1^2 + V_2^2 \leq 1, \ \theta = \arctan(\frac{V_2}{V_1}). \tag{9.17}$$

위의 식(9.17)을 이용하여 $\sin\theta$, $\cos\theta$를 다음과 같이 나타낼 수가 있다.

$$\cos\theta = \frac{V_1}{\sqrt{W}}, \ \sin\theta = \frac{V_2}{\sqrt{W}}.$$

그럼 이제 Polar-Marsaglia 방법을 이용하기 위해 박스-뮬러 방법에 대입하여 정리하면

$$x_1 = V_1\sqrt{\frac{-2\ln W}{W}}, x_2 = V_2\sqrt{\frac{-2\ln W}{W}}.$$

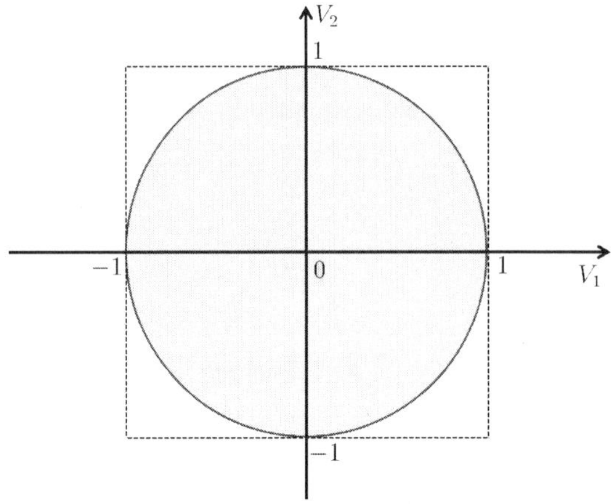

그림 9.14 (W_1, W_2)를 좌표평면으로 나타낸 그림

으로 나타낼 수 있다. 그런데 왜 Polar-Marsaglia 방법의 큰 단점이 있다. 그것은 바로 우리가 구하고 싶은 난수의 범위는 $-1 \leq x \leq 1$, $-1 \leq y \leq 1$인 반면에 Polar-Marsaglia 방법은 반지름의 길이가 1인 원 안에서만 난수를 생성하기 때문에 Box-Muller 방법보다는 정확성이 떨어진다는 것(ratio는 0.78 정도)을 알 수 있지만 시간적인 측면에서는 많은 장점이 있기 때문에 Polar-Marsaglia 방법을 많이 쓰게 된다. 다음 코드는 Polar-Marsaglia 방법을 이용하여 난수를 생성하는 MATLAB 코드이다.

MATLAB

```
%% Polar-Marsaglia Method
clear all; clc;
rand('state',100); N=10000;
u1=rand(N,1); u2=rand(N,1);
v1=2*u1-ones(N,1); v2=2*u2-ones(N,1);
W=v1.^2+v2.^2;
I=find(W<1);
V=W(I);
x1=v1(I).*sqrt(-2*log(V)./V); x2=v2(I).*sqrt(-2*log(V)./V);
set(gca,'fontsize',20)
figure(1); hist(x1,100)
legend('x1 histogram'); title('Polar-Marsaglia Method')
xlabel('Random number'); ylabel('Probability*100(%)')
print('-deps','x1.eps')
figure(2); hist(x2,100)
set(gca,'fontsize',20)
legend('x2 histogram'); title('Polar-Marsaglia Method')
xlabel('Random number'); ylabel('Probability*100(%)')
print('-deps','x2.eps')
```

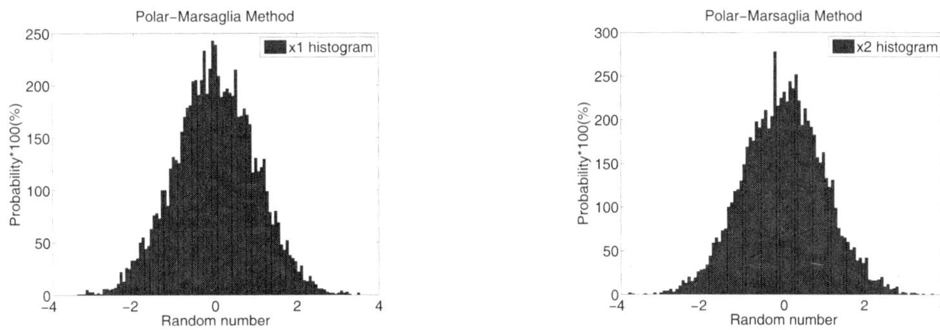

그림 9.15 x_1, x_2 난수의 히스토그램

다음 그림 9.15는 Polar-Marsaglia로 만들어진 난수를 히스토그램으로 나타낸 그래프이다.

9.3.5 복수의 기초자산을 가진 옵션의 가치 계산

앞에서 살펴본 Box-Muller 방법은 두 개 이상의 기초자산이 서로 상관관계를 갖고 있을 경우 난수를 생성하기에는 부적합하다. 이때에는 촐레스키 분해를 이용하여 기초자산간의 상관관계를 고려한 난수를 생성할 수 있다.

9.3.6 촐레스키 분해(Cholesky decomposition)

대칭양정치 행렬(symetric positive definite matrix)은 LU 분해의 특수한 예인 촐레스키 분해(Cholesky decomposition)를 적용할 수 있다. 대칭양정치행렬이란 대칭 행렬 A가 **0**이 아닌 벡터 x에 대하여 $x^T Ax > 0$인 행렬을 의미한다. 즉 행렬 A에 대한 고유값(eigenvalue)이 모두 양수인 행렬을 양정치행렬이라 한다. 2×2 대칭양정치 행렬 A의 예를 들어 생각해보자. 행렬 A가 대칭양정치 행렬이라면 $A = LL^T$인 하삼각행렬 L과 상삼각행렬 L^T의 곱으로 나타낼 수 있다. 먼저, 하삼각행렬인 L을 구하기 위해 행렬 A를 L과 L^T의 행렬 곱으로 나타내보자.

$$A = \begin{pmatrix} a & b \\ b & c \end{pmatrix} = LL^T = \begin{pmatrix} \alpha & 0 \\ \beta & \gamma \end{pmatrix} \begin{pmatrix} \alpha & \beta \\ 0 & \gamma \end{pmatrix} = \begin{pmatrix} \alpha^2 & \alpha\beta \\ \alpha\beta & \beta^2 + \gamma^2 \end{pmatrix}.$$

각각의 원소들을 비교하면

$$\alpha^2 = a, \;\; \alpha\beta = b, \;\; \beta^2 + \gamma^2 = c$$

을 얻게 되고, 이를 다시 정리하면 다음의 결과를 얻을 수 있다.

$$\alpha = \sqrt{a}, \;\; \beta = \frac{b}{\sqrt{a}}, \;\; \gamma = \sqrt{c - \frac{b^2}{a}}.$$

따라서,

$$L = \begin{pmatrix} \sqrt{a} & 0 \\ \frac{b}{\sqrt{a}} & \sqrt{c - \frac{b^2}{a}} \end{pmatrix}$$

이다.

9.3.7 기초자산간 상관관계를 반영한 난수생성

기초자산간 상관관계가 반영된 난수를 생성하기 위해서 먼저 앞서 살펴본 대로 Box-Muller 방법을 이용해서 아직 상관관계가 반영되지 않은 난수열을 생성한다. 그리고 2개 이상의 기초자산에 대한 상관계수 행렬을 촐레스키분해하여 상삼각행렬과 하삼각행렬의 곱으로 나타낸다. 그리고 앞서 구한 난수벡터에 하삼각 행렬 곱하여 상관관계가 반영된 난수를 구한다. 예로 기초자산이 2개인 경우를 생각해보자. 우선 표준정규분포를 따르는 난수 ϕ_1과 ϕ_2를 만들어보자. 상관계수가 ρ인 상관계수 행렬을 A라고 하자.

$$A = \begin{pmatrix} 1 & \rho \\ \rho & 1 \end{pmatrix}$$

행렬 A를 촐레스키 분해하면 다음과 같다.

$$A = LL^T = \begin{pmatrix} 1 & 0 \\ \rho & \sqrt{1-\rho^2} \end{pmatrix} \begin{pmatrix} 1 & \rho \\ 0 & \sqrt{1-\rho^2} \end{pmatrix}.$$

분해 된 행렬 L을 이용하여 상관계수가 반영된 난수 ϕ_1^*와 ϕ_2^*로 전환하면 다음과 같다.

$$\begin{pmatrix} \phi_1^* \\ \phi_2^* \end{pmatrix} = L \begin{pmatrix} \phi_1 \\ \phi_2 \end{pmatrix} = \begin{pmatrix} 1 & 0 \\ \rho & \sqrt{1-\rho^2} \end{pmatrix} \begin{pmatrix} \phi_1 \\ \phi_2 \end{pmatrix} = \begin{pmatrix} \phi_1 \\ \phi_1\rho + \phi_2\sqrt{1-\rho^2} \end{pmatrix} \quad (9.18)$$

그렇다면 왜 식 (9.18)과 같은 방식으로 계산을 하면 두 난수가 상관계수 ρ를 갖는 난수로 변하게 되는 것일까? 이는 간단하게 확인해볼 수 있다. $\phi_1, \phi_2 \sim N(0,1)$의 성질을 가지고 있으며 위의 행렬에 따라 다음이 성립함을 확인할 수 있다.

$$\begin{aligned} \phi_1^* &= \phi_1, \\ \phi_2^* &= \phi_1\rho + \phi_2\sqrt{1-\rho^2}. \end{aligned}$$

이제 두 난수 ϕ_1^*, ϕ_2^*에 대하여 다음을 계산해 보자.

$$\begin{aligned} E[\phi_1^*] &= E[\phi_1] = 0, \\ E[\phi_2^*] &= E[\phi_1\rho + \phi_2\sqrt{1-\rho^2}] = \rho E[\phi_1] + \sqrt{1-\rho^2}E[\phi_2] = 0, \\ Var[\phi_1^*] &= Var[\phi_1] = 1, \\ Var[\phi_2^*] &= Var[\phi_1\rho + \phi_2\sqrt{1-\rho^2}] \\ &= E[(\phi_1\rho + \phi_2\sqrt{1-\rho^2})^2] - E[\phi_1\rho + \phi_2\sqrt{1-\rho^2}]^2 \end{aligned}$$

$$= \rho^2 + 1 - \rho^2 = 1.$$

두 난수 사이에 분산을 이용하여 공분산을 구하면 다음과 같다.(Cov(·)에 관련되 정리는 Theorem5.3.6를 보시오.)

$$\begin{aligned} Cov[\phi_1^*, \phi_2^*] &= Cov[\phi_1, \phi_1\rho + \phi_2\sqrt{1-\rho^2}] = Cov[\phi_1, \phi_1\rho] + Cov[\phi_1, \phi_2\sqrt{1-\rho^2}] \\ &= \rho Cov[\phi_1, \phi_1] + \sqrt{1-\rho^2} Cov[\phi_1, \phi_2] = \rho. \end{aligned}$$

MakeRandom.m은 서로 독립이었던 난수 100만개를 원소로 가지고 있던 a와 b 벡터를 촐레스키 분해를 이용해서 0.5의 상관관계가 반영되도록 만든 MATLAB코드이다.

MATLAB

```
%% MakeRandom.m
clc; clear;
a=randn(1,1000000); b=randn(1,1000000);
rho=0.5; A=[1 rho;rho 1];
L=[1 0;rho sqrt(1-rho^2)];
A1=[a;b]; C1=L*A1; a=C1(1,:); b=C1(2,:);
n=length(a);Ea=0;Eb=0;
for i=1:n
    Ea=a(i)+Ea; Eb=b(i)+Eb;
end
Ea=Ea/n;
Eb=Eb/n;
COV=0;
for i=1:n
    COV=COV+(a(i)-Ea)*(b(i)-Eb);
end
COV=COV/n;
VARa=0; VARb=0;
for i=1:n
    VARa=VARa+(a(i)-Ea)^2;
    VARb=VARb+(b(i)-Eb)^2;
end
VARa=VARa/n;
VARb=VARb/n;
Corr=COV/sqrt(VARa*VARb)
```

다음은 두개의 기초자산이 있는 경우에의 MC 방법에 대해서 알아보자. `MC_call2d.m`은 MATLAB 코드이다. 이를 실행하면 다음과 같은 결과를 얻는다.

MATLAB

```
Price = 14.2164
```

MATLAB

```
%% MC_call2d.m
clear; S1=100; S2=100; E1=100; E2=100; r=0.05; T=0.5;
vol1=0.3; vol2=0.3; rho=0.5; ns=1000; dt=T;
SP1(1:ns,1:2)=0; SP1(:,1)=S1;
SP2(1:ns,1:2)=0; SP2(:,1)=S2; L=[1 0; rho sqrt(1-rho^2)];
for i = 1:ns
    w0 = randn(2,1);
    w = L*w0;
        SP1(i,2) = SP1(i,1)*exp((r-vol1^2/2)*dt ...
                     + vol1*w(1,1)*sqrt(dt));
        SP2(i,2) = SP2(i,1)*exp((r-vol2^2/2)*dt ...
                     + vol2*w(2,1)*sqrt(dt));
end
payoff = mean(max(max(SP1(:,2)-E1,0),max(SP2(:,2)-E2,0)));
Price = exp(-r*T)*payoff
```

다음은 Cash or Noting옵션의 경우에 MC 방법으로 구한 옵션의 가격과 Black-Scholes로 구한 옵션의 가격과의 오차에 대해서 알아보자. MCCorN.m 은 MATLAB 코드이다. 이를 실행하면 다음과 같은 결과를 얻는다.

MATLAB

```
Price = 51.0363
BSPrice = 51.0478
error = 0.0115
```

MATLAB

```
%% MCCorN.m
clear; S=101; E=100; r=0.05; T=0.5; vol=0.3; M=1000000; n=1; dt=T/n;
tic
SP(1:M)=0;
for i = 1:M
       SP(i) = S*exp((r-vol^2/2)*dt+ vol*randn(1)*sqrt(dt));
end
toc
payoff = 100*(SP>=E);
Price = exp(-r*T)*sum(payoff)/M
```

```
sigma=vol;
d1 = (log(S/E) + (r+ 0.5*sigma^2)*T)/(sigma*sqrt(T));
d2 = d1 -(sigma*sqrt(T));
BSPrice = 100 * exp(-r * T)*normcdf(d2)
abs(Price-BSPrice)
```

9.4 주가연계증권;ELS

주가연계증권의 기본적인 내용은 8.6를 참조하길 바란다.

9.4.1 1 asset ELS

이번 절에서는 앞 절에서 이용한 Monte Carlo method를 주식을 기초 자산으로 하는 ELS(Equity Linked Security)에 적용해 보자. 먼저 우리가 다루고 있는 ELS 상품의 내용은 다음과 같다.

Stepdown ELS		
조기 행사 만기	조기 행사가	쿠폰 이자율
3개월	90	5.5
6개월	85	11
9개월	80	16.5
12개월	75	22

위의 내용을 예를 들어 설명하면 다음과 같다. 3개월 뒤 기초자산 가격이 현재의 90% 이상이면 5.5%의 이자를 받고 ELS는 종료 된다. 종료되지 않았다면 다시 3개월 뒤 기초자산의 가격이 85% 이상이라면 11% 이자를 받고 ELS는 종료된다. 계속 이런 식으로 만기까지 위 조건을 한번도 만족하지 못하면 주식 수익률에 비례하여 금액을 수령한다. 즉, 만기 때 주가가 현재의 70% 수준이면 투자원금의 70%만 돌려받는 구조이다. 위의 상품을 코드로 구현하면 다음과 같다.

MATLAB

```
% Stepdown 1 asset MC
 clear;r=0.03;sigma=0.3;ns=10000;strike_price=[90 85 80 75];
 coupon_rate=[0.055 0.11 0.165 0.22];tot_date=365;dt=1/tot_date;
 S=zeros(tot_date+1,1); S(1)=100;
 check_day=ceil(365*[1/4 2/4 3/4 1]);
 tot_payoff=zeros(4,1); payoff=zeros(4,1); payment=zeros(4,1);
 for j=1:4
     payment(j)=100*(1+coupon_rate(j));
 end
```

```
for i=1:ns
    for j=1:tot_date
        S(j+1)=S(j)*exp((r-0.5*sigma^2)*dt+sigma*sqrt(dt)*randn);
    end
    Index=S(check_day+1);
    payoff(1:4)=0;yn=0;
    for j=1:4
        if Index(j)>=strike_price(j)
            payoff(j)=payment(j);
            yn=1;
            break;
        end
    end
    if yn==0
        payoff(end)=S(end);
    end
    tot_payoff=tot_payoff+payoff;
end
tot_payoff=tot_payoff/ns;
for j=1:4
    disc_payoff(j)=tot_payoff(j)*exp(-r*check_day(j)/365);
end
Price=sum(disc_payoff)
```

Stepdown 1 asset MC.m코드를 실행하면 다음 값과 비슷한 값이 나온다.

MATLAB

```
>> Untitled2

Price =

  102.7949
```

Stepdown 1 asset MC.m코드를 설명하고자 한다. 먼저 기본적으로 알아야하는 값들을 세팅해준다. 그러고 난후 payment 벡터를 이용해서 첫번째 원소에는 3개월 뒤 기초자산의 가격이 90% 이상일때 5.5%의 이자를 주는 값을 넣어준다(즉, 100×(1+0.055)). 2번째 원소에는 6개월뒤 기초자산의 가격이 85% 이상일때 11%의 쿠폰을 주는 값을 넣어준다. 이런 식으로 12개월 뒤까지 상환됐을 때의 쿠폰을 각 원소에 넣어준다. 이제 주가의 움직임을 형성시킨다. Index는 상환평가일의 주가의 비율을 넣어준 벡터이다. 이를 이용해서 상환평가일에서의 주가의 비율과 행사가들을 비교해서 각 조건에 합당한지 체크를 해준다. 체크를 해주는 방법은 예를 들어서 3개월후 상환평가일의 주가인 Index(1)이 3개월 후의 행사가인 strike_price(1)보다 크다면 앞에서 구해뒀던 3개월뒤 상환됐을 때의 값인 payment(1)을 payoff(1)에 넣어준다. $(i = 1,\ 2, \cdots,\ ns)$

이렇게 각각의 조기평가일의 상환조건들을 따져서 상환된다면 break함수를 써줘서 손실의 조건일때로 넘어간다. 코드 상에 나오는 break문은 다음 코드로 설명하겠다. 상환이 됐을시 yn=0, 상환이 되지 않았다면 yn=1로 만들어준다. 이제 상환이 되지 않았다면 즉, yn이 0이라면 만기일때의 주가의 비율 즉, S(end)가 만기일때 얻게되는 값인 payoff(end)로 들어가게 된다. 이제 이렇게 구한 payoff벡터를 tot_payoff벡터에 더해준다. 여기서 주의할 점으로 매 몬테칼로 시뮬레이션마다 payoff벡터는 영벡터로 yn는 0으로 초기화 시켜줘야한다. 그래야 payoff벡터와 yn에 쓰래기값이 안 들어가게 된다. 이제 tot_payoff벡터의 각 원소는 각 상환평가일에 해당하는 payoff의 총합이 된다. 이렇게 구한 tot_payoff를 ns로 나눠준 다음 각 원소에 해당하는 상환일의 현재가치를 구해주고 이를 sum함수를 이용해서 더해주면 Stepdown 1 asset ELS의 가격을 구할 수 있다.

코드 상에 나오는 break문에 대해 설명하겠다. break문은 현재 돌고 있는 반복문을 빠져나오는 역할을 한다. 따라서 언뜻 보기에 아래 있는 코드는 j가 5가 될 때까지 모두 실행 될 것 같지만 실제로는 j가 2보다 커지는 시점에 바로 for문을 빠져 나간다.

MATLAB

```
for j=1:5
    if j>2
       break;
    end
end
j
```

9.4.2 King Crab형 ELS

ELS는 여러가지 종류의 상품이 존재한다. 그 중 ELS의 수익 구조가 킹크랩을 닮았다고 해서 이름 붙여진 King Crab ELS의 가격을 몬테칼로 시뮬레이션을 이용해서 구해보자. King Crab ELS상품의 수익구조는 StepDown 1 asset ELS와 비슷하다. 어떤 기초자산의 주가의 움직임에 대해서 ELS의 가격이 움직이고 각 상환평가일에대해서 상환 할 수 있는 조건이 존재한다. 다만 다른 점은 각 상환평가일때 상환 할 수 있는 조건이 범위로 존재하고 베리어가 포함되어 있다.
킹크랩 ELS의 한 예를 보고 이 상품이 처음 나왔을 때의 가격을 알아보자.

King Crab형 ELS 상품설명

(1) 평가일, 관찰일 및 평가방법

- 최초기준가격 : 최초기준가격 평가일 기초자산 종가
- 최초기준가격 평가일 : 2013년 12월 27일

표 9.1 King Crab형 ELS 상품개요

항목	내용
종목명	kingcrab형 ELS
기초자산	KOSPI200지수
모집총액	10,000,000,000원
1증권당 액면가액	10,000원
1증권당 발행가액	10,000원
발행수량	1,000,000
최소청약금액	1,000,000원
청약시작일	2013년 12월 23일
청약종료일	2013년 12월 27일
납입일	2013년 12월 27일
배정 및 환불일	2013년 12월 27일
발행일	2013년 12월 27일
만기일	2015년 12월 29일

- 자동조기상환 평가가격 : 해당 차수 자동조기상환평가일 기초자산 종가
- 자동조기상환 평가일 : 1차 2014년 06월 27일 / 2차 2014년 12월 23일 / 3차 2015년 06월 26일
- 자동조기상환일 : 해당차수 자동조기상환평가일(불포함) 후 3영업일
- 만기평가가격 : 만기평가일 기초자산 종가
- 만기평가일 : 2015년 12월 23일
- 최종관찰일 : 2015년 12월 23일

(2) 손익구조

자동조기상환

1) 1차자동조기상환평가일에 기초자산의 종가가 최초기준가격의 95%이상 105%이하
2) 2차자동조기상환평가일에 기초자산의 종가가 최초기준가격의 90%이상 110%이하
3) 3차자동조기상환평가일에 기초자산의 종가가 최초기준가격의 85%이상 115%이하

더 자세한 설명은 참고문서[1]를 확인하길 바란다.

1) 간이투자설명서 : 미래에셋 증권 제 5610회 파생결합증권 (주가연계증권)

수익구조를 자세하게 설명하면 조기상환 평가일에 해당하는 상환조건 사이에 상환평가일의 기초자산의 비(상환평가일의 기초자산 비 = 상환평가일의 기초자산 주가/초기 기초자산 주가)가 포함한다면 그에 해당하는 쿠폰이자율을 액면가액에 곱해져서 받는다. 만기상환 평가일 까지 상환 할 수 있는 조건에 부합해서 상환하지 못한다면 두 가지 경우로 나뉜다. 첫 번째는 기초자산의 비가 저베리어보다 낮은적이 없고 고베리어보다 높은적이 없었다면 더미(dummy)를 기초자산의 비만큼 곱한 이득을 가져간다. 두 번째는 기초자산의 비가 저베리어보다 낮은 적이 있거나 고베리어보다 높은 적이 있다면 마지막 기초자산의 비가 100% 미만일경우 그 기초자산의 비만큼 원금에서 손실을 받고 100% 초과할 경우 200%-만기 기초자산의 비만큼의 손실을 받는다.
마지막으로 이 모든 이득들을 현재가치로 할인해주면 King Crab ELS의 가격을 구할 수 있다. 그림 9.16은 King Crab ELS의 수익 구조를 알기 쉽게 설명한 그림이다.

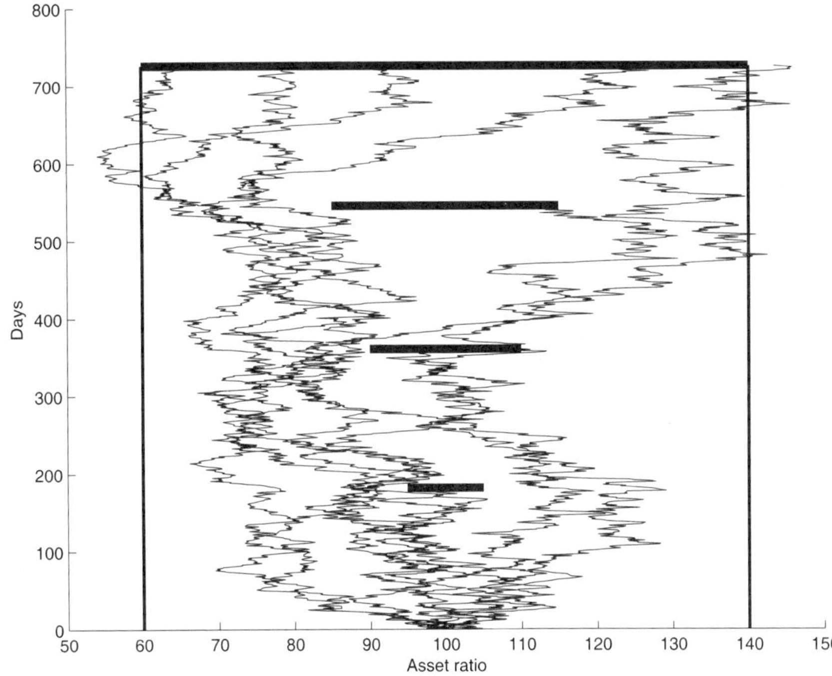

그림 9.16 King Crab ELS 수익구조

KCpath.m는 King Crab ELS수익구조 그림을 그리는 MATLAB코드이다.

MATLAB

```
% % KCpath.m
clear;clc;clf;
r=0.03;sigma=0.3;
checkday(1)=datenum(2014,6,27)-datenum(2013,12,27);
```

```
checkday(2)=datenum(2014,12,23)-datenum(2013,12,27);
checkday(3)=datenum(2015,6,26)-datenum(2013,12,27);
checkday(4)=datenum(2015,12,23)-datenum(2013,12,27);
totdate=checkday(4); dt=2/totdate;
ns=1000;
hold on;
plot([95 105],[checkday(1) checkday(1)],'k-','linewidth',5);
plot([90 110],[checkday(2) checkday(2)],'k-','linewidth',5);
plot([85 115],[checkday(3) checkday(3)],'k-','linewidth',5);
plot([80 120],[checkday(4) checkday(4)],'k-','linewidth',5);
plot([60 80],[checkday(4) checkday(4)],'k-','linewidth',5);
plot([120 140],[checkday(4) checkday(4)],'k-','linewidth',5);
plot([60 60],[0 checkday(4)],'k-','linewidth',2)
plot([140 140],[0 checkday(4)],'k-','linewidth',2)
S(1)=100;
count(1:8)=0;
for i=1:ns
    for j=1:totdate
        S(j+1)=S(j)*exp((r-0.5*sigma^2)*dt+sigma*sqrt(dt)*randn);
    end
    if abs(S(checkday(1)+1)-100)<=5
        P1=S;
    elseif abs(S(checkday(2)+1)-100)<=10
        P2=S;
    elseif abs(S(checkday(3)+1)-100)<=15
        P3=S;
    elseif abs(S(checkday(4)+1)-100)<=20
        P4=S;
    else
        if min(S)>=60 && max(S)<=140
            if S(end)<80
            P5=S;
            else
            P6=S;
            end
        else
            if S(checkday(4)+1)<80
                P7=S;
            else
                P8=S;
            end
        end
    end
end
```

```
plot(P1(1:checkday(1)+1),linspace(0,checkday(1),checkday(1)+1),'k-');
plot(P2(1:checkday(2)+1),linspace(0,checkday(2),checkday(2)+1),'k-');
plot(P3(1:checkday(3)+1),linspace(0,checkday(3),checkday(3)+1),'k-');
plot(P4(1:checkday(4)+1),linspace(0,checkday(4),checkday(4)+1),'k-');
plot(P5(1:checkday(4)+1),linspace(0,checkday(4),checkday(4)+1),'k-');
plot(P6(1:checkday(4)+1),linspace(0,checkday(4),checkday(4)+1),'k-');
plot(P7(1:checkday(4)+1),linspace(0,checkday(4),checkday(4)+1),'k-');
plot(P8(1:checkday(4)+1),linspace(0,checkday(4),checkday(4)+1),'k-');
xlabel('Asset ratio'), ylabel('Days');
```

kingcrab_els.m은 그림 9.16을 참고로 King Crab ELS의 가격을 몬테칼로 방법으로 구하는 MATLAB 코드이다.

MATLAB

```
% kingcrab_els
clear; clc; r = 0.0265; vol = 0.3; ns = 10000;
strike_price_up = [105 110 115 120];
strike_price_down = [95 90 85 80];
DB = 60; UB = 140; dummy = 0.116;
coupon_rate = [0.029 0.058 0.087 0.116];
tot_date = 726; dt = 1/tot_date;
cnt_of_payment = length(coupon_rate);
S = zeros(tot_date+1,1); S(1) = 100;
day1 = datenum(2014,6,27) - datenum(2013,12,27);
day2 = datenum(2014,12,23) - datenum(2013,12,27);
day3 = datenum(2015,6,26) - datenum(2013,12,27);
day4 = datenum(2015,12,23) - datenum(2013,12,27);
check_day = [day1 day2 day3 day4];
face_value = 100;
tot_payoff = zeros(cnt_of_payment,1);
payoff = zeros(cnt_of_payment,1);
payment = zeros(cnt_of_payment,1);
for j = 1:cnt_of_payment
    payment(j) = face_value * (1 + coupon_rate(j));
end
for i = 1:ns
    for j = 1:check_day(end)+1
       S(j+1) = S(j) * exp((r - 0.5 * vol * vol) * dt + vol * sqrt(dt) * randn);
    end
    Index = S(check_day+1);
    payoff(1:cnt_of_payment) = 0;
    yn = 0;
    for j = 1:cnt_of_payment
        if Index(j) >= strike_price_down(j) && Index(j) <= strike_price_up(j)
```

```
            payoff(j) = payment(j);
            yn = 1;
            break;
        end
    end
     if yn == 0
         if min(S(:)) < DB || max(S(:)) > UB
             if S(end)>UB
                 payoff(end) = max(200-S(end),0);
             else
                 payoff(end) = S(end);
             end
         else
         payoff(end) = face_value * (1 + dummy);
        end
     end
    tot_payoff = tot_payoff + payoff;
end
tot_payoff = tot_payoff / ns;
for j = 1:cnt_of_payment
    disc_payoff(j) = tot_payoff(j) * exp(-r * check_day(j) / 365);
end
Price = sum(disc_payoff)
```

9.4.3 2 assets ELS

이번 절에서는 2개의 자산으로 구성된 ELS의 가격을 구해본다. 상품은 1asset ELS와 흡사하다. 다만 행사일의 기초자산 가격은 두 개의 자산 중에서 더 낮은 가격을 갖는 자산을 적용한다는 차이가 있다. 또한 두 자산간의 가격 움직임 간에 나타나는 상관계수는 촐레스키 분해를 이용하여 랜덤 넘버를 생성함으로써 코드에 반영했다. 위의 상품을 코드로 구현하면 다음과 같다.

MATLAB

```
%% Stepdown 2 assets MC
clear all; clc;
r=0.03;sigma=[0.25 0.3];ns=1000;
strike_price=[90 85 80 75];coupon_rate=[0.055 0.11 0.165 0.22];
dummy_rate=0.16;tot_date=365;dt=1/tot_date;
cnt_of_payment=length(coupon_rate);S1(1)=100; S2(1)=100;
ref_S=100;payment_check_day=ceil([1 2 3 4]*tot_date/cnt_of_payment);
face_value=100;tot_payoff=zeros(cnt_of_payment,1);
payoff=zeros(cnt_of_payment,1);payment=zeros(cnt_of_payment,1);
dummy_cri=60;rho=0.5;q=[0.0 0.0]; corr=[1 rho;rho 1];K=chol(corr);
for j=1:cnt_of_payment
```

```
    payment(j)=face_value*(1+coupon_rate(j));
end
for i=1:ns
    w0=randn(tot_date,2);
    w=w0*K;
    for j=1:tot_date
        S1(j+1)=S1(j)*exp((r-q(1)-sigma(1)^2/2)*dt+sigma(1)*sqrt(dt)*w(j,1));
        S2(j+1)=S2(j)*exp((r-q(2)-sigma(2)^2/2)*dt+sigma(2)*sqrt(dt)*w(j,2));
    end
R1=S1/ref_S;
R2=S2/ref_S;
WP=min(R1,R2);
Price_at_payment_day=WP(payment_check_day+1);
payoff(1:cnt_of_payment)=0;
tag=0;
    for j=1:cnt_of_payment
        if Price_at_payment_day(j)>=strike_price(j)
           payoff(j)=payment(j);
           tag=1;
           break
        end
    end
    count = 0;
if tag==0
  ki_event=any(WP(:) < dummy_cri);
  if ki_event==1
     payoff(end)=face_value*WP(end);
  else
     payoff(end)=face_value*(1+dummy_rate);
  end
end
tot_payoff=tot_payoff+payoff;
end
exp_payoff=tot_payoff/ns;
for j=1:cnt_of_payment
    disc_payoff(j)=exp_payoff(j)*exp(-r*payment_check_day(j)/365);
end
price=sum(disc_payoff)
```

9.4.4 3 assets ELS

이번 절에는 세 개의 기초 자산으로 이루어진 ELS 상품의 가격을 구하는 코드를 소개한다. 불과 몇 년 전까지만 해도 세 개의 기초 자산을 갖는 실제 상품이 거의 존재하지 않았다. 하지만 최근 세 개의 기초 자산을 갖는 상품이 실제로 많이 거래되고 있다. 다음은 세 개의 기초 자산일때의 몬테카를로 시뮬레이션을 하는 MATLAB 코드이다.

MATLAB

```
%% Monte Calro 3 asset Step-Down ELS
clear all; clc;
T=3;dt=1/360;N=round(T/dt+0.001)
coupon = [0.05 0.10 0.15 0.20 0.25 0.30];
step = [1 2 3 4 5 6]*N/6;
S_rate = [0.95 0.95 0.9 0.9 0.85 0.85];    dummy = 0.30;
Kib = 0.65;     ns = 1000000;      face = 100;
ki_YesNo='No'; ref_S = [100 100 100]; S = [100 100 100];
r = 0.03;  vol = [0.3 0.3 0.3];  rho = [0.5 0.5 0.5];
q = [0.0 0.0 0.0];  step_num=length(step);
corr2 = [1 rho(1) rho(3); rho(1) 1  rho(2); rho(3) rho(2) 1];
M=chol(corr2); payment = 0.0;
for j=1:step_num
    payment(j)=face*(1+coupon(j));
end
SP1(1) = S(1);SP2(1) = S(2);SP3(1) = S(3);
for ins = 1:1
dsum = 0;
for i=1:ns
    w0=randn(N,3);
    w=w0*M;
   for j=1:N
  SP1(j+1) = SP1(j)*exp((r-q(1)-vol(1)^2/2)*dt+vol(1)*sqrt(dt)*w(j,1));
  SP2(j+1) = SP2(j)*exp((r-q(2)-vol(2)^2/2)*dt+vol(2)*sqrt(dt)*w(j,2));
  SP3(j+1) = SP3(j)*exp((r-q(3)-vol(3)^2/2)*dt+vol(3)*sqrt(dt)*w(j,3));
   end
R1 = SP1/ref_S(1);
R2 = SP2/ref_S(2);
R3 = SP3/ref_S(3);
WP = min(min(R1,R2),R3);
strike_ch=WP(step);
payoff(1:step_num) = 0;
tag = 0;
    for j=1:step_num
        if strike_ch(j)>=S_rate(j)
           payoff(j)=payment(j);
           tag = 1;
           break
        end
    end
    count = 0;
```

```
if tag == 0
    ki_event = any (WP(:) < Kib);
    payoff(end) = face*WP(end);
    if ki_event == 0
        if (WP(end) >= Kib)
            payoff(end) = face*(1+dummy);
        end
    end
end
dsum = dsum + payoff;
end
exp_payoff = dsum/ns
for j = 1:step_num
    disc_payoff(j) = exp_payoff(j)*exp(-r*step(j)/360);
end
Num_sim = ns;
ELS_Price(ins) = sum(disc_payoff)
end
```

참고 문헌

[1] 오세열, 정호정, 파생상품의 이해, 삼영사, 2013.

[2] F. Black, M. Scholes, *The Pricing of Options and Corporate Liabilities*, Journal of political economy, 1973

[3] Brandimarte P., *Numerical Methods in Finance and Economics*, Wiley, 2/E, 2006

[4] Clewlow L., Strickland C., *Implementing Derivatives Models*, John Wiley & Sons, 1998

[5] Glasserman P., *Monte Carlo Methods in Financial Engineering*, Springer, 2003

[6] 전홍기, 투자와 금융수학, 교우사, 2011

[7] Higham D.J., *An Introduction to Financial Option Valuation*, Cambridge Univ Press, 2004

[8] Hull J.C., *Options, Futures, and Other Derivatives*, Prentice Hall, 7/E, 2008

[9] Seydel R.U., *Tools for Computational Finance*, 3/E, Springer , 2006

[10] Taleb N., *Dynamic Hedging ; Managing Vinilla and Exotic options*,,John Wiley & Sons, 1996

[11] Wilmott P., *Paul Wilmott on Quantitative Finance*, 2/E, Wiley , 2006

[12] Wilmott P., Howison S., Dewynne J., *The Mathmathics of Financial Derivatives*, Cambridge Univ Press, 1995

[13] Shreve S.E., *Stochastic Calculus for Finance II Continuous-Time Models*, Springer

[14] Karatzas I., Shreve S.E., *Brownian Motion and Stochastic Calculus Second Edition*, Springer

[15] Oksendal B., *Stochastic Differential Equations: An Introduction with Applications*, Springer

[16] Kloeden P.E., Platen E., *Numerical Solution of Stochastic Differential Equations*, Springer

찾아보기

파생상품 프로그래밍

지은이 정다래 · 김영록 · 황형석 · 유민현 · 김준석
펴낸이 조경희
펴낸곳 경문사
펴낸날 2015년 3월 5일 1판 1쇄
등 록 1979년 11월 9일 제313-1979-23호
주 소 121-818, 서울특별시 마포구 와우산로 174
전 화 (02)332-2004 팩스 (02)336-5193
이메일 kyungmoon@kyungmoon.com

값 19,000원

ISBN 978-89-6105-894-0

★ 경문사 홈페이지에 오시면 즐거운 일이 생깁니다.
http://www.kyungmoon.com

한국과학기술출판협회 회원사